AF874133

Beiträge zur Reform des Strafprozesses

Herausgegeben von

Dr. Franz Adickes,
Oberbürgermeister,

Dr. P. F. Aschrott,
Landgerichtsdirektor a. D.

Dr. Karl v. Lilienthal,
ord. Professor der Rechte.

Dr. Franz v. Liszt,
ord. Professor der Rechte.

Band I.

Berlin 1909.

J. Guttentag, Verlagsbuchhandlung,

G. m. b. H.

Vorwort.

Die Internationale Kriminalistische Vereinigung, Gruppe Deutsches Reich, hat sich auf ihrer Versammlung in Frankfurt a. M. im September 1906 eingehend mit der Reform des deutschen Strafverfahrens beschäftigt, nachdem vorher auf ihre Veranlassung die in den Protokollen der Kommission für die Reform des Strafprozesses, herausgegeben vom Reichsjustizamte, enthaltenen Vorschläge in dem von Aschrott herausgegebenen Werke „Reform des Strafprozesses" (J. Guttentag, Verlagsbuchhandlung, Berlin 1906) kritische Besprechungen gefunden hatten.

Am Schlusse der Verhandlungen wurde einstimmig ein Beschluß dahin angenommen:

> eine neungliedrige Kommission einzusetzen, mit dem Auftrage, durch neue selbständige Erhebungen die Grundlagen für eine durchgreifende Reform der Strafprozeßordnung zu beschaffen, insbesondere die Handhabung der gegenwärtigen Str.P.O. in den einzelnen deutschen Bundesstaaten genau zu ermitteln und durch Entsendung einer Studienkommission nach England und Schottland das Material für die Frage zu sammeln, inwieweit die dortige Gestaltung des Anklageprozesses für Deutschland verwertbar ist.

Die Kommission, in welche von der Landesversammlung die Herren Landgerichtsdirektor Aschrott-Berlin, Oberbürgermeister Adickes-Frankfurt a. M., Professoren v. Liszt-Berlin, v. Lilienthal-Heidelberg, Mittermaier-Gießen, Rosenfeld-Münster, Oberlandesgerichtsrat Rosenberg-Colmar i. E., Staatsanwalt Feisenberger-Magdeburg und Rechtsanwalt Heinemann-Berlin gewählt wurden, erhielt gleichzeitig das Recht der Kooptation. Die Kommission hat noch im September 1906 eine Sitzung in Frankfurt a. M. und dann, nachdem inzwischen eine Anzahl Herren kooptiert waren, im Januar 1907 eine weitere Sitzung in Berlin abgehalten.

Sie war der Ansicht, daß es für eine durchgreifende Reform des deutschen Strafprozesses, wie sie in dem Beschlusse der Landesversammlung verlangt wurde, vor allem notwendig sei, neues Material bei folgenden vier Fragen zu beschaffen:

1. der Reform der Schwurgerichte,
2. der Reform der Kriminalpolizei und ihrer Stellung zur Staatsanwaltschaft,
3. der Reform der Untersuchungshaft,
4. der Reform in der strafprozessualen Behandlung Jugendlicher.

Demgemäß wurden 4 Unterkommissionen gebildet und als deren Vorsitzende gewählt zu 1: v. Liszt, zu 2: Aschrott, zu 3: v. Lilienthal, zu 4: Aschrott. Sodann wurde eine englische Studienkommission unter dem Vorsitze von Adickes eingesetzt; diese hat im Sommer 1907 an Ort und Stelle nach einem von Adickes entworfenen Programme die einschlägigen Verhältnisse in England und Schottland studiert.

Die Arbeiten der Kommission sind zunächst in zwanglosen Heften erschienen, je nachdem die einzelnen Arbeiten druckfertig waren. Sie werden jetzt in zwei Bänden zusammengefaßt: im Bande II sollen die sämtlichen Arbeiten der englischen Studienkommission vereinigt werden, alle übrigen Arbeiten erscheinen im Bande I.

Band I enthält zunächst als das Ergebnis der Arbeiten der Unterkommission 4 aus der Feder des Amtsgerichtsrats Köhne-Berlin den Entwurf zu einem Reichsgesetz betr. die Ahndung und Verfolgung strafbarer Handlungen, welche von jugendlichen Personen begangen werden, nebst Begründung (S. 1—30) und ferner als das Ergebnis der Arbeiten der Unterkommission 2 eine Darstellung der gegenwärtigen Verhältnisse von Staatsanwaltschaft und Kriminalpolizei in Deutschland nebst einem zusammenfassenden und begutachtenden Bericht von Staatsanwalt Wulffen-Dresden (S. 31—196). Diese beiden Arbeiten haben die Unterlage für die Beratungen der deutschen Landesgruppe der I.K.V. auf ihrer Versammlung in Posen zu Pfingsten 1908 über das Strafverfahren gegen Jugendliche und über die Stellung der Kriminalpolizei im Strafverfahren gebildet. Auf den in den Mitteilungen der I.K.V. Band XV S. 420—662 darüber erschienenen Bericht sei hier verwiesen.

Die Unterkommission 3 hat drei Arbeiten vorgelegt (S. 197—258); zwei aus der Feder des Staatsanwalts Feisenberger-Magdeburg: Reform der Untersuchungshaft und Entwurf eines Gesetzes über Festnahme und Verhaftung, sowie eine Arbeit des Oberlandesgerichtsrats Rosenberg-Colmar i. E. über die französischen Reformbestrebungen auf dem Gebiete der Untersuchungshaft. Die Unterkommission 1 endlich hat einen von Professor Kleinfeller-Kiel bearbeiteten Bericht über ihre Beratungen betr. die Reform des Schwurgerichts vorgelegt (S. 259—298). Weitere Beratungen dieser beiden Unterkommissionen unterblieben mit Rücksicht auf den im Herbste 1908 veröffentlichten Entwurf einer Strafprozeßordnung und Novelle zum Gerichtsverfassungsgesetze.

Diesem Entwurfe hat dann Landgerichtsdirektor Aschrott-Berlin eine kritische Besprechung zu Teil werden lassen (S. 299—394), und die im Januar 1909 in Berlin stattgehabte deutsche Landesversammlung der I.K.V. hat in einer außerordentlichen Tagung dazu Stellung genommen. Der stenographische Bericht dieser Versammlung ist als besonderes Heft (außerdem in den Mitteilungen der I.K.V. Band XVI S. 1—347) im Verlage von J. Guttentag erschienen. Professor Kleinfeller-Kiel hat ferner noch ergänzend zu seiner früheren Arbeit das schwurgerichtliche Verfahren und den Entwurf einer Strafprozeßordnung behandelt (S. 395—474).

Berlin, Frankfurt a. M., Heidelberg
im April 1909.

Adickes. Aschrott. v. Lilienthal. v. Liszt.

Inhalt des ersten Bandes.

Entwurf

zu einem

Reichsgesetz, betreffend die Ahndung und Verfolgung strafbarer Handlungen,

welche

von jugendlichen Personen begangen werden,

nebst Begründung.

Von

Dr. Paul Köhne,

Amtsgerichtsrat, Berlin.

Berlin 1908.

J. Guttentag, Verlagsbuchhandlung,

G. m. b. H.

ENTWURF.

§ 1.

Kinder im Sinne dieses Gesetzes sind Personen, welche das 14. Lebensjahr nicht vollendet haben, Jugendliche, welche zwar das 14., aber nicht das 18. Lebensjahr vollendet haben.

§ 2.

Kinder können strafrechtlich nicht verfolgt werden.

§ 3.

Ein Jugendlicher, welcher nach Vollendung seines 14. Lebensjahres eine strafbare Handlung begangen hat, ist zu bestrafen, sofern nach der Art der Tat und dem Charakter und Vorleben des Täters anzunehmen ist, daß durch Erziehungsmaßnahmen seine Besserung nicht erreicht werden kann.

§ 4.

Als Strafen dürfen gegen Jugendliche nur verhängt werden: Geldstrafe und Gefängnisstrafe.

§ 5.

Auf die zu verhängenden Geldstrafen finden die §§ 27 und 30 des Strafgesetzbuchs für das Deutsche Reich Anwendung.

Eine Umwandlung der Geldstrafe in Freiheitsstrafe findet nicht statt.

Die Geldstrafe kann ratenweise eingezogen werden.

§ 6.

Der Höchstbetrag der gegen Jugendliche zu verhängenden Gefängnisstrafe beträgt 15 Jahre, der Mindestbetrag 6 Monate.

1*

Auf eine Gefängnisstrafe von 6 Monaten bis zu einem Jahre kann erkannt werden, wenn die Strafhandlung im Höchstbetrage mit einer geringeren Strafe bedroht, aber der Angeklagte bereits früher bestraft oder in Fürsorgeerziehung gewesen ist.

§ 7.

Die Vollstreckung der Gefängnisstrafe hat bis zum vollendeten 21. Lebensjahre des Verurteilten in besonderen, nur für Jugendliche bestimmten Strafanstalten zu erfolgen.

Eine vorläufige Entlassung kann auf Antrag des Gefängnisvorstandes jederzeit durch das zuständige Jugendgericht im Beschlußverfahren erfolgen. Das Jugendgericht kann geeignete Erziehungsmaßnahmen oder Aufsicht durch einen Verein über den vorläufig Entlassenen anordnen.

§ 8.

Die §§ 55 bis 57 des Strafgesetzbuches für das Deutsche Reich werden aufgehoben, die §§ 23 und 25 finden auf Jugendliche nicht Anwendung.

§ 9.

Für die Verhandlung und Entscheidung von Strafsachen gegen Jugendliche sind, soweit nicht gemäß § 136 Ziffer 1 des Gerichtsverfassungsgesetzes das Reichsgericht in erster Instanz zuständig ist, ausschließlich die Jugendgerichte zuständig. Dies gilt auch für den Fall eines Zusammenhanges zwischen den strafbaren Handlungen Erwachsener und Jugendlicher.

§ 10.

Die Jugendgerichte bestehen aus dem Vormundschaftsrichter als Vorsitzenden und zwei Schöffen, welche aus dem Stande der Lehrer, Ärzte, Geistlichen oder in der Jugendfürsorge tätigen Personen zu entnehmen sind.

In denjenigen Bundesstaaten, in welchen die vormundschaftsgerichtlichen Funktionen Gemeindebehörden übertragen sind, ist landesgesetzlich über den Vorsitz im Jugendgericht zu bestimmen. Der Vorsitz darf nur einem Beamten übertragen werden, welcher die Fähigkeit zum Richteramt erlangt hat und sich in einer den §§ 7 und 8 des Gerichtsverfassungsgesetzes entsprechenden Stellung befindet.

§ 11.

Der bei dem Amtsgerichte zusammentretende Ausschuß (§ 40 GVG.) hat eine besondere Schöffenliste für das Jugendgericht aufzustellen. In diese Liste sind nur Lehrer, Ärzte, Geistliche oder in der Jugendfürsorge bewährte Personen aufzunehmen.

§ 12.

Die Verhandlungen vor dem Jugendgerichte sind so anzusetzen, daß eine Berührung der Jugendlichen mit erwachsenen Angeschuldigten oder Angeklagten im Gerichtsgebäude vermieden wird.

§ 13.

Die örtliche Zuständigkeit der Jugendgerichte bestimmt sich nach § 36 des Reichsgesetzes über die Angelegenheiten der freiwilligen Gerichtsbarkeit. § 46 dieses Gesetzes findet sinngemäße Anwendung.

Bei einer Abgabe sind mit den Strafakten auch die etwa vorhandenen Vormundschaftsakten abzugeben. Nach Rechtskraft des Urteils können die Vormundschaftsakten, sofern es zweckmäßig erscheint, dem zuständigen Vormundschaftsrichter zur weiteren Bearbeitung zurückgegeben werden.

Ist der Angeschuldigte nicht Deutscher und auch nicht bei einem deutschen Gerichte bevormundet, so bestimmt sich der Gerichtsstand nach den Vorschriften in Abschnitt 2 der Strafprozeßordnung für das Deutsche Reich.

§ 14.

Untersuchungshaft gegen Jugendliche ist nur zulässig, wenn deren angemessene Verwahrung auf Grund der einzelstaatlichen Zwangs- bzw. Fürsorgeerziehungsgesetze nicht möglich ist, und auch eine freiwillige Liebesorganisation die Verwahrung unter eigener Verantwortung nicht übernehmen kann oder will.

§ 15.

Alle vor der Hauptverhandlung erforderlichen Vernehmungen des Angeschuldigten müssen durch den zuständigen oder einen ersuchten Vormundschaftsrichter erfolgen.

§ 16.

Die Verteidigung ist eine notwendige in der Berufungs- und Revisionsinstanz, außerdem in erster Instanz, soweit ein Verbrechen den Gegenstand der Anklage bildet.

Dem Angeklagten, welcher einen Verteidiger nicht gewählt hat, ist ein solcher von Amts wegen zu bestellen, sobald er zur Hauptverhandlung geladen wird.

§ 17.

Die Staatsanwaltschaft hat von jeder Straftat eines Kindes, welche zu ihrer Kenntnis gelangt, dem zuständigen Vormundschaftsrichter Anzeige zu erstatten, es sei denn, daß es sich nur um eine Übertretung handelt und weder Gefährdung noch Verwahrlosung des Täters vorliegt.

§ 18.

Bei Straftaten Jugendlicher hat der Staatsanwalt die Wahl zwischen einem Antrage auf Anordnung von Erziehungsmaßnahmen und Erhebung der öffentlichen Klage.

§ 19.

Trägt der Staatsanwalt auf Erziehungsmaßnahmen an, so hat ihm der Vormundschaftsrichter seine Entscheidung zuzustellen; er kann sie mit den ordentlichen Rechtsmitteln anfechten.

§ 20.

Die Erhebung der öffentlichen Klage hat, soweit nicht das Reichsgericht in erster Instanz zuständig ist, vor dem Jugendgerichte zu erfolgen.

§ 21.

Eine Voruntersuchung findet in den vor das Jugendgericht gehörigen Strafsachen nicht statt.

§ 22.

Eine Entscheidung über Eröffnung des Hauptverfahrens ergeht nicht. Sobald die Anklage bei dem Jugendgerichte eingegangen ist, ist Termin zur Hauptverhandlung anzuberaumen, vorbehaltlich des Rechts des Vorsitzenden, vorher einzelne Beweiserhebungen anzuordnen (§ 200 StPO.).

§ 23.

Der wesentliche Inhalt der Anklage ist in die Ladung des Angeklagten aufzunehmen. Außer dem Angeklagten ist stets sein gesetzlicher Vertreter zu laden.

§ 24.

Die Verhandlung beginnt mit einer Belehrung des Angeklagten über den Inhalt der Anklage.

§ 25.

Das Jugendgericht darf, sofern es auf Strafe nicht erkennt, alle diejenigen Erziehungsmaßnahmen anordnen, welche nach Reichs- und Landesgesetz vom Vormundschaftsrichter verhängt werden können.

Das Jugendgericht darf ferner auf einen Verweis, verbunden mit Erziehungsaufsicht, erkennen.

§ 26.

Wird Erziehungsaufsicht angeordnet, so ist dem gesetzlichen Vertreter oder einem besonders zu bestellenden Fürsorger aufzugeben, allmonatlich über das Verhalten des Angeklagten dem zuständigen Vormundschaftsrichter zu berichten.

§ 27.

Gegen die Urteile der Jugendgerichte ist das Rechtsmittel der Berufung zulässig.

§ 28.

Zuständig zur Entscheidung über die Berufung sind die Landgerichte, und zwar diejenigen Zivilkammern, welchen die Entscheidung über Beschwerden gegen die Vormundschaftsrichter zusteht.

§ 29.

Gegen die Urteile der Landgerichte in der Berufungsinstanz ist das Rechtsmittel der Revision zulässig.

§ 30.

Zuständig für die Entscheidung über die Revision ist das Reichsgericht, sofern ein Verbrechen Gegenstand der Anklage bildet, sonst das oberste Landesgericht.

§ 31.

Richterliche, polizeiliche und Verwaltungsstrafbefehle gegen Jugendliche sind unzulässig.

Begründung:

Ein Gefühl der Unbefriedigung über unsere gegenwärtige Strafgerichtsbarkeit geht durch die Nation. Das Strafgesetzbuch ebenso wie die Strafprozeßordnung waren einst erfreuliche Fortschritte der Gesetzgebung. Sie schmiegen sich aber den heutigen Bedürfnissen nicht mehr an und ermangeln der notwendigen Ergänzung durch ein modernen Anschauungen entsprechendes Gesetz über die Strafvollstreckung. So kommt es, daß als Ausdruck der öffentlichen Meinung in der Tagespresse schon seit Jahren eine Reform der Strafgerichtsbarkeit gefordert werden konnte, daß seitens der Fachmänner das Material zu solcher Reform eifrigst gesammelt und zu den verschiedensten Vorschlägen verdichtet wird, daß endlich auch die Reichsregierung in neuester Zeit mit ernstem Eifer an die Vorbereitung einer Gesetzesänderung herangetreten ist. Das Reformbedürfnis ist nicht etwa begründet durch eine besondere Mangelhaftigkeit gerade der deutschen Gesetzgebung. In den meisten anderen Ländern machen sich gleiche oder ähnliche Bestrebungen geltend; die Internationalität des Reformbedürfnisses hat zur Gründung der Internationalen Kriminalistischen Vereinigung geführt.

Eine wirkliche Reform hat überhaupt und insbesondere in Deutschland mit sehr großen Schwierigkeiten zu kämpfen. Diese Schwierigkeiten haben eine doppelte Ursache. Die erste besteht in dem überaus engen Zusammenhange zwischen materiellem Rechte, Prozeßrecht und Vollstreckung, einem Zusammenhange, welcher im Strafrecht viel inniger ist als im Privatrecht. Da nun die Strafvollstreckung, welche der Strafjustiz überhaupt erst ihren Inhalt gibt, in Deutschland Sache der Landesverwaltung ist, so ist es schwer, die reichsrechtlichen Bestimmungen auf alle landesrechtlichen Einrichtungen passend zuzuschneiden. Viel größer ist aber die Schwierigkeit, welche durch die Spaltung philosophischer Grundauffassungen dem Reformwerke in den Weg gelegt wird. Die Anhänger des Determinismus und des Indeterminismus, der Vergeltungs- und der Schutzstrafe werden notwendig über die Grundlagen der Reform und die Grundlinien der Neuordnung verschiedener Ansicht sein. Beide Parteien haben ungefähr die gleiche Stärke, und wenn auch gehofft werden muß, daß eine Einigung auf irgend einer mittleren Linie stattfinde, so ist doch bisher diese mittlere Linie kaum gefunden, und es erscheint zweifelhaft, ob sie in naher Zeit gefunden werden mag.

Bei dieser Sachlage erscheint es zweckmäßig, einigen der dringendsten Notstände abzuhelfen, ohne abzuwarten, daß das ganze große Reformwerk unter Dach gebracht ist. Der allerdringendste Notstand dürfte aber in der strafrechtlichen, strafprozessualen und strafvollstreckenden Behandlung von Kindern und jugendlichen Personen zu erblicken sein. Die amtliche Kriminalstatistik des Deutschen Reiches gibt ein außerordentlich trauriges Bild über die wachsende Kriminalität jugendlicher Personen. Es wurden im Jahre 1882 30 719, im Jahre 1905 51 498 jugendliche Personen wegen Verbrechen und Vergehen gegen Reichsgesetze verurteilt. Die Zunahme der jugendlichen Verurteilten ist größer als die der Verurteilten überhaupt und der erwachsenen Verurteilten, obwohl die Bevölkerungszunahme der Jugendlichen geringer war als die der übrigen Personen. Der Anteil der Jugendlichen an den Verurteilten betrug in den Jahren 1883 bis 1887 9,6 %, 1888 bis 1892 11 %, 1893 bis 1897 10,3 %, 1898 bis 1902 10,4 %. Am meisten sind die Anteilzahlen für die jugendlichen Verurteilten gewachsen bei Mord, beim einfachen und schweren Diebstahl, beim Raub, bei der einfachen

Hehlerei, bei vorsätzlicher und fahrlässiger Brandstiftung sowie bei den Religionsvergehen. Betrachtet man den Zeitraum von 1882 bis 1905, so beträgt die Steigerung der Kriminalität bei den Verurteilten überhaupt 20,6 %, bei den jugendlichen Verurteilten aber 26,2 %. Es kommt dazu, daß 17,1 % der im Jahre 1905 verurteilten Jugendlichen bereits vorbestraft waren, viele schon wiederholt. Gegenüber diesen traurigen Zahlen, welche jedenfalls beweisen, daß unsere Strafjustiz die Jugendlichen weder von Begehung von Straftaten abhält noch sie bessert, ist es kein Trost, daß in den Jahren 1902 bis 1904 die Zahl der verurteilten Jugendlichen um eine Kleinigkeit herabgegangen ist, nämlich von 51 046 auf 50 028. Denn dieses Herabgehen dürfte seinen Grund lediglich in dem Umstande haben, daß durch die inzwischen erlassenen Fürsorgeerziehungsgesetze ein sehr großer Teil der zur Kriminalität neigenden Jugendlichen durch Einschließung in Erziehungsanstalten seiner Bewegungsfreiheit beraubt ist. Übrigens bewegen sich die Zahlen bereits wieder in aufsteigender Linie; denn nach den Ergebnissen der Kriminalstatistik für 1905 sind in diesem Jahre 51 498 Jugendliche wegen Verbrechen und Vergehen gegen Reichsgesetze verurteilt. Während die Verurteiltenziffern der Gesamtheit um 1,1 % herabsank, wuchs die der Jugendlichen gegen das Vorjahr um 1,3 %.

Den Gefahren, welche die wachsende Kriminalität jugendlicher Personen für eine gedeihliche Entwicklung des Staatsganzen im Gefolge hat [1]), hat die Internationale Kriminalistische Vereinigung schon von Beginn ihres Bestehens an ihr besonderes Augenmerk zugewendet. Bereits in ihrer zweiten Jahresversammlung in Bern im Jahre 1890 hat sie sich eingehend mit der Frage einer Neuordnung des Strafrechts befaßt und auf dem Kongresse zu Lissabon im Jahre 1897 ihre Beratungen sowohl auf Strafrecht als auf Strafprozeß und Vollstreckung ausgedehnt. Konnten auf internationalen Kongressen naturgemäß nur allgemeinere

1) Vgl. auch Dr. Béla Kun und Dr. Etienne Láday „La lutte contre la criminalité des mineurs en Hongrie", Budapest 1905. S. 3.

Gesichtspunkte zur Geltung kommen, so ist um so bedeutungsvollere Vorarbeit, speziell für Deutschland, durch die Landesversammlungen in Halle 1891 und in Berlin 1893 geleistet worden. Zwischen diesen beiden Landesversammlungen liegt der bedeutende Bericht, welchen Appelius der IKV. und der Öffentlichkeit in seinem Werke über die Behandlung jugendlicher Verbrecher und verwahrloster Kinder erstattet hat. Dieser Bericht, meisterhaft in seiner Klarheit, seinem Aufbau und seinem Maßhalten, wird bei allen künftigen Reformversuchen als wertvolles Material benutzt werden müssen. Ein nicht unerheblicher Teil der Wünsche, welche Appelius und mit ihm die IKV. hegten, ist inzwischen durch die einzelstaatlichen Zwangs- bzw. Fürsorgeerziehungsgesetze in Erfüllung gegangen. Man darf sich dieser Erfüllung freuen, auch wenn sie nicht, wie man früher hoffen konnte, dem Reichsrecht, sondern dem Landesrecht zu danken ist. Wenn nunmehr eine Reform der Strafjustiz in Angriff genommen wird, ist in manchen Beziehungen mit diesen Gesetzen zu rechnen; man muß sich daher auf einen anderen Boden stellen, als ihn die genannten Vorarbeiten in Aussicht nahmen.

Es wird vor allen Dingen eine Einigung über das allgemeine Prinzip stattzufinden haben, welches der Reform zugrunde zu legen ist. Dieses Prinzip ist der Ätiologie jugendlichen Verbrechertums zu entnehmen. Vererbung und anomale Anlage, die Einflüsse trunksüchtiger oder gar verbrecherischer Eltern, Wohnungselend, der abstumpfende Anblick von Unsittlichkeit und Unredlichkeit, körperliche und psychische Mißhandlung, mangelhafte Ernährung, häufig direkte Anstiftung seitens der Erzieher, in anderen Fällen Versuchung und Verführung ohne das Gegengewicht charaktervoller Erziehung, idealer und religiöser Beeinflussung sind der Boden, auf welchem das Kind zum Verbrecher erwächst. Körperliche, geistige und sittliche Verwahrlosung, psychische Degeneration und kriminelles Verhalten haben dieselbe soziale Ursache; es ist reiner Zufall, welche Erscheinungen diese Ursache zeitigt. Wird dies zugegeben, so ist es für die Anhänger der Zweck- oder Schutzstrafe zweifellos, daß die

Bekämpfung des jugendlichen Verbrechertums in der Weise geschehen muß, daß Erziehung und Besserung des Verwahrlosten in erste Linie zu stellen, und Strafe nur dort anzuwenden ist, wo bessernde Maßnahmen aussichtslos erscheinen. Zu demselben Ergebnis können aber auch die Anhänger der Vergeltungsstrafe gelangen, ohne ihrer Grundanschauung auch nur im geringsten untreu zu werden. Dies erhellt ohne weiteres für solche Fälle, wo es sich um mißbrauchte und verführte Kinder handelt, welche vielleicht sogar von ihren Erziehern zu Strafhandlungen angestiftet werden. Das gleiche gilt aber auch für die übrigen Fälle. Denn darüber besteht wohl im wesentlichen Einigkeit auch unter den heutigen Anhängern der Vergeltungstheorie, daß die Vergeltung nicht das einzige das Strafrecht beherrschende Prinzip sein darf. Es wird dies überaus treffend von Lenz in den Gutachten zum ersten Österreichischen Kinderschutzkongresse 1907, S. 300 in folgenden Worten ausgedrückt: „Die Erkenntnis, daß dem modernen Rechts- und Kulturstaat die Verwirklichung der Rechtsordnung als ein Mittel erscheint, um die mannigfachen Kulturzwecke der Gesamtheit sicher zu stellen, führt uns dazu, die vergeltende Strafe auch beim Jugenddelikt nur dann und insoweit anzuwenden, als sie notwendig, und ihr Zweck im einzelnen Falle erreichbar ist, ebenso aber dazu, von ihr völlig abzusehen, wo nach der Lage des einzelnen Falles der Zweck der Vergeltung hinter der Wichtigkeit und Dringlichkeit einer andern staatlichen Aufgabe zurücktritt." Einen ähnlichen Gedanken hat noch in neuester Zeit ein so entschiedener Anhänger der Vergeltungsstrafe, wie es Kohler ist, ausgesprochen. (Goltdammers Archiv Bd. 54, S. 3 ff.[1]) Nun kann es keinem Zweifel unterliegen, daß aus den bereits oben erwähnten Gründen das Vergeltungsbedürfnis des Volkes gegenüber Jugendlichen, von Ausnahmefällen abgesehen, ein geringeres ist als gegenüber Erwachsenen, daß aber auf der andern Seite das staatliche Bedürfnis nach einer Bewahrung der

---

1) Vgl. auch Kahl „Das neue Strafgesetzbuch", Dresden 1907, S. 15f.

heranwachsenden Generation vor Verwahrlosung und Verbrechen, nach einer Eindämmung der immer mehr wachsenden Kriminalität der jugendlichen Bevölkerung ein ungeheures und dringendes ist. Mit Recht sagt Bärnreither in seinem Werke über Jugendfürsorge und Strafrecht in den Vereinigten Staaten von Amerika, S. XII: „Jugendfürsorge und Jugendstrafrecht sind kein isoliertes Problem der Gesetzgebung oder Verwaltung, sondern Kulturaufgaben, Aufgaben der Erziehungspolitik, der Entwicklung der Volksmoral und der Volksgesundheit.“ Das werden die Anhänger der Vergeltungstheorie nicht in Abrede stellen. Wenn nach den Angaben der Reichs-Kriminalstatistik für 1904, S. II 32 in den vorhergehenden Jahren eine Reihe von Kindern zwischen 12 und 14 Jahren wegen Zuwiderhandlungen gegen die Bestimmungen betreffend die Sonntagsruhe und den Ladenschluß, wegen Majestätsbeleidigung, wegen Gewalt und Drohungen gegen Beamte verurteilt sind, so dürfte die Behauptung kaum Widerspruch finden, daß damit traurige Mißgriffe begangen sind, daß in allen diesen Fällen ein vernünftiges Bedürfnis nach strafrechtlicher Vergeltung nicht bestand, und höchstens Anlaß zum Eingreifen der häuslichen oder Schulzucht gegeben war.

Diesen Gedanken trägt der vorstehende Gesetzentwurf Rechnung. Er will die Möglichkeit einer sachgemäßen Erziehung für alle diejenigen Kinder und jugendlichen Personen schaffen, bei welchen zu hoffen ist, daß Erziehung sie von der Bahn des Verbrechens fernhalten oder von dieser Bahn zurückführen werde. Er sieht die Vergeltungsstrafe nur für diejenigen Fälle vor, in welchen nach menschlichem Ermessen eine solche Hoffnung nicht mehr gehegt werden kann. Er sucht ferner alle Gefahren zu beseitigen, welche noch gegenwärtig aus der Berührung mit Staatsanwalt, Richter und Strafanstalt für jugendliche Personen erwachsen. Er sucht endlich die Möglichkeit zu schaffen, daß auch im gerichtlichen Verfahren die qualitativen Eigentümlichkeiten von Kindern und jugendlichen Personen ausreichende Berücksichtigung finden. Somit mußte sich der Entwurf Abänderungen des Strafrechts, des Strafprozesses und die

Schaffung einiger Richtlinien für die Strafvollstreckung zum Gegenstande nehmen. Es mußte aber andrerseits im Interesse der praktischen Erreichbarkeit sorgfältig vermieden werden, zu weit gehende Vorschläge zu machen und den Boden der bestehenden Gesetzgebung zu verlassen. Es war wohl möglich, das Notwendige in eine verhältnismäßig kleine Zahl von Abänderungen der geltenden Gesetze zu konzentrieren und die Abänderungsvorschläge so zu fassen, daß der Entwurf, zum Gesetz geworden, auch bestehen bleiben kann, wenn einmal die große Strafrechts- und Strafprozeßreform, welche seit lange geplant ist, zur Tat wird.

Im einzelnen ist das Folgende zu bemerken:

Zu § 1. Die hier gebrauchte Terminologie empfiehlt sich aus praktischen Gründen und ist auch sonst schon gesetzgeberisch verwertet (vgl. § 135 Gew.O.).

Zu § 2. Die Heraufsetzung des Beginns des bedingten Strafmündigkeitsalters ist eine so allgemein erhobene Forderung, daß sie einer eingehenden Begründung nicht mehr bedarf.

Schon in der zweiten Jahresversammlung der IKV. ist sie erhoben, ebenso in deren dritter Landesverammlung, nachdem Appelius ihre Notwendigkeit eingehend begründet hatte. Auf denselben Standpunkt hat sich der 27. Deutsche Juristentag gestellt. Auch die Theorie vertritt fast durchgängig die Ansicht, daß Kinder unter 14 Jahren strafrechtlich nicht verfolgt werden dürfen, so z. B. Högel in seinem Werke „Die Straffälligkeit der Jugendlichen“, Fuchs in „Das Problem der Strafmündigkeit und die deutsche Strafgesetzgebung“, Lenz in seinem oben erwähnten Gutachten, S. 194. Die Gesetzgebungen, welche neuerdings ihr Jugendstrafrecht reformiert haben oder dessen Reform in Aussicht nehmen, stehen auf demselben Standpunkte, so Norwegen, Dänemark und der Schweizerische Vorentwurf von 1903. Das für die bestehende Gesetzgebung entscheidende Gutachten der wissenschaftlichen Deputation für das Medizinalwesen ist um deswillen nicht von durchschlagender

Bedeutung, weil das Problem der Strafmündigkeit kein medizinisches, sondern mehr ein psychologisches und pädagogisches ist.

Zu § 3. Bezüglich der im bedingt strafmündigen Alter stehenden Personen bedarf es eines Merkmals, welches als Voraussetzung der Strafbarkeit dem Richter einen sicheren Anhalt gewährt. Daß die Vorschrift des geltenden Rechts, inhalts deren es darauf ankommt, ob der Angeschuldigte bei Begehung der strafbaren Handlung die zur Erkenntnis ihrer Strafbarkeit erforderliche Einsicht besaß, unglücklich ist, darüber besteht nahezu Einstimmigkeit. Der § 56 StGB. leidet an zwei Mängeln. Der erste dieser Mängel besteht in der einseitigen Betonung der intellektuellen Entwicklung.

Das Strafgesetzbuch nimmt an, daß die Entwicklung des Kindes zu einem gewissen Abschluß gediehen sei, wenn es die Strafbarkeit gewisser Taten wisse oder erkennen könne. Neben der Entwicklung des Intellekts läuft aber selbständig die Entwicklung des Trieblebens und der Willenskraft, und nur eine gewisse Höhe auch dieser menschlichen Seeleneigenschaften berechtigt uns, den Jugendlichen dem Erwachsenen gleichzustellen. Das Strafgesetzbuch bürdet ferner dem Richter eine feine psychologische Untersuchung auf, zu welcher ihm regelmäßig das Material fehlt, und der er auch nach seiner ganzen Vorbildung nicht gewachsen ist. Die Rechtsprechung des Reichsgerichts erschwert noch die Aufgabe des Richters, denn danach soll nicht die Erkenntnis der Strafbarkeit im einzelnen Falle, sondern nur die Möglichkeit einer solchen Erkenntnis nach dem intellektuellen Reifegrade festgestellt werden (RGSt. Bd. 15, S. 97, Bd. 33, S. 108). Ein so hervorragender Kenner unserer Strafjustiz, wie es Lucas ist, weist in seiner Anleitung zur strafrechtlichen Praxis Teil II, S. 199, auf die Unklarheit in der Fassung des § 56 StGB. hin und fährt dann wörtlich fort: „Über die Schwierigkeit und Unklarheit des Begriffs weiß sich die Praxis im allgemeinen hinwegzuhelfen.“ Es heißt dies natürlich nichts anderes, als daß die Praxis es aufgegeben hat, dem Willen des Gesetzgebers entsprechend, genaue Untersuchung im Einzelfalle anzustellen, daß vielmehr die Schuldfrage im allgemeinen bejaht und mit nichtssagenden Phrasen begründet wird. Dies wird erleichtert durch das Reichsgericht, welches als ausreichende Begründung einen Vermerk ansieht, daß nach dem allgemeinen Eindruck des Angeklagten dieser die erforderliche Einsicht besitze (RGSt. Bd. 36, S. 112). Die Statistik beweist denn auch, daß die Zahl der Freisprechungen wegen mangelnder Einsicht eine so kleine ist, daß sie kaum in Betracht kommt. Im Jahre 1903 waren es 4 %, in den Jahren 1904 und 1905 4,1 % aller Fälle, in denen Jugendliche eines Verbrechens oder Vergehens überführt wurden. Hält man dies mit der schon oben erwähnten Tatsache zusammen, daß 12- bis 14 jährige Kinder wegen Sonntagsenteiligung, Majestätsbeleidigung, Bedrohung von Beamten u. dergl. m.[1]) bestraft sind, so kann man im allgemeinen sagen, daß in der Praxis mit dem 12. Lebensjahre die unbedingte Strafbarkeit beginnt, und daß die Jugendlichen nur im Strafmaß vor den Erwachsenen begünstigt sind. Eine Änderung der Gesetzgebung ist nun fast allgemein gefordert, so von der Jahresversammlung der IKV. in Bern, ihrer Landesversammlung in Berlin und auch vom 27. Deutschen Juristentage. Über die Richtung, welche die Reform zu nehmen hat, gehen aber die Ansichten auseinander. Vielfach wird gefordert, daß die intellektuelle und sittliche Reife oder nur die letztere Voraussetzung der Strafbarkeit des Jugendlichen bilden solle. Von anderer Seite wird gewünscht, daß Bestrafung dann einzutreten habe, wenn man annehmen könne, daß der Strafzweck bei den Jugendlichen zu erreichen sei. Wieder andere wollen dem Richter die Wahl zwischen Erziehungsmaßnahmen und Bestrafung lassen, ohne ihm Anweisung zu erteilen, wann er das eine und wann das andere zur Anwendung zu bringen habe.

---

[1]) Im 79. Jahresbericht der Rheinisch-Westfälischen Gefängnis-Gesellschaft S. 58 wird mitgeteilt, „daß ein kaum dem Knabenalter entwachsenes Bürschchen 287 Tage Haft wegen Gewerbevergehen — er hatte an verbotenen Stellen Gemüse und Obst feilgehalten — verbüßen mußte“.

Eine praktische Erledigung der Frage wird von folgenden Erwägungen auszugehen haben: Die Strafbarkeit von einem gewissen Grade der Entwicklung des Jugendlichen abhängig zu machen, bedeutet, den Richter vor eine unlösbare Aufgabe zu stellen, und ihm damit von neuem eine Handhabe zu bieten, sich der entscheidenden Untersuchung zu entziehen, für welche es ihm an Material und Vorbildung fehlt. Denn die Entwicklung des Menschen ist im allgemeinen auch mit dem 18. Jahre noch nicht abgeschlossen; sie ist eine jederzeit flüssige, und es ist unmöglich, einen zuverlässigen Maßstab zu finden, welcher die für die Strafbarkeit wesentliche Höhe feststellt. Die Entwicklungsreife ist so schwer in den Rahmen einer tatsächlichen Feststellung zu bannen, daß der Richter niemals das dazu erforderliche Material sich verschaffen kann. Auch die Erfüllung des Strafzwecks ist etwas durchaus Unbestimmtes, um so mehr, als ja bekanntlich gerade um die Art des Strafzwecks der Kampf der wissenschaftlichen Schulen am heftigsten tobt. Es empfiehlt sich auch nicht, den Richter ganz ohne Anweisung zu lassen, in welchen Fällen er Erziehungsmaßnahmen, in welchen er Strafe anordnen soll.

Es ist vielmehr angezeigt, den Richter anzuweisen, auf Strafe dort zu erkennen, wo er glaubt, daß Erziehungsmaßnahmen nutzlos sein würden. Dies zwingt ihn, sich mit dem Vorleben des Angeklagten bekannt zu machen und zu erforschen, ob es Mängel der Erziehung und Fehler der Umgebung sind, welche den Jugendlichen zu Gesetzesübertretungen in letzter Linie veranlaßt haben. Im allgemeinen wird der Richter nur dann Bestrafung eintreten lassen, wenn der Versuch einer öffentlichen Erziehung bereits vergeblich gemacht ist, oder aber der Jugendliche vorbestraft ist. Natürlich wird es auch Ausnahmen geben. Wenn ein Jugendlicher, welcher nahe an der Strafmündigkeit steht, einen kalt überlegten Mord aus Gewinnsucht begeht und damit zeigt, daß ihm jedes sittliche Empfinden fehlt, so wird, auch wenn bisher ein Versuch mit Erziehungsmaßnahmen nicht gemacht ist, doch gleich auf Bestrafung erkannt werden dürfen. Dasselbe gilt in den Fällen, in denen zwar eine öffentliche Erziehung noch nicht versucht ist, indessen die häusliche Zucht der Eltern pflichtmäßig und der Eigenart des Jugendlichen entsprechend ausgeübt ist und dennoch Erfolge nicht gezeitigt hat. Die so gezogene Grenze zwischen der Strafbarkeit und dem Erziehungszwange ist eine einfache und klare. Sie nötigt zwar den Richter zu eingehenden Feststellungen über das Vorleben des Angeklagten, bewahrt ihn aber vor unbestimmten psychischen Werturteilen und zwingt ihn, das Urteil, das er abzugeben hat, mit genauen Tatsachen statt mit unbestimmten Angaben über den Eindruck, welchen der Angeklagte macht, zu begründen; sie entspricht auch dem Bedürfnisse nach vergeltender Gerechtigkeit.

Zu § 4. Schon nach bestehendem Rechte sind gegen jugendliche Personen die Todesstrafe, die Zuchthausstrafe, lebenslängliche Festungs- und Gefängnishaft nicht in Anwendung zu bringen. Ebensowenig darf auf Verlust der bürgerlichen Ehrenrechte sowie auf Zulässigkeit von Polizeiaufsicht erkannt werden. Es bleiben mithin als verwendbare Strafen nur übrig der Verweis, die Geldstrafe, die Haftstrafe, die zeitige Festungs- und Gefängnisstrafe. Aber auch in dieser beschränkteren Auswahl finden sich noch ungeeignete Strafmittel. Was zunächst den Verweis angeht, so ist er zwar beizubehalten, aber an eine andere Stelle des Systems zu rücken. Er bedeutet nur eine Warnung für den jugendlichen Übeltäter, setzt mithin dessen Besserungsfähigkeit voraus. Wird nun, wie vorgeschlagen, im Falle der Besserungsfähigkeit die Strafbarkeit überhaupt ausgeschlossen und an ihre Stelle der Erziehungszwang gesetzt, so ist auch der Verweis unter die Erziehungsmaßnahmen einzureihen. Er findet daher seine Stelle im § 25.

Die Haftstrafe ist für Jugendliche unbedingt zu beseitigen. Sie hat den schweren Nachteil der Kurzzeitigkeit, und ihre Vollstreckung kann auch meist nicht unter scharfer Trennung erwachsener und jugendlicher Häftlinge erfolgen. Ist ein Jugendlicher wegen einer Übertretung angeklagt, so wird in der ungeheuren Mehrzahl der Fälle die Anordnung von Erziehungsmaßnahmen genügen. Auch die Festungshaft dürfte für Personen im bedingt strafmündigen Alter ein ungeeignetes Strafmittel sein. Einer näheren Ausführung hierüber bedarf es nicht, da sie gegenwärtig schon gegenüber solchen Personen kaum zur Anwendung kommt. Es bleiben mithin als einzige Strafmittel die Geld- und die Gefängnisstrafe übrig. Diese erscheinen auch als völlig ausreichend.

Zu § 5. Bezüglich der Geldstrafe sind nur zwei Neuerungen vorgeschlagen: Die Zulässigkeit ratenweiser Einziehung und die Unzulässigkeit einer Umwandlung in Freiheitsstrafe. Die Geldstrafe wird gegen Jugendliche überhaupt nur verhängt werden dürfen, wenn erwiesen ist, daß sie aus ihrem eigenen Vermögen oder Arbeitsverdienste bezahlt werden kann. Dann aber kann sie, besonders im Falle ratenweiser Beitreibung, ein sehr wirksames Strafmittel sein. Dagegen muß eine Umwandlung der Geldstrafe in eine Freiheitsstrafe unbedingt abgelehnt werden. Ob eine solche Umwandlung sich überhaupt kriminalpolitisch rechtfertigen läßt, kann zweifelhaft erscheinen. Jedenfalls würde sie den Jugendlichen einer kurzzeitigen Freiheitsstrafe aussetzen, welche unter allen Umständen vermieden werden muß, wie in den Erläuterungen zu § 6 näher ausgeführt werden soll.

Zu § 6. Kurzzeitige Freiheitsstrafen gegen Jugendliche zu verhängen, ist kriminalpolitisch verkehrt und nach keiner der verschiedenen Strafrechtstheorien zu billigen. Das dürfte wohl allgemein anerkannt werden; es ist wiederholt nicht nur in Deutschland, sondern auch im Auslande ausgesprochen worden. Eine englische Stimme mag es bezeugen. Im Bericht über eine Jugendfürsorgekonferenz, welche am 22. und 23. Mai 1906 in London abgehalten wurde, ist folgende Bemerkung des Kaplans an dem Warwick-Gefängnisse zitiert: „Kein wirksameres Mittel könnte erfunden werden, um zuchtlose junge Leute in Gewohnheitsverbrecher zu verwandeln, als die wiederholte Verhängung kurzer Freiheitsstrafen. Diese haben sich so offenbar als wirkungslos erwiesen, daß es erstaunlich und bedauerlich ist, daß sie noch von manchen Behörden und Privatpersonen befürwortet

2*

werden.“ Diesen Worten kann man auch auf Grund der deutschen Erfahrungen durchaus zustimmen. Die kurze Freiheitsstrafe wird von der Mehrzahl der Betroffenen als ein schweres Übel nicht empfunden. Sie hat andrerseits den Nachteil, die Scheu vor dem Gefängnis zu beseitigen und eine gewisse Neugier des Jugendlichen sowie sein Verlangen nach neuer Lebenserfahrung zu befriedigen. Und dennoch sind im Jahre 1905 von den wegen Verbrechen und Vergehen Jugendlicher verhängten Gefängnisstrafen 83,4 % unter 3 Monaten gewesen. Das geltende Recht irrt kriminalpolitisch und psychologisch darin, daß es im wesentlichen qualitativ die gleichen Strafen für Erwachsene und Jugendliche androht, quantitativ aber die Strafen der Jugendlichen im Maße herabsetzt. Diesem Fehler muß abgeholfen werden. Genügen Erziehungsmaßnahmen nicht oder sind solche aussichtslos, so wird die Gefängnisstrafe nach Art und Dauer so bemessen werden müssen, daß sie als wirkliche Sühne erscheint und noch eine Möglichkeit auf Besserung des Beklagten in Aussicht stellt. Ihre Mindestdauer muß dann auf nicht weniger als 6 Monate bemessen werden, während es bezüglich der Höchstdauer bei der bisherigen Vorschrift bewenden mag. Es kann auch keinem Bedenken unterliegen, eine Strafe von 6 Monaten bis zu einem Jahre in besonderen Fällen dann zu verhängen, wenn an sich die Höchstdauer der für das begangene Delikt angedrohten Strafe auf weniger als 6 Monate bemessen ist. Bei den hier in Frage kommenden Reaten wird im allgemeinen der Richter nicht Anlaß zu einer Bestrafung haben, vielmehr nach den vorstehend entwickelten Grundsätzen auf Erziehungsmaßnahmen erkennen. Es ist indessen wohl möglich, daß die Nutzlosigkeit solcher Maßnahmen im Einzelfalle bereits erwiesen und daß das an sich nicht schwere Delikt doch nur der Ausdruck einer wirklich verbrecherischen Gesinnung ist. In solchem Falle ist es gerechtfertigt, trotz der geringeren Maximalgrenze des allgemeinen Strafrechts gegen Jugendliche eine höhere Freiheitsstrafe zu verhängen, während für den Fall, daß eine Mindeststrafe von 6 Monaten nicht angezeigt erscheint, von Bestrafung überhaupt Abstand genommen werden muß, und nur Erziehungsmaßnahmen angeordnet werden können.

Zu § 7. Schon nach § 57 StGB. ist die gegen jugendliche Personen erkannte Freiheitsstrafe in besonderen Anstalten oder Räumen zu vollziehen. Diese Vorschrift hat nur eine sehr beschränkte praktische Geltung erlangt. Sie ist nicht durchführbar gewesen bei der ungeheuren Menge kurzer Freiheitsstrafen. Zu den bereits oben angegebenen Zahlen treten noch die Haftstrafen und die wegen nicht bezahlter Geldstrafe verhängten Freiheitsstrafen. Sind überhaupt nur Freiheitsstrafen von 6 Monaten aufwärts zulässig, so werden solche in ganz Deutschland im Jahre an kaum 2000 jugendlichen Personen zu vollstrecken sein. Es wird sich unschwer und ohne große Kosten ermöglichen lassen, für diese besondere Strafanstalten einzurichten und letztere dem speziellen Zwecke gemäß auszugestalten. Auch die Transportkosten zu den Strafanstalten können nicht erheblich sein. Es ist aber durchaus zu fordern, daß diese Anstalten den qualitativen Unterscheidungsmerkmalen jugendlicher Personen ausreichend Rechnung tragen, daß die Strafe in ihrem ganzen Ernste und als Übel empfunden, aber andrerseits doch mit allen denjenigen Maßnahmen verbunden wird, welche auf eine Erziehung und Besserung jugendlicher Personen hinzielen. Das entspricht den Grundsätzen, welche der Bundesrat in seinem Beschlusse vom 28. Oktober 1897 gebilligt hat. (Vgl. Zentralblatt für das Deutsche Reich 1897, S. 308 ff.) Es ist eine im höchsten Grade unerfreuliche Erscheinung, daß in den letzten Jahren häufig Fürsorgezöglinge strafbare Handlungen begangen haben, um die Erziehungsanstalt mit dem Gefängnis zu vertauschen. Das soll und muß ebensowohl durch eine Reform der Fürsorgeerziehung als durch eine Neugestaltung des Strafvollzuges unmöglich gemacht werden. Letztere ist aber nur möglich, wenn kurzzeitige Freiheitsstrafen überhaupt nicht verhängt werden. Die Vorschriften über die vorläufige Entlassung bedürfen ebenfalls einer besonderen Gestaltung für Jugendliche. Denn es ist ganz wesentlich, daß man jugendlichen Personen, bei denen immerhin die Möglichkeit einer inneren Regeneration eine größere ist als bei Erwachsenen, die Hoffnung nicht raubt, durch ihr Verhalten eine Besserung ihres

Loses herbeizuführen. Deshalb wird vorgeschlagen, die vorläufige Entlassung auf Antrag des Gefängnisvorstandes durch das Jugendgericht zu gestatten. Wenn dann Erziehungsaufsicht durch den Vormundschaftsrichter geübt wird, so ist die Kontrolle während der Bewährungsfrist gewährleistet, und die vorläufige Entlassung kann ein wirksames Mittel sein, nachdem der Verurteilte den Ernst der Strafvollstreckung kennen gelernt hat, ihn auf den Weg des Rechts zurückzuführen. Stimmt man der hier vorgeschlagenen Regelung zu, so ist damit auch der alte Streit gegenstandslos, ob bedingte Begnadigung oder bedingte Verurteilung vorzuziehen sei. Beider wird es nicht bedürfen, wenn die §§ 3 und 7 dieses Entwurfes Annahme finden. Der Widerruf der vorläufigen Entlassung kann nach Maßgabe der geltenden Gesetzgebung (§ 24 StGB.) geschehen, aber natürlich gleichfalls nur durch das Jugendgericht im Beschlußverfahren.

Zu § 8. Die Vorschriften dieses Paragraphen finden ihre Rechtfertigung in den vorstehenden Erörterungen.

Zu §§ 9—12. Die Idee der Jugendgerichte ist in den Vereinigten Staaten von Nordamerika entstanden und seit fast 20 Jahren zu immer größerer Ausbreitung und Volkstümlichkeit gelangt. Es ist dies nicht zufällig. Gerade die amerikanischen Verhältnisse gaben für die Einrichtung einen fruchtbaren Boden ab. Das Fehlen einer dogmatischen und historischen Tradition, die Rechtsprechung durch Einzelrichter, die Neigung, die vergeltende Gerechtigkeit durch ein fein durchdachtes Besserungssystem zu ersetzen, andrerseits aber die mangelhafte Ausbildung des Vormundschaftsrechts drängten dahin, die Säumnisse, welche der Staat gegenüber den verwaisten Kindern begeht, an den verwahrlosten wieder gutzumachen. Von Amerika ging die Einrichtung zunächst nach Schottland und von dort nach England über, woselbst sie nunmehr schon in fünf größeren Städten Eingang gefunden hat[1]). Ihre Vorzüge und Mängel werden fast in allen Kultur-

[1]) Vgl. Legislation in regard to children. Report of the Proceedings at the Special Conference, May 22 and 23, 1906. S. 19.

staaten eifrig diskutiert. Die Nachahmung der amerikanischen Einrichtung ist empfohlen von Julhiet für Frankreich[1]), von Zürcher für die Schweiz[2]).

Wenngleich die Einrichtungen und die Funktionen des amerikanischen Jugendgerichts ihren nationalen Ursprung in keiner Weise verleugnen können, so enthält das Institut doch einen reformatorisch richtigen und wichtigen Gedanken, welcher Allgemeingültigkeit beanspruchen kann. Dieser Gedanke geht dahin, daß in zahlreichen Fällen das Schuldmoment bei den Verbrechen jugendlicher Personen außer Verhältnis zu der im Normalfalle angedrohten und angewendeten Strafe steht, daß es zur richtigen Bewertung des Schuldmoments eines Eingehens in die jugendliche Psyche bedarf, welche nur durch Spezialstudium erworben werden kann, und daß endlich, wenn man dem Richter die Auswahl läßt zwischen Strafe und Erziehungsmaßnahmen, diese Auswahl nicht in die Hände des ordentlichen Strafrichters gelegt werden kann.

Eine radikale Meinung geht dahin, daß die Behandlung der verwahrlosten sowohl wie der verbrecherischen Jugend dem juristisch gebildeten Richter überhaupt zu entziehen sei, da sie der öffentlichen Pädagogik angehöre, und das juristische Studium sowie die sonstige richterliche Berufstätigkeit keinerlei Gewähr gebe, daß der Richter der schwierigen und verantwortlichen Aufgabe einer richtigen Führung der Jugend gewachsen sei[3]). Diese Meinung ist abzulehnen. Denn auch das Jugendstrafrecht darf den Boden des allgemeinen Rechts nicht unter den Füßen verlieren. Aber andrerseits ist es freilich notwendig, daß seine Handhabung nur in die Hände solcher Richter gelegt werde, die neben dem formal juristischen das pädagogische und psychologische Wissen sich aneignen, welches die richtige Behandlung von Kindern erfordert, und daß sie mit dem Wissen auch das Interesse für

---

[1]) Les tribunaux spéciaux pour enfants. Collection de la Revue l'Enfant. 1906. S. 67 ff.

[2]) Verhandlungen des Schweizerischen Vereins für Straf-, Gefängniswesen und Schutzaufsicht, XXIV. Versammlung, I. Heft. S. 86.

[3]) Tönnies, „Strafrechtsreform", Heft 1 der Modernen Zeitfragen, herausgegeb. v. Landsberg, S. 19 ff.

die Empfindungswelt des heranwachsenden Geschlechts verbinden. Das ist aber nur möglich bei einer Einrichtung von Spezialgerichten und dann auch nicht sonderlich schwierig, wie gerade die amerikanischen Erfahrungen beweisen. Freilich werden wir uns die amerikanische Konstruktion des Instituts nicht zum Vorbilde nehmen dürfen, sondern an historisch Gewordenes und heimische Einrichtungen anschließen. Der geborene Vorsitzende eines deutschen Jugendgerichts ist der Vormundschaftsrichter, dessen leider oft zu wenig gewürdigte Aufgabe es auch jetzt schon ist, Jugendrichter auf anderem Gebiete zu sein. In französischer Beleuchtung erscheint er direkt als Pendant des amerikanischen Jugendrichters[1]). Er wird aber nicht nur in Großstädten zu fungieren haben, wie in Amerika und England, sondern ganz allgemein. Der geringeren Möglichkeit spezieller Ausbildung in Mittel- und Kleinstädten entspricht im allgemeinen die geringere Schwierigkeit der dort zu behandelnden Fälle. Der Jugendrichter wird bei uns auch nicht als Einzelrichter fungieren dürfen, um nicht die Grundlagen unserer Gerichtsverfassung zu durchbrechen, sondern als Schöffenrichter, wobei es sich empfiehlt, ihm eine Spezialjury, bestehend aus Lehrern, Geistlichen und in der Jugendfürsorge tätigen Personen an die Seite zu stellen. Die Idee des Jugendgerichts ist kürzlich durch v o n L i s z t in energischer Weise bekämpft worden[2]), der es für nicht zulässig hält, eine Rechtsgarantie, wie sie in der Aburteilung durch fünf Richter liegt, jugendlichen Personen zu entziehen. Demgegenüber ist darauf hinzuweisen, daß auch das bestehende Recht, dessen Abänderung in dieser Beziehung von Liszt nicht fordert, die formalen Rechtsgarantien für jugendliche Personen verringert, indem es sie den Schwurgerichten entzieht. Auf der andern Seite kann nicht anerkannt werden, daß die Wahrscheinlichkeit richtiger Urteile dadurch geringer wird, daß die Jugendlichen in erster Instanz vor das nach Art der Schöffengerichte gestaltete Jugendgericht gelangen, dies um so weniger, wenn durch Zulassung von Berufung und Revi-

[1]) Vgl. Les tribunaux spéciaux pour enfants, S. 99 ff.

[2]) Pädagogische Zeitung. 1907. S. 225 ff.

sion die Korrektur falscher Urteile erleichtert wird. Im allgemeinen bieten ja auch die Gesetzesübertretungen jugendlicher Personen geringere Schwierigkeit für die tatsächliche Feststellung als diejenigen erwachsener und abgefeimter Verbrecher. Der Vorschlag von Liszts, das Vorverfahren einschließlich der Eröffnung des Hauptverfahrens dem Vormundschaftsrichter, das Hauptverfahren aber dem ordentlichen Strafrichter zu überweisen, dürfte aus praktischen Gründen abzulehnen sein. Wenn von Liszt meint, daß dem Jugendgerichte die nötige Autorität nicht innewohne, so dürfte man folgerichtig auch nicht gestatten, daß es der Strafgewalt in die Arme falle und eine Bestrafung unmöglich mache. Wenn ferner der Vormundschaftsrichter alle diejenigen tatsächlichen Momente ermitteln soll, welche für die Beurteilung der Tat nach ihrer subjektiven Seite entscheidend sind, so wird er an Gründlichkeit der Beweisaufnahme hinter dem Spruchrichter nicht zurückstehen dürfen. Der Spruchrichter wieder wird sich auf das Vorverfahren nicht verlassen dürfen und alle von dem Vormundschaftsrichter erhobenen Beweise mit derselben Genauigkeit wiederholen müssen. Er muß schließlich bei Abmessung der Strafe alle diejenigen psychisch individuellen Momente berücksichtigen, an deren Kenntnis und an deren Verständnis es ihm wohl auch nach von Liszts Ansicht gebricht. Die Durchführung der von Lisztschen Idee würde also eine erhebliche Schwerfälligkeit des Verfahrens zur Folge haben und doch nur einem Teile der Angeschuldigten, nämlich den vom Vormundschaftsrichter außer Verfolgung Gesetzten zugute kommen. Es ist daher die hier vorgeschlagene Neuerung vorzuziehen und das Jugendgericht als Spruchgericht allgemein einzuführen. Eine Ausnahme, die übrigens äußerst selten praktisch werden dürfte, kann nur für diejenigen Fälle aus politischen Gründen zugestanden werden, für welche das Reichsgericht in erster Instanz zuständig ist.

Abs. 2 des § 10 ist von Bedeutung für Württemberg, die beiden Mecklenburg und die Hansastädte, da in diesen Staaten die vormundschaftsgerichtlichen Funktionen von Kommunalbehörden wahrgenommen werden.

Die Gewinnung der speziell für Jugendgerichte geeigneten Schöffen erfordert eine Abänderung des § 34 Nr. 7 und 8 GVG., wie sie in § 11 vorgeschlagen ist. Die Neuerung ist unbedenklich, da in kleineren Orten die Zahl der gegen Jugendliche zu verhandelnden Straffälle so gering ist, daß Volksschullehrer und Religionsdiener an den Verhandlungen werden teilnehmen können, ohne ihre Berufstätigkeit wesentlich zu beeinträchtigen. Es wird in der Ansetzung der Termine auf sie Rücksicht genommen werden müssen. In Großstädten wird ihre Vertretung in ihren Berufsgeschäften keine Schwierigkeiten machen. Das den Ärzten nach § 35 Nr. 3 GVG. zustehende Ablehnungsrecht kann nicht wohl beseitigt werden; dennoch wird man bei dem großen Interesse, das neuerdings die Kindesforschung gerade in Ärztekreisen erregt, darauf rechnen dürfen, daß von dem Ablehnungsrechte nicht allzu häufig Gebrauch gemacht wird.

Die Notwendigkeit, jugendliche Personen von der Berührung mit erwachsenen Verbrechern fernzuhalten, ist so allgemein anerkannt, daß sie näherer Begründung nicht bedarf.

Zu § 13. Die Vorschriften über die örtliche Zuständigkeit des Jugendgerichts folgen aus der allgemeinen Stellung, welche diesem gegeben ist. Es ist durchaus notwendig, daß Vormundschafts- und Strafakten dauernd zusammen bleiben. Da aber eine jugendliche Person mitunter in großer Entfernung von dem Sitze ihres Vormundschaftsgerichts eine Straftat begeht und die Beweismittel sich meist am Orte der Tat befinden, so ist eine vorübergehende Abgabe der Straf- und Vormundschaftsakten für zulässig erklärt.

Zu § 14. Die Untersuchungshaft ist für jugendliche Personen ganz besonders verderblich. In kleineren Orten ist die Trennung jugendlicher und erwachsener Untersuchungsgefangener vielfach nicht möglich und dadurch die Gefahr ungünstiger Beeinflussung der ersteren eine ungeheure. Die Gefahr ungünstiger Beeinflussung liegt aber auch vor, wenn mehrere jugendliche Untersuchungsgefangene ohne Aufsicht zusammengesperrt werden. Andrerseits kann wieder eine längere Einzelhaft bei ganz jungen Personen für ihre geistige Gesundheit geradezu gefährlich werden. In den meisten Fällen ist es ohne Bedenken möglich, die Untersuchungshaft durch die vorläufige Unterbringung nach den einzelstaatlichen Fürsorgeerziehungsgesetzen zu ersetzen. Man wird aber auch die Möglichkeit schaffen müssen, freiwilligen Liebesorganisationen die fürsorgliche Verwahrung zu überlassen. Wenn auch davon in nächster Zeit noch nicht Gebrauch gemacht werden sollte, so ist doch zu hoffen, daß auch bei uns die Gründung von Zufluchtsstätten gerade für verwahrloste und verbrecherische Kinder, wie sie in England und in den Vereinigten Staaten bereits geschehen ist, erfolge.

Zu § 15. Die Notwendigkeit, jugendliche Personen schon im Vorverfahren dem Strafrichter zu entziehen, ergibt sich aus dem früher Gesagten. Von ihrer verantwortlichen Vernehmung im polizeilichen Ermittelungsverfahren ist abzusehen. Dennoch wird es sich empfehlen, in Großstädten mit der Verfolgung jugendlicher Delinquenten besondere Polizeibeamte zu betrauen.

Zu § 16. Mit Rücksicht auf die größeren Garantien, welche für richtige Beurteilung der Eigenart jugendlicher Angeklagten durch das Jugendgericht geschaffen werden, bedarf es der Verteidigung nicht in allen Fällen. Es wird genügen, wenn die Verteidigung als notwendige in erster Instanz nur bei Verbrechen, in der Berufungs- und Revisionsinstanz allgemein anerkannt wird. Es ist damit die Gewähr gegeben, daß der Jugendliche in tatsächlich und rechtlich zweifelhaften Fällen nicht ohne rechtskundigen Berater bleibt.

Zu §§ 17 bis 20. Es ist bedenklich, den Anklagezwang der Staatsanwaltschaft zu beseitigen. Legt man es in das Ermessen der Anklagebehörde, ob sie Verfolgung eintreten lassen will oder nicht, so werden sich Fehlgriffe und Ungerechtigkeiten nicht immer ganz vermeiden lassen. In viel häufigeren Fällen aber, und das ist ganz ebenso bedenklich, wird die öffentliche Meinung an

Parteilichkeit der Staatsanwaltschaft glauben, wenn auch von einer solchen nicht die Rede sein kann. Es empfiehlt sich daher, der Staatsanwaltschaft nur bei von Kindern begangenen Übertretungen das Recht zuzugestehen, sie ganz unbeachtet zu lassen. Sofern es sich um Verbrechen und Vergehen handelt, muß dem Vormundschaftsrichter Anzeige erstattet werden. Dem Vormundschaftsrichter liegt es dann ob, das Erforderliche zu veranlassen. Bei Delikten jugendlicher Personen soll der Staatsanwalt die Wahl zwischen einem Antrage auf Erziehungsmaßnahmen und Erhebung der öffentlichen Klage haben. Das Befinden hierüber kann ihm unbedenklich anvertraut werden. Häufig wird es so unzweifelhaft sein, daß Bestrafung nicht angebracht ist, daß ein einfacher Antrag beim Vormundschaftsrichter auch dem Staatsanwalt genügen wird. In zweifelhaften Fällen wird er ja sicherlich Anklage erheben, und dann bleibt dem Jugendgericht das weitere Verfahren überlassen, während, wenn Anklage nicht erhoben wird, der Vormundschaftsrichter über den Antrag des Staatsanwalts zu befinden hat. Daß dem Staatsanwalt die ordentlichen Rechtsmittel gegen den Beschluß des Vormundschaftsrichters zugestanden werden, wenn er, statt Anklage zu erheben, Erziehungsmaßnahmen beantragt hat, entspricht nur der Billigkeit. Notwendig ist aber, daß die Verwaltung überall, wo mehrere Staatsanwälte tätig sind, einen derselben zum besonderen „Jugendanwalt" macht.

Zu §§ 20 bis 24. Die im allgemeinen einfachere tatsächliche Gestaltung der Delikte jugendlicher Personen läßt die Voruntersuchung sowie den Beschluß über Eröffnung des Hauptverfahrens entbehrlich erscheinen. Es wird stets möglich sein, mit Hilfe der Polizeiorgane und des Vormundschaftsrichters das Vorverfahren so auszugestalten, daß dem Staatsanwalt das Material zur Anklageerhebung geliefert wird. Sind doch auch jetzt schon Voruntersuchungen gegen jugendliche Personen verhältnismäßig selten. Die Entscheidung über Eröffnung des Hauptverfahrens hat sich überhaupt nicht als sehr wirksames

Schutzmittel für Angeschuldigte erwiesen. Sie kann getrost fortbleiben, dies um so mehr, als das Verfahren vor dem Jugendgericht nicht so schwerwiegende Folgen für den Betroffenen haben wird, wie das Verfahren vor dem ordentlichen Strafrichter. Es wird überdies der Staatsanwalt regelmäßig auch nur in den Fällen zur Anklageerhebung greifen, in welchen eine gewisse Verwahrlosung des Jugendlichen schon eingetreten ist. Ergeht ein Beschluß über Eröffnung des Hauptverfahrens nicht, so muß natürlich der wesentliche Inhalt der Anklage in die Ladung des Angeklagten aufgenommen werden. Es empfiehlt sich aber auch, die Hauptverhandlung noch mit einer mündlichen Belehrung des Angeklagten darüber, was ihm zur Last gelegt wird, zu beginnen. Jedenfalls muß der gesetzliche Vertreter des Angeklagten zur Verhandlung geladen werden, damit nicht der letztere des Schutzes und Rates seines Gewalthabers entbehrt. Indessen ist ein Zwang zum Erscheinen für die gesetzlichen Vertreter nicht in Vorschlag gebracht. Man wird Erfahrungen abwarten müssen, ob es eines solchen Zwanges bedarf.

Im übrigen soll die Hauptverhandlung nach den allgemeinen Vorschriften der StPO. gestaltet werden. Insbesondere ist eine weitere Beschränkung der Öffentlichkeit, als sie §§ 173ff. GVG. vorsehen, nicht in Aussicht genommen. Solche Beschränkung ist vielfach gefordert worden, da unzweifelhaft die Öffentlichkeit im Verfahren gegen jugendliche Personen an diesen und ihren gleichaltrigen Genossen erheblichen Schaden gestiftet hat. Indessen ist gerade die Öffentlichkeit des Verfahrens und die dadurch bewirkte Kontrolle des Richters ein so wesentliches Palladium guter Rechtsprechung sowohl als des Vertrauens, welches das Volk zu seinen Richtern hegt, daß man dieses Palladium nicht ohne die zwingendsten Gründe preisgeben darf. Ein zwingender Grund liegt aber nicht vor, da die wesentlichsten Nachteile, welche der Öffentlichkeit im bisherigen Verfahren gegen jugendliche Personen innewohnten, durch die hier vorgeschlagene Neuordnung beseitigt werden. Steht der Angeklagte vor dem Jugendgerichte weniger als Prozeßpartei wie als ungeratenes Kind, welches der Zucht seiner Erzieher anheimfällt und nur bei Unverbesserlichkeit mit schwerer Strafe belegt wird, so fällt jene Befriedigung herostratischer Eitelkeit fort, welche jugendliche Angeklagte jetzt so häufig befällt und zu Prahlerei vor ihren Genossen veranlaßt. Ein junger Mensch, welcher in Zwangserziehung gegeben wird, kann sich nicht als Held eines Dramas aufspielen. Nur dann schädigt die öffentliche Verhandlung jugendliche Angeklagte und ihre gleichaltrigen Genossen, wenn die ersteren sich als Feinde der Rechtsordnung fühlen, welche von deren Hütern im ebenbürtigen Kampfe überwunden werden müssen oder gar über letztere den Sieg davontragen. Es ist durchaus zu hoffen, daß die Öffentlichkeit vor Jugendgerichten nicht nur keinen Schaden, sondern sogar Nutzen stiften wird, indem sie die Jugendgerichte unter die dauernde Kontrolle aller Sachverständigen stellt und dazu beiträgt, sie sowohl als das in ihnen geübte Verfahren populär zu machen.

Zu §§ 25 und 26. Es folgt aus dem vorgeschlagenen § 3, daß die Hauptverhandlung nicht nur mit völliger Freisprechung oder Verurteilung zu Strafe, sondern auch mit Anordnung von Erziehungsmaßnahmen enden darf. Denn wenn die tatsächliche Feststellung zu Ungunsten des Angeklagten getroffen ist, soll dennoch auf Strafe nicht erkannt werden, wenn Erziehungsmaßnahmen Aussicht auf Erfolg versprechen. Als Erziehungsmaßnahmen kommen in Betracht diejenigen, welche nach BGB. in die Hand des Vormundschaftsrichters gelegt sind, und ferner die nach Landesrecht zulässige Zwangs- bzw. Fürsorgeerziehung. Der Kreis der nach dem bürgerlichen Rechte zulässigen Mittel kann aber erweitert werden. Hier findet der Verweis seine richtige systematische Stellung. Er kann eine nützliche Wirkung üben, wenn er mit Erziehungsaufsicht verbunden wird. Diese Erziehungsaufsicht durch die gesetzlichen Vertreter oder besonders zu bestellende Aufsichtspersonen mit der Pflicht monatlicher Berichterstattung ist etwas dem bisherigen Rechte Fremdes. Sie ist eine schüchterne Nachbildung des amerikanischen „probation system“, mit welchem jenseits des Ozeans ganz außerordentlich günstige Erfolge erzielt sind. Es ist zu hoffen, daß ein eindringlicher Verweis durch den Jugendrichter in Verbindung mit einer straffen Aufsicht durch besonders geeignete Personen in denjenigen Fällen segensreich wirken wird, in denen das Maß der subjektiven Verschuldung des Angeklagten ein geringes ist. Sollte dieses überaus milde Mittel den gewünschten Erfolg nicht haben, sollten die Berichte des Fürsorgers ungünstig ausfallen, so bleibt dem Vormundschaftsrichter immer die Möglichkeit, das härtere Mittel der Fürsorgeerziehung in Anwendung zu bringen. Die Wirkung des Urteils würde damit beseitigt werden, ohne daß es der formalen Aufhebung des letzteren bedürfte. Die Erziehungsaufsicht könnte den günstigen Erfolg haben, einen Stamm tüchtiger Fürsorger, ähnlich den amerikanischen „probation officers“, heranzubilden.

Zu §§ 27 bis 30. Als Rechtsmittel gegen die Urteile der Jugendgerichte sind Berufung und Revision in Aussicht genommen. Es entspricht dies unserem ganzen Rechtsmittelsystem und dem immer lauter werdenden Verlangen, allgemein Berufung gegen erstinstanzliche Urteile zuzulassen. Die Zulässigkeit der Berufung dürfte auch die Bedenken derjenigen beseitigen, welche das Schöffengericht in erster Instanz perhorreszieren, weil es für den Angeklagten eine ungenügende Rechtsgarantie bilde. Besonderer Erwägung bedarf die Beantwortung der Frage, an welche Instanz die Berufung gehen soll. Hält man die Mitwirkung von pädagogischen oder ärztlichen Fachmännern in erster Instanz für notwendig, wie es hier geschehen, so liegt es nahe, solche Personen auch in zweiter Instanz an der Urteilsfindung zu beteiligen. Indessen wird ein solcher Vorschlag nicht gemacht, weil er bei der gegenwärtigen Zusammensetzung unserer Landgerichtskammern nicht ohne Schwierigkeit durchführbar wäre, und in dem vorliegenden Entwurfe alles vermieden ist, was der leichten Einführung hinderlich sein könnte. Es kommt übrigens auch sonst vor, daß einer Spezialjury in erster Instanz ein durchweg gelehrtes Richterkollegium in zweiter Instanz gegenübersteht; ich erinnere nur an die Kammern für Handelssachen. Indessen wird dennoch der eigentümlichen Gestaltung des Verfahrens insoweit Rechnung getragen werden müssen, daß nicht die Strafkammern in zweiter Instanz zur Urteilsfindung herangezogen werden, sondern diejenigen Zivilkammern, welche über Beschwerden gegen den Vormundschaftsrichter zu entscheiden haben. Es wird dadurch eine gewisse Gewähr geboten, daß auch in der zweiten Instanz die Grundgedanken, welche diesen Gesetzentwurf durchziehen, zur Anwendung gebracht werden. Um nicht das Reichsgericht zu sehr zu belasten, soll für die Revision, soweit Vergehen oder Übertretungen in Frage kommen, das oberste Landesgericht zuständig sein (§ 199 FGG.).

Zu § 31. Vielfach ist eine Ausdehnung der Zulässigkeit richterlicher Strafbefehle gerade im Verfahren gegen Jugendliche gefordert, um diese bei leichteren Delikten den Gefahren öffentlicher Gerichtsverhandlung zu entziehen. Künftighin wird diese Forderung mit gleicher Begründung nicht mehr aufgestellt werden können, denn diese Gefahren bestehen für die Verhandlung vor dem Jugendgerichte nicht mehr, oder wenigstens nur in sehr geringfügigem Maße. Andrerseits hat der an jugendliche Personen erlassene Strafbefehl erhebliche Nachteile, da im summarischen Verfahren und ohne persönliche Anwesenheit des Angeklagten kaum beurteilt werden kann, ob dieser die geistige Reife besitzt, welche schon nach geltendem Rechte die Voraussetzung seiner Straffälligkeit bildet. Das gilt noch in viel höherem Maße, wenn nicht nur die geistige Reife, sondern die Besserungsunfähigkeit Bedingung einer Bestrafung ist. Wenn man aber ferner von geringen Strafen überhaupt absieht und nur, wie es hier vorgeschlagen ist, empfindliche Strafen zuläßt, so ergibt sich schon daraus die Unzulässigkeit des Strafbefehls, welcher nur für geringfügige Delikte und leichte Strafen bestimmt ist. Es wird daher vorgeschlagen, jegliche Art des Strafbefehls im Verfahren gegen jugendliche Personen für unzulässig zu erklären.

Staatsanwaltschaft

und

Kriminalpolizei in Deutschland.

Von

Staatsanwalt **Dr. Erich Wulffen** in Dresden

mit

Einzelberichten

von

Staatsanwalt **Dr. Feisenberger** in Magdeburg. — Ersten Staatsanwalt **Junghanns** in Mannheim. — Generalstaatsanwalt **Dr. Preetorius** in Darmstadt. — Landgerichtsrat **Rosenberg** in Straßburg. — Staatsanwalt **Dr. Schläger** in Hamburg. — Staatsanwalt **Wachinger** in München. — Amtsrichter **Dr. Weidlich** in Stuttgart.

Berlin 1908.

J. Guttentag, Verlagsbuchhandlung,

G. m. b. H.

Inhaltsverzeichnis.

I.

Zusammenfassender und begutachtender Hauptbericht.

Von Staatsanwalt Dr. **Wulffen** in Dresden.

Bereits die Kommission für die Reform des Strafprozesses (Februar 1903 — April 1905)*) hat in ihren Beratungen über das Vorverfahren zu der Frage nach der Erörterungstätigkeit der Staatsanwaltschaft und der Kriminalpolizei Stellung genommen. So wurden zu § 159 der StPO. die Zusätze beschlossen, daß die Vornahme der Ermittlungen durch die Staatsanwaltschaft selbst bzw. unter ihrer Leitung durch die ihr zur Aushilfe zugewiesenen Beamten oder die Amtsanwälte die Regel bilden und die Staatsanwaltschaft deshalb befugt sein solle, den Beschuldigten und die Zeugen unter Androhung zwangsweiser Vorführung zu laden bzw. im Falle unentschuldigten Ausbleibens zwangsweise vorführen zu lassen (Prot. II, 463). Zu § 153 des GVG. wurde beschlossen, die „tunlichste Herbeiführung unmittelbaren schriftlichen und mündlichen Verkehrs zwischen der Staatsanwaltschaft und den Exekutivbeamten der Kriminalpolizei" in das Auge zu fassen (Prot. II, 379).

Die von der deutschen Landesgruppe der Internationalen Kriminalistischen Vereinigung eingesetzte Strafprozeßkommission ist der Ansicht, daß die von der Reformkommission gefaßten, oben mitgeteilten Beschlüsse mit ihren später noch zu berührenden Begründungen die angeregten Fragen, insbesondere nach der Organisation der Kriminalpolizei und ihrer Stellung zur Staatsanwaltschaft, nicht eingehend genug behandeln, daß insbesondere die in den Protokollen in bezug genommenen Unterlagen unzulänglich sind. Die Erfahrung der Praxis lehrt alle Tage, daß für die Ergeb-

*) Im folgenden immer als „Reformkommission" (RK.) bezeichnet.

3*

nisse eines Strafverfahrens und ihren Wert nicht nur die Voruntersuchung, der Eröffnungsbeschluß und die Hauptverhandlung, sondern auch die Gestaltung des Vorverfahrens von Bedeutung ist. Im Vorverfahren werden mehr Strafsachen erledigt als im Hauptverfahren, und auch für dieses bieten die Zweckmäßigkeit und Zuverlässigkeit der Vorerörterungen die beste Gewähr. Damit ist eine besondere Betrachtung der Erörterungstätigkeit der Staatsanwaltschaft in ihrem Zusammenhange mit der Kriminalpolizei ohne weiteres geboten. Die Strafprozeßkommission der Internationalen Kriminalistischen Vereinigung hat deshalb eine Unterkommission für die Frage nach der Organisation der Kriminalpolizei und ihrer Stellung zur Staatsanwaltschaft eingesetzt. Diese hat in ihren im Januar 1907 in Berlin abgehaltenen Beratungen beschlossen, eine Reihe von Einzelberichten über die Organisation der Staatsanwaltschaft bei den Land- und Amtsgerichten und die Beziehungen zu ihren Hilfsbeamten in den größeren Bundesstaaten zu veranlassen und mit einem die wesentlichen Ergebnisse zusammenfassenden und begutachtenden Hauptreferate zu veröffentlichen. Hinsichtlich der Einzelberichte wurde beschlossen, die Darstellung des staatsanwaltschaftlichen Verfahrens im Königreiche Sachsen als grundlegend anzusehen, da dasselbe, wie schon die Protokolle der Reformkommission — zugleich auch für Hessen — anerkannt haben, den Anforderungen, welche nach Ansicht der Unterkommission zu erheben sind, am nächsten komme. Deshalb ist den Einzelberichten, welche sich diesem Hauptreferate anschließen, die Darstellung des sächsischen Verfahrens vorausgeschickt. Die Berichte aus den übrigen Bundesstaaten gliedern sich in der Weise an, daß sie häufig nur ihre von dem sächsischen Verfahren abweichenden Bestimmungen hervorheben.

I. Es muß schon die Frage erhoben werden, ob und welchen Zusammenhang die Zuverlässigkeit und die Zweckmäßigkeit der staatsanwaltschaftlichen Erörterungen mit dem dienstlichen Verhältnisse haben, in welchem der staatsanwaltschaftliche Dezernent zu dem vorgesetzten Ersten Staatsanwalt steht.

In Preußen bestehen an einer Reihe großer Staatsanwaltschaften Abteilungen, denen ältere Staatsanwälte als sogenannte Abteilungsvorsteher, die in Berlin den Titel Erster Staatsanwalt führen, vorgesetzt sind und eine Anzahl dem Vorstand der ganzen Behörde zukommender Obliegenheiten verrichten. Dem Abteilungsvorstand müssen u. a. alle das Verfahren einstellenden Verfügungen, bei einigen Staatsanwaltschaften auch die Anträge auf Voruntersuchung und sämtliche Anklagen zur Zeichnung vorgelegt werden. In wichtigen Fällen erstattet der Dezernent dem Abteilungsvorstand vor Entschließung mündlichen Vortrag. Der Referent für Preußen bezweifelt, ob ein solches Verfahren eine größere Zweckmäßigkeit, Zuverlässigkeit und Einheitlichkeit in der Geschäftsführung gewährleiste, und betont, daß die größere Selbständigkeit des Dezernenten in Sachsen und andern Bundesstaaten das Verantwortlichkeitsgefühl und die Berufsfreudigkeit zu steigern geeignet sei.

Ähnlich, aber nicht ganz so einheitlich durchgeführt, ist das Verfahren in Bayern. Der Staatsanwalt zeichnet meist im eigenen Namen. Die einstellenden Verfügungen zeichnet häufig der Erste Staatsanwalt, dem auch alle wichtigen Anträge vor ihrem Auslauf vorgelegt werden. Hierdurch erhält er Kenntnis von allen laufenden Sachen und kann mündliche Rücksprache anordnen. Die Dezernenten haben aber in wichtigen Angelegenheiten auch unaufgefordert Vortrag zu erstatten. Eine Einteilung der Staatsanwaltschaften in Abteilungen findet nicht statt. Nur beim Landgericht München I gibt es einen zweiten Ersten Staatsanwalt, der einige Obliegenheiten des Vorstandes, z. B. die Durchsicht der Schwurgerichtsanklagen, übernimmt. Der Referent für Bayern betont, daß das bestehende Verhältnis zwischen dem Ersten Staatsanwalt und den Staatsanwälten sich bewährt habe und tritt den Bedenken, welche ich gegen die sächsische diesbezügliche Organisation zusammengestellt habe, bei.

In Sachsen zeichnet der Staatsanwalt in der Hauptsache stets selbst und erhebt Anklagen und verfügt Einstellungen selbständig ohne Mitwirkung des Ersten Staatsanwalts, der nur die Schwurgerichtsanklagen vor Reinschrift vorgelegt erhält, natürlich aber auch sonst ohne Anrufung Weisungen geben kann. Die sächsischen Staatsanwälte fühlen sich in ihrer selbständigen Stellung ganz gewiß sehr wohl und würden ihrerseits wenig Neigung haben, sie aufzugeben. Es kann auch nicht gesagt werden, daß ein solches Verfahren sich in Sachsen etwa nicht bewährt habe.

In Württemberg ähnelt die Organisation der bayerischen. Die Vorlegung der Einstellungsbeschlüsse an den Ersten Staatsanwalt ist überall obligatorisch, die Vorlegung und gelegentlich sachliche Nachprüfung der Anklagen ist bei einzelnen Staatsanwaltschaften eingeführt. Der Dezernent, selbst wenn er Assessor ist, zeichnet aber im eigenen Namen. Einwendungen gegen dieses System erhebt der Referent für Württemberg nicht.

In Baden verfügen im allgemeinen die Staatsanwälte selbständig wie in Sachsen, insbesondere zeichnen sie im eigenen Namen. Der Referent für Baden bemerkt, daß sich diese Einrichtungen im allgemeinen bewährt haben, und wünscht dem Ersten Staatsanwalt nur mehr Zeit zur wirksamen Ausübung der Dienstaufsicht.

In Hessen wird ähnlich wie in Bayern und Württemberg verfahren. Einstellungsbeschlüsse, Verweisungen auf den Privatklageweg, Anträge auf Außerverfolgsetzung und auf Wiederaufnahme des Verfahrens zugunsten des Verurteilten sowie Schwurgerichtsanklagen werden dem Ersten Staatsanwalt vorgelegt. Im übrigen werden die Dezernenten selbständig und im eigenen Namen tätig. „Ein Bedürfnis nach strafferer Zentralisation ist nicht hervorgetreten.“

In der freien Hansestadt Hamburg ist die Stellung der Staatsanwälte ähnlich selbständig wie in Sachsen. Der Dezernent handelt in eigener Verantwortlichkeit. Ist aber ein Assessor Dezernent, so unterstehen seine Verfügungen der Kontrolle und Gegenzeichnung eines Staatsanwalts.

In Elsaß-Lothringen ist im allgemeinen der staatsanwaltschaftliche Dezernent selbständig, er zeichnet im inneren Dienst mit seinem Namen für den Ersten Staatsanwalt, Berichte an koordinierte Behörden, insbesondere an höhere Verwaltungsbehörden zeichnet der Erste Staatsanwalt.

Diese Zusammenstellung und Vergleichung führt zu dem Ergebnisse, daß der preußische Staatsanwalt am unselbständigsten, der sächsische am selbständigsten gestellt ist. In Sachsen zeichnet der Assessor zwar „im Auftrage" des Staatsanwalts, er bearbeitet aber selbst die größten Sachen, wenn sie nach der Buchstabenverteilung in sein Register fallen, ganz selbständig. Dies erscheint aus den im Sonderreferate Sachsen ausgeführten Gründen nicht unbedenklich. Das Verfahren in Hamburg bezüglich der Assessoren ist zu empfehlen; es bietet auch Gewähr für eine Ausbildung des künftigen Staatsanwalts. Ein Assessor sollte auch nicht allein große Strafsachen, die in der Öffentlichkeit die Aufmerksamkeit erregen, und auch nicht Schwurgerichtsanklagen in der Hauptverhandlung vertreten. Die größere Anteilnahme der Öffentlichkeit erfordert einen ordentlichen Vertreter der Anklage. Es ist nicht selten vorgekommen, daß ein Assessor vor der großen Öffentlichkeit die erforderliche Geistesgegenwart und Korrektheit hat vermissen lassen.

Welches der in Deutschland vorhandenen Systeme die größere Gewähr für die Zuverlässigkeit und Zweckmäßigkeit der staatsanwaltschaftlichen Erörterungstätigkeit bietet, wird sich schwer sagen lassen. Zum mindesten wird aber das Maß der mittleren Zentralisation zu fordern sein, wie es Bayern und Württemberg haben. Die zu weite Dezentralisation hat zum mindesten gegen sich, daß gegebenenfalls die Unzuverlässigkeit und Ungeschicklichkeit des Dezernenten eine Weile mitlaufen können, ehe sie entdeckt werden, und daß die allzugroße Selbständigkeit des Staatsanwalts leicht zu einer weniger einheitlichen Gesamtleitung verführt. Der Staatsanwalt, der in der Gegenwart mehr denn je vor dem Forum der Öffentlichkeit steht, bedarf in wichtiger Angelegenheit eines Rückhaltes, bedarf der Beratung eines älteren Praktikers. Hierbei wird auch die Ausbildung der jüngeren Dezernenten gefördert. Ein Gedanke, dem er vielleicht nur zufällig nicht nahegetreten ist, wird ihm von dem Erfahrenen sofort nahegelegt. Das System der Vortragserstattung, in dem bei uns die wichtigsten Staatsgeschäfte erledigt werden, bietet bei ordnungsgemäßer Handhabung eine ausgezeichnete gegenseitige Kontrolle des Vortragenden und des Berichtempfängers. Daß die Vortragserstattung unter bloßer Verschwendung von Zeit und Arbeitskraft nicht zu einer bloßen Formalität werden darf, bei der jeder der beiden zusammenwirkenden Beamten sich auf den anderen verläßt, braucht nicht weiter begründet zu werden.

Die vorstehend befürworteten Vorschläge könnten vielleicht von einem vermittelnden Standpunkte aus in folgender Weise gefaßt werden, wobei ganz unerörtert bleiben soll, ob eine Aufnahme in den zehnten Titel des Gerichtsverfassungsgesetzes („Staatsanwaltschaft"), etwa als Absätze 3 und 4 von § 147, mit der Ansicht der Reformkommission zu vereinen wäre.

„Dem Ersten Staatsanwalt liegt die Prüfung und Gegenzeichnung der Anklagen und Einstellungsbeschlüsse in allen wichtigen Sachen ob. Diese Befugnis kann auf andere oder auf alle Anklagen, Einstellungsbeschlüsse, sonstige Beschlüsse und Anträge erstreckt werden. Zur Erledigung dieser und der sonstigen Dienstgeschäfte sind größere Staatsanwaltschaften nötigenfalls mit mehreren Ersten Staatsanwälten zu besetzen, deren einer die Dienstaufsicht über alle staatsanwaltschaftlichen Beamten des Bezirks führt. Ein Rechtskundiger, der die zweite Prüfung für den Justizdienst bestanden hat, soll in der Hauptverhandlung zur alleinigen Vertretung einer wichtigen Anklage vor dem Schwurgericht und vor der Strafkammer nicht bestellt werden."

II. Von wesentlicher Bedeutung für den Wert des Verfahrens müssen, wie schon die Reformkommission erkannt hat, der Umfang und die Art und Weise werden, wie der Staatsanwalt selbst mit seinen juristischen Hilfskräften die Beweiserhebung betreibt oder sie anderen Beamten, dem Richter oder den Polizeiorganen überläßt. Auch in diesem Punkte bewegen sich die Anordnungen und

Gepflogenheiten in den deutschen Bundesstaaten zwischen Extremen.

In Preußen hat der Dezernent so gut wie keine juristischen Hilfsarbeiter zur Verfügung. Auch die Amtsanwälte kann er um Vernehmung nicht angehen.

Die Amtsanwälte werden in der Regel aus der Zahl der Gerichtsschreiber, Staatsanwaltschaftssekretäre, Referendare, verabschiedeten Offiziere, Bürgermeister kleinerer Städte, Amtmänner, Amtssekretäre, Polizeikommissare und anderen Personen gewählt. Teils sind sie etatsmäßig angestellt, teils im Hauptamte, teils aber nur im Nebenamte bestellt. Eine besondere Vorbildung wird bei Nichtjuristen nicht verlangt. Bei einigen großen Amtsanwaltschaften fungiert ein Staatsanwalt als Erster Amtsanwalt.

Da der Staatsanwalt im Durchschnitt 1200 bis 1400 Ermittlungssachen jährlich zu bearbeiten hat, so bleibt ihm, wie jeder Kollege sofort nachrechnen kann, fast gar keine Zeit zur Vornahme persönlicher Vernehmungen, sei es des Beschuldigten oder der Zeugen, oder zur Einnahme des Augenscheins. Zu Lokalterminen bedarf er besonderer Genehmigung des Ersten Staatsanwalts, vereinzelt sogar zur Vernehmung eines Zeugen an Amtsstelle. So ist der Staatsanwalt, soweit er nicht die Führung einer Voruntersuchung herbeiführt, fast ausnahmslos darauf angewiesen, seine Ermittlungen durch die Polizeibehörden und das Amtsgericht zu bewirken. Das Ermittlungsverfahren wird für ihn gewissermaßen zum schriftlichen; auf Grund der Aktenprüfung allein beschließt er über Anklage oder Einstellung. Dabei sind wir in Sachsen wenigstens nicht davon überzeugt, daß die Vernehmungen der preußischen Amtsgerichte sachliche Ausführlichkeit aufweisen.

Auch in Bayern finden zufolge Mangels an juristischen Hilfsarbeitern Ermittlungen durch den Staatsanwalt selbst nur ausnahmsweise statt. Die jährlichen Ermittlungssachen des einzelnen Dezernenten schwanken zwischen 700 und 1000 im Durchschnitte. Die Ersuchen werden ebenfalls an die Polizeiorgane und Amtsgerichte gerichtet; in der Pfalz werden auch die Amtsanwälte herangezogen.

Die bayerischen Amtsgerichte sind für Erledigung dieser Vernehmungen mit geeignetem juristischen Personale besetzt. Auch ihre besondere kriminaltaktische Ausbildung ist in das Auge gefaßt, sofern beispielsweise das „Handbuch für Untersuchungsrichter“ von Groß u. m. amtlich zur Verfügung steht und zur Nachachtung empfohlen wird. Der Referent für Bayern hat eine Umfrage veranstaltet, ob das bestehende Verfahren für bewährt oder abänderungsbedürftig erachtet werde. Die Meinungen waren etwa zur Hälfte geteilt. Der Referent stellt die Gründe für und wider zusammen, wobei er besonders berücksichtigt, daß in den großen bayerischen Landbezirken das Erscheinen der Zeugen vor dem Amt für diese unbequem und für den Fiskus kostspielig ist.

Auch in Bayern sind die Amtsanwälte entweder im Hauptamte angestellt oder im Nebenamte beauftragt. Beim Amtsgericht München fungieren ein Polizeiassessor und sieben Regierungsakzessisten (geprüfte Rechtspraktikanten), in den den Kreisregierungen unmittelbar unterstehenden Städten rechtskundige Bürgermeister, Rechtsräte, Ratsassessoren und nur ausnahmsweise auch nichtrechtskundige Gemeindebeamte, für die unmittelbaren Städte und die Landbezirke endlich im Nebenamte die Bezirksamtsassessoren oder ihnen zugeteilte geprüfte Rechtspraktikanten als Amtsanwälte. Die bayerischen Amtsanwälte sind also durchgehend juristisch vorgebildet.

In Sachsen gilt als oberster Grundsatz, daß der Staatsanwalt mit seinen juristischen Hilfskräften an Assessoren und Referendaren den Beschuldigten und die Zeugen selbst vernimmt. Auf den Dezernenten entfallen im Jahre 500 bis 700 Erörterungssachen. Die Polizeibehörden werden nur um Vornahme einfacher oder summarischer Erörterungen ersucht. Für auswärtige Zeugenvernehmungen ist der Amtsanwalt eine geeignete Hilfskraft. Der Staatsanwalt zieht es in wichtigen Fällen auch vor, persönlich auswärts zu erörtern, insbesondere den Augenschein einzunehmen. Die sächsischen Amtsanwälte sind durchgehend Assessoren oder Referendare. Die sächsischen Staatsanwälte sind mit dieser

Erörterungsmethode außerordentlich zufrieden. Neuerdings macht sich bei dem hervortretenden Mangel an juristischen Hilfsarbeitern der Zwang geltend, die Vernehmung der Beschuldigten mehr als bisher dem Gerichte, die der Zeugen der Polizei zu überlassen. Die sächsischen Staatsanwälte sind mit den auf solche Weise erzielten Ergebnissen nicht immer zufrieden.

In Württemberg liegen die Verhältnisse wie in Preußen und Bayern. Die persönliche Ermittlungstätigkeit des Staatsanwaltes bildet die Ausnahme. Juristische Hilfsarbeiter sind spärlich, auf das Dezernat kommen jährlich 1000 und mehr Nummern. Die Amtsanwälte sind durchgehend Gerichtsassessoren. Die Strafkammern wünschen, daß in den zu ihrer Entscheidung kommenden Sachen Voruntersuchung geführt oder wenigstens die Vernehmung des Beschuldigten richterlich erfolgt ist. Württemberg hat den größten Prozentsatz der Voruntersuchungen.

In Baden wird ähnlich wie in Sachsen verfahren. Die Dezernate der größeren Staatsanwaltschaften aber — in Mannheim 1500 Ermittlungssachen auf einen Staatsanwalt — sind überlastet, so daß die persönliche Erörterungstätigkeit des Dezernenten zur Ausnahme wird. Die Amtsanwälte sind Gerichtsassessoren, nur ausnahmsweise Referendare.

Auch Hessen hat, soweit nicht ebenfalls die Überlastung die praktische Durchführung durchbricht, den Grundsatz der unmittelbaren Erörterungstätigkeit des Staatsanwalts. Der Amtsanwalt, der stets ein Gerichtsassessor ist, wird hierzu herangezogen.

In Hamburg arbeitet der Staatsanwalt wie in Preußen hauptsächlich mit der Polizei. Die unmittelbare Erörterungstätigkeit des Staatsanwalts ist bei der großen Zahl der ihm zur Bearbeitung obliegenden Sachen unmöglich. Zu Amtsanwälten werden nur Assessoren und ausnahmsweise Referendare bestellt.

Dasselbe ist in Elsaß-Lothringen der Fall. In Straßburg hat der staatsanwaltschaftliche Dezernent jährlich ca. 1500 Nummern. Als Amtsanwälte fungieren Assessoren oder ehemalige Kantonal-Polizeikommissare, an zwei Amtsgerichten Gerichtsschreiber.

Die Reformkommission (Prot. I. 163 ff.) hat schon die Gründe zusammengestellt, welche für und wider die unmittelbare Erörterungstätigkeit des Staatsanwalts sprechen. Erörtert der Staatsanwalt selbst, so wird das Verfahren beschleunigt. Jede Versendung der Akten muß Verzögerungen herbeiführen. Schnelligkeit im Verfahren ist ein dringendes Bedürfnis unseres Strafprozesses. Der Staatsanwalt weiß am besten, welche Beweispunkte zur Stützung oder Entkräftung der Anklageerhebung aufzuklären sind. Der ersuchte Richter oder die Polizeibehörde kann sich in seinen Gedankengang nicht immer ohne weiteres hineindenken. Dann tritt weitere Verzögerung durch nochmalige Aktenversendung ein. Die ersuchten Beamten, die am weiteren Fortgange des Verfahrens unbeteiligt sind, nehmen nach der Erfahrung natürlicherweise an solchen Ermittlungsverhandlungen weniger sachliches und persönliches Interesse. Es ist nicht wahr, daß ihre Amtshandlungen eine größere Objektivität aufweisen als die der Staatsanwälte. Von den nicht zulänglichen polizeilichen Ermittlungen wird später eingehend die Rede sein. Die sächsischen Staatsanwälte befleißigen sich mit Erfolg, wie das Schicksal ihrer Anklagen ausweist, großer Objektivität, gerade weil sie bei jeder ihrer Beweiserhebungen sich vor Augen halten, daß sie selbst es sind, die in der künftigen Hauptverhandlung vor der Strafkammer auf diese Beweisergebnisse ihre Anklage zu stützen haben. Das Verantwortlichkeitsgefühl erhöht die Zuverlässigkeit. Nur ein staatsanwaltschaftlicher Anfänger kann sich in seine Parteirolle verrennen; die ersten Mißerfolge belehren ihn eines Besseren. Daß die unmittelbare Vernehmung durch den Staatsanwalt vor der richterlichen Beweiserhebung im Vorverfahren große Vorzüge aufweist, wird der Praktiker täglich bestätigt finden. Wenn der Staatsanwalt an der Hand solcher Protokolle Entschließung fassen, die Anklage erheben oder das Verfahren einstellen will, da wird er häufig gewahr, daß in den Protokollen gerade die wichtigsten Fragen, von denen die ganze Entscheidung abhängt, sowohl in tatsächlicher als in rechtlicher Hinsicht gar keine Beantwortung finden. Besonders schlecht kommt die subjektive Seite, das Bewußtsein der Rechtswidrigkeit des Beschuldigten und die persönliche Auffassung der Zeugen, weg. Die richterlichen Protokolle bleiben für den Staatsanwalt tot, er kann sie nicht beleben durch Zuhilfenahme seiner persönlichen Anschauung und Wahrnehmung. Der juristische Hilfsarbeiter des Staatsanwalts wird solche Fragen manchmal vielleicht auch auslassen; aber dann kann der Staatsanwalt ihn noch nachträglich hierüber befragen und sich so sein Bild vervollständigen, er kann den Hilfsarbeiter auch vor der Vernehmung in wichtigen oder nicht einfachen Fällen auf jene ausschlaggebenden Fragen aufmerksam machen. Besonders dürftig sind in dieser Beziehung die preußischen Protokolle, die wir nach unserer Meinung sogar von größeren Polizeibehörden sachlich zulänglicher erhalten. Die süddeutschen Protokolle sind bedeutend besser. Auch unsere sächsischen Vernehmungen sind einigermaßen ausführlich, wenn auch häufig als Grundlage der staatsanwaltschaftlichen Entschließung nicht zulänglich. Wenn sich der Staatsanwalt nur auf solche Protokolle stützt, fällt ihm in der Hauptverhandlung nicht selten die Freisprechung in den Schoß. Es beruht auf einem psychologischen Gesetze, daß der ersuchte Richter sehr leicht wichtige Fragen übersieht. Er denkt nicht an die endgültige staatsanwaltschaftliche Entschließung, er weiß in vielen Fällen nicht, wie sie ausfallen wird. Er versenkt sich unwillkürlich, eben weil ihm kein Ziel vor Augen steht, nicht tief genug in den objektiven und subjektiven Tatbestand. Der Staatsanwalt weiß besser, welche Frage ihm noch fehlt.

Es treten noch Ursachen aus der Person des ersuchten Richters hinzu. Häufig ist er ein junger Assessor oder gar ein unerfahrener Referendar. In solchen Fällen wird die richterliche Vernehmung manchmal zur Farce. Der Staatsanwalt ist ein erfahrener Jurist, aber die Protokolle des Assessors und Referendars sollen vor seinen eigenen Aufzeichnungen den Vorzug verdienen. Das Wesen der richterlichen Vernehmung, bestehend in dem Zusammenwirken zweier Personen, des Richters und des Gerichtschreibers, kommt oft überhaupt nicht zur Geltung, wenn nämlich nur einer von beiden, wie es vielfach geschieht, die Vernehmung bewirkt und zugleich das Protokoll niederschreibt, während die andere Amtsperson nur zur Vorlesung des Protokolls hinzugezogen wird.

Die Vernehmungen von Beschuldigten und Zeugen durch ersuchte Vernehmungsbeamte erweisen sich nach alledem als psychologisch so unzulängliche Maßnahmen, daß sie in einem modernen, nur auf Unmittelbarkeit gestützten Strafprozesse auf das notwendigste Maß, nämlich auf die Befragung der ortsabwesenden Personen beschränkt werden müssen. Schon durch solche Vernehmungen der Abwesenden kommt genug Ungewißheit in ein Strafverfahren; die Gegenwärtigen wenigstens höre der Staatsanwalt oder sein eigener Hilfsarbeiter selbst.

Ein hoher Beamter im bayerischen Justizministerium rühmte mir den Vorzug der Objektivität, mit der der Staatsanwalt den nicht von ihm erhobenen Beweisen in der Hauptverhandlung gegenüberstehe: die Öffentlichkeit könne ihm niemals nachsagen, er habe auf den Angeklagten und die Zeugen eingewirkt, wenn er sie zu gleicher Zeit mit den erkennenden Richtern in der Hauptverhandlung das erste Mal sähe und höre. Das heißt denn doch beinahe jener bekannten durch nichts getrübten Sachkenntnis die Objektivität gleichzustellen. Wir haben in Sachsen nicht wahrgenommen, daß den Vernehmungen seitens der Staatsanwaltschaft mit Mißtrauen begegnet wird. Bemängelt werden ihre Protokolle inhaltlich, zumal in bezug auf Geständnisse, genau so oft oder selten wie die richterlichen. Protokollierte Geständnisse haben im Falle des Widerrufes überhaupt nicht viel Wert, auch wenn sie ein richterlicher Beamter entgegengenommen hat. Mir ist nicht verständlich, wie man gerade in Bayern das angebliche Mißtrauen gegen die Staatsanwaltschaft so hoch einschätzen kann, wo doch die bayerischen Staatsanwälte fortgesetzt aus der richterlichen Laufbahn kommen und in sie wieder zurücktreten.

„Der Vorzug der persönlichen Kenntnis der Beschuldigten und der Zeugen dürfe nicht überschätzt werden. In den meisten Fällen sei eine solche nicht nötig“. (Prot. I. 164). Damit werden unsere ganzen Errungenschaften auf dem Gebiete der modernen Kriminalpsychologie einfach ausgeschaltet. Sie arbeitet ja gerade mit allen Mitteln der Wissenschaften darauf hin, zu zeigen, wie nötig eine eingehende persönliche Befassung mit dem Beschuldigten und den Zeugen ist, und weist immer wieder nach, daß der erkennende Richter in der kurzen Zeit der mündlichen Hauptverhandlung viel zu wenig Gelegenheit hat, die im Strafprozesse auftretenden Personen näher kennen zu lernen. Sollen aber die Grundlagen der Anklage gewissenhaft, wie es die Öffentlichkeit zu beanspruchen hat, geprüft werden, so muß in wichtigeren Fällen der Staatsanwalt selbst hören und sehen. Löwe, der in Anm. 3 zu § 159 StPO. ein solches Verfahren nicht empfiehlt, führt hierfür gar keine Gründe an.

Die Gründe, welche der Referent für Bayern gegen die Einschränkung des Ermittlungsrichters anführt, vermögen nach den Erfahrungen in Sachsen und andern Bundesstaaten und auch ganz allgemein nicht zu überzeugen. Wenn der Staatsanwalt nicht als Inquisitor auftritt — und das soll er nach dem Geiste der Strafprozeßordnung, die ihm auch die Ermittlung der entlastenden Umstände auferlegt, durchaus nicht —, wird er auch als Inquisitor nicht gelten. Ein vernünftiger Staatsanwalt will von dem Beschuldigten und den Zeugen im Vorverfahren gar nicht mehr hören, als sie in der Hauptverhandlung aufrechterhalten können; er wird sogar bei sehr weitgehenden Angaben die Auskunftspersonen nachdrücklichst ermahnen, recht vorsichtig zu sein. Ein vernünftiger Staatsanwalt wird sich und seine Anklage nach allen Seiten sichern, denn er selbst muß sie in den wichtigen Sachen vertreten. Es ist ein verdammt peinliches Gefühl, als Staatsanwalt vor der Strafkammer oder den Geschworenen seine Anklage zusammenbrechen zu sehen. Gerade aus der Mangelhaftigkeit des Vorverfahrens fließt dann die Unzuträglichkeit, daß der Staatsanwalt seine unhaltbare Anklage durchaus nicht preisgeben will. Solche Situationen soll man dem Staatsanwalt und der Öffentlichkeit durch ein zuverlässiges Vorverfahren ersparen. Wenn man dem Staatsanwalt alle unmittelbare Erörterungstätigkeit nimmt, dann gibt man ihm überhaupt keine Gelegenheit, sich in der Befragung von Beschuldigten und Zeugen auszubilden. Dann drängt man ihn in jene Einseitigkeit, die immer nach der Anklage zielt. Er sieht keine Menschen, er sieht das Leben nicht, er sieht nur Protokolle. Ich behaupte, wenn man dem Staatsanwalt die unmittelbare Wahrnehmung und Anschauung gibt, dann erst befähigt man ihn wahrhaft zum öffentlichen Ankläger. Unser staatsanwaltschaftliches System, das so viele Angriffe erfährt, steht mit dem mangelhaften Vorverfahren im engsten Zusammenhange. Deshalb ist es falsch, wenn jetzt auch in den Bundesstaaten, wo die Unmittelbarkeit grundsätzlich gilt, durch Vorenthaltung der juristischen Hilfsarbeiter die Praxis sich an den ersuchten Richter und Polizeibeamten wenden muß.

Notwendig ist dann freilich in erster Linie eine erhebliche Entlastung der staatsanwaltschaftlichen Dezernate. Die Staatsanwaltschaften in Deutschland sind nach den vorliegenden Einzelberichten, mit Ausnahme von Sachsen, wo aber neuerdings zum Teil ebenfalls geklagt wird, als überlastet anzusehen. Überarbeit und Überanstrengung drücken den inneren Wert der Arbeit immer und überall herab.

Daß der vom ersuchten Richter vernommene Zeuge mehr bei der Wahrheit bleibe, weil er den Eideszwang näher vor Augen habe, kann nicht anerkannt werden. Auch der Staatsanwalt kann auf den Eid hinweisen; die Zeugen werden ja im Vorverfahren nur selten vereidet. Wenn das Volk wirklich zu den richterlichen Beweiserhebungen im allgemeinen größeres Vertrauen hat, so muß eben unser Bestreben dahin gehen, ihm auch zu dem mit der unmittelbaren Erörterungstätigkeit ausgestatteten Staatsanwalt Vertrauen einzuflößen. In solchem Geiste muß der moderne Staatsanwalt erzogen werden. Und wie ich den deutschen Staatsanwalt kenne, neigt er einem solchen Geiste auch zu. Nur das System fehlt ihm, in welchem er ihn betätigen kann. Man gebe ihm das geeignete System.

Daß die Gegner sich in dieser Frage so unvereinbar gegenüberstehen, beweist, wie wenig wir eine Anschauung von dem organischen Werden und Gestalten auf dem Gebiete der Strafrechtspflege haben. Die vom deutschen Volke so heiß ersehnte Verinnerlichung der Strafrechtspflege hat bereits im Vorverfahren starke Wurzeln zu suchen. Der Strafprozeß ohne Gewährleistung der unmittelbaren Ermittlungstätigkeit des Staatsanwalts, in dessen Händen die Leitung des Vorverfahrens ruht, wird damit wieder zum schriftlichen Verfahren des alten Inquisitionsprozesses. Weil er lediglich auf grund einer Aktenprüfung gefaßt wird, deshalb bewerten fast alle Ansichten übereinstimmend den Eröffnungsbeschluß heute so wenig, daß seine Beseitigung angestrebt wird. Die Anklage des Staatsanwalts darf man nicht in ähnlicher Weise entwerten. Die Öffentlichkeit nimmt heute mit Recht die Forderung für sich in Anspruch, daß die Behauptungen des öffentlichen Anklägers von diesem in einem organischen, die Zuverlässigkeit gewährenden Arbeitsverfahren gewonnen werden. Es ist ein innerer Widerspruch, wenn der Staatsanwalt auf grund der protokollierten Aussagen des Beschuldigten und der Zeugen eine Anklage auf schwerwiegende Freiheitsstrafe, ja auf Leben und Tod zu erheben hat, obwohl er alle diese Menschen nicht selber sah und hörte, während einem andern Beamten, der dem weiteren Verfahren fernersteht, ihre Vernehmung oblag. Man gibt dem Staatsanwalt im Vorverfahren die Fäden in die Hand, aber er führt an ihnen nur Puppen, nicht lebendige, für ihn lebendige Menschen. Aus demselben Grunde ist ja auch vielseitig gegen das Institut der Voruntersuchung Stellung genommen worden, wennschon man sich aus andern Gründen, die aber bei den sonstigen Strafsachen nicht Platzgreifen, zu ihrer Beseitigung, namentlich für gewisse umfangreiche Prozesse usw., noch nicht entschlossen hat. Nimmt man dem Staatsanwalt die unmittelbare Erörterungstätigkeit, so gelangt man zu einer handwerksmäßigen Arbeitsteilung, während sich sonst sein in die Tiefe der menschlichen Psyche dringendes Verfahren zum künstlerischen Gestalten steigern kann.

Richtig ist, daß die Vornahme der Ermittlungen durch Polizeibeamte im Kostenpunkte billiger ist als die persönliche Tätigkeit des Staatsanwalts. Die Arbeitskraft ist weniger kostspielig, auch an Zeugengebühren wird gespart. Die persönliche Erörterungstätigkeit des Staatsanwalts soll ja auch nur grundsätzlich und nur für wichtigere Fälle gefordert werden, so daß der polizeilichen Tätigkeit noch ein weites Feld verbleibt. Bei sachlicher Wichtigkeit kann der Kostenpunkt nicht ausschlaggebend sein. In der Reformkommission ist weiter ausgesprochen worden, „vor allem werde die mit einer so großen Belastung der Staatsanwaltschaft verbundene erhebliche Vermehrung der Stellen zu Schwierigkeiten führen, da sich jetzt schon Mangel an geeignetem Nachwuchse bemerkbar mache“ (Prot. I, 164). Aber eine solche von den deutschen Staatsanwälten nicht oft gehörte schmeichelhafte Beurteilung ihrer Berufstätigkeit und deren Anforderungen braucht die Aussichten für die Zukunft nicht zu trüben. Es gibt bei uns immer noch genügende Juristen, die sich dem staatsanwaltschaftlichen Berufe, eben weil er den ganzen Menschen in Anspruch nimmt, mit Lust und Eifer widmen. Man bewerte nur die staatsanwaltschaftliche Arbeitskraft und die Schwierigkeit vieler ihm gestellten Aufgaben immer und überall mit voller Gerechtigkeit, und man wird in Deutschland Staatsanwälte haben, soviel man braucht.

Demnach ist den von der Reformkommission zu § 159 StPO. vorgeschlagenen Zusätzen (Prot. I, 463) beizutreten, wonach die Vornahme der Ermittlungen, insbesondere die Vernehmung der Beschuldigten, Zeugen und Sachverständigen durch die Staatsanwaltschaft selbst bzw. unter deren Leitung durch die ihr zur Aushilfe zugewiesenen Beamten oder die Amtsanwälte die Regel bilden soll. Damit hängt die weitere Befugnis der Staatsanwaltschaft zusammen, den Beschuldigten und die Zeugen unter Androhung von

Zwang zu laden und nötigenfalls vorführen zu lassen. Endlich würde zu erwägen sein, ob nunmehr nicht auch der Staatsanwalt verpflichtet werden müsse, die Zeugen über ihr gesetzliches Zeugnisverweigerungsrecht zu belehren (§ 57 Schlußsatz StPO.) und dem Beschuldigten bei Beginn der ersten Vernehmung zu eröffnen, welche strafbare Handlung ihm zur Last gelegt wird (§ 136 Abs. 1 StPO.). Die Reformkommission hat solche ausdrückliche Bestimmungen in ihrem Entwurf nicht aufgenommen.

Bezüglich der Amtsanwälte ist anzustreben, daß zu ihnen tunlichst nur Assessoren, ausnahmsweise Referendare bestellt werden. In der Hauptsache haben nur Preußen und zum Teil Elsaß-Lothringen nicht juristisch vorgebildete Amtsanwälte.

III. Daß dem Staatsanwalt für seine unmittelbare Erörterungstätigkeit die Kriminal- und auch die Exekutivpolizei unentbehrliche Hilfsorgane bleiben, bedarf keiner näheren Ausführung. Wohl aber erheben sich sofort zwei wichtige Fragen, einmal nach den engeren dienstlichen Beziehungen zwischen Staatsanwaltschaft und Kriminalpolizei und zweitens nach der Art und dem Grade der kriminaltechnischen, kriminaltaktischen und juristischen Ausbildung der exekutiven Kriminalbeamten.

Das dienstliche Verhältnis von Staatsanwaltschaft und Kriminalpolizei wird im allgemeinen durch § 153 GVG. und § 159 StPO. bestimmt, wonach die Beamten des Polizei- und Sicherheitsdienstes Hilfsbeamte der Staatsanwaltschaft sind. Damit hat das Institut der gerichtlichen Polizei, wie es der Code d'instr. crim. kennt, in unserer Gesetzgebung zwar Aufnahme (vgl. Löwe, Kommentar, § 153 GVG.), aber keine weitere Ausgestaltung gefunden.

Im allgemeinen regelt sich der Verkehr zwischen der Staatsanwaltschaft und ihren Hilfsbeamten verschieden, je nachdem die Polizeibeamten der Städte und Gemeinden oder die Gendarmen verwendet werden.

Die Anstellungsbehörde der Gendarmen ist nirgends das Ressort der Justiz, sondern die innere Verwaltung. Häufig stehen sie überdies auch unter militärischen Vorgesetzten und werden zu militärischen Zwecken verwendet (Preußen,

4*

Bayern, Baden, Hessen, Elsaß-Lothringen). In Preußen sind sie an und für sich überhaupt nicht Hilfsbeamte der Staatsanwaltschaft, finden aber in ähnlicher Weise wie in den übrigen Bundesstaaten Verwendung. Ihre im übrigen geschätzte Tätigkeit für die Staatsanwaltschaft wird hier durch ihre andern dienstlichen Obliegenheiten sehr beschränkt. Eine unmittelbare Disziplinargewalt gegenüber den Gendarmen steht der Staatsanwaltschaft nirgends zu. Beschwerden sind bei der Anstellungsbehörde vorzubringen. Auch bei der Anstellung der Gendarmen wird die Justizbehörde nicht gehört. Nur in Hessen, wo der Gendarm vor seiner Einstellung in außerordentlich zweckmäßiger Weise die Hälfte des vorgeschriebenen Probedienstes im Kriminaldienste der Staatsanwaltschaft zu verbringen hat, erteilt über die hier bewiesene Befähigung der Oberstaatsanwalt ein Gutachten. Auch vor der Beförderung des Gendarmen zum Wachtmeister wird der Oberstaatsanwalt gutachtlich gehört. Ein unmittelbarer Verkehr zwischen der Staatsanwaltschaft und der Gendarmerie findet insofern statt, als erstere ihre Aufträge an die Gendarmen direkt richten und diese ihre Berichte, meist auch ihre eigenen selbständigen Anzeigen über strafbare Handlungen unmittelbar der Staatsanwaltschaft einsenden. Erörtert der Staatsanwalt selbst in einem Gendarmeriebezirk, so kann er sich den Gendarmen unmittelbar, ohne Anruf einer Zwischeninstanz, als Hilfsbeamten beiordnen.

Die Urteile über die strafprozessualen Leistungen der Gendarmen lauten aus allen Bundesstaaten befriedigend. Ihr Eifer und ihre guten Kenntnisse von Land und Leuten werden geschätzt. Guter Wille und gesunder Menschenverstand zeitigen hier oft beste Erfolge. Die juristischen, kriminaltaktischen und kriminaltechnischen Leistungen der Landgendarmen könnten noch auf eine andere Höhe gebracht werden. Ihre diesbezügliche Ausbildung erfolgt, abgesehen von Hessen, überall nur im Gendarmeriekorps selbst. Besondere fachmännische Lehrkräfte werden hierbei nicht herangezogen; das ihnen in die Hand gegebene Lehrmaterial ist nicht zulänglich. Es fehlt vor allem an den Unterlagen für die Erwerbung von Kenntnissen auf dem so wichtigen Gebiete der modernen Kriminalistik.

Die Einrichtung der Landgendarmeriekorps muß den verschiedensten Zwecken, verwaltungspolizeilichen, militärischen, strafprozessualen, Rechnung tragen. Eine ausschließliche Inanspruchnahme für die letztere kann also nicht angestrebt werden. Da die über das ganze Land verstreuten Stationen meist nur mit einem einzigen Gendarm besetzt sind, kann auch nicht ein bestimmter Teil der Landgendarmen zu Zwecken der Strafverfolgung herangezogen werden. Der Beschwerdeweg der Staatsanwaltschaften über die Gendarmen ist genügend geöffnet.

So bliebe im allgemeinen nur zu wünschen, daß die Landgendarmen überall, also besonders auch in Preußen, als Hilfsbeamte der Staatsanwaltschaft gelten. Durch diese Bei- und Unterordnung wird das sonstige engere dienstliche Verhältnis, das zwischen den Behörden der Strafverfolgung und ihren exekutiven Organen zu wünschen ist, einigermaßen ersetzt. Weiter erscheint das Vorbild Hessens nachahmenswert. Bei Beförderung der Gendarmen soll der Oberstaatsanwalt gutachtlich gehört werden, weil die vorgesetzte Dienstbehörde gerade über die strafprozessuale Erörterungstätigkeit des Gendarmen aus eigener Kenntnis kein hinreichendes Urteil hat. Auch hierdurch würde das dienstliche Verhältnis des Gendarmen zur Staatsanwaltschaft unter Förderung der Zwecke der Strafverfolgung ein engeres werden.

Über die an die Ausbildung der Gendarmen zu stellenden Anforderungen wird am Schlusse gesprochen werden.

Der Verkehr der Staatsanwaltschaft mit den Polizeibeamten der Städte und Gemeinden ist in der Hauptsache kein direkter. Die Justizbehörde hat ihr Ersuchen an die Verwaltungsbehörde (Stadtrat, Bürgermeister, Gemeindevorstand) zu richten, die ihrerseits den Polizeibeamten mit der Vornahme der Erörterungen beauftragt. Dieses Verfahren wird überall geübt und hat sich ganz natürlich aus dem Umstande entwickelt, daß den Gemeinden, soweit nicht der Staat sich einen Vorbehalt gemacht hat, die Sorge für die öffentliche Sicherheit und damit auch die Einrichtung und Unterhaltung der Sicherheitspolizei obliegt, als deren besonderer Zweig sich die Kriminalpolizei entwickelt hat. Bedient sich der Staat zu seinen unmittelbaren Zwecken der Gemeindebeamten, so kann er über diese selbstverständlich nicht wie über seine eigenen verfügen. Dasselbe Verhältnis hat sich auch herausgebildet, soweit in großen Städten die Sicherheitspolizei von staatlichen, königlichen usw. Behörden versehen wird, mag hier die Gemeinde, wie z. B. in Dresden, vertragsmäßig einen Beitrag leisten oder nicht. Staatsanwaltschaft und Polizeibehörde stehen sich dann als gleichgeordnete Behörden gegenüber, deren keine über Beamte der andern, selbst wenn sie formell Hilfsbeamte der andern sind, ohne weiteres verfügen kann.

So geschieht es, daß die Ersuchen der Staatsanwaltschaften bei den größeren Polizeibehörden, den Stadträten, Bürgermeistern und auch bei den Gemeindevorständen durch die Registranden laufen und erst auf Zwischenresolution an den beauftragten Polizeibeamten gelangen. Daß hierdurch unnötige Zeit verloren geht, ist klar. Schnelligkeit des Verfahrens ist ein Vorzug des Strafprozesses. Den Verwaltungsbehörden muß zwar formell das Recht zugestanden werden, das Ersuchen der Staatsanwaltschaft auf die Gesetzlichkeit der beantragten Handlungen zu prüfen und diese nötigenfalls abzulehnen, materiell aber werden sie hierzu wohl niemals gelangen. Tatsächlich, kann auch gesagt werden, prüfen die Polizeibehörden die staatsanwaltschaftlichen Anträge nur flüchtig oder gar nicht. Die Zwischenresolution des juristischen Polizeidezernenten wird also zur leeren Formalität. Denn er ist, wenn er nicht selbst erfahrener Kriminalist ist — Stadträte, Bürgermeister, Gemeindevorstände zählen hierzu nicht —, gar nicht in der Lage, einem deutlichen staatsanwaltschaftlichen Ersuchen etwas hinzuzufügen. Die taktische und technische Instruktion müßte der erste lokale Exekutivpolizeibeamte — Polizeiinspektor usw. — zu geben imstande sein, durch dessen Hände außerdem ja die Anzeige auch läuft. Der Landgendarm muß ja ebenfalls mit dem staatsanwaltschaftlichen Ersuchen allein fertig werden. Ähnlich verhält es sich bei größeren Polizeibehörden mit den Zwischenresolutionen der juristischen Polizeidezernenten, wenn diese nur vorübergehend bei der Polizei beschäftigte jüngere Verwaltungsbeamte sind. Sie haben durchweg ebenfalls keine spezielle kriminalistische praktische Erfahrung und haben ihrerseits in der ersten Zeit von den Kriminalbeamten, die sie leiten sollen, viel zu lernen. Sind sie selbst auf diesem Wege zu einer praktischen Ausbildung gelangt, so werden sie meist sehr bald wieder zu einer andern Verwaltungsbehörde versetzt. Wirklichen Wert hat also die Zwischenresolution nur dann, wenn sie ein ständiger und wirklich erfahrener Polizeidezernent gibt, wie dies in einigen größeren Städten der Fall ist. Aber auch sie ist überflüssig. Denn gerade bei solchen Polizeibehörden sollen die Exekutivbeamten und ihr Exekutivvorgesetzter eine höhere Ausbildung genossen haben. Wie überflüssig die dann auch bei der Rückgabe an die Staatsanwaltschaft wiederholte Zwischenresolution ist, kann man nicht selten daraus ersehen, daß der Zwischendezernent den Bericht des Polizeibeamten gar nicht gelesen haben kann, da er juristische Unrichtigkeiten, stilistische Entgleisungen und orthographische Fehler unkorrigiert stehen läßt. So haben wir also das Ergebnis, daß das Ersuchen des Staatsanwalts durch die Hand des überflüssigen, wenn nicht schlechter unterrichteten Zwischendezernenten an den Polizeibeamten und von diesem zurückgelangt.

Wer den schlechter unterrichteten Zwischendezernenten nicht zugeben will, muß jedenfalls den überflüssigen bestätigen. Es geht unnötige, im Strafprozesse in jeder Beziehung so kostbare Zeit verloren, und die Verbindung zwischen Staatsanwalt und Kriminalbeamten wird keine engere, keine sachlich verständnisvollere. Der Staatsanwalt bleibt von seinen Exekutivorganen getrennt. Es gehört in allen Bundesstaaten zu den selteneren Fällen, daß der Staatsanwalt den Kriminalbeamten mündlich instruiert. Erkennt man aber den Grundsatz der unmittelbaren Erörterungstätigkeit des Staatsanwalts an, so ist nichts wünschenswerter, als ihm auch die unmittelbare Fühlung mit seinen äußeren Organen zu gewähren. Erst hierdurch in vollem Umfange erlangt das Vorverfahren die organische Lebendigkeit, welche einer so wichtigen staatlichen Tätigkeit zukommen muß. Staatsanwälte und Kriminalbeamte werden sich gegenseitig zu Zwecken der Strafverfolgung fördern. Auch der erstere wird von seinen Hilfsbeamten lernen. Der Staatsanwalt wird in ganz anderer Weise mit dem Prozeßstoffe verwachsen. Die Ausbildung der Polizeibeamten, besonders in juristischer Hinsicht, erfährt eine besondere Erleichterung. Die Forderung ist also gegeben, den polizeilichen Zwischendezernenten auszuschalten und Staatsanwalt und Kriminalbeamten in unmittelbarsten, in regelmäßigen persönlichen und mündlichen Verkehr zu setzen. Es fragt sich nur, welcher Weg zur praktischen Durchführung am geeignetsten ist.

Es ist zunächst klar, daß gegenüber der in Deutschland grundsätzlich durchgeführten Trennung von Justiz und Verwaltung die Übernahme der gesamten, zur Verwaltungskompetenz gehörigen Sicherheitspolizei auf das Justizressort ausgeschlossen ist. Auch die Ausübung der ausschließlichen Kriminalpolizei, die polizeiwissenschaftlich als eine besondere, auf die Verfolgung der Verbrechen und der nicht leichteren Vergehen, insbesondere aller Eigentumsdelikte gerichtete Art der Sicherheitspolizei aufzufassen ist, könnte aus denselben Gründen nicht auf die Justiz übergehen.

Wie aber gleichwohl die engste Verbindung von Staatsanwaltschaft und Kriminalpolizei auf verfassungsmäßigem Wege hergestellt zu werden vermag, dafür ist das Beispiel Badens maßgebend. Hier werden in den größeren Städten aus den polizeilichen Exekutivbeamten bestimmte Beamte, wie das ja auch bei uns geschieht, in einer besonderen Abteilung, der Kriminalpolizei, zusammengefaßt, die ausschließlich Strafanzeigen an die Staatsanwaltschaft zu erstatten und Aufträge dieser, des Untersuchungsrichters und des Amtsrichters zu erledigen haben. Diese Kriminalpolizei hat in äußerst zweckmäßiger Weise ihre Geschäftsräume im Gebäude der Staatsanwaltschaft, so daß der mündliche Verkehr zwischen Staatsanwalt und Exekutivbeamten sich denkbar einfach gestaltet. Hierdurch wird sofort die erforderliche organische Verbindung zwischen beiden Gliedern hergestellt. Die Zwischenresolution des Polizeidezernenten erledigt sich. Das Verfahren wird wesentlich beschleunigt. Der Staatsanwalt braucht nicht ausführliche Ersuchungsschreiben zu entwerfen, er kann den Kriminalbeamten mündlich instruieren. Dieser kann durch ausdrückliche Fragen Mißverständnisse vermeiden. Der Kriminalbeamte kann, ohne lange Berichte zu machen, dem Staatsanwalt über die Ergebnisse seiner Erörterungen an Ort und Stelle referieren und der Staatsanwalt hierüber kurze Notizen zu den Akten bringen. Der Staatsanwalt kann sich über die oft nicht unwichtigen persönlichen Eindrücke des Beamten unterrichten, die sonst in dessen Bericht weniger deutlich oder gar nicht zum Ausdruck zu kommen pflegen. Die Staatsanwaltschaft wird weiter in den Stand gesetzt, jederzeit für dringliche, wichtige oder einfache Amtshandlungen Exekutivbeamte zur Verfügung zu haben, was als unumgänglich notwendig bezeichnet werden muß. Es ist einer so wichtigen, gerade auch in exekutiven Handlungen tätigen Behörde nicht würdig, wenn sie, wie leider fast anderwärts überall, in dieser Beziehung ausschließlich von ihr räumlich getrennte, erst durch Vermittlung zu requirierende Beamte einer fremden Behörde anrufen muß. Die Staatsanwaltschaft nimmt im Strafprozesse vielfach die Rolle einer reinen Exekutivbehörde an; sie gewinnt nicht an Autorität, wenn ihr selbst die wirkliche Exekutive fehlt.

Dadurch daß die Kriminalpolizei immer eine Abteilung der Polizeibehörde bleibt, steht ihr trotz räumlicher Trennung auf mündliche und telephonische Anfrage deren ganzer technischer Apparat an Melderegistern, Verbrecherphotographien, Polizeiakten usw. zur Verfügung. Denn Zentrale des Erkennungsdienstes und sonstigen technischen Apparates wird immer die Polizeibehörde bleiben. Diese räumliche Scheidung verursacht aber keinerlei Schwierigkeiten oder Zeitversäumnis. Wenn einzelne Kriminalbeamte an dem allgemeinen Frührapporte der übrigen Polizeibeamten teilnehmen, behalten sie auch sonst Fühlung mit den kriminalpolizeilich wichtigen Vorgängen am Orte. Auch in die nähere oder weitere Umgebung kann der Staatsanwalt solche Beamte mit unmittelbarem mündlichen Auftrage entsenden. Eine solche Abtrennung der Kriminalbeamten von den übrigen Polizeibeamten läßt sich auch polizeilicherseits vollkommen rechtfertigen, da gerade die reinen Kriminalbeamten zu Zwecken der sonstigen Sicherheitspolizei nur wenig oder gar nicht verwendet zu werden pflegen. Es ist ja ohne besondere Kostenaufwendung die Möglichkeit gegeben, für solche Obliegenheiten einige weitere Kriminalbeamte einzustellen oder die übrigen Sicherheitsbeamten zu verpflichten.

In Baden werden die übrigen Polizeibeamten zu kriminalpolizeilichen Geschäften nur im Notfalle, z. B. bei Verfolgung oder Ergreifung des Verbrechers auf frischer Tat, verwendet. Im allgemeinen aber werden die Anzeigeerstatter an die Staatsanwaltschaft und die Kriminalpolizei verwiesen; hat die übrige Sicherheitspolizei den ersten Angriff einer Sache aus den bezeichneten Gründen gehabt, so geht die weitere Erledigung sobald als möglich auf die Kriminalpolizei über. Man sieht, die auch anderwärts bekannte Kompetenzscheidung zwischen Sicherheits- und Kriminalpolizei erweist sich hier als ganz besonders praktisch. Die Entgegennahme der Anzeigen wird viel einheitlicher. Viele Polizeibehörden verweisen jetzt schon Anzeigeerstatter, die einen Bankrott, einen Meineid, Patentvergehen und ähnliche Verletzungen anbringen wollen, an die Staatsanwaltschaft.

Die Zuteilung der Kriminalbeamten an die Justizbehörden in Baden und die Enthebung erfolgt bezüglich der Chargierten durch das Ministerium des Innern im Einverständnis mit dem Justizministerium, bezüglich der Mannschaft durch das zuständige Bezirksamt, in Mannheim und Karlsruhe durch die Polizeidirektion, im Einverständnisse mit dem Ersten Staatsanwalt. Ihm untersteht die Kriminalpolizei in strafprozessualer Hinsicht. Er kann als Disziplinarstrafen Verweis und Geldstrafen bis zu 50 ℳ aussprechen; die Beschwerde hiergegen geht an das Justizministerium. Hierdurch wird auch äußerlich das Verhältnis der dienstlichen Unterordnung der Kriminalpolizei unter die Staatsanwaltschaft in der erforderlichen Weise dokumentiert, was auch ganz gewiß sachlichen Nutzen in der Sorgfalt und Zuverlässigkeit der Ermittlungstätigkeit bietet.

Es liegen keinerlei Hinderungsgründe vor, die Badenser kriminalpolizeiliche Institution auch in den anderen Bundesstaaten einzuführen. Wenn die Reformkommission (Prot. II, 76) für eine engere Verbindung zwischen Staatsanwaltschaft und Kriminalpolizei unter dem Hinweise auf die „in einigen Teilen Deutschlands" hiermit gemachten sehr günstigen Erfahrungen eintritt, so hat auch sie offenbar Baden im Auge. Politische Gründe können gegen eine solche Einrichtung nicht geltend gemacht werden, da ja grungsätzlich die Ausübung der gesamten Sicherheitspolizei bei der Verwaltung verbleibt. Insbesondere könnte es sich in den größten Städten, so auch in Berlin, nur darum handeln, etwa zwei Dritteile der vorhandenen Kriminalschutzleute zur Vornahme der staatsanwaltschaftlichen und gerichtlichen Ermittlungen unmittelbar der Staatsanwaltschaft zu unterstellen. Das übrige Drittel verbliebe zur Erledigung der sonstigen kriminalpolizeilichen Aufgaben, z. B. zur Revision der Althändler und Trödler, der Herbergen, der zweifelhaften Schankwirtschaften, zur Beobachtung von Taschendieben bei Menschenansammlungen, in Theatern, auf den Bahnhöfen, nach wie vor bei der Polizeibehörde.

Von hier aus würden wohl auch die Anzeigen gegen unbekannte Täter, die ja bei der Staatsanwaltschaft unmittelbar gar nicht angebracht werden, aufgenommen und verfolgt werden müssen, wozu im Falle besonderen Aufgebotes, z. B. bei Verfolgung des im Sommer 1907 aufgetretenen Kinderstechers, bei der Aufspürung und Festnahme eines Mörders (Hennig) oder sonstigen schweren Verbrechers (Schuhmacher Voigt), ausnahmsweise auf kurze Zeit die staatsanwaltschaftlichen Kriminalbeamten herangezogen werden dürften. Im übrigen würde die Polizeibehörde an Kriminalkommissaren, welche jetzt die Ausführung der staatsanwaltschaftlichen Ersuchen beaufsichtigen, und an Schreib- und Aktenwerk zu demselben Zwecke ohne weiteres wesentlich sparen. An ihre Stelle treten die staatsanwaltschaftlichen Dezernenten, also keine neuen besonderen Beamten. Der ganze umfängliche kriminalpolizeiliche Apparat würde gerade bei den großen und größten Polizeibehörden durch die Teilung der Mannschaft vereinfacht und übersichtlich werden. Die Exekutive der Bezirke arbeitet wie bisher angriffs- und ausnahmsweise in Kriminalsachen, die von ihr die staatsanwaltschaftliche Polizei übernähme.

Ein gleiches geschähe gegenüber den Erörterungssachen mit erstem Angriffe der bei der Polizeibehörde verbliebenen Kriminalabteilung. Diese Übernahme muß, was sich ohne weiteres durchführen läßt, sobald als irgend möglich erfolgen, damit in derselben Sache nicht unnötig von Beamten beider Abteilungen gearbeitet werden muß. Auch der wünschenswerten Ausbildung von Spezialisten innerhalb der Kriminalpolizei wird kein Eintrag getan, da die unmittelbar unter der Staatsanwaltschaft stehenden Kriminalbeamten nach Weisung des Vorstandes der Polizeibehörde von Jahr zu Jahr oder nach mehreren Jahren ausscheiden und zur Polizeibehörde zurücktreten müßten. So ginge nach und nach die ganze Kriminalpolizei durch die Schule der Staatsanwaltschaft, womit sicherlich eine wertvolle juristische Ausbildung der Polizeibeamten erreicht und auch den Staatsanwälten eine Bereicherung ihrer praktischen Kenntnisse geboten würde. Welchen unschätzbaren Wert es hat, wenn der Staatsanwalt unmittelbar Hand in Hand mit den Kriminalbeamten arbeitet, das habe ich persönlich erfahren, als ich drei Jahre lang als staatsanwaltschaftlicher Assessor bei dem Polizeiamte Chemnitz in einer in Sachsen ganz eigenartigen Stellung detachiert war. Staatsanwaltschaft und Kriminalpolizei müssen eine einheitliche Organisation bilden; hierdurch erlangt das Vorverfahren jene harmonische, organische Ausbildung, die ihm dringend nottut. Die staatsanwaltschaftliche Kriminalpolizei muß mit der bei der Polizeibehörde verbleibenden Kriminalabteilung durch direkte Telephonleitung verbunden sein.

In Baden (s. Sonderbericht) ist die Teilung der Zuständigkeit zwischen der staatsanwaltschaftlichen Kriminalpolizei und der übrigen Polizei etwas anders durchgeführt.

Die Kriminalpolizei besteht ausschließlich bei der Staatsanwaltschaft. Die Polizeidirektionen haben eine sogen. Fahndungsabteilung, welche die übrigen Obliegenheiten in Kriminalsachen, insbesondere auch die Aufgaben der politischen Polizei, erledigt. Die Einrichtung hat also hier nur einen anderen Namen. Auch die Erörterungen gegen unbekannte Täter werden von der staatsanwaltschaftlichen Polizei geführt, bei der sich auch das Verbrecheralbum usw. befindet. Es kann hier nicht der Ort sein, Vorschläge für alle Einzelheiten zu machen. Es handelt sich nur um Darlegung und Rechtfertigung des Prinzips. Auch wird niemand behaupten, daß die Einrichtungen Badens nicht einer weiteren Ausgestaltung fähig wären. Mannheim und Karlsruhe sind keine Großstädte. Die polizeiliche Exekutive der Großstädte könnte sehr wohl in Einzelheiten einige Abweichungen bedingen. Da aber der Polizeiapparat in den großen und mittleren Städten heute schon ein ganz ähnlicher ist, so steht jedenfalls soviel fest, daß sich die Badenser Einrichtungen ohne Schwierigkeit auf ganz Deutschland übertragen lassen können.

Neben dem Badenser Vorbilde kann auch eine Einrichtung in Hessen, die vor der heutigen Organisation der Kriminalpolizei im übrigen Deutschland große Vorzüge hat, zur Begründung einer künftigen Organisation der deutschen Kriminalpolizei mit herangezogen werden. Die Staatsanwaltschaften in Darmstadt, Mainz und Gießen haben je zwei bzw. einen eigenen Kriminalkommissär, einen besonders tüchtigen ehemaligen Kriminalpolizeibeamten mit bestandener Polizeikommissärprüfung, zur eigenen Verfügung. Diese Beamten sind im Justizdienste unmittelbar als Staatsdiener angestellt. Sie werden vom Staatsanwalt meist mündlich instruiert, aber zu selbständigen Ermittlungen oder zur Unterstützung des Staatsanwalts in der Hauptsache nur auf dem Lande, hingegen zu Erörterungen in Städten mit eigener Polizeiverwaltung nur in besonders gearteten seltenen Ausnahmefällen verwendet. Mit den städtischen Polizeibeamten steht die hessische Staatsanwaltschaft ebenfalls nur in einem mittelbaren Verhältnisse, wie das im übrigen Deutschland außerhalb Badens zutrifft. Damit geht aber auch ihr der unmittelbare Zusammenhang mit der Kriminalpolizei in der Hauptsache verloren. Jedenfalls ist aber auch die hessische Einrichtung, die sich sehr bewährt hat und um die wir norddeutschen Staatsanwälte unsere dortigen Kollegen bis auf weiteres zu beneiden haben, ein deutlicher Beweis für das Bedürfnis der Strafverfolgungsbehörden, ihr unmittelbar unterstellte Exekutivbeamte jederzeit zur Verfügung zu haben.

In England, wo es eine Staatsanwaltschaft nicht gibt (vergl. den Bericht von Regierungsrat Dr. Budding: „Die Polizei in Stadt und Land in Großbritannien“), ist die unmittelbare Verbindung der Polizeigerichte nicht nur mit der Kriminalpolizei, sondern auch mit der uniformierten Mannschaft in den Städten vollkommen durchgeführt. Ähnlich in Schottland und Irland, wo man den öffentlichen Ankläger kennt. Gerade die grundsätzliche Ausbildung des unmittelbaren Verkehrs zwischen den Polizeigerichten und der Polizei, wie sie das Beispiel Englands bietet, zeigt den großen praktischen Wert einer solchen Vereinigung. Man kann also das Vorbild Englands sehr wohl heranziehen, auch wenn man im Auge behält, daß die Polizeigerichte und die Polizeibehörde in England, von London und Irland, wo die Polizei staatlich ist, abgesehen, Organe derselben städtischen Selbstverwaltung sind. Die großen Städte sind in Polizeibezirke eingeteilt, Polizeigericht und Polizeibehörde befinden sich unter einem und demselben Dache. In jedem Polizeibezirke sind neben der uniformierten Mannschaft Kriminalbeamte stationiert, welche unter einem besonderen Vorgesetzten stehen und die Verfolgung und Erörterung der Kriminalfälle übernehmen. Die Polizeibeamten führen zu den Sitzungen des Polizeirichters in den von ihnen erörterten Fällen den Beschuldigten und die Zeugen dem Richter vor, überreichen eine Abschrift des Eintrags über den Fall in den Polizeiregistern und erstatten in der Verhandlung mündlichen Bericht. Sie führen nach Erlaß des polizeirichterlichen Urteils den Verurteilten zur Strafverbüßung und entlassen auf Anweisung des Richters den Freigesprochenen. Außer in den Polizeibezirken finden sich aber Kriminalbeamte auch bei der örtlichen Zentralpolizeibehörde, die mit den Bezirksstationen in Verbindung steht und den großen technischen Apparat — Polizeiakten gibt es aber in Großbritannien nicht — versieht. Die Organisation ist also in England eine ähnliche, wie wir sie in Baden vorgefunden und als allgemein nachahmenswert empfohlen haben. Interessant ist, daß wir in Baden eine Annäherung an die englischen Verhältnisse auch insofern haben, als in größeren Städten Kriminalbeamte, in Mannheim z. B. sechs, die der Staatsanwaltschaft unmittelbar unterstehen, in den Vororten stationiert sind. Ich betone nochmals, daß das Vorbild Englands für meine Vorschläge spricht, auch wenn wir die sonstigen dortigen Einrichtungen, insbesondere die Einteilung der Städte in Polizeigerichtsbezirke, nicht übernehmen wollen.

Ganz gewiß steht der Prozentsatz der gerichtlichen Freisprechungen in einem engen Zusammenhange mit der Zuverlässigkeit des Vorverfahrens; wenn auch hierbei noch andere Faktoren wirksam werden, so treten sie doch mehr zurück.

In den Jahren 1905 und 1904 gestalteten sich nach der deutschen Reichskriminalstatistik für 1905 die Prozentsätze an Freisprechungen in den einzelnen Bundesstaaten folgendermaßen:

	1905	1904
Württemberg	20,1 %	20,1 %
Preußen	19,7	20,5
Bayern	17,3	17,2
Hessen	17,2	18,8
Elsaß-Lothringen	16,3	15,9
Durchschnitt der kleineren Bundesstaaten, der Oberlandesgerichtsbezirke Braunschweig, Rostock, Jena, Hamburg, Oldenburg	16,0	16,0
Sachsen	13,2	12,8
Baden	11,3	10,3.

Man sieht, in Preußen und Württemberg, wo die Staatsanwaltschaft in Ermangelung juristischer Hilfsarbeiter fast ausschließlich mit der Polizei arbeitet, erfolgen die meisten

Freisprechungen. Bayern, Hessen, Elsaß-Lothringen und die kleinen Bundesstaaten schließen sich an. Die wenigsten Freisprechungen hat Baden, nächst ihm Sachsen. In beiden besteht das Prinzip der unmittelbaren Erörterungstätigkeit des Staatsanwalts. Baden scheint vielleicht mit seiner engen Verbindung von Staatsanwaltschaft und Kriminalpolizei vor Sachsen, wo die juristischen Hilfsarbeiter vorwiegen, die günstigeren Erfolge zu erzielen. So würde auch die Statistik die Einrichtungen in Sachsen und Baden empfehlen.

Der Referent für Baden betont, daß die dortigen Erfahrungen durchaus für die Zweckmäßigkeit der Verbindung von Staatsanwaltschaft und Kriminalpolizei sprechen. Auch die badischen Polizeibehörden haben mit einer einzigen Ausnahme bisher nie den Versuch gemacht, die bestehenden Einrichtungen zu ändern. In diesem einzigen Ausnahmefall, in dem übrigens das Ministerium des Innern später die Polizeibehörde nicht mehr unterstützt hat, handelte es sich auch nicht um sachliche Beschwerden. Freilich kann es zur „Machtfrage" werden, wenn ein wichtiger Teil der Polizei unter den Ersten Staatsanwalt gestellt wird. Wenn man auch im übrigen Deutschland dieses System der Verbindung einführen will, muß man ohne Voreingenommenheit und mit dem Willen, für die *Sache* das Beste zu tun, an die Prüfung herantreten. Daß insbesondere aus der Person der Staatsanwälte Bedenken erwüchsen, haben die Verhältnisse in Baden nach dem Referenten nicht im geringsten gezeigt. Es ist auch nicht abzusehen, weshalb der staatsanwaltschaftliche Assessor und der junge Staatsanwalt die Fähigkeit, Exekutivbeamte zu dirigieren und zu instruieren, nicht ebenso sich aneignen könnten, als die jungen Polizeidezernenten. Im Gegenteil ist der staatsanwaltschaftliche Beamte viel mehr Spezialist als der Polizeidezernent und mit den eigensten Bedürfnissen des Strafprozesses viel mehr vertraut. Daß jetzt freilich mancher norddeutsche und mitteldeutsche Staatsanwalt einer Einarbeitung bedürfte, um den Exekutivbeamten erfolgreich verwenden zu können, soll nicht verkannt werden. *Hierin liegt ja gerade wieder ein Fehler unseres jetzigen*

Systems, welches das Haupt von seinen Gliedern trennt und den Staatsanwalt nicht nur fern von dem wirklichen Vorkommnis und von den lebendigen Menschen, sondern auch fern von den großen technischen Apparat hält, dem der Strafprozeß seine Haupterfolge verdanken muß. Man gebe dem Staatsanwalt die unbedingt notwenige Fühlung mit der Kriminalpolizei, und sofort tritt die ebenso unbedingte Forderung auf, daß er sich kriminaltaktisch und kriminaltechnisch so bilden muß wie ein routinierter Kriminalkommissar. Gerade diese gekennzeichnete Ausbildung wird ja mit Recht an unseren Staatsanwälten vermißt, gerade sie wird von ihm gefordert. Sie ist ein neues Bindeglied, welches ihn, der niemals weltfremd sein darf, mit Leben und praktischer Maßnahme verbindet. Es ist mißlich, wenn ein Staatsanwalt nicht weiß, auf welchem Wege ein Kriminalbeamter gewisse schwierige Auskundschaftungen vorzunehmen hat, oder wie eine Fußspur ausgegossen oder photographiert werden muß. Wenn der Staatsanwalt von solchen praktischen Dingen nichts versteht, so pflegt es zu geschehen, daß der Kriminalbeamte ihn als Autorität manchmal nicht zu sehr schätzt. Ein unpraktischer Mann sollte überhaupt niemals Staatsanwalt werden. Die Auslese der Staatsanwälte erfolgt übrigens auch in anderer Beziehung (Menschenkenntnis, Entschlußfähigkeit, rednerische Befähigung) zu wenig nach persönlichen Eigenschaften.

Wüchse so dem Staatsanwalt eine neue Aufgabe zu, so könnte er besonders von überflüssigem Schreibwerke entlastet werden. Das eigenhändige Niederschreiben großer Anklagen müßte vermieden und der Staatsanwalt in den Stand gesetzt werden, sie der Maschinenschreiberin oder einem Schreiber zu diktieren. Namentlich auf dem ersteren Wege würde an Zeit gespart. Auch ausführliche und lange Vernehmungsprotokolle müßte der Staatsanwalt diktieren, für Anklagen wegen Diebstahls und Betrugs im Rückfalle müßten in einfachen Fällen Formularanklagen verwendet werden. Statt sich in dieser praktischen Beziehung alle Errungenschaften der Neuzeit zu eigen zu machen, sehen wir heutzutage selbst große Staatsanwaltschaften mit einem altmodischen Apparat arbeiten. Es fehlt an Kopisten; die vom Staatsanwalt in beschleunigtem Verfahren angefertigten Anklagen und Beschlüsse bleiben tagelang beim Kopisten liegen. Eine Maschinenschreiberin steht überhaupt nicht oder mehreren Behörden zugleich zur Verfügung. Der Staatsanwalt muß jede unbedeutende Verfügung persönlich unterzeichnen. Die Staatsanwaltschaft hat keine eigene Telephonlinie zur Kriminalpolizei und muß auf die Verbindung selbst in den eiligsten Fällen warten. Will der Staatsanwalt oder der Amtsrichter über Antrag auf Erlaß oder Aufhebung von Haftbefehl Entschließung fassen, so ist er in großen Städten auf telephonischem Wege vielfach behindert, der Behauptung des vorläufig Festgenommenen, er habe in einem entfernten Stadtteile feste Wohnung, mit Hilfe der Polizeibezirkswache sofort festzustellen. Manche Staatsanwaltschaften haben für ihre besonders an das Publikum hinauszugebenden Beschlüsse und Mitteilungen kein Amtspapier mit dem Vordruck des Namens ihrer Behörde. Dann sieht man den Schriftstücken den Amtscharakter recht wenig an, und der Empfänger könnte füglich zweifeln, ob nicht ein Unbefugter ihn irreführen will. In den Bibliotheken vieler Staatsanwaltschaften fehlen die wichtigsten Bücher, auch in juristischer Beziehung. Bücher von Groß, Aschaffenburg, Krafft-Ebing usw. muß sich der Staatsanwalt häufig aus anderen, nichtstaatlichen Bibliotheken ausleihen. Die Werke der modernen Kriminalistik werden nicht angeschafft. Würde den Ersten Staatsanwälten die Kriminalpolizei unterstellt, so sollte man sehen, wie sie auch in dieser Hinsicht auf einmal zu modernen, praktischen Menschen würden. Also wieder ein neuer Nutzen.

Auch andere Vorteile böte die Verbindung. Die Kriminalpolizei erhielte durchgehend einen staatlichen Charakter. Die Kriminalbeamten würden hierdurch in Städten mit städtischer Polizeiverwaltung unabhängig von der Bürgerschaft, was eine große Bedeutung hätte. Jeder Wettlauf zwischen Kriminalpolizei und Staatsanwaltschaft, der oft nicht zum Vorteile der Strafsachen ist, wäre ausgeschlossen. Es gibt Polizeibehörden, die sich für die Herren des Strafverfahrens ansehen und eine Strafsache so lange in ihren Händen behalten, als es ihnen beliebt (s. Sonderbericht Württemberg). Es ist widersinnig, wenn die wirkliche Strafverfolgungsbehörde, die Staatsanwaltschaft, warten muß, bis ihre Hilfsbeamten ihr die Weiterbearbeitung abtreten wollen. Vorzeitige Nachrichten über die Ergebnisse eines eben erst eingeleiteten Strafverfahrens gelangten aus einer unter der Justizbehörde stehenden Kriminalpolizei ganz gewiß nicht so leicht in die Presse wie heutzutage. Die Justizbehörde würde auch keinen Gefallen daran finden, sich wegen ihrer kriminalpolizeilichen Amtshandlungen in der Presse gefeiert zu sehen. Der Vorstand der Gesamtpolizei ist übrigens heute neben seinen vielen sonstigen Geschäften wenig in der Lage, sich um rein kriminalpolizeiliche Angelegenheiten kümmern zu können. Bei den großen Polizeibehörden mit besonderer Kriminalabteilung kann vom Vorstande der letzteren ebenfalls gesagt werden, daß er den Einzelheiten — häufig zum Schaden der Sache — nicht immer nahe genug steht. Bei der Staatsanwaltschaft können die einzelnen Kriminalbeamten den Staatsanwälten direkt unterstellt werden, neben ihnen fungierten einzelne Wachtmeister und Kommissare. Auch diese Umstände drängen dazu, die Kriminalpolizei der Staatsanwaltschaft zu unterstellen, für die sie einzig arbeitet. Beide müssen ein organisches Ganzes sein.

IV. Die technische und praktische Ausbildung der Kriminalbeamten sowohl in den Städten wie auf dem Lande bedarf nach allen vorliegenden Berichten einer größeren Gründlichkeit. Es werden verschiedene Ausbildungsmethoden verfolgt. Die meisten Polizeibehörden bilden ihre Kriminalbeamten nur praktisch insofern aus, als sie tunlichst alle Exekutivbeamten nach und nach durch die Kriminalabteilung laufen lassen. Wer sich hier als befähigt und geschickt erweist, hat Aussicht auf spätere Einstellung als Kriminalbeamter. Bei

5*

anderen Polizeibehörden, z. B. in Dresden, wird eine Art theoretischer Instruktionsstunde, aber von den Polizeileutnants, also ehemaligen Offizieren, erteilt. Es ist klar, daß hierbei mehr der Exekutivdienst ins Auge gefaßt, aber weniger die Kenntnis und das Verständnis der Strafgesetze und die Aneignung der modernen kriminaltaktischen und kriminaltechnischen Kenntnisse gefördert werden. Zahlreiche Polizeibeamte erhalten überhaupt eine besondere Ausbildung nicht, sondern erfassen die strafbaren Tatbestände nur mit ihrem gesunden Menschenverstande, die Bestimmungen der Strafprozeßordnung nur von Fall zu Fall bei der praktischen Anwendung, darüber hinaus von Kenntnissen aus ihrem umfangreichen Gebiete nur gelegentlich und zufällig. In den Bureaus vieler Polizeibehörden, ja Kriminalabteilungen fehlen Sammlungen der Strafgesetze, ja sogar das Strafgesetzbuch und die Strafprozeßordnung. Andere Polizeiverwaltungen, vor allem preußische, schicken ihre Beamten zur Absolvierung eines meist allerdings nur dreimonatigen Kursus auf ihre Kosten in eine Polizeischule. Die Polizeischulen sind an und für sich sehr nützliche Institute und werden von ehemaligen, erfahrenen Polizeibeamten geleitet, die auch kurze praktische Zusammenstellungen der für die Eleven wichtigsten gesetzlichen Bestimmungen im Druck herausgegeben haben und für billiges Geld verkaufen. Diese Leitfaden sind ebenfalls an und für sich oft recht gut. In der Polizeischule und an der Hand der Leitfaden kann der jüngere Polizeibeamte aber gerade nur das Nötigste lernen. Eine gründliche Ausbildung, wie sie für den modernen Polizeibeamten dringend wünschenswert ist, erlangt er jedoch auf diesem Wege nicht.

So erklären sich die teilweise nicht erfreulichen Kritiken über die Leistungen der Polizeibeamten. Die vom Kaiser-Wilhelm-Dank herausgegebene Fachzeitung „Die Polizei“ schreibt in ihrer Nummer vom August 1905: „Von den Schülern der Polizeischule Recklinghausen, Leuten, die schon seit längerer Zeit im Dienste sich befanden, wußte keiner was die Verfassung sei, die wenigsten hatten eine Ahnung von den wichtigsten Gesetzen, über deren Ausführung sie zu wachen haben. ... Von 153 Besuchern waren noch nicht 5% — also nur sieben — im Besitze des Strafgesetzbuchs, ein einziger Schüler kannte die Gewerbeordnung, das Feld- und Forstpolizeigesetz war allen fremd.“ Hiernach läßt sich ohne weiteres beurteilen, welche Auffassung solche Beamte vom ganzen Strafrechte und vom Strafprozesse und welche Kenntnisse sie auf dem Gebiete der Kriminaltaktik und Kriminaltechnik haben.

Der Referent für Bayern betont, daß die Leistungen der Kriminalschutzmannschaft in München nicht durchweg genügen. Über die Leistungen außerhalb Münchens wird allgemein geklagt. Auch von anderer Seite weiß man, daß in Bayern die kriminalistische Ausbildung gehoben werden müßte.

In Sachsen sind wir im allgemeinen zufrieden. Aber wirkliche kriminalistische Kenntnisse sind ebenfalls nicht häufig. Der bekannte gute Stand der Schulbildung in Sachsen scheint hier die Polizeibeamten in der Erfassung ihrer Aufgaben zu fördern.

Der Referent für Württemberg schildert die ebenfalls auch sonst bekannten nicht genügenden Leistungen der Württemberger, insbesondere auch der Stuttgarter Polizei in ausführlichen Einzelheiten.

Daß die Kriminalpolizei in Baden sich in ihren Leistungen hervorhebt, ist nach den dortigen Einrichtungen erklärlich.

In Hessen wird dem Bedürfnis nach einer besseren theoretischen Ausbildung der Polizeibeamten durch die in Darmstadt eingerichtete Schutzmannsschule Rechnung getragen.

Die Kriminalpolizei in Hamburg wird gelobt.

Die Leistungen der staatlichen Landgendarmerie werden überall günstiger beurteilt, in der Hauptsache wohl deshalb, weil an sie hohe Anforderungen zu stellen nur seltener Gelegenheit sich bietet.

Dem Berichte des Referenten über „Die Polizei in Stadt und Land in Großbritannien“ habe ich nicht entnehmen können, daß die Ausbildung der englischen Polizei, insbesondere der Kriminalpolizei, Vorzüge vor der unsrigen aufwiese. Ich kann das auch aus meinen sonstigen Studien bestätigen. Nur ein Zehntel der gesamten Mannschaft etwa sind gediente Soldaten. Hieraus erklärt sich auch der nichtmilitärische Umgangston der englischen Polizisten, die in der Hauptsache aus den Kreisen der Arbeiter, Landarbeiter und Handwerker entnommen werden. Daß deren allgemeine und Schulkenntnisse nicht besondere sein können, liegt auf der Hand. Außerdem müssen sie auch erst körperlich ausgebildet und militärisch einexerziert werden. Rechtskenntnisse spielen in der englischen Polizei keine solche Rolle wie bei uns. Die Ausbildung des englischen, auch des viel besser geschulten irischen Polizisten ist eine rein praktische, wie überhaupt das ganze englische Strafverfahren, vor allem vor den Polizeigerichten, auf die rein praktischen Bedürfnisse zugeschnitten ist. Auch die kriminaltaktische und kriminaltechnische Ausbildung des englischen Polizeimanns ist keine hervorragende. Gerade diesem Umstande verdankt das englische Privatdetektivwesen seine Verbreitung und Ausbildung. Auch die Polizei bedient sich der Privatdetektive.

Es kann gar keinem Zweifel unterliegen, daß die Polizei- und insbesondere die Kriminalbeamten bei uns eines höheren Maßes theoretischer Vorbildung bedürfen. Vor allem sind ihnen die elementaren Kenntnisse aus den Reichsjustizgesetzen — Gerichtsverfassungsgesetz, Strafprozeßordnung, Strafgesetzbuch und Konkursordnung — nötig, innerhalb deren sich ihre Erörterungen am meisten bewegen. Aber auch in den zahlreichen übrigen Strafgesetzen des Reichs und seiner Bundesstaaten müssen sie bewandert sein. Sie bedürfen weiter einer nicht nur oberflächlichen kriminalistischen Ausbildung, die sie zum selbständigen planvollen ersten Angriff und der weiteren erfolgreichen Bearbeitung einer Ermittlungssache befähigt; die Lehren der Kriminaltechnik endlich weihen sie in den von den Hilfswissenschaften der Polizeiwissenschaft zur Verfügung gestellten, bewundernswerten technischen Apparat zur Überführung des Verbrechers ein. Die vorgeschrittene Taktik und Technik des Verbrechers selbst fordern auch einen gleichen Fortschritt bei seinem exekutiven Verfolger. Die neuen Erkenntnisse vom Wesen des Verbrechers und des Verbrechens werden auch eine kriminalpsychologische Schulung für die Zeit nicht entbehren lassen. Die Zeiten sind vorüber, wo die Polizeibeamten mit dem gesunden Menschenverstand allein auskommen konnten.

Daß dem in nicht leichter Berufsarbeit stehenden Polizeibeamten der nötige theoretische Unterricht ohne Überanstrengung gewährt werden muß, versteht sich von selbst. Die Hauptsache ist, daß der Unterricht von geeigneten Lehrkräften und an der Hand wissenschaftlichen Materials erteilt wird. Die Lehrenden müssen, von Gesetzeskenntnissen abgesehen, an der Hand von Groß, „Handbuch für Untersuchungsrichter", „Die Erforschung des Sachverhalts strafbarer Handlungen" und „Kriminalpsychologie", von Weingart, „Kriminaltaktik" und „Handbuch für Brandstiftungsuntersuchungen", Wulffen, „Handbuch für die exekutiven Polizei- und Kriminalbeamten" u. a. selbst völlig unterrichtet und im Besitze eines klaren und eindringlichen Vortrags sein, wenn der Unterricht wirkliche Erfolge zeitigen soll. Sich solche Lehrende in ihrem eigenen höheren Beamtenpersonal großzuziehen, müssen die größeren Polizeibehörden selber bemüht sein. Vielleicht findet sich hierzu auch gelegentlich ein geeigneter Justizbeamter. Einrichtung staatlicher oder städtischer Schutzmannsschulen, die von den verschiedensten Orten aus besucht werden können und mit wirklich guten, selber wissenschaftlich gebildeten Lehrern besetzt sind, sowie die Ablegung von Prüfungen für die Kriminalbeamten und die Chargierten müssen warm befürwortet werden.

V. Unter Zusammenfassung meiner gesamten Ausführungen gelange ich zur Aufstellung folgender Leitsätze.

Zu I: Bei der einzelnen Staatsanwaltschaft hat zur Förderung ihrer Aufgaben das System einer mittleren Zentralisation in dem Sinne Platz zu greifen, daß der Erste Staatsanwalt oder mehrere Erste Staatsanwälte sich über die den Dezernenten zugeteilten Erörterungssachen, zum mindesten über die wichtigeren, in angemessener Weise auf dem laufenden erhalten und die ihnen unterstellten Bearbeiter hierbei mit Rat und Weisung unterstützen. In Erfüllung der billigen Forderungen der Öffentlichkeit, zur Wahrung der Würde der Behörde und zur Schonung der eigenen dienstlichen Interessen der Assessoren sollen diese in der Hauptverhandlung mit der alleinigen Vertretung einer wichtigen Anklage vor dem Schwurgericht und vor der Strafkammer nicht bestellt werden.

Zu II: Die Vornahme der Ermittlungen, insbesondere die Vernehmung der Beschuldigten, Zeugen und Sachverständigen, durch den Staatsanwalt selbst bzw. unter seiner Leitung durch juristische Hilfsarbeiter oder die Amtsanwälte soll die Regel bilden. Voruntersuchungen, welche immer das Strafverfahren verzögern, sollen, soweit sie nicht gesetzlich notwendig sind, nach Möglichkeit vermieden werden. Einer Überlastung der staatsanwaltschaftlichen Dezernate ist unbedingt vorzubeugen. Das Schreibwerk der Dezernenten ist zu vermindern. Den Staatsanwälten sind juristische Hilfsarbeiter in hinreichender Weise zur Verfügung zu stellen. Als Amtsanwälte sollen nur Assessoren oder Referendare bestellt werden.

Zu III: Die der Staatsanwaltschaft für ihre Aufgaben erforderlichen Kriminalbeamten und Chargierten sind ihr mit Disziplinargewalt des Ersten Staatsanwalts unmittelbar zu unterstellen und mit ihr in demselben Dienstgebäude unterzubringen. Auf die kriminalpsychologische, kriminaltaktische und kriminaltechnische Ausbildung der Staatsanwälte ist Wert zu legen. Die Staatsanwaltschaften sind für die Zwecke des Strafverfahrens, insbesondere seiner Beschleunigung, mit den Mitteln der modernen Technik auszustatten.

Zu IV: Die Beamten der Kriminalpolizei sind auf den Gebieten der Strafgesetzgebung, Kriminaltaktik, Kriminaltechnik und auch, ihrer allgemeinen Bildung angemessen, der Kriminalpsychologie auszubilden und möglichst auch in Schutzmannsschulen oder eigenen behördlichen Lehrkursen methodisch zu unterrichten. Das Aufrücken in höhere Stellen ist von Ablegung einer Prüfung und der Befähigungsbezeugung durch den Ersten Staatsanwalt abhängig zu machen.

II.

Das staatsanwaltschaftliche Verfahren im Königreich Sachsen.

Von Staatsanwalt Dr. **Wulffen** in Dresden.

1. Der Erste Staatsanwalt.

Im Königreich Sachsen wird das Amt der Staatsanwaltschaft bei den Landgerichten je durch mehrere Staatsanwälte ausgeübt, die einem den Diensttitel Oberstaatsanwalt führenden Ersten Staatsanwalt unterstehen. Eine Einteilung der einzelnen Staatsanwaltschaft in Sektionen oder Abteilungen, innerhalb deren die einzelnen Dezernenten einem weiteren, unter dem Oberstaatsanwalt fungierenden Ersten Staatsanwalt unterstellt sind, findet auch an den mit je 12 bis 13 Staatsanwälten bzw. Dezernenten besetzten Staatsanwaltschaften Dresden und Leipzig nicht statt. Dem Oberstaatsanwalt steht die gesamte Geschäftsleitung zu. Er hat für eine einheitliche Haltung der Staatsanwaltschaft in zweifelhaften Fragen der Gesetzesauslegung sowie in sonstigen Fragen von grundsätzlicher Bedeutung zu sorgen. Der Dezernent hat ihm in solchen Fällen schriftlichen oder mündlichen Vortrag zu erstatten und seine Entschließung einzuholen. Kann dies nicht rechtzeitig geschehen, weil z. B. die Frage in einer mündlichen Hauptverhandlung hervortritt, so ist nachträglich Vortrag zu erstatten. Alle wichtigen Vorkommnisse auf dem Gebiete der Strafrechtspflege hat der Staatsanwalt, in dessen Dezernat sie fallen, ebenfalls unaufgefordert dem Oberstaatsanwalt vorzutragen, der unverzüglich an die Staatsanwaltschaft bei dem Oberlandesgerichte zu berichten hat (§§ 792 u. 793 der Geschäftsordnung für die Kgl. Sächs. Justizbehörden).

Der Erste Staatsanwalt bei dem Oberlandesgerichte Dresden führt den Titel Generalstaatsanwalt. Ihm ist ein zweiter Staatsanwalt mit dem Titel Oberstaatsanwalt beigegeben. Der Generalstaatsanwalt führt unter dem Justizministerium die Dienstaufsicht über alle Staatsanwälte und Amtsanwälte.

Im übrigen (siehe oben) findet ein Vortrag seitens des Staatsanwalts an den Oberstaatsanwalt nicht statt. Auf dessen Verlangen aber haben die beigeordneten Beamten über die von ihnen bearbeiteten Sachen mündlich Vortrag zu erstatten. Es steht ihm auch jederzeit frei, über die Art der Behandlung einer Sache Anordnung zu treffen (§ 792 GO.). Die Oberstaatsanwälte machen hiervon nur spärlichen Gebrauch. Regelmäßig werden ihnen die Anklagen in Schwurgerichtssachen mit den Akten vor Einreichung bei Gericht vorgelegt. Wird gegen den Beschluß des Staatsanwalts Beschwerde eingelegt, so findet vor Abgabe der Akten an die Staatsanwaltschaft beim Oberlandesgerichte ebenfalls mündlicher Vortrag nicht statt, wie überhaupt eine sachliche Nachprüfung seitens des Oberstaatsanwalts in der Regel unterbleibt. Zum Vortrag und zur Beratung von Sachen, die ein allgemeines Interesse bieten, kann der Oberstaatsanwalt von Zeit zu Zeit oder zu bestimmten wiederkehrenden Zeiten Versammlungen aller beigeordneten Beamten, nach Belieben unter Zuziehung der Referendare, anberaumen (§ 792 GO.). Auch diese Befugnis wird nur vereinzelt und in verschiedener Richtung ausgeübt. Meistens werden in diesen Versammlungen nur Angelegenheiten des inneren Dienstes, seltener oder gar nicht sachliche Entschließungen über Anklageerhebung oder über Einstellung des Verfahrens in zweifelhaften Fällen behandelt.

Hiernach ergibt sich, daß die Entschließung des Dezernenten, von einigen noch zu erwähnenden Ausnahmen abgesehen, im allgemeinen eine sehr selbständige ist, was äußerlich dadurch zum Ausdruck kommt, daß der Staatsanwalt alle Anklagen, Einstellungsbeschlüsse und sonstige Verfügungen, außer gegenüber vorgesetzten Behörden, im eigenen Namen und nicht im Auftrage des Oberstaatsanwalts zeichnet. Nur Assessoren, welche Dezernate vertreten, zeichnen im Auftrage des Staatsanwalts, nicht des Oberstaatsanwalts.

Die selbständige Stellung des Dezernenten in der sächsischen Staatsanwaltschaft bietet den Vorteil, daß sie die Befähigung zur sachgemäßen Entschließung und das Verantwortlichkeitsgefühl steigert. Gleichwohl bietet der Grundsatz der regelmäßigen Unterstellung des Dezernenten unter den Oberstaatsanwalt, ohne daß dieser dem Staatsanwalte oder Assessor zu sehr das Gepräge seiner eigenen amtlichen Persönlichkeit geben dürfte, so manchen Vorzug. Die Verantwortung, welche der Staatsanwalt in wichtigen Fällen als einzelne Person übernimmt, ist häufig eine außerordentliche. Namentlich als Anfänger und in jüngeren Jahren besitzt er weder hinreichende technische Kenntnisse, um einen Strafprozeß erfolgreich zu führen, noch gegenüber den verschiedenen auftretenden Fragen sozialer und ethischer Natur genügende Lebenserfahrung und Reife der Lebensanschauung. Aussprache mit einem älteren Beamten und Unterweisung seitens desselben sind hier außerordentlich förderlich. Bei der Verteilung der Sachen nach Buchstaben will es der Zufall, daß gerade Assessoren mit Prozessen, deren Wichtigkeit zuweilen erst die Erörterungen ergeben, betraut werden. Ein freiwilliger Vortrag an den Oberstaatsanwalt kann dem Dezernenten nicht ohne weiteres zugemutet werden, da er sich bei der allgemeinen Selbständigkeit seiner Stellung leicht dem Verdachte der Unselbständigkeit aussetzen könnte. Die unverbindliche Beratung seitens eines Kollegen vermag die dienstliche Unterweisung nicht immer und nicht voll zu ersetzen. Auch gegenüber der kollegialen Zusammensetzung der das Hauptverfahren eröffnenden und der erkennenden Strafkammer erscheint die regelmäßige sachliche Unterstellung des staatsanwaltlichen Dezernenten unter den Oberstaatsanwalt wohl zweckmäßig und billig.

Diese Unterstellung erscheint aber weiter auch als das wichtigste und vielleicht einzige Mittel, um dem Oberstaatsanwalt die ihm zu einheitlicher Führung der Geschäfte nötige Fühlung mit den anhängigen Sachen zu geben, die sonst sehr leicht gelockert wird oder verloren geht.

Bei den mit mindestens 12 Dezernenten besetzten Staatsanwaltschaften Dresden und Leipzig hätten sich der Oberstaatsanwalt, da er allein diese Geschäfte nicht bewältigen könnte, mit einem unter ihm stehenden Ersten Staatsanwalt in die sachliche Dienstaufsicht so, daß ihm immer die Oberleitung der gesamten Geschäfte verbliebe, zu teilen.

Dem Oberstaatsanwalt ist die Entschließung darüber vorbehalten, ob zur Verfolgung eines Beschuldigten, dessen Aufenthalt unbekannt ist, telegraphische Ersuchen erlassen, ob eine Auslieferung aus dem Auslande beantragt und ob wegen einer nur auf Antrag strafbaren Beleidigung oder Körperverletzung oder wegen einer nur auf Antrag strafbaren Zuwiderhandlung gegen die Strafvorschriften des Gesetzes zur Bekämpfung des unlauteren Wettbewerbes die öffentliche Klage erhoben werden soll (§ 794 GO.). Der Oberstaatsanwalt ist vorgesetzte Dienstbehörde der unter der Justizverwaltung stehenden örtlichen Gefangenanstalt.

2. Der Staatsanwalt.

Als Grundsatz für die Tätigkeit des Staatsanwalts stellt § 832 der GO. auf: „Der Staatsanwalt hat grundsätzlich davon auszugehen, daß eine Voruntersuchung zu vermeiden, vielmehr der für die Erhebung der Klage und für die Hauptverhandlung erforderliche Beweisstoff von ihm selbst zu sammeln sei....... Auch in den zur Zuständigkeit der Schwurgerichte gehörigen Strafsachen dürfen vor Stellung des Antrages auf Eröffnung der Voruntersuchung die Ermittlungen soweit ausgedehnt werden, daß die Voruntersuchung rasch zu Ende geführt werden kann. Die sofortige Stellung des Antrages ist nur dann vorzuziehen, wenn eine völlig einheitliche Durchführung des vorbereitenden Verfahrens für die Behandlung des einzelnen Falles förderlicher erscheint."

Ein weiterer Grundsatz der sächsischen Staatsanwaltschaft, der sich in ihrer Praxis herausgebildet hat, geht dahin, daß der Staatsanwalt selbst persönlich oder durch die Person seines juristischen Hilfsarbeiters die Erörterungen tunlichst in der Hand behält. Als solcher Hilfsarbeiter ist ihm ein Referendar oder ein Assessor beigegeben. Der Staatsanwalt oder sein Hilfsarbeiter vernehmen in wichtigen und verwickelten Fällen persönlich den Beschuldigten, die Zeugen und die Sachverständigen, soweit sie im Amtsbezirk wohnen. Nur bei den größeren Staatsanwaltschaften, an deren Sitze sich eine besondere amtsgerichtliche Rechtshilfeabteilung für Strafsachen befindet, beantragt der Staatsanwalt häufig die richterliche Vernehmung des Beschuldigten, besonders dann, wenn es sich um ein bereits in einer Polizeianzeige vorliegendes Geständnis des Beschuldigten zum Zwecke eventueller Verwertung in der Hauptverhandlung, oder sonst um einen einfacheren Tatbestand handelt, oder wenn der Beschuldigte, was aber nur selten der Fall ist, auf die staatsanwaltschaftliche Ladung nicht erscheint. In verwickelteren Fällen wird sich der Staatsanwalt vor Augen halten, daß er selbst, da er die ganze Sammlung des Beweisstoffes in den Händen behält, am besten weiß, nach welchen Plänen er zu erörtern und welche Fragen er im einzelnen dem Beschuldigten vorzulegen hat. Er wird ermessen, daß der ersuchte Richter, der dem ganzen weiteren Verfahren fernsteht, sich naturgemäß weniger eingehend mit einer Rücksichtnahme auf den weiteren Verlauf der Sache befassen wird.

Ist der Beschuldigte bereits von der Polizei vernommen, so wiederholt der Staatsanwalt — anders der Amtsanwalt — fast immer, auch im Falle des Geständnisses, die persönliche oder richterliche Vernehmung, wobei dem Beschuldigten Gelegenheit gegeben wird, Entschuldigungsgründe für seine Handlungsweise vorzubringen und Zeugen zu benennen. Die Strafkammervorsitzenden wünschen die nochmalige Vernehmung des Beschuldigten vor den Justizbehörden.

Die Vernehmung des Beschuldigten in demselben Verfahren kann eine wiederholte sein, z. B. wenn ihm auf Grund neuer Zeugenaussagen Vorhalt zu tun ist. Praktisch erfolgt in geeigneten Fällen zuerst die Befragung der Zeugen und danach das Verhör des Beschuldigten.

Wohnt der Beschuldigte auswärts und erscheint seine Ladung vor den Staatsanwalt nicht zweckmäßig oder nicht ausführbar, so wird das auswärtige Amtsgericht oder der Amtsanwalt um die Vernehmung ersucht, wobei der Staatsanwalt in schwierigeren Fällen besondere Fragen, deren Beantwortung ihm wichtig erscheint, formulieren kann.

Auf solche Weise ist für erschöpfende Befragung des Beschuldigten und Entgegennahme seines Vorbringens der Weg geöffnet.

Dieselben Grundsätze beherrschen die Zeugenvernehmung. Liegt eine Polizeianzeige vor, so erfolgt bei dem Leugnen des Beschuldigten eine Zeugenbefragung regelmäßig nicht, wenn als Zeuge allein oder hauptsächlich ein Polizeibeamter in Betracht kommt, da man sich von ihm die Richtigkeit seiner Anzeige und Aussagen zu gewärtigen hat. Nur wenn der Beschuldigte beachtliche Behauptungen aufstellt oder Zeugen benennt, welche dessen Darstellung bestätigen, ist ein Vorhalt an den Polizeibeamten, der auch unter Aktenvorlegung im Wege des Ersuchens erfolgen kann, geboten.

Aller hauptsächlichen Vernehmungen von Zeugen in wichtigeren Fällen unterzieht sich der Staatsanwalt bzw. dessen Hilfsarbeiter selbst. Wenn nicht die besondere Erheblichkeit einer Aussage die protokollarische Feststellung notwendig oder zweckmäßig erscheinen läßt, genügen über die Vernehmung einfache Aktenvermerke (§ 821 GO.).

In einfacheren Fällen wird die zuständige Polizeibehörde um Vernehmung der Zeugen ersucht; in zweifelhaften Fällen kann ein polizeilich befragter Zeuge nochmals durch den Staatsanwalt verhört werden. Die Strafkammervorsitzenden wünschen auch eine staatsanwaltschaftliche Vernehmung der wichtigsten Zeugen.

Wohnen die Zeugen auswärts, so wird der Amtsanwalt oder die Polizeibehörde, in seltenen Fällen das Amtsgericht, um die Vernehmung ersucht, wenn nicht der Staatsanwalt in wichtigen Fällen, z. B. bei Mord, Totschlag, Brandstiftung, Notzucht, Kindestötung u. dgl., eine persönliche Befragung auch hier vorzuziehen hat. In solchen Fällen, wo der Staatsanwalt die auswärtige Vernehmung des Beschuldigten, der Zeugen und etwaiger Sachverständiger mit einer zweckmäßigen Augenscheinseinnahme verbinden kann, unterrichtet ihn die auswärtige Amtstätigkeit am schnellsten und sichersten. Sie wird in der Praxis vielfach geübt und erfreulicherweise von dem Oberstaatsanwalt und den vorgesetzten Behörden aus finanziellen Gründen nicht bemängelt. Eines Vortrags an den Oberstaatsanwalt bedarf es nicht, meist aber der Eintragung in eine Liste, die dem Oberstaatsanwalt vorgelegt wird.

Auch während schwebender Voruntersuchung verkehrt der Staatsanwalt mit dem Untersuchungsrichter mündlich und hält sich über die Ergebnisse der wichtigen Fälle in Kenntnis (§ 834 GO.). Auch nach geschlossener Voruntersuchung wird der Staatsanwalt in zweifelhaften Fällen, wo der persönliche Eindruck und eine mündliche Aussprache mit dem Beschuldigten, Zeugen und Sachverständigen von wesentlichem Einfluß auf seine Entschließung sein muß, solche Vernehmungen tunlichst unter Auslagenersparnis wiederholen, insbesondere dann, wenn die Führung der Voruntersuchung solche Fragen offen gelassen hat. Einen Beschuldigten, den er vor das Schwurgericht stellen will, wird er wohl immer zuvor persönlich und mündlich kennen zu lernen Gelegenheit nehmen. In geeigneten Fällen wird der Staatsanwalt die Ergänzung der Voruntersuchung beantragen oder sich derselben selbst unterziehen.

So wird im sächsischen Verfahren durch den Grundsatz der Unmittelbarkeit der staatsanwaltschaftlichen Erörterungen erreicht, daß der Staatsanwalt sich auf Grund eigener lebendiger, nicht bloß aus Niederschriften anderer, welche dem Plane des Verfahrens ferner stehen, geschöpfter Anschauung eine persönliche Überzeugung darüber bilden kann, ob die Anklageerhebung oder Einstellung des Verfahrens zu erfolgen hat. Eine solche Überzeugung erscheint aber als wertvolle Garantie des Anklageprozesses. Der geringe Prozentsatz der Freisprechungen in Sachsen spricht für die Zweckmäßigkeit des Verfahrens. Daß der Staatsanwalt bei seinen unmittelbaren Erörterungen sich einer Einschüchterung der Beschuldigten oder einer selbst unwillkürlichen Beeinflussung der Zeugen zuneige, dafür hat die sächsische Praxis bisher gar keinen Anhalt geboten. In folgerichtiger Durchführung des Grundsatzes der Unmittelbarkeit der staatsanwaltschaftlichen Tätigkeit gilt auch als Regel, daß derjenige Staatsanwalt, der die Erörterungen geführt und die Anklage erhoben hat, sie schließlich auch in der mündlichen Hauptverhandlung vertritt. Er ist am besten in der Lage, das erkennende Gericht in der Beweiserhebung und Beweiswürdigung zu unterstützen. Dadurch, daß auf solche Weise an einem Sitzungstage mehrere Staatsanwälte an verschiedenen einzelnen Sitzungen beteiligt sind, haben sich besondere Schwierigkeiten in der Praxis bisher nicht ergeben. Nur einfachere fremde Anklagen werden auch von dem Staatsanwalt mit übernommen, der an einem Sitzungstage die meisten eigenen Anklagen vertritt. Die praktische Durchführung der Unmittelbarkeit der staatsanwaltschaftlichen Tätigkeit wird dadurch gesichert, daß dem Staatsanwalt in der Regel ein Hilfsarbeiter beigegeben ist, der, falls er ein Assessor ist, auch die Hauptverhandlung in den von ihm bearbeiteten Sachen abzuwarten pflegt. An den größeren Staatsanwaltschaften fallen dem einzelnen Dezernenten im Jahre etwa 700 bis 800, manchmal auch nur 600, bei den kleineren Behörden meist nur 500 bis 600 Erörterungssachen zur Bearbeitung zu.

Die Verteilung der Erörterungssachen erfolgt in der Regel nach Buchstaben, niemals nach Amtsgerichts- oder sonstigen örtlichen Bezirken, zuweilen der einheitlichen Behandlung wegen nach der Sachunterscheidung, z. B. Nahrungsmittelsachen, Patent-, Musterschutz-, Urheberrechtssachen usw.

Bei Gnadengesuchen haben die Staatsanwälte nur Formularbericht ohne sachliches Referat und ohne Begutachtung zu erstatten. Bei Abolitionsgesuchen hat sich der Staatsanwalt zu äußern, ebenso bei Berichterstattung auf gerichtliche Befürwortung einer Bewährungsfrist.

3. Der Amtsanwalt.

Das Amt der Staatsanwaltschaft bei den Amtsgerichten und Schöffengerichten wird durch die Amtsanwälte ausgeübt.

Bei den Amts- und Schöffengerichten, an deren Sitze sich ein Landgericht befindet, ist Leiter der amtsanwaltschaftlichen Geschäfte unter der Aufsicht des Ersten Staatsanwalts ein Staatsanwalt. An den größten Landgerichten füllt dessen amtsanwaltschaftliche Tätigkeit seinen Dienst völlig aus, an den kleineren Landgerichten führt er nebenbei ein kleineres Dezernat. Ihm sind Assessoren und Referendare, welche die amtsgerichtliche und meist auch die rechtsanwaltschaftliche Vorbereitungszeit hinter sich haben, also meist im dritten Vorbereitungsjahre stehen, als Hilfsarbeiter beigegeben, welche Anklagen und Einstellungsbeschlüsse mehr oder minder selbständig bearbeiten und auch in den Hauptverhandlungen die Anklage vertreten.

Bei den mittleren Amtsgerichten, die nicht am Sitze eines Landgerichts sich befinden, sind meistens Assessoren Amtsanwälte, denen als Hilfsarbeiter ein Referendar zur Verfügung steht, an den kleineren Amtsgerichten ist der Amtsanwalt ein Referendar, dessen Stellvertretung während des Sommerurlaubs häufig der Rendant oder ein Sekretär des Amtsgerichts übernimmt. Der Amtsanwalt bei den mittleren und kleineren Amtsgerichten steht außer unter der Dienstaufsicht des Ersten Staatsanwalts beim Landgericht in erster Linie unter Aufsicht des Amtsgerichtsvorstandes und arbeitet, soweit die Amtsanwaltschaft seine Tätigkeit nicht ausfüllt, auch auf den Gebieten der Dienstgeschäfte des Amtsgerichts. Sonach befindet sich der Amtsanwalt bei den mittleren und kleineren Amtsgerichten in dienstlicher Abhängigkeit vom Amtsgerichtsvorstand oder dem die Strafsachen bearbeitenden Amtsrichter. Diese dienstliche Abhängigkeit k a n n zuweilen auch eine sachliche Abhängigkeit bei Wahrnehmung der amtsanwaltschaftlichen Geschäfte zur Folge haben. Schwierigkeiten sind aber bisher nicht bekannt geworden. Insbesondere haben auch die Verwaltungsbehörden bei Erwägung dessen, ob die amtsanwaltschaftlichen Geschäfte in Verwaltungsstrafsachen nach preußischem und bayerischem Muster auf sie zu übertragen seien, keine Bedenken gegen den bestehenden Zustand erhoben.

Der Amtsanwalt folgt bei Bearbeitung seiner Strafsachen demselben Grundsatz der unmittelbaren Erörterungstätigkeit wie der Staatsanwalt. Er vernimmt den Beschuldigten und die Zeugen selbst. Beim Amtsgericht beantragt er die Vernehmung nur, wenn eine richterliche Handlung, Erlaß von Haftbefehl, Niederschrift eines Geständnisses, Vernehmung eines unentschuldigt ausgebliebenen Zeugen usw. erforderlich ist. Erörterungen durch Gendarmen und andere Polizeibeamte läßt er nur in beschränktem Maße, z. B. bei Leumundserörterungen, kurzen einfachen Befragungen weit entfernt wohnender Zeugen usw., vornehmen. Bei Erörterungen in anderen Amtsbezirken ersucht er den auswärtigen Amtsanwalt. Mit den Arbeiten der Amtsanwälte ist man in Sachsen im allgemeinen sehr zufrieden. Ihre juristische Qualifikation befähigt sie auch zur Vornahme von Erörterungen in schwierigen Sachen.

4. Die polizeilichen Beamten der Staatsanwaltschaft.

Als Hilfsbeamte der Staatsanwaltschaft sind in Sachsen neben anderen berufen die polizeilichen Exekutivbeamten der Städte mit revidierter Städteordnung, der Bürgermeister und dessen Stellvertreter in Städten mit Städteordnung für mittlere und kleinere Städte, die Gemeindevorstände und Gutsvorsteher sowie deren Stellvertreter und die Mitglieder des Landgendarmeriekorps mit Ausnahme des Obergendarmerieinspektors. Endlich sind auch die Amtshauptmannschaften verpflichtet, Ersuchen der Staatsanwaltschaft um Ermittlung strafbarer Handlungen zu genügen; bei Gefahr im Verzuge sind sie zur Vornahme gerichtspolizeilicher Erörterungen selbständig berechtigt. Beschwerden in Sachen der gerichtlichen Polizei, die das Verhalten des Polizeipersonals betreffen, gehören vor die Aufsichtsbehörden der Polizeibehörde, nicht vor die Staatsanwaltschaft. Eine besondere zur Bearbeitung von schwereren Vergehen und Verbrechen berufene Kriminalabteilung haben nur die Königliche Polizeidirektion Dresden und die Polizeiämter Leipzig und Chemnitz. In dieser Abteilung werden erfahrene Leute aus der Exekutivmannschaft, die sich für den höheren Dienst als geeignet erwiesen haben, aber ohne Ablegung einer besonderen Prüfung, eingestellt. Eine Vorbildung dieser Beamten nimmt zum Beispiel die Königliche Polizeidirektion Dresden in der Weise vor, daß sie jeden Exekutivbeamten vorübergehend ein halbes Jahr der Kriminalabteilung zur Ausbildung und Dienstleistung überweist und auf diesem Wege die gesamte Exekutivmannschaft, wobei die brauchbaren Leute erkannt werden, durch die Kriminalabteilung gehen läßt. Den Dienstunterricht der Mitglieder der Kriminalabteilung erteilen die Polizeileutnants, nicht die juristischen Polizeikommissare, unter denen die Kriminalbeamten dienstlich arbeiten. In ähnlicher Weise erfolgt die Einstellung der Beamten in die Kriminalabteilung der Polizeiämter Leipzig und Chemnitz; bei den Stadträten der mittleren Städte werden ebenfalls einige hierzu besonders geeignet befundene Beamte als Kriminalschutzleute mit der Bearbeitung der schwereren Vergehen und der Verbrechen betraut.

Soweit, insbesondere in den größeren Städten, der erste Angriff in der Erörterung, weil die Straftat z. B. auf der Straße geschehen ist, von der Exekutivmannschaft (Posten, Bezirkswache) aufgenommen worden ist, geht die weitere Bearbeitung sobald als möglich an die Kriminalbeamten über. Sogar falls die Bezirkswache die Ermittlungen wegen ihrer Einfachheit, z. B. bei vorliegendem Geständnis, abgeschlossen hat, erfolgt bei der Kriminalabteilung eine Nachprüfung insbesondere auch dahin, ob ein Diebstahl, ein Sittlichkeitsverbrechen usw. mit anderen Anzeigen gleicher Art, die in der Zentralstelle der Kriminalabteilung bekannt sind, in Verbindung zu bringen ist.

Die Kriminalbeamten sind nur bei der Zentralstelle, nicht bei den Bezirksinspektionen oder Bezirkswachen stationiert.

Schriftliche Ersuchen des Staatsanwalts oder Amtsanwalts an die Polizeibehörden werden an diese gerichtet und durchlaufen den vorgeschriebenen Dienstweg. Staatsanwalt und Amtsanwalt können aber — freilich nur ausnahmsweise — auch schriftlich, telephonisch, durch Boten die Polizeibehörden ersuchen, ihnen zur Vornahme von Ermittlungen einen oder mehrere Kriminalbeamte zur Verfügung zu stellen. Dies geschieht in eiligen und solchen Fällen, wo der staatsanwaltschaftliche Dezernent Interesse hat, den

Polizeibeamten mit ausführlicher, mündlicher Instruktion zu versehen. Die Polizeibehörden kommen diesem Ersuchen stets nach und erfüllen möglichst auch die Wünsche über die aus sachlichen Gründen getroffene Wahl eines bestimmten Beamten. Der Dezernent hat aber dann immerhin dem Beamten zu dessen Legitimation seiner Dienstbehörde gegenüber einen kurzen schriftlichen Ausweis über seine Beschäftigung auszuhändigen. Der beauftragte Beamte hat dem staatsanwaltschaftlichen Dezernenten je nach dessen Anordnung mündlich oder schriftlich über das Ergebnis seiner Amtshandlungen Bericht zu erstatten.

Das Verhältnis zwischen den Polizeibehörden und den Staatsanwaltschaften ist jetzt durchweg ein sehr gutes. Die Schwierigkeiten, welche in früheren Jahren Polizeibehörden zuweilen zu machen pflegten, sind nicht mehr vorgekommen.

Die gesamte Landgendarmerie in Sachsen untersteht einem direkt dem Ministerium des Inneren unterstellten Gendarmerie-Oberinspektor, der den Dienstitel Gendarmerie-Major führt. Die örtlichen Landgendarmen, welche die Diensttitel Obergendarm, Brigadier und Gendarm führen, sind den Amtshauptmannschaften als ihren Dienstbehörden beigegeben; unter militärischem Kommando stehen sie nicht. Alle Gendarmen eines der sieben Kreise, deren jeder mehrere Amtshauptmannschaften umfaßt, unterstehen einem Kreisobergendarm, der wieder dem Gendarmerie-Oberinspektor unterstellt ist.

Die Landgendarmen sind, wie schon erwähnt wurde, Hilfsbeamte der Staatsanwaltschaft. Ihre Ausbildung erfolgt in der Weise, daß der Unteroffizier, der in das Gendarmeriekorps eintreten will, bereits während seiner aktiven Dienstzeit einige Wochen beurlaubt wird und an einem methodischen Unterrichtskursus in allen in den Dienst einschlagenden Fächern teilnimmt, wobei seine Befähigung für die Gendarmerielaufbahn geprüft wird. Der Unterricht erfolgt an der Hand eines gedruckten Leitfadens, der nach Art eines praktischen Polizeihandbuches von einem Geheimen Regierungsrat im Sächsischen Ministerium des Innern bearbeitet worden ist. Dieses Handbuch, das u. a. das Reichsstrafgesetzbuch und die wichtigsten Reichs- und Landesgesetze strafrechtlichen Inhalts zusammenstellt, erhält auch jeder aktive Gendarm zur dauernden dienstlichen Benutzung. Die Landgendarmerie ebenso wie die Dresdner Gendarmerie ist auch im Besitze eines von mir verfaßten Formularbuchs für die Erörterungen von Brandstiftungen. Hat der Unteroffizier einen Vorbereitungskursus mit Erfolg besucht, so wird er später als Gendarm eingestellt, und zwar zunächst einem Brigadier, einem schon erfahrenen, älteren Beamten, zur weiteren praktischen Ausbildung und Beaufsichtigung zugeteilt, bis er die Befähigung zur Übernahme einer selbständigen Gendarmeriestation erlangt hat.

Der Gendarm erstattet die Strafanzeigen in neuen Kriminalfällen unmittelbar an den zuständigen Staatsanwalt und Amtsanwalt bzw. in dringlichen Fällen an das Amtsgericht. Wenn die Amtshauptmannschaft als Verwaltungsbehörde ein Interesse an der Kenntnisnahme des Straffalles, z. B. bei Brandstiftungen, bei Vergehen gegen die Gewerbeordnung, hat, so richtet der Gendarm diese Anzeigen in nicht besonders dringlichen Fällen an diese, welche sie an die Justizbehörde weitergibt. Hierdurch geschieht es zuweilen, daß eine Verzögerung eintritt, so z. B. in Brandstiftungsfällen. Hier erhält in nicht für besonders dringlich erachteten Fällen die erste Anzeige vielfach die Amtshauptmannschaft, die zunächst ihre Brandschädenerörterungen vornimmt und erst mit deren Ergebnis die Anzeige an die Staatsanwaltschaft abgibt. Da Brandstiftungserörterungen immer zu den eiligen Strafsachen gehören, wird durch dieses Verfahren zunächst eine unliebsame Verzögerung verursacht, wozu noch das Bedenken tritt, daß einem nicht kriminalistisch gebildeten Unterbeamten der erste Angriff in einer so schwierigen und wichtigen Ermittlungstätigkeit überlassen wird.

Im übrigen haben sich Schwierigkeiten durch die verschiedenen Zuständigkeiten der Gendarmen nicht ergeben.

Staatsanwalt und Amtsanwalt beauftragen unmittelbar und ohne Vermittlung der Amtshauptmannschaften den örtlichen Gendarmen mit der Vornahme von Erörterungen, die aber gemäß dem Grundsatze der unmittelbaren staatsanwaltschaftlichen Ermittlungstätigkeit nur kurze Befragungen von Beschuldigten und Zeugen in einfachen Strafsachen, Beschlagnahmen, Ortsbesichtigungen und Leumundserörterungen zum Gegenstand haben. Staatsanwalt und Amtsanwalt können auch den Gendarm, ohne ihm dabei weitere Dienstwege zuzumuten, mündlich mit Instruktion versehen, und ihn zu ihrer Erörterungstätigkeit an Ort und Stelle außerhalb des Amtssitzes heranziehen.

Die exekutiven unteren Polizeibeamten haben in Sachsen nicht die Befugnis zur Aufnahme von Protokollen. Sie dürfen also Beschuldigte und Zeugen nicht in der Form von Protokollen vernehmen. Ihre Anzeigen sind Berichte, in denen die Angaben einzelner Personen in direkter Rede zwar vorkommen können, aber die Beweiskraft protokollarischer Aufnahmen zufolge Verlesung sowie Genehmigung und Mitvollziehung seitens der vernommenen Personen nicht haben. Diese Maßnahme beruht auf der Annahme, daß die theoretische und methodische Ausbildung der unteren exekutiven Polizeibeamten die Befähigung zum Protokollieren nicht verleiht. In einzelnen, ja vielleicht in nicht wenigen Fällen mag diese Ansicht in der Praxis nicht zutreffen, in der Hauptsache geht sie von richtigen Voraussetzungen aus. In den Berichten selbst der staatlichen Gendarmen in Sachsen gehören orthographische Fehler und stilistische Entgleisungen nicht zu den Seltenheiten. Wer aber schon die notdürftige äußere Form sprachlicher Wiedergabe nicht beherrscht, dem kann auch in der sprachlichen Auffassung und Wiedergabe eines Gedankeninhaltes die höhere Beglaubigungsform protokollarischer Niederschrift nicht zugestanden werden.

Dieser Mangel der exekutivpolizeilichen Befugnis zum Protokollieren versetzt den Staatsanwalt in Sachsen auch in die Lage, die Polizeianzeigen durch neue Vernehmungen nachzuprüfen. Ja man kann vielleicht sagen, die unmittelbare

Erörterungstätigkeit des Staatsanwalts in Sachsen hat sich überhaupt auf dieser Grundlage entwickelt.

Das Bedürfnis nach einer staatlichen Polizeischule ist in Sachsen von den zuständigen Polizeibehörden auf dienstliche Umfrage verneint worden, da jede Polizeibehörde ihre Beamten nach ihrer Methode ausbildet und sich bei diesen Ergebnissen bescheidet. Private Polizeischulen gibt es in Sachsen ebenfalls noch nicht.

Daß die Ausbildung der exekutiven Polizeibeamten in Sachsen eine genügende sei, kann nicht behauptet werden. Auf die Mängel in der schriftlichen Form wurde schon hingewiesen. Eine methodische Ausbildung auf den Gebieten der Kriminaltaktik und Kriminaltechnik findet so gut wie nicht statt. Gesunder Menschenverstand, Übung und Erfahrung ersetzen ja in der Praxis sehr viel. Immerhin muß man des öfteren mit Erstaunen erfahren, daß selbst einfache kriminaltaktische und kriminaltechnische Grundsätze, z. B. bei der Vernehmung von Zeugen, bei der Vornahme von Durchsuchungen, bei der Sicherstellung und Aufbewahrung von Augenscheinsobjekten nicht angewandt, ja in der Bedeutung ihres inneren Wertes für die Untersuchung gar nicht verstanden werden. Die kriminalpsychologischen Fragen bleiben ebenfalls unbeachtet, und auch die juristischen Kenntnisse sind vielfach ganz laienhafte.

Gleichwohl ist man bei uns mit den Leistungen der Landgendarmerie und der sonstigen Exekutivbeamten zufrieden. Ja, es gibt in der Gendarmerie und in den Kriminalabteilungen der großen Städte Beamte, die unter Berücksichtigung ihrer mangelnden methodischen Ausbildung vorzügliches leisten. Lobenswert sind immer der große Fleiß und der strebsame Wille der Leute. Sowie man freilich nach wirklichen Kenntnissen fragt, stößt man auf Lücken. Aber auch den mittleren Beamten der ganzen sächsischen Polizei fehlt die methodische kriminalistische Ausbildung. Weder bei der Polizeidirektion Dresden noch bei den Polizeiämtern Leipzig und Chemnitz haben wir kriminaltaktisch und kriminaltechnisch wirklich ausgebildete Kriminalkommissare. Diese Stellen sind fast immer mit jüngeren Verwaltungsbeamten besetzt, die nur

Monate oder kurze Jahre an ihrem Platze verbleiben und nur als juristische Aktendezernenten, nicht aber als Männer der Praxis fungieren. Der Vorstand der Kriminalpolizei kann unmöglich mit jeder noch so wichtigen Einzelheit befaßt werden. Es fehlen im sächsischen Polizeidienst die sog. kriminalistischen Talente, Leute von ausgesprochener kriminalistisch-praktischer Findigkeit und Begabung, mit Sprach- und Menschenkenntnissen und weltmännischen Umgangsformen, die sie zur Erledigung der diffizilsten Aufgaben befähigen. Es mag sein, daß solche Persönlichkeiten nur in Zentralen wie Berlin zur Ausbildung und vollkommenen Entfaltung gelangen.

Eine eigenartige Verbindung von Staatsanwaltschaft und Kriminalpolizei weist Sachsen seit über 15 Jahren in Chemnitz auf. Hier wird ein Assessor der Staatsanwaltschaft dem Polizeidirektor beigegeben. Dienstlicher Vorgesetzter des Assessors ist nur der Erste Staatsanwalt, der Assessor wird aber auch vom Stadtrat in Pflicht genommen, wiewohl nicht von ihm remuneriert. Dieser Assessor, der sein Dienstbureau im Polizeiamte hat, prüft den ganzen polizeilichen Abgang an die Staatsanwaltschaft vor, versieht insbesondere die Kriminalschutzleute in juristischer und kriminaltaktischer Beziehung mit unmittelbarer mündlicher Instruktion und arbeitet, ohne in dringlichen Fällen die sofortige Abgabe an die Staatsanwaltschaft aufzuhalten, auf eine tunlichst vollständige polizeiliche Erörterung vor Abgabe der Akten an die Staatsanwaltschaft hin. Als ich drei Jahre diese Stelle bekleidete, war ich vom Ersten Staatsanwalt auch ermächtigt, die Abgabe der Polizeianzeige zu unterlassen, wenn der Tatbestand einer strafbaren Handlung aus tatsächlichen oder rechtlichen Gründen in zweifelsfreier Weise nicht gegeben oder nicht erweislich war. Der Assessor versieht also auf Staatskosten für die städtische Polizei das Amt eines Kriminalkommissars. Ich habe die Überzeugung, daß dieser unmittelbare Verkehr vor allem den Kriminalschutzleuten aber auch dem Assessor außerordentlich förderlich sein kann. Der Assessor dient auch als zweckmäßiger Vermittler der gegenseitigen Wünsche zwischen Staatsanwaltschaft und Polizeibehörde. Außerdem vertritt er beim Schöffengericht als Amtsanwalt die Verwaltungsstrafsachen und hat hierbei seine besondere, ebenfalls sehr sachdienliche Verbindung mit der Polizei.

III.

Das staatsanwaltschaftliche Verfahren im Königreiche Preußen gegenüber demjenigen im Königreich Sachsen.

Von Staatsanwalt Dr. **Felsenberger** in Magdeburg.

1. Der Erste Staatsanwalt.

a) Der „Erste Staatsanwalt" führt nur diesen Titel; siehe jedoch unter b) eine Ausnahme.

b) An einer Reihe großer Staatsanwaltschaften bestehen Abteilungen; diesen stehen ältere Staatsanwälte als sog. „Abteilungsvorsteher" vor; den Abteilungsvorstehern sind eine Reihe dem Ersten Staatsanwalte obliegende Verrichtungen übertragen. — Bei dem Landgericht I in Berlin führen die Abteilungsvorsteher den Titel „Erster Staatsanwalt", während der Erste Staatsanwalt den Titel „Oberstaatsanwalt" (und der vorgesetzte Oberstaatsanwalt den Titel „Generalstaatsanwalt") führt. Ein fester Grundsatz, nach dem die Einteilung größerer Behörden in Abteilungen stattfindet, scheint nicht zu bestehen; so sind z. B. in einzelnen Oberlandesgerichtsbezirken bei Staatsanwaltschaften mit sechs oder acht Staatsanwälten zwei Abteilungsvorsteher, während in anderen Oberlandesgerichtsbezirken bei Staatsanwaltschaften mit ebensoviel und mehr Staatsanwälten ein oder kein Abteilungsvorsteher vorgesehen ist.

c) Eine Geschäftsanweisung für die Kgl. Preuß. Justizbehörden ist nicht erlassen. — Die Geschäftsleitung steht dem Ersten Staatsanwalt zu und wird geregelt durch einzelne, sie jedoch nicht erschöpfende Justizministerialverfügungen; sie haben im wesentlichen den gleichen Inhalt wie in Sachsen. Die Stellung der einzelnen Staatsanwälte dem Ersten Staatsanwalt gegenüber ist jedoch unselbständiger als in Sachsen. Alle einstellenden Verfügungen, alle Verweisungen auf den Weg der Privatklage, alle Gewährungen von Strafaufschub, Ratenzahlungen, Einlegung von Rechtsmitteln und Erklärung auf solche und im Wiederaufnahmeverfahren u. ähnl. m. müssen dem Ersten Staatsanwalt zur Genehmigung vorgelegt werden und werden von ihm gezeichnet; diese Befugnisse sind an Behörden mit Abteilungsvorstehern diesen übertragen, desgleichen bei manchen Staatsanwaltschaften die Genehmigung und Unterzeichnung von Anträgen auf Voruntersuchung oder gar die Zeichnung sämtlicher Anklageschriften, ferner alle Anträge nach geschlossener Voruntersuchung. — Kein Staatsanwalt unterzeichnet irgend ein dienstliches Schriftstück im eigenen Namen, sondern „im Auftrage" des Ersten Staatsanwalts. — Schwurgerichtsanklagen, Verfügungen in Gnadensachen und Berichte an vorgesetzte oder Zentralbehörden müssen stets von dem Ersten Staatsanwalt genehmigt und gezeichnet werden.

Versammlungen aller beigeordneten Beamten zu gemeinsamen Besprechungen werden durch den Ersten Staatsanwalt nur an vereinzelten Behörden veranlaßt; im allgemeinen sind sie unbekannt.

d) Die Beamten der Staatsanwaltschaft unterstehen dem Diziplinarrecht für die n i c h t richterlichen Beamten; sie können jederzeit gegen ihren Willen versetzt und mit halbem Gehalt zur Disposition gestellt werden.

e) Der Staatsanwaltschaft zur Beschäftigung überwiesene Gerichtsassessoren arbeiten unter Aufsicht eines Staatsanwalts; bei guten Leistungen werden ihnen jedoch nach einer mindestens dreimonatigen Frist die Befugnisse eines etatsmäßigen Staatsanwalts beigelegt.

f) Die Verteilung der Erörterungssachen geschieht teils nach Buchstaben, teils nach Amtsgerichtsbezirken und Polizeirevieren. — Preßvereins- und Versammlungssachen werden gewöhnlich von demselben Dezernenten bearbeitet.

Ob die geschilderte unselbständige Stellung des Staatsanwalts geeignet ist, das Verantwortlichkeitsgefühl des einzelnen, das gerade bei dem Staatsanwalt in nicht zu übertreffenden Grade vorhanden sein muß, zu stärken, sei dahingestellt. Die selbständige Stellung des Staatsanwalts in Sachsen und anderen Bundesstaaten, die auch geeignet ist, die Berufsfreudigkeit zu heben, dürfte wohl den Vorzug verdienen. Auch ist zu bezweifeln, daß der Erste Staatsanwalt neben seinen sonstigen, reichlich bemessenen Arbeiten imstande ist, alle ihm von den Staatsanwälten vorgelegten Entwürfe wirklich gründlich sachlich zu prüfen und mit dem Dezernenten — insbesondere jüngeren Staatsanwälten — zu erörtern, ob daher wirklich durch das preußische System eine größere Einheitlichkeit in der Führung der Geschäfte erzielt wird als in Sachsen.

g) Der Erste Staatsanwalt ist in der Regel auch Vorsteher des am Landgerichtssitze befindlichen Untersuchungs- und Strafgefängnisses.

2. Der Staatsanwalt.

a) Der Grundsatz, Voruntersuchungen tunlichst zu vermeiden, besteht nicht. Die Entschließung steht dem einzelnen Staatsanwalt nach freiem Ermessen — Ausnahme unter 1. c) — zu. Die Handhabung ist daher je nach der Stellung, die der einzelne Staatsanwalt zu der Einrichtung der Voruntersuchung als solcher einnimmt, und je nach der Beurteilung, die die Tätigkeit des einzelnen Untersuchungsrichters bei dem einzelnen Staatsanwalt findet, eine sehr verschiedene.

b) Dem Staatsanwalt sind keine Assessoren als Mitarbeiter beigegeben. Referendare werden nicht als Hilfsarbeiter überwiesen, sondern lediglich auf höchstens 4 Monat zu ihrer Ausbildung; sie dienen also regelmäßig nicht zur Entlastung, sondern ihre Unterweisung bedeutet eine Mehrarbeit für den Staatsanwalt.

c) Beim Mangel juristisch ausgebildeter Mitarbeiter und bei der Belastung mit Dienstgeschäften ist es dem Staatsanwalt nur in seltensten Fällen möglich, persönlich Ermittlungen anzustellen, Vernehmungen vorzunehmen. Der Staatsanwalt ist fast ausnahmslos darauf angewiesen, die Ermittlungen durch die Polizeibehörden und das Amtsgericht zu bewirken. Durch den Amtsanwalt kann der Staatsanwalt keine Ermittlungen anstellen lassen. — Auch Augenscheinseinnahmen pflegt der Staatsanwalt nur in seltenen Fällen selbst vorzunehmen. Abgesehen davon, daß dazu nicht nur die Genehmigung des Ersten Staatsanwalts erforderlich ist, sondern eine recht kleinliche Kontrolle fiskalischer Natur stattfindet, so daß bei einer nicht ganz geringen Anzahl auswärtiger Termine leicht der Verdacht rege werden könnte, als spiele der aus der Dienstreise sich ergebende Überschuß eine Rolle, meidet der Staatsanwalt schon wegen des Aufwandes an Zeit solche persönlichen Ermittlungen an Ort und Stelle. Denn der einzelne Staatsanwalt hat durchschnittlich 1200 bis 1400 Ermittlungssachen (sogenannte J-Sachen) jährlich zu bearbeiten, so daß er, ganz abgesehen von seinen sonstigen Obliegenheiten (Sitzungsdienst, Berichte, Strafvollstreckungstätigkeit, Ehesachen, Entmündigungssachen, Rechtshilfssachen, Revisionen im Gefängnis usw.), mit der Einteilung seiner Zeit sehr rechnen muß.

In den Sitzungen vertritt der Staatsanwalt in der Regel die von ihm erhobenen Anklagen; diese Einrichtung ist erst allmählich durch die Mißstände einer anderweiten Praxis als notwendig erkannt und wohl jetzt allerorts getroffen worden.

3. Der Amtsanwalt.[1])

a) Für die Amtsanwälte besteht eine Geschäftsanweisung.

b) Die Amtsanwälte werden auf Widerruf ernannt. Sie unterstehen der Dienstaufsicht des Ersten Staatsanwalts bei den vorgesetzten Landgerichten.

c) Abgesehen von den Forstamtsanwälten, sind vier Kategorien unter den Beamten der Amtsanwaltschaft zu unterscheiden.

1. Bei den Amtsgerichten Berlin-Mitte, Breslau, Hannover, Magdeburg, Königsberg, Halle, sind als Erste Amts-

---

[1]) Vgl. hierzu meine Ausführung in den Mitteilungen der J. K. S. XIV S. 274 und Peterson, Deutsche Juristenzeitung 1908 S. 243ff.

anwälte besondere Staatsanwälte etatsmäßig, und zwar — abgesehen von Berlin — bei den vorgesetzten Landgerichten angestellt zur Leitung der Geschäfte der Amtsanwaltschaft; sie sind Vorgesetzte der ihnen unterstellten Amtsanwälte; die Stellung der Amtsanwälte gegenüber dem Ersten Amtsanwalt ist ähnlich der der Staatsanwälte gegenüber dem Ersten Staatsanwalt; siehe zu 1. c) — bei dem Amtsgericht Berlin-Mitte sind außerdem zwei Staatsanwälte als Abteilungsvorsteher tätig. — Die Einrichtung der Stellen von Ersten Amtsanwälten soll dem Vernehmen nach allmählich bei allen größeren Amtsanwaltschaften erfolgen.

2. Bei einer Reihe größerer Amtsanwaltschaften sind etatsmäßige Amtsanwälte angestellt, die in der Regel aus der Zahl der Gerichtsschreiber, der Sekretäre der Staatsanwaltschaft, der Referendare oder besonders bei Amtsanwaltschaften ausgebildeter Herren — oft Offiziere a. D. — hervorgehen.

3. Bei anderen Amtsgerichten sind Amtsanwälte im Hauptamt bestellt.

4. Bei kleinen Amtsgerichten werden Amtsanwälte im Nebenamt bestellt. Der Kreis der Amtsanwälte zu 3 und 4 setzt sich zusammen aus Bürgermeistern kleiner Städte, Amtmännern, Amtssekretären, Polizeikommissaren, Offizieren a. D. und anderen geeigneten Personen, mit denen jeweils über die Entschädigung für ihre persönliche Mühewaltung und zur Deckung der sächlichen Kosten eine Pauschsumme vereinbart wird. — Eine besondere Vorbildung wird nicht verlangt.

d) Assessoren können mit der Wahrnehmung der Amtsanwaltsgeschäfte beauftragt werden; in der Praxis wird davon selten Gebrauch gemacht.

e) Referendaren können, während sie sich im Vorbereitungsdienst bei der Staatsanwaltschaft befinden, Geschäfte des Amtsanwalts zeitweilig übertragen werden, hiervon wird bei Krankheits- und ähnlichen Fällen Gebrauch gemacht.

f) Gerichtsschreibereibeamte können auch zeitweilig mit der Wahrnehmung der Geschäfte des Amtsanwalts betraut werden, dürfen aber für diese Zeit nur in Notfällen als Gerichtschreiber tätig sein.

g) Der Amtsanwalt ist in seiner amtsanwaltschaftlichen Tätigkeit von dem Amtsrichter völlig unabhängig.

h) Die Ermittlungstätigkeit handhabt der Amtsanwalt in gleicher Weise wie der Staatsanwalt. Persönlich wird er nur dann mehr tätig, wenn er zugleich Polizeiverwalter oder -beamter ist (siehe zu c 3 und 4).

4. Die polizeilichen Hilfsbeamten der Staatsanwaltschaft.

a) Der Kreis der Hilfsbeamten ist im wesentlichen der gleiche wie im Königreich Sachsen; jedoch sind die Landräte nicht verpflichtet, Ersuchen um Vornahmen von Ermittlungen zu genügen oder solche etwa selbst bei Gefahr im Vorzuge vorzunehmen; ferner sind die Gendarmen nicht zu Hilfsbeamten der Staatsanwaltschaft bestellt. Über die Hilfsbeamten, soweit sie ihr Amt nicht als Ehrenamt versehen, steht dem Ersten Staatsanwalt Disziplinarbefugnis zu, die jedoch mit so hinreichenden Klauseln versehen ist, daß sie in der Praxis wohl kaum je zur Anwendung gekommen ist.

b) Kriminalabteilungen haben die Polizeibehörden aller Städte mit Königlicher Polizei und fast alle größeren Städte mit kommunaler Polizei. Die Vorbildung geschieht zum geringen Teil in Polizeischulen, meist durch Ausbildung geeigneter Exekutivmannschaften innerhalb der Kriminalabteilungen. Juristisch vorgebildete Kriminalbeamte gehören zu den Ausnahmen und finden sich wohl nur bei den großen Polizeikörpern der Königlichen Polizei in Berlin, Köln, Breslau und Frankfurt.

c) Das Verfahren der Polizei in den größeren Städten und ihr Verkehr mit der Staatsanwaltschaft sind im wesentlichen die gleichen wie im Königreich Sachsen. Jedoch gehört der unmittelbare Verkehr zwischen dem einzelnen Staatsanwalt und dem einzelnen Kriminalpolizeibeamten zu den Seltenheiten und findet in der Regel nur in Sachen von ganz besonderer Wichtigkeit statt.

d) Die Vorbildung der Gendarmerie ist eine ähnliche, wie im Königreich Sachsen. Die Gendarmen sind wegen ihrer großen Zuverlässigkeit und ihrer oft recht gründlichen Kenntnis von Land und Leuten in ländlichen Gebieten die wichtigste und beste Unterstützung des Staatsanwalts. Zu bedauern ist, daß sie kein Vernehmungsprotokoll aufnehmen, sondern nur über das, was sie vernommen haben, berichten dürfen; dadurch entstehen leicht Irrtümer und Mißverständnisse. Die Gendarmen unterstehen militärischen Vorgesetzten einerseits, dem Landrat andererseits; sie werden sowohl zu militärischen Zwecken als auch zu Diensten der Verwaltung nicht selten abkommandiert, was im Interesse der Strafrechtspflege sehr zu beklagen ist. — Schwierigkeiten haben sich sonst trotz der vielseitigen Inanspruchnahme der Gendarmen seitens der Verwaltung, der Militärbehörde und der Staatsanwaltschaft nicht ergeben. — Die Anzeige von Verbrechen oder Vergehen werden von den Gendarmen regelmäßig dem Amtsvorsteher eingesandt, wegen Übertretungen der Ortspolizeibehörde, wegen den Gendarmen selbst zugefügter Beleidigungen der Staatsanwaltschaft.

e) Die im Bericht über das Königreich Sachsen geübte Kritik an der Tätigkeit der unteren Organe der Exekutivpolizei kann man sich für Preußen zu eigen machen — nur daß hier die Verhältnisse durch die zahllosen kleinen und kleinsten Polizeiverwaltungen noch viel schlimmer liegen. Die Ungeschicklichkeit der Vorsteher kleiner Ämter, besonders aber der Gemeindevorsteher, der Polizeidiener und Amtsdiener im ersten Angriff bei strafbaren Handlungen, ihre Unbeholfenheit im mündlichen Ausdruck und erst recht in der Handhabung der Feder ist vielfach sehr groß. — Dazu kommt nicht selten: Verständnislosigkeit gegenüber den grundlegendsten Bestimmungen der Prozeßordnung und der Strafgesetze, sowie Langsamkeit des Handelns und Mangel der Aufnahmefähigkeit von Mitteilungen dritter Personen, ja selbst Unkenntnis der örtlichen und persönlichen Verhältnisse des eigenen Amtsbezirks, ganz zu schweigen von dem Fehlen kriminaltechnischer und kriminaltaktischer

Kenntnisse und von den Mißverständnissen bei der Erledigung der einfachsten Aufträge. Diese Umstände führen — bei dem oben erörterten Fehlen persönlicher Ermittelungstätigkeit des Staatsanwalts — naturgemäß zur wiederholten Einsendung desselben Aktenstückes zu dem gleichen Zweck und damit zu Verzögerungen und nicht selten auch zum Verlust an Beweismitteln, die im Interesse geordneter, rascher Strafverfolgung sehr zu beklagen sind.

IV.

Das staatsanwaltschaftliche Verfahren im Königreich Bayern.

Von Staatsanwalt **Wachinger** in München.

Vorbemerkungen über die Staatsanwaltschaft bei den Landgerichten.

a) Bei jedem Landgerichte ist dem „Ersten Staatsanwalte" die erforderliche Anzahl von „Zweiten Staatsanwälten" und „Dritten Staatsanwälten" beigegeben. Nur beim Landgericht München I ist neben dem geschäftsleitenden Ersten Staatsanwalt noch ein weiterer Erster Staatsanwalt vorhanden (vgl. Nr. 1 c).

b) Die Staatsanwälte werden vom Könige ernannt. Sie sind nichtrichterliche Beamte und unterstehen daher in bezug auf Dienstesprovisorium, Versetzung, Pensionierung und Disziplin den für die Verwaltungsbeamten geltenden Vorschriften.

c) Dem Range und Gehalte nach stehen die Ersten Staatsanwälte zwischen den Oberlandesgerichtsräten (Landgerichtsdirektoren) und Landgerichtsräten, die Zweiten Staatsanwälte zwischen den Landgerichtsräten und Amtsrichtern und die Dritten Staatsanwälte auf gleicher Stufe mit den Amtsrichtern. Den Ersten Staatsanwälten kann nach Maßgabe ihres Dienstalters, ihrer Geschäftsaufgabe und ihrer Leistungen der Rang und das Gehalt der Oberlandesgerichtsräte verliehen werden.

Die für den staatsanwaltschaftlichen Dienst qualifizierten Beamten beginnen ihre pragmatische Laufbahn in der Regel als Dritte Staatsanwälte (selten als Sekretäre) und werden dann der Reihe nach zu Amtsrichtern, Zweiten Staatsanwälten, Landgerichtsräten, Ersten Staatsanwälten,

Oberlandesgerichtsräten oder Landgerichtsdirektoren usw. ernannt bzw. befördert. Ihre Beförderung erfolgt in der Regel rascher als die Beförderung derjenigen richterlichen Beamten, welche die staatsanwaltschaftlichen Zwischenstufen nicht durchgemacht haben.

Der Wechsel zwischen richterlicher und staatsanwaltschaftlicher Karriere wird von manchen als eine Gefahr für die richterliche Unabhängigkeit betrachtet. Kenner der Verhältnisse werden aber diese Befürchtung nicht teilen. Vielmehr bietet jener Wechsel eine gewisse Gewähr dafür, daß die staatsanwaltschaftlichen Behörden vor der einseitigen Ausbildung eines „staatsanwaltschaftlichen Geistes" bewahrt bleiben und den Anforderungen des § 158 Abs. 2 StPO. im vollen Umfange gerecht werden.

d) Juristische Mitarbeiter stehen den Staatsanwälten nur selten zur Verfügung. Bezahlte rechtskundige Hilfsarbeiter aus der Zahl der (den Gerichtsassessoren vergleichbaren) geprüften Rechtspraktikanten gibt es zurzeit in ganz Bayern nur vier. Die geprüften Rechtspraktikanten, welche zu ihrer weiteren Ausbildung bei den Staatsanwaltschaften in Praxis stehen, dienen in den ersten Wochen überhaupt nicht, späterhin nicht sehr erheblich zur Entlastung, sind übrigens gleichfalls nicht zahlreich. Die bei der Staatsanwaltschaft verwendeten geprüften Rechtspraktikanten einschließlich der bezahlten Hilfsarbeiter haben die von dem ersten staatsanwaltschaftlichen Beamten (unmittelbar oder durch Vermittlung des Referenten) ihnen zugewiesenen Arbeiten nach den hiefür gegebenen Anleitungen zu erledigen; sie sind nicht befugt, selbständig zu zeichnen oder die Staatsanwälte in öffentlichen Sitzungen zu vertreten.

e) Für die Staatsanwaltschaft bei den Landgerichten gelten zurzeit noch die zunächst für die Landesteile rechts des Rheins erlassenen Dienstvorschriften vom 20. Juni 1862 und die Geschäfts- und Registraturordnung vom 3. September 1879. Die erstgenannten Dienstvorschriften sind jedoch in vielen Beziehungen veraltet; auch enthalten sie keineswegs eine erschöpfende Regelung des staatsanwaltschaftlichen Dienstes, werden vielmehr ergänzt durch eine große Anzahl von einzelnen Entschließungen, die teils im Justizministerialblatte abgedruckt, teils auch nur autographisch vervielfältigt sind und bisher leider weder eine amtliche noch eine private Zusammenstellung erfahren haben. Durch den Mangel einer solchen Zusammenstellung ist den neu zugehenden Staatsanwälten der Dienst außerordentlich erschwert.

1. Der Erste Staatsanwalt.

a) Der erste staatsanwaltschaftliche Beamte führt stets den Titel „Erster Staatsanwalt“, auch wenn er den Rang eines Oberlandesgerichtsrates hat.

Eine Einteilung der einzelnen Staatsanwaltschaften in Sektionen oder Abteilungen findet nicht statt. Dem Zwecke der Entlastung des geschäftsleitenden Ersten Staatsanwalts beim Landgericht München I dient der dort aufgestellte zweite Erste Staatsanwalt. Siehe hierüber unter Lit. c.

Die Ersten Staatsanwälte bei den Landgerichten — mit Ausnahme des zweiten Ersten Staatsanwalts beim Landgericht München I — haben hinsichtlich der übrigen bei demselben Gericht aufgestellten staatsanwaltschaftlichen Beamten und Bediensteten, namentlich in bezug auf Leitung und Verteilung der Geschäfte, alle Rechte und Pflichten eines Amtsvorstandes.

b) Vermöge des Rechtes und der Pflicht zur Geschäftsleitung haben die Ersten Staatsanwälte bei den ihnen untergebenen staatsanwaltschaftlichen Beamten auf Einhaltung der bestehenden Dienstvorschriften und auf Erzielung einer möglichst gleichmäßigen Geschäftsbehandlung hinzuwirken sowie ihnen als Berater zur Seite zu stehen.

Die wichtigste Handhabe zur Geltendmachung des erforderlichen Einflusses bildet die Regelung des schrift-

7*

l i c h e n V e r k e h r s. Dieser geht in der Regel vom ersten staatsanwaltschaftlichen Beamten aus und wird ebenso von anderen Behörden an ihn gerichtet. Die zum Auslauf an andere Behörden und Parteien bestimmten Schriftstücke sind vom ersten staatsanwaltschaftlichen Beamten oder bei dessen Verhinderung von dem im Dienste ältesten Referenten zu unterzeichnen. Die zwischen den Staatsanwälten und den Gerichten, bei welchen sie angestellt sind, in einzelnen Sachen zu stellenden Anträge und zu wechselnden Noten — also insbesondere auch die Anträge auf Eröffnung der Voruntersuchung und auf Außerverfolgungsetzung, die Anklageschriften und die Anträge im Rechtsmittelverfahren — werden lediglich von dem staatsanwaltschaftlichen Beamten unterzeichnet, welchem die Sache zugeteilt ist, und zwar im eigenen Namen; doch sind alle wichtigen Anträge vor dem Auslauf dem Ersten Staatsanwalt zur Durchsicht vorzulegen. Die letztere Vorschrift wird in der Praxis verschieden gehandhabt, indem entweder nur die auf wichtige Straffälle (z. B. Preßsachen) bezüglichen Anträge oder die eine oder andere Gruppe oder alle oben aufgezählten Gruppen von Anträgen vorgelegt werden; bei mehreren Staatsanwaltschaften nimmt der Erste Staatsanwalt überhaupt von allen durch die Referenten zu unterzeichnenden Anträge und Noten Einsicht. — Sehr mannigfache Formen finden sich bei den Beschlüssen, durch welche einer Anzeige oder einem Antrag auf Strafverfolgung keine Folge gegeben oder das hierauf eingeleitete Verfahren eingestellt wird. Häufig zeichnet nur der Referent; zuweilen wird die für den Verletzten bestimmte Abschrift des Bescheids mit einem vom Ersten Staatsanwalt unterzeichneten Begleitschreiben zugestellt; häufig wird auch die Reinschrift des Bescheids selbst oder Konzept und Reinschrift vom Ersten Staatsanwalt unterzeichnet. Die Aufstellung einheitlicher Grundsätze hierüber wäre wünschenswert.

Die Durchsicht des Ein- und Auslaufes gibt dem Ersten Staatsanwalt Gelegenheit, in allen Fällen, in denen er es für angezeigt hält, eine R ü c k s p r a c h e mit dem Referenten herbeizuführen; andererseits besteht meistens eine ausdrückliche Weisung oder eine Übung des Inhalts, daß die Referenten von sich aus in allen zweifelhaften und wichtigen Fällen, namentlich auch in Preßsachen, dem Ersten Staatsanwalt Vortrag zu erstatten haben. Der Einzelverkehr zwischen dem Ersten Staatsanwalt und den Referenten ist im allgemeinen ziemlich rege und bewegt sich meist in kollegialen Formen. Das dem Ersten Staatsanwalt als Amtsvorstand zustehende Recht, Versammlungen der Referenten zu berufen, wird dagegen bei den meisten Staatsanwaltschaften nur selten ausgeübt.

c) Die Verteilung der zu bearbeitenden Sachen erfolgt bei den meisten Staatsanwaltschaften nach Bezirken; nur in den größten Städten kommt eine Verteilung nach Anfangsbuchstaben der Beschuldigten oder Verletzten vor. Bei einigen Staatsanwaltschaften sind gewisse Materien von der Verteilung nach Bezirken oder Buchstaben ausgenommen und in einer Hand vereinigt; dies gilt vor allem von Verbrechen des Hoch- und Landesverrats, Verbrechen wider Kaiser und Reich, Wehrpflichtverletzungen, Münzdelikten, Preßdelikten, Urheberrechtsverletzungen, Unfallanzeigen und dergleichen; sehr zweckmäßig erscheint die zuweilen vorkommende Anordnung, daß Anzeigen wegen Meineids, Falscheids oder falscher Anschuldigung, die mit einer bei der Staatsanwaltschaft behandelten Sache zusammenhängen, von dem mit der letzteren Sache befaßten Referenten zu behandeln sind.

Der Betrieb der Strafvollstreckung und die Behandlung der Begnadigungsanträge und der Gesuche um Entschädigung für unschuldig erlittene Haft in bezug auf die Strafkammer- und Schwurgerichtssachen obliegt meist dem Sach- oder Sitzungsreferenten; zuweilen ist der Betrieb der Strafvollstreckung oder die Behandlung der Gesuche um Entschädigung für unschuldig erlittene Haft oder beides in einer Hand vereinigt.

Bei der überwiegenden Mehrzahl der Staatsanwaltschaften ist es Übung, daß in Abweichung von der bestehenden Geschäftsverteilung besonders wichtige Sachen vom Ersten Staatsanwalt zur eigenen Bearbeitung übernommen werden. Bei einer Staatsanwaltschaft besteht die empfehlenswerte Praxis, daß Anzeigen, die nach der Geschäftsverteilung von verschiedenen Referenten zu behandeln wären, aber eine einheitliche Behandlung erfordern — z. B. Anzeigen über mehrere gleichartige Sittlichkeitsverbrechen, Einbruchdiebstähle oder Betrügereien, die vermutlich von dem gleichen, zunächst noch unbekannten Täter verübt worden sind —, ferner Anzeigen, zu deren Behandlung gewisse, nur bei einem Referenten vorhandene technische Kenntnisse gehören, vom Ersten Staatsanwalt einem anderen als dem zunächst zuständigen Referenten überwiesen werden. Im übrigen findet eine Abweichung von der Geschäftsverteilung nur sehr selten statt, so z. B., wenn bei dem zunächst zuständigen Referenten eine vorübergehende Überlastung besteht oder Verhältnisse vorliegen, welche seine Ablehnung als Richter begründen würden. Von dem Vorhandensein derartiger Gründe ist dem Ersten Staatsanwalt Anzeige zu erstatten.

Die sämtlichen geschäftsleitenden Staatsanwälte außerhalb des Landgerichts München I behandeln auch selbst einen Teil der Anzeigen, sei es, daß sie sich schon bei der allgemeinen Geschäftsverteilung einzelne Bezirke oder Buchstaben oder Materien vorbehalten, oder daß sie einzelne Sachen in Abweichung von der bestehenden Geschäftsverteilung nach Maßgabe der obigen Ausführungen an sich ziehen. Die Zahlen der von den geschäftsleitenden Staatsanwälten selbst behandelten Anzeigen bewegten sich im Jahre 1906 im allgemeinen zwischen 60 und 450; nur bei zwei Staatsanwaltschaften wurde eine höhere Ziffer erreicht. — Die meisten Ersten Staatsanwälte pflegen außer den Geschäften der Amtsvorstandschaft und den etwa übernommenen land- und schwurgerichtlichen Strafsachen auch die übrigen nach Reichs- und Landesrecht der Staatsanwaltschaft zukommenden Geschäfte ganz oder zum größten Teil zu erledigen; dahin gehören insbesondere die amtsgerichtlichen Beschwerde-, Begnadigungs- und Strafvollstreckungssachen, die Aufsicht auf die Amtsanwälte, die Mitwirkung im Zivilprozeß, die Gutachtensabgabe über Gesuche um Namensänderung, Ehelichkeitserklärung, Volljährigkeitserklärung und um Befreiung von Ehehindernissen und vom Alterserfordernisse bei der Annahme an Kindes Statt, die Mitwirkung bei der Statistik usw., in der Pfalz auch noch die mit erheblicher Arbeit verbundene Dienstaufsicht auf die Standesämter. — Endlich obliegen den Ersten Staatsanwälten die Geschäfte des Gefängnisvorstandes bezüglich der Landgerichtsgefängnisse mit Einschluß derjenigen, welche zugleich Amtsgerichtsgefängnisse sind, sowie die Mitwirkung in der Dienstaufsicht über die Amtsgerichtsgefängnisse, welche als ständige Aushilfsgefängnisse dienen.

Der zweite Erste Staatsanwalt beim Landgericht München I erledigt unter eigener Verantwortung die Geschäfte des Gefängnisvorstandes, den Betrieb der Strafvollstreckung und die Durchsicht der Anklagen in Schwurgerichtssachen; auch übernimmt er zuweilen besonders wichtige Strafsachen zur Bearbeitung und Vertretung. Er zeichnet in Vertretung des geschäftsleitenden Ersten Staatsanwalts.

Das in Bayern bestehende Verhältnis zwischen dem Ersten Staatsanwalt und den Nebenbeamten hat sich bewährt. Die Gründe, welche von dem Referenten für Sachsen gegen die dort bestehende Selbständigkeit der Nebenbeamten geltend gemacht werden, dürften zutreffend sein. Dem Ersten Staatsanwalt muß die Möglichkeit der Einflußnahme im weiten Umfange gewahrt bleiben. Doch soll diese Einflußnahme — wie es in Bayern meist geschieht — der Individualität des Referenten so weiten Spielraum lassen, als es im Interesse der Sache angängig ist, und tunlichst in der kollegialen Form der Rücksprache erfolgen. Förmliche Eingriffe, die das Verantwortlichkeitsgefühl schwächen und die Berufsfreudigkeit mindern, werden dann nur selten notwendig werden.

2. Der Staatsanwalt.

a) Allgemeine Vorschriften darüber, in welchen Fällen die Voruntersuchung zu beantragen sei, sind nicht vorhanden. Doch besteht bei der überwiegenden Mehrzahl der Staatsanwaltschaften eine Praxis oder Weisung des Inhalts, daß eine Voruntersuchung — abgesehen von den gesetzlich vorgeschriebenen Fällen — nur dann stattfinden soll, wenn voraussichtlich verwickelte und umfangreiche Erhebungen notwendig werden und wenn nach Lage des Falles eine vom Staatsanwalt nicht zu erreichende Einheitlichkeit der Behandlung erforderlich erscheint. (In Betracht zu ziehen ist hierbei die in Bayern übliche, unter Lit. b geschilderte Gestaltung des Ermittlungsverfahrens.) Ausnahmsweise führt zur Beantragung der Voruntersuchung auch der bevorstehende Ablauf der Haftfrist oder der Wunsch, unter allen Umständen eine gerichtliche Entscheidung zu erwirken.

In Fällen, in denen eine Voruntersuchung geboten ist oder für wünschenswert erachtet wird, dehnt der Staatsanwalt die Ermittlungen in der Regel nicht weiter aus, als es zur Stellung eines bestimmten Antrages unbedingt notwendig ist, es müßte denn sein, daß erst nach längerdauernden Ermittlungen einer der obenerwähnten Gründe für die Beantragung der Voruntersuchung zutage tritt, oder daß ausnahmsweise im Wege des Ermittlungsverfahrens eine raschere Förderung der Sache zu erwarten ist. Fast alle geschäftsleitenden Staatsanwälte Bayerns haben sich für die Beibehaltung dieses Verfahrens ausgesprochen, da nur hiebei der Hauptzweck der Voruntersuchung — die Einheitlichkeit der Sachbehandlung — erreicht wird. Durch die in Sachsen bestehende gegenteilige Praxis wird die Voruntersuchung zu einer bloßen Form herabgedrückt.

In den Einzelfällen entscheidet über die Frage, ob die Voruntersuchung zu beantragen und wie weit das vorausgehende Ermittlungsverfahren auszudehnen ist, meist das Ermessen des Referenten; doch ist ein Eingreifen des Ersten Staatsanwalts nach Maßgabe der Erörterungen unter Nr. 1 Lit. b nicht gerade selten. Bei einem Gerichte ist die Entscheidung über die Beantragung der Voruntersuchung ausschließlich dem Ersten Staatsanwalte vorbehalten. Von nicht zu unterschätzender Bedeutung für die Entscheidung in den Einzelfällen sind lokale Gewohnheiten, ferner die persönliche Fähigkeit und die augenblickliche Geschäftslast der beteiligten Staatsanwälte und Untersuchungsrichter. Der Prozentsatz der neu angefallenen Voruntersuchungen gegenüber den neu angefallenen Vorverfahren überhaupt schwankte im Jahre 1906 bei den einzelnen Staatsanwaltschaften zwischen 3 und 11 %; für das Königreich betrug er im Durchschnitt 5,65 %.

Die Staatsanwälte sollen sich über den Fortgang einer schwebenden Voruntersuchung durch mündliches Benehmen mit dem Untersuchungsrichter auf dem laufenden erhalten und, soweit erforderlich, durch entsprechende Antragstellung in ihren Betrieb eingreifen. Bei den meisten Gerichten besteht ein ziemlich reger Verkehr zwischen Staatsanwalt und Untersuchungsrichter. Er wird in der Regel nicht nur von den Staatsanwälten, sondern auch von den Untersuchungsrichtern angeregt. Da etwaige Wünsche meist im Wege kollegialer Besprechung erledigt werden, ist ein Eingreifen durch förmliche Antragstellung — abgesehen von Anträgen auf Ausdehnung der Voruntersuchung — selten nötig.

Findet der Staatsanwalt bei der Prüfung der Akten nach dem Schlusse der Voruntersuchung, daß noch die eine oder andere Frage der Klärung bedarf, so sucht er durch den Antrag auf Ergänzung der Voruntersuchung oder auf dem im Ermittlungsverfahren üblichen Wege (vgl. Lit. b) abzuhelfen; eine Wiederholung von Verhören oder Beweiserhebungen durch den Staatsanwalt zum Zwecke der Gewinnung eines unmittelbaren Eindruckes findet — von seltenen Ausnahmefällen abgesehen — nicht statt.

b) Für das Ermittlungsverfahren darf zwar als Grundsatz angesehen werden, daß der Staatsanwalt die Leitung des Verfahrens nicht völlig in die Hand der Polizei gleiten lassen darf. Ein der sächsischen Praxis entsprechender Grundsatz des Inhalts aber, daß die Verhöre, Vernehmungen und örtlichen Besichtigungen tunlichst vom Staatsanwalt persönlich oder durch dessen juristischen Mitarbeiter betätigt werden sollen, kann in Bayern schon mit Rücksicht auf die Personalverhältnisse und auf den Mangel an juristischen Hilfsarbeitern nicht bestehen. Ermittlungen durch den Staatsanwalt selbst finden daher bei fast allen Gerichten nur ausnahmsweise statt, und zwar meist in Fällen von wesentlicher Bedeutung oder besonderer Subtilität zum Zwecke der raschen Klärung, insbesondere der raschen Beseitigung eines unglaubhaften schweren Verdachts oder zur Schaffung einer sicheren Grundlage für die Beantragung der Voruntersuchung, für die weitere Instruktion der Sicherheitsorgane oder für die Herbeiführung der Verhaftung oder Haftentlassung; Augenscheinseinnahmen dann, wenn der Staatsanwalt ohne eigene örtliche Besichtigung eine Entscheidung über die weiteren Schritte nicht zu treffen vermag, insbesondere bei Bränden, Leichenfunden, Unfällen und dergleichen. Liegen derartige besondere Umstände vor, so scheuen die Staatsanwälte im allgemeinen auch auswärtige Termine nicht, bezüglich deren aber, soweit sie von Zweiten oder Dritten Staatsanwälten wahrzunehmen sind, fast stets die Genehmigung des Ersten Staatsanwalts oder doch die Anzeigeerstattung an ihn erforderlich ist. Bei zwei Staatsanwaltschaften scheint die persönliche Ermittlungstätigkeit der Staatsanwälte in einem weiteren, als dem hier geschilderten Umfange geübt zu werden, wogegen sie bei zwei anderen Staatsanwaltschaften fast niemals vorkommt.

Die Frage, ob eine Vorschrift im Sinne der sächsischen Praxis für wünschenswert zu erachten sei, wurde ungefähr von der Hälfte der geschäftsleitenden Staatsanwälte verneint, von der anderen Hälfte bejaht, jedoch zumeist mit einschränkenden Beisätzen. Es lassen sich eine Reihe von Gründen zugunsten einer solchen Vorschrift anführen. Im Verhältnisse zu den Polizeiorganen bietet der Staatsanwalt vermöge der ihm zukommenden höheren juristischen und psychologischen Bildung, dann aber auch wegen der Verantwortung, die er in bezug auf die Anklageerhebung trägt, im allgemeinen eine größere Gewähr dafür, daß wichtige Umstände nicht übersehen und neben den belastenden auch die entlastenden Momente berücksichtigt werden, daß ferner bei den Vernehmungen Suggestivfragen unterbleiben und Mißverständnisse hintangehalten werden. Im Verhältnisse zwischen Staatsanwalt und Ermittlungsrichter kommt zugunsten des Staatsanwalts in Betracht, daß er den Fall von Anfang an kennt, also einen besseren Überblick und vor allem größeres Interesse hat, daß er daher auch eher imstande ist, das Wesentliche von dem Unwesentlichen zu unterscheiden. Der unmittelbare Eindruck ferner, den der Staatsanwalt durch die persönliche Vornahme der Ermittlungen gewinnt, erleichtert ihm zweifellos in vielen Fällen die Entscheidung über die Erhebung der öffentlichen Klage. Dazu kommt, daß durch die Verminderung der Aktenversendung vielfach eine Beschleunigung des Verfahrens erzielt werden kann. Andererseits ist aber zu bedenken, daß es für die zu vernehmenden Personen eine erheblich größere Belastung bedeutet, wenn sie vor Amt erscheinen sollen, statt von den Polizeiorganen besucht zu werden, oder wenn sie gar die gegenüber den Polizeiorganen abgegebenen Aussagen vor dem Staatsanwalte wiederholen müssen. Gegen eine Einschränkung der Anrufung des Ermittlungsrichters spricht ferner die Erwägung, daß die zu vernehmenden Personen dem Richter gegenüber mehr aus sich herausgehen als gegenüber dem Staatsanwalte, in dem sie stets den Inquisitor sehen, daß sie bei richterlichen Vernehmungen eher bei der Wahrheit bleiben, weil ihnen der dem Richter zu Gebote stehende Eideszwang vor Augen schwebt, daß endlich die Beschuldigten und die Verletzten zu den richterlichen Beweiserhebungen im allgemeinen größeres Vertrauen haben. Es frägt sich, ob durch diese Erwägung nicht die oben angeführten Gründe aufgewogen werden. Überdies wäre in Bayern die sächsische Praxis nicht ohne erhebliche Personalvermehrung durchzuführen.

Die schriftliche Niederlegung der von den Staatsanwälten selbst vorgenommenen Ermittlungen erfolgt bei einigen wenigen Staatsanwaltschaften ausschließlich in Form von Aktenvermerken; viele Staatsanwälte lassen dagegen das Ergebnis der Vernehmungen von den vernommenen Personen unterzeichnen; von vielen werden beide Formen wahlweise zur Anwendung gebracht. Soweit auf die Unterschrift der vernommenen Personen Wert gelegt wird, erfolgt zuweilen auch die Beiziehung eines Protokollführers. — Von den geschäftsleitenden Staatsanwälten hält einer den Ersatz der bei ihm üblichen Aktenvermerke durch protokollarische Feststellungen für wünschenswert; die übrigen wollen an der jeweils bei ihnen bestehenden Praxis festhalten; nur wird für den Fall der unterschriftlichen Vernehmung mehrfach der Wunsch ausgesprochen, daß die häufigere Beiziehung eines Protokollführers ermöglicht werden möge. —

Von den bisher erörterten Ausnahmen abgesehen werden meistens die Polizeiorgane oder die Amtsrichter um die Vornahme der Ermittlungen ersucht. Einige Staatsanwälte bevorzugen die Polizei, andere den Amtsrichter. Meistens aber wird in der Weise verfahren, daß die Verhöre der Beschuldigten und alle wichtigeren Beweiserhebungen in Sachen, die voraussichtlich vor der Strafkammer verhandelt werden, durch den Amtsrichter, die übrigen Ermittlungshandlungen, soweit sie sich nicht als richterliche Untersuchungshandlungen darstellen oder besondere Rechtskenntnisse erfordern, durch Polizeiorgane vorgenommen werden. — In der Pfalz werden auch die Amtsanwälte herangezogen. Vor allem besteht dort die Übung, daß bei den Vergehen der Körperverletzung und Beleidigung, teilweise auch bei den anderen Überweisungssachen die Anzeigen zunächst an die Amtsanwälte gehen, daß diese die erforderlichen Ermittlungen pflegen und dann die erwachsenen Akten mit den Entwürfen der Anklageschriften den Staatsanwälten vorlegen. Zuweilen werden aber die Pfälzer Amtsanwälte auch in sonstigen Sachen mit der Durchführung des Ermittlungsverfahrens oder mit der Vornahme bestimmt vorgeschriebener einzelner Erhebungen beauftragt. Im diesseitigen Bayern ist eine solche Heranziehung der Amtsanwälte aus organisatorischen Gründen ausgeschlossen (vergl. No. 3).

c) Der Grundsatz, daß die Vertretung der Anklage in der Hauptverhandlung von demjenigen Staatsanwalte besorgt werden soll, der die Sache im Vorverfahren behandelt hat, ist nur bei wenigen Gerichten durchgeführt, und auch dort mit mehr oder weniger häufigen Ausnahmen. Dagegen besteht vielfach die Übung, daß in den Sitzungen jeweils derjenige Referent auftritt, der die meisten und umfangreichsten Fälle im Vorverfahren behandelt hat, und daß wenigstens alle wichtigen Sachen, namentlich alle Schwurgerichtssachen, die im Vorverfahren von einem am Sitzungsorte befindlichen Staatsanwalte bearbeitet worden sind, in der Hauptverhandlung vom Sachreferenten vertreten werden.

Von der Mehrzahl der geschäftsleitenden Staatsanwälte wird die Durchführung jenes Grundsatzes als wünschenswert bezeichnet, aber unter der Voraussetzung, daß die Vorsitzenden in die einzelnen Sitzungen immer nur solche Sachen bringen, die vom gleichen Referenten behandelt worden sind; von einem Wechsel der Referenten innerhalb der einzelnen Sitzungen befürchten sie eine Beeinträchtigung der Arbeitszeit und Arbeitsruhe der staatsanwaltschaftlichen Beamten. Da jedoch die Vorsitzenden jene Voraussetzung kaum jemals ganz zu erfüllen vermögen, da andererseits die Vertretung der Anklagen durch den Sachreferenten nicht nur für die Sache selbst, sondern auch für die staatsanwaltschaftlichen Beamten wesentliche Vorteile bringt, indem das Studium der Sitzungsakten in Wegfall kommt, so dürfte es sich empfehlen, den erwähnten Grundsatz — ebenso wie in Preußen und Sachsen — ohne Rücksicht auf die aus dem Wechsel der Referenten etwa folgenden kleinen Unannehmlichkeiten durchzuführen.

d) Die Zahlen der von einem Referenten zu behandelnden neuen Anzeigen schwankten im Jahre 1906 zwischen 600 und 1280, der überwiegenden Mehrzahl nach zwischen 700 und 1000. Daß den Referenten meist auch der Betrieb der Strafvollstreckung und die

Bearbeitung der Begnadigungsanträge in den von ihnen behandelten Sachen obliegt, wurde bereits unter Nr. 2 c erwähnt. Dazu kommen noch die etwa von den Referenten zu behandelnden Berufungssachen. Sonstige Geschäfte sind von den staatsanwaltschaftlichen Nebenbeamten nur ausnahmsweise zu erledigen.

3. Der Amtsanwalt.

1. Die Geschäfte der Staatsanwaltschaft bei den Amtsgerichten werden entweder von besonderen hierfür aufgestellten Amtsanwälten im Hauptamt versehen, oder es werden mit diesen Geschäften andere Beamte im Nebenamt beauftragt.

Die Organisation der Amtsanwaltschaft ruht auf wesentlich verschiedenen Grundlagen in den Landesteilen rechts des Rheins und in der Pfalz.

a) Für die Organisation in den Landesteilen rechts des Rheins war die Erwägung maßgebend, daß die Wirksamkeit der Verwaltung auf dem Gebiete der öffentlichen Ordnung und Sicherheit durch ihre unmittelbare Beteiligung bei der Ausübung der polizeilichen Strafrechtspflege wesentlich verstärkt werde und daß eine lebendige Wechselwirkung zwischen Rechtspflege und Verwaltung im dringenden allgemeinen Interesse liege. Dementsprechend wurde bereits im Jahre 1867 verfügt, daß der staatsanwaltschaftliche Dienst bei den den jetzigen Amtsgerichten entsprechenden Gerichten in der Regel Organen der inneren Verwaltung übertragen werden soll. Hieran wurde auch nach dem Inkrafttreten der Reichsgesetzgebung festgehalten, wobei zu bemerken ist, daß ein Polizeistrafverfahren im Sinne des § 453 StPO. in Bayern nicht besteht.

α) Beim Amtsgericht München I sind acht Beamte der Polizeidirektion, und zwar ein im Range der Amtsrichter stehender Polizeiassessor und sieben Regierungsakzessisten — geprüfte Rechtspraktikanten, die sich dem Verwaltungsdienst zugewendet haben — als Amtsanwälte aufgestellt; jedem Amtsanwalt ist eine nichtjuristische Hilfskraft zur Erledigung des formalen

Dienstes beigegeben. Dem Polizeiassessor liegt die Leitung und Verteilung der Geschäfte ob. Der gesamte Einlauf geht durch seine Hand. Die beigeordneten Amtsanwälte genießen zwar insofern eine gewisse Selbständigkeit, als sie die ihnen zugewiesenen Strafsachen unter eigener Verantwortung bearbeiten und die zum Auslauf bestimmten Schriftstücke im eigenen Namen zeichnen; doch werden die Strafbefehlsanträge, die Anklageschriften und die Sitzungsanträge vor dem Auslauf dem geschäftsleitenden Amtsanwalte zur Durchsicht vorgelegt. Der geschäftsleitende Amtsanwalt ist der Berater der beigeordneten Amtsanwälte und sorgt durch Rücksprache und, soweit nötig, auch durch Weisung für die Einhaltung der bestehenden Dienstesvorschriften und für eine gleichmäßige Geschäftsbehandlung. — Die Geschäftsverteilung erfolgt nach Buchstaben und stimmt mit der Verteilung der Geschäfte bei der Strafabteilung des Amtsgerichts im wesentlichen überein. Der geschäftsleitende Amtsanwalt behandelt die Preß-, Vereins- und Baupolizeisachen; ferner übernimmt er zuweilen auch sonstige Fälle heiklen Charakters zur eigenen Bearbeitung. Anzeigen, die nach der Geschäftsverteilung zur Zuständigkeit verschiedener Amtsanwälte gehören würden, aber eine einheitliche Behandlung erfordern, werden tunlichst in einer Hand vereinigt. — Von jedem der beigeordneten Amtsanwälte sind jährlich rund 6000 Anzeigen zu bearbeiten.

β) Die den Kreisregierungen unmittelbar untergeordneten Städte mit Ausnahme von München sind verpflichtet, die Geschäfte der Amtsanwaltschaft für den Stadtbezirk gegen Entschädigung durch Gemeindebeamte besorgen zu lassen. Die Aufstellung der Gemeindebeamten als Amtsanwälte erfolgt auf Vorschlag der Gemeindebehörden durch das Staatsministerium der Justiz im Einverständnis mit dem Staatsministerium des Innern. Jene Verpflichtung wurde bei der überwiegenden Mehrzahl der unmittelbaren Städte in Anspruch genommen, weshalb bei den Amtsgerichten, die ihren Sitz in diesen Städten haben, für den Stadtbezirk meist rechtskundige Bürgermeister, Rechtsräte, Ratsassessoren, ausnahmsweise auch nichtrechtskundige Gemeindebeamte als Amtsanwälte tätig sind.

γ) In den wenigen unmittelbaren Städten, deren Verpflichtung zur Besorgung der Amtsanwaltschaft nicht in Anspruch genommen worden ist, dann für die Landbezirke, die mit dem Bezirk einer unmittelbaren Stadt zu einem Amtsgerichtsbezirke vereinigt sind, sowie bei den Amtsgerichten, deren Bezirke sich aus mittelbaren Gemeinden zusammensetzen, wird der amtsanwaltschaftliche Dienst größtenteils durch juristisch gebildete Nebenbeamte der Bezirksämter, und zwar fast stets durch die im Range der Amtsrichter stehenden Bezirksamtsassessoren, ausnahmsweise durch einen dem Bezirksamte zugeteilten geprüften Rechtspraktikanten besorgt. —

Für die Fälle der Verhinderung des ordentlichen Amtsanwalts hat der Oberstaatsanwalt am Oberlandesgericht die Stellvertretung ständig zu regeln, und zwar, wenn der Amtsanwalt ein Beamter der inneren Verwaltung oder ein Gemeindebeamter ist, im Benehmen mit der Kreisregierung. Die volle ständige Stellvertretung bei Beurlaubung, Erkrankung und Stellenerledigung wird in der Regel am Amtsgericht München I von den bei der Polizeidirektion aufgestellten Amtsanwälten gegenseitig, in den unter β erwähnten unmittelbaren Städten von Gemeindebeamten, in den unter γ erwähnten Fällen von den bezirksamtlichen Nebenbeamten gegenseitig, oder, wenn mehrere Nebenbeamte nicht vorhanden sind, von Gerichtsbeamten besorgt. In besonderen Fällen, namentlich bei länger dauernder Verhinderung des ordentlichen Amtsanwalts, werden geprüfte Rechtspraktikanten als Stellvertreter abgeordnet. — Die ständige Stellvertretung für Besorgung unverschieblicher Geschäfte an Amtsgerichten ohne Bezirksamtssitz wird in der Regel Gerichtsbeamten übertragen. — Bei plötzlich eintretender Verhinderung des ordentlichen Amtsanwalts hat der Amtsrichter, dem die Dienstaufsicht obliegt, den Stellvertreter für besonders dringende Fälle zu bezeichnen, hievon aber sofort dem Oberstaatsanwalt Anzeige zu erstatten; in der Praxis werden hier wohl nur Gerichtsbeamte als Stellvertreter in Betracht kommen. — Die zur Stellvertretung herangezogenen Gerichtsbeamten sind meistens Amtsgerichtssekretäre, selten Sekretariatsassistenten oder Amtsrichter. Die Heranziehung von Gemeindebeamten zur Stellvertretung dürfte — von den Fällen unter β abgesehen — kaum jemals vorkommen. —

Wird der amtsanwaltschaftliche Dienst durch einen Nebenbeamten der Distriktsverwaltungsbehörde (also der Polizeidirektion, eines Bezirksamts oder des Magistrats einer unmittelbaren Stadt) besorgt, so ist — unbeschadet der Aufsichtsbefugnisse der vorgesetzten staatsanwaltschaftlichen Beamten — auch der Vorstand der Distriktsverwaltungsbehörde befugt, von den angefallenen Anzeigen und von sonstigen Akten des Amtsanwalts Einsicht zu nehmen und dem Amtsanwalt zur Wahrung des öffentlichen Interesses Weisungen zu erteilen.

b) In der Pfalz wird der staatsanwaltschaftliche Dienst bei den Amtsgerichten von besonders hierfür aufgestellten Amtsanwälten aus der Zahl der geprüften Rechtspraktikanten versehen; bei den größeren Amtsgerichten sind mehrere Amtsanwälte vorhanden, die einander gleichgestellt sind; bei den kleinsten Amtsgerichten wird der Dienst für zwei oder drei Gerichte von einem Amtsanwalte versehen.

Die Stellvertretung wird in der Regel von den Amtsanwälten gegenseitig — nötigenfalls unter Mitwirkung eines Dritten Staatsanwalts — besorgt. Soweit eine gegenseitige Stellvertretung nicht möglich ist, also namentlich für die Besorgung unverschieblicher Geschäfte an Amtsgerichten ohne Amtsanwaltssitz, werden Gerichtsbeamte, ausnahmsweise auch gemeindliche Polizeikommissäre mit der Stellvertretung betraut. In besonderen Fällen werden geprüfte Rechtspraktikanten abgeordnet. —

Beim Amtsgericht München I sowie in der Pfalz ist man mit der dermaligen Organisation der Amtsanwaltschaft durchaus zufrieden. Die Besorgung der Amtsanwaltschaft durch Verwaltungsbeamte im Nebenamt wird dagegen von der überwiegenden Mehrzahl der geschäftsleitenden Staatsanwälte als nicht förderlich für die Strafrechtspflege bezeichnet. Die Bezirksamtsassessoren, die meist mit Verwaltungsgeschäften stark belastet sind, betrachten die amtsanwaltschaftlichen Geschäfte in der Regel als lästige Beigabe und überlassen sie vielfach, soweit möglich, dem Kanzleipersonale. Es dürfte sich daher empfehlen, auch in den rechtsrheinischen Gebieten außerhalb Münchens zur Aufstellung eigener Amtsanwälte aus der Zahl der geprüften Rechtspraktikanten überzugehen. Diese könnten dann in mäßigem Umfange, insbesondere in Überweisungssachen, auch von den Staatsanwälten bei den Landgerichten herangezogen werden.

2. Für das Verfahren der Amtsanwälte sind hauptsächlich die Vorschriften für die Geschäftsbehandlung in den zur Zuständigkeit der Schöffengerichte gehörigen Strafsachen vom 20. August 1879 nebst den Nachträgen hiezu maßgebend. Abgesehen von den im Gesetz begründeten Abweichungen unterscheidet sich das amtsanwaltschaftliche Verfahren von dem der landgerichtlichen Staatsanwälte namentlich dadurch, daß die Amtsanwälte, soweit sie die Ermittlungen nicht selbst vornehmen, vorwiegend die Vermittlung der Beamten des Polizei- und Sicherheitsdienstes in Anspruch nehmen, die Vornahme richterlicher Untersuchungshandlungen aber nur in besonders wichtigen und dringenden Fällen beantragen sollen, daß ferner ihre Tätigkeit im vorbereitenden Verfahren bei Übertretungen und sonstigen minder wichtigen Strafsachen in der Regel auf die Erforschung der Beweismittel und die Herbeischaffung etwaiger Überführungsgegenstände oder schriftlicher Beweisstücke zu

beschränken, die Erhebung der Beweise aber der Hauptverhandlung vorzubehalten ist.

3. Die Amtsanwälte sind mit der Führung der Strafregister betraut.

4. Die polizeilichen Beamten der Staatsanwaltschaft.

a) Als Hilfsbeamte der Staatsanwaltschaft sind in Bayern bezeichnet:

1. Die Vorstände der staatlichen Distriktspolizeibehörden (Polizeidirektor, Bezirksamtmänner) und ihre Stellvertreter, sowie die exponierten Bezirksamtsassessoren,
2. die Bürgermeister und ihre Stellvertreter, sowie die gemeindlichen Polizeikommissäre der Pfalz,
3. die im unmittelbaren Dienste des Staates stehenden Amtsanwälte, soweit sie nicht Nebenbeamte einer Distriktspolizeibehörde sind (also vor allem die Pfälzer Amtsanwälte),
4. die als Amtsanwälte aufgestellten Gemeindebeamten,
5. die Landgendarmeriemannschaft vom Oberwachtmeister abwärts,
6. die zur Handhabung der Ortspolizei und des Feldschutzes aufgestellten Beamten und Bediensteten der Polizeidirektion München und der Gemeinden bezüglich derjenigen strafbaren Handlungen, zu deren Erforschung und Anzeige sie nach ihrer Dienstaufgabe verpflichtet sind (also die K. Schutzmannschaft in München, die städtischen Schutzmannschaften, die Polizeidiener, Gemeindediener, Flurwächter u. dergl.);
7. die Forstmeister und alle in den Forstgesetzen als Hilfsorgane zur Handhabung der Forstpolizei bezeichenten Bediensteten bezüglich der Forstrügesachen, der Jagdvergehen und der Übertretungen jagdpolizeilicher Vorschriften;
8. die Vorstände der Bezirksbergämter und ihre Stellvertreter;
9. die Beamten der Untersuchungsanstalten für Nahrungs- und Genußmittel für den Vollzug des Weingesetzes.

Die Staatsanwälte haben die ordnungsgemäße Ausführung der Geschäfte, welche den Hilfsbeamten in den zu ihrer

8*

Dienstaufgabe gehörigen Strafsachen übertragen sind, zu überwachen; eine Disziplinargewalt oder Zwangsbefugnis steht ihnen aber gegen diese Hilfsbeamten nicht zu; vielmehr haben sie sich bei Verfehlungen und Versäumnissen eines Hilfsbeamten an die diesem vorgesetzte Dienstbehörde zu wenden.

Kommt die Eigenschaft von Hilfsbeamten der Staatsanwaltschaft einer Mehrzahl von Beamten einer und derselben Behörde zu, so hat sich der Staatsanwalt mit seinem schriftlichen Ansinnen, sofern nicht Gefahr im Verzuge ist, in der Regel an die Behörde oder deren Vorstand zu wenden. (Wegen der Gendarmerie und der Schutzmannschaft in München vergl. unten!). Soweit nicht richterliche Amtshandlungen in Frage kommen oder besondere mit entsprechenden Rechten ausgestattete Beamte für bestimmte Arten von strafbaren Handlungen vorhanden sind (wie bei Übertretungen der Zoll- und Steuergesetze), haben die Staatsanwälte in erster Linie die als Hilfsbeamte der Staatsanwaltschaft bezeichneten Organe um Vornahme der nötigen Ermittelungen anzugehen.

b) Eine *besondere Kriminalabteilung großen Stils* besteht bei der Polizeidirektion in *München*.

An der Spitze steht ein höherer juristisch und kriminalistisch gebildeter Beamter der Polizeidirektion. Diesem obliegt, außer der Leitung und Überwachung des gesamten Sicherheitsdienstes, die *Führung des Zentralbureaus*; hierzu gehört namentlich die Behandlung gewisser schwerer Verbrechen und Vergehen, die Kontrolle besonders sicherheitsgefährlicher bestrafter Personen, die Leitung der Zigeunerzentrale, die Leitung des Erkennungsdienstes (polizeiliche Photographie, Körpermessung, Daktyloskopie, Spitznamen- und Signalementsverzeichnis), die Führung der Sammelakten über Reate mit unbekannten Tätern und der Kriminaljournale, die Redaktion des bayerischen Zentral-Polizeiblattes und die Verwertung der auswärtigen Fahndungsblätter. — Außer dem Zentralbureau bestehen noch *drei Nebenabteilungen des Sicherheitsdiens-*

tes, nämlich ein Bureau, in welchem alle Anzeigen und Requisitionen in bezug auf Verbrechen und Vergehen behandelt werden, die nicht anderen Referaten zugewiesen sind, dann das sogenannte Vagantenbureau und das Sittenpolizeibureau. Auch diese Nebenabteilungen werden von juristisch gebildeten aus der Verwaltungspraxis hervorgegangenen Beamten der Polizeidirektion geführt.

Im übrigen ist für den inneren Dienst im Zentralbureau und in den Nebenabteilungen, insbesondere für die Behandlung der Haftsachen, für die wichtigeren vor Amt zu betätigenden Vernehmungen und für die Besorgung des Schreibwerks eine größere Anzahl von nichtjuristischen Beamten vorhanden. Diese ergänzen sich vorwiegend aus der Schutzmannschaft sowie aus dem Kanzleipersonal der Staatsanwaltschaften und der Untersuchungsrichter und sollen tunlichst zunächst im Kanzlei- und Registraturdienste, dann im Einwohneramt und bei der Amtsanwaltschaft, weiterhin in einer Nebenabteilung des Sicherheitsdienstes und erst zuletzt im Zentralbureau verwendet werden; doch wird dieser Gang keineswegs immer eingehalten. Sie treten zunächst als Funktionäre ein und rücken dann zu Sicherheitsbeamten und Sicherheitskommissären vor. Die Vorrückung zum Sicherheitskommissär, der zu der Klasse der Polizeioffizianten gehört, setzt das Bestehen einer besonderen Offiziantenprüfung voraus.

Den äußeren Dienst der Kriminalabteilung besorgen 24 Sicherheitskommissäre und 87 Kriminalschutzleute in Zivil. Bezüglich der Laufbahn der Sicherheitskommissäre gilt das oben Bemerkte. Die Kriminalschutzleute werden der uniformierten Schutzmannschaft entnommen. — Neben den Kriminalschutzleuten ist jedoch auch die aus über 700 Mann bestehende uniformierte Schutzmannschaft verpflichtet, bezüglich der zu ihrer Kenntnis gelangenden strafbaren Handlungen den Tatbestand in bezug auf die Person des Täters und die näheren Umstände der Tat zu erforschen, die zur Verhütung einer Verdunkelung erforderlichen unverschieblichen Anordnungen zu treffen und Anzeige zu erstatten. Die Kriminalschutzleute sind daher nicht allein, sondern nur vorzugsweise im Kriminaldienste verwendet. Die Münchener Schutzmannschaft ist ein militärisch organisiertes Zivilinstitut. Sie ist — unter der Oberleitung des Staatsministeriums des Innern und der Kreisregierung von Oberbayern — der Polizeidirektion unterstellt. Die Polizeidirektion entscheidet über die Aufnahme und übt die Disziplin entweder selbst oder durch den mit dem Kommando betrauten Polizeioffizier. Die Mannschaft untersteht in Strafsachen der bürgerlichen Gerichtsbarkeit. (Vergl. dagegen unten die Ausführungen über die Landgendarmerie!) Die Schutzmannschaft besteht aus Polizeioffizieren mit dem Titel Polizeimajor, Polizeihauptmann, Polizeileutnant und aus Oberwachtmeistern, Wachtmeistern, Stationskommandanten und Schutzmännern. Sie ist gegliedert in Bezirksabteilungen, anschließend an die Polizeibezirke, und Stationen. Außerdem besteht eine berittene Abteilung. Die Voraussetzungen für die Aufnahme sind: Zurücklegung der Dienstpflicht in der aktiven Armee, ein bestimmtes Lebensalter (zwischen 24 und 36 Jahren), lediger Stand, guter Leumund, die nötige Gewandtheit im Lesen, Schreiben und Rechnen, starker und gesunder Körperbau und gute natürliche Anlagen, ferner der erfolgreiche Besuch eines 3 bis 4 monatigen Vorbereitungskurses in der für die Münchener Schutzmannschaft errichteten besonderen Abteilung der Gendarmerieschule. Der Unterricht in der Gendarmerieschule wird von einem Unterrichtsoffizier und einigen Polizeiunteroffizieren (Oberwachtmeister, Wachtmeister usw.) erteilt, erstreckt sich auf sämtliche Obliegenheiten eines Gendarmen (Schutzmannes), auf die Unterweisung in den beim Gendarmerie-(Schutzmanns-)Dienst in Betracht kommenden Gesetzen, Verordnungen, polizeilichen Vorschriften und Instruktionen, auf die Ausübung des Sicherheits- und Forschungsdienstes, auf das Verhalten bei den einzelnen Dienstleistungen, auf die Abfassung von schriftlichen

Anzeigen und Meldungen, auf die Handhabung der Waffen usw. Für die weitere Ausbildung der den Stationen zugeteilten Mannschaften haben die Stationskommandanten zu sorgen. Diejenigen Schutzleute, welche eine Beförderung anstreben, haben außerdem noch einen fortdauernden, von einem Polizeioffizier abgehaltenen Unterrichtskurs — die sogenannte Unteroffiziersschule — zu besuchen. Den sämtlichen Stationen ist eine im Jahre 1898 erschienene „Sammlung von Gesetzen, Verordnungen und Ministerialerlassen für die bayerischen Polizeiorgane“ nebst 2 Nachträgen, ferner eine Dienstvorschrift nebst einer ziemlich eingehenden Erläuterung (namentlich auch über die Behandlung einiger besonders wichtiger Delikte, wie Diebstähle, Taschendiebstähle, Mord, Brandstiftung, Münzverbrechen), endlich der von Dr. Hans Groß für die Beamten des Polizei- und Sicherheitsdienstes des Deutschen Reiches herausgegebene Leitfaden über die Erforschung des Sachverhalts strafbarer Handlungen zur Verfügung gestellt.

Mitteilungen über strafbare Handlungen sollen regelmäßig bei der örtlich zuständigen Polizeistation gemacht werden; doch nehmen auch die Sicherheitskommissäre und in wichtigen und dringenden Sachen das Sicherheitsbureau solche Mitteilungen entgegen. Die von der uniformierten Schutzmannschaft aufgenommenen Anzeigen werden, von besonderen Ausnahmefällen abgesehen, auf dem Dienstwege an die Polizeidirektion vorgelegt und dort in das zuständige Bureau geleitet. Die Kriminalschutzleute leiten ihre Anzeigen an den ihnen vorgesetzten äußeren Sicherheitskommissär, welcher sie mit den von ihm selbst aufgenommenen Anzeigen unmittelbar im Sicherheitsbureau abgibt. Die Anzeigen sollen grundsätzlich möglichst bald und ohne vorausgehende weitläufige Erörterungen in das Sicherheitsbureau gelangen. Gewisse Delikte werden in der Zentrale selbst weiterbehandelt; die meisten Anzeigen aber werden in dem Sicherheitsbureau nur einer Nachprüfung unterzogen, insbesondere auch dahin, ob nicht das angezeigte Delikt mit anderen bekannt gewordenen Delikten zusammenhängt, und, wenn noch weitere Erhebungen notwendig erscheinen, mit oder ohne nähere Anweisung dem örtlich zuständigen Sicherheitskommissär zur weiteren Behandlung überwiesen. Übungsgemäß werden Anzeigen über Delikte, die vor die Land- oder Schwurgerichte gehören, vor der Weiterbehandlung der Staatsanwaltschaft übersendet, damit diese in der Lage ist, die Erhebungen in ihrem Sinne zu beeinflussen; dagegen werden die Anzeigen über schöffengerichtliche Sachen, soweit nicht richterliche Untersuchungshandlungen erforderlich sind, erst nach Durchführung der polizeilichen Instruktion an die Staatsanwaltschaft geleitet. Wenn die Anzeigen an die Staatsanwaltschaft gehen, wird das bisherige Ergebnis der Erhebungen zu den Polizeiakten vorgemerkt, damit die Polizei an etwa erforderlichen weiteren Schritten nicht gehindert ist.

Die Requisitionen der Justizbehörden werden in der Regel an die Polizeidirektion gestellt; die Justizbehörden sind jedoch befugt, in strafrechtlichen Fällen ihre Requisitionen unmittelbar an die Schutzmannschaft zu richten, wenn sich für ein solches Verfahren überwiegende Gründe geltend machen lassen. Ausnahmsweise kommt es auch vor, daß in wichtigeren Sachen dem Staatsanwalt oder Amtsanwalt auf Ersuchen ein Sicherheitskommissär oder Kriminalschutzmann zur mündlichen Instruktion zur Verfügung gestellt wird, oder daß ein Sicherheitskommissär oder Schutzmann persönlich dringende Berichte erstattet und dringende Weisungen erholt und sofort ausführt.

Die Ergebnisse von Vernehmungen werden von den Sicherheitskommissären meistens, von den Kriminalschutzleuten in wichtigeren Sachen und nach Gelegenheit protokollarisch niedergelegt, während die uniformierten Schutzleute in der Regel die Berichtform anwenden.

Zu bemerken ist noch, daß gewisse Delikte, die mit besonderen polizeilichen Sparten zusammenhängen, nicht durch die Kriminalabteilung laufen, sondern von den betreffenden Referaten der Polizeidirektion oder von den äußeren Polizeiämtern oder vom Magistrat oder der Lokalbaukommission behandelt werden; dies gilt z. B. von Zuwiderhandlungen gegen das Vereins- und Preßgesetz, gegen die Gewerbeordnung, gegen die Nahrungs- und Genußmittelgesetze und dergl.

b) In den unmittelbaren Städten außerhalb Münchens wird die Distriktspolizei einschließlich des Sicherheitsdienstes von städtischen Organen besorgt, und zwar — abgesehen von der Zuständigkeit der staatlichen Kommissäre in bezug auf die Presse sowie für Fälle der Bedrohung und Störung der öffentlichen Ruhe — unter Ausschluß staatlicher Organe.

In mittelbaren Städten sind die städtischen Organe neben den staatlichen Organen zur Verrichtung des Sicherheitsdienstes berufen.

Die Zusammensetzung der städtischen Schutzmannschaften ist sehr ungleichmäßig; sie ergänzen sich teilweise aus der Landgendarmerie, teilweise aber auch aus verschiedenen anderen Bevölkerungsschichten (z. B. Strafanstaltsaufsehern und dergl.). Eine schulmäßige Vorbildung für den Sicherheitsdienst ist nur bei jenen städtischen Schutzleuten vorhanden, die aus der Landgendarmerie hervorgegangen sind. — In mehreren unmittelbaren Städten des rechtsrheinischen Bayern sowie in etlichen größeren Städten der Pfalz sind einige besondere Kriminalschutzleute vorhanden, die teilweise unter der Leitung von Polizeikommissären oder dergl. stehen.

Die Staatsanwaltschaften verkehren mit den städtischen Schutzmannschaften teils unmittelbar, teils durch Vermittlung höherer gemeindlicher Organe (Rechtsräte oder Ratsassessoren, Polizeikommissäre, Polizeiinspektoren und dergl.), welch letztere zum Teil auch eine sachliche Prüfung der Anzeigen und Berichte vornehmen. Von einer eigentlichen Kriminalabteilung wird man nur bei ganz wenigen Städten sprechen dürfen.

Eine Protokollierung polizeilicher Vernehmungen findet wohl nur dann statt, wenn die Vernehmung von

Polizeikommissären und ähnlichen Organen betätigt wird.

c) Die Landgendarmerie ist in bezug auf die innere Verfassung und Disziplin militärisch organisiert und in persönlicher und disziplinärer Beziehung dem Kriegsministerium untergeben. Die Angehörigen des Landgendarmeriekorps unterstehen in Ansehung der militärischen Verbrechen und Vergehen der Militärgerichtsbarkeit. (Vgl. dagegen die Schutzmannschaft in München!) In Ansehung ihrer Wirksamkeit und Dienstleistung ist die Gendarmerie den Bezirksämtern, den Kreisregierungen und dem Ministerium des Innern untergeordnet. — Das Gendarmeriekorps ist in Kompagnien abgeteilt, welche den einzelnen Regierungsbezirken entsprechen; die Kompagnien zerfallen in Brigaden — entsprechend den Distriktsverwaltungsbezirken — und diese in Stationen. Den Oberbefehl über das Gendarmeriekorps führt ein Oberst oder Oberstleutnant; die Kompagnien werden von einem Major oder Hauptmann unter Beigabe eines oder zweier Hilfsoffiziere kommandiert; an der Spitze der am Bezirksamtssitze befindlichen Station (Brigadestation) steht ein Wachtmeister, der zugleich der Brigade des Bezirkes vorgesetzt ist; an der Spitze einer jeden Nebenstation steht ein Stationskommandant mit dem Range eines Sergeanten oder Vizewachtmeisters. — Die Offiziere ergänzen sich aus der Linie. Sie stehen zu den Zivilbehörden nicht in einem Subordinationsverhältnisse. Hinsichtlich der Ergänzung, Vorbildung und weiteren Ausbildung der Mannschaft gelten im wesentlichen die gleichen Grundsätze wie für die Schutzmannschaft in München. Die Aufnahme steht dem Korpskommando zu.

Die Ortspolizeiorgane haben der Landgendarmerie von Störungen der öffentlichen Ruhe, Ordnung und Sicherheit sofort Mitteilung zu machen. In kleineren Gemeinden ist die gerichtspolizeiliche Tätigkeit der Ortspolizeiorgane fast vollständig ausgeschaltet; sie überlassen dort selbst bei Übertretungen, die ausschließlich dem Gebiete der Ortspolizei angehören, die Anzeigeerstattung in der Regel der Gendarmerie.

Die Gendarmerie hat die Anzeigen über strafbare Handlungen stets unmittelbar, nicht durch Vermittlung der Zivildienstbehörde, an die zur Verfolgung zuständige Behörde bzw. an das in dringenden Fällen zuständige Amtsgericht zu erstatten; doch hat sie über die dem Staatsanwalt, Amtsanwalt oder Amtsrichter angezeigten Verbrechen oder Vergehen auch dem Bezirksamte kurze Mitteilung zu machen, soweit dieses nicht schon auf Grund der Verbindung der Amtsanwaltschaft mit der Verwaltung hiervon Kenntnis erhält.

Die Requisitionen der Justizbehörden in strafrechtlichen Sachen werden unmittelbar an die Gendarmerie gerichtet, und zwar an den Stations- oder Brigadebefehlshaber, in dringenden Fällen auch an den einzelnen Mann. Sie sind schriftlich abzufassen und, falls in dringenden Fällen mündlich gestellt, sofort schriftlich nachzutragen.

Die Ergebnisse von polizeilichen Vernehmungen werden von den Gendarmen in der Regel an Ort und Stelle in ein Notizbuch eingetragen und dann auf der Station zu Berichten verarbeitet, in welchen allerdings häufig die Personen als redend aufgeführt werden. Mehrfach lassen die Gendarmen die Aufzeichnungen im Notizbuch unterschreiben; förmliche protokollarische Vernehmungen aber kommen äußerst selten vor, obwohl ein Verbot nicht besteht. —

Das Urteil über die staatlichen Organe der gerichtlichen Polizei lautet im allgemeinen günstig. — Bei der Kriminalabteilung in München funktioniert namentlich der Erkennungsdienst sehr gut. Wünschenswert wäre es, wenn die juristischen Beamten der Kriminalabteilung aus der Zahl der Staatsanwälte genommen oder doch eine Zeitlang im staatsanwaltschaftlichen Dienste verwendet würden, ebenso wie sich umgekehrt die Staatsanwälte eine genaue Kenntnis von der Einrichtung der Kriminalabteilung verschaffen sollten. Am besten wäre es wohl, wenn — zum mindesten in größeren Städten — die Staatsanwaltschaften und die Kriminalpolizei zu einer Behörde vereinigt würden; es würde hierdurch eine größere Einheitlichkeit in der Verfolgung strafbarer Handlungen erzielt und manche Verzögerung sowie namentlich viel unnützes Schreibwerk vermieden. Von den äußeren Sicherheitsorganen der Münchener Kriminalabteilung sind die Sicherheitskommissäre meist recht tüchtig; die Schutzmannschaft einschließlich der Kriminalschutzmannschaft ist zwar großenteils, aber nicht durchweg, den durch die Großstadt bedingten Aufgaben gewachsen; es fehlt an einer hinlänglichen Anzahl tauglicher Bewerber, so daß häufig erledigte Stellen nicht besetzt werden können. — Die Leistungen der Landgendarmerie sind nach den Berichten der geschäftsleitenden Staatsanwälte durchweg ausreichend, vielfach sogar sehr befriedigend.

Über die Leistungen der städtischen Schutzmannschaften außerhalb Münchens wird fast allgemein geklagt. Abgesehen von ihrer ungleichmäßigen Zusammensetzung leiden sie unter dem Mangel an Disziplin und unter dem Gefühl der Abhängigkeit von der Bürgerschaft. Selbst tüchtige Gendarmen kommen nach dem Eintritte in eine städtische Schutzmannschaft meist bald auf ein niedrigeres Niveau. Selbstverständlich gibt es löbliche Ausnahmen, namentlich dann, wenn von einer städtischen Verwaltung auf straffere Disziplin gesehen wird. Am besten wäre es wohl, wenn die staatliche Gendarmerie auf alle Städte ausgedehnt würde.

Die Leistungsfähigkeit der Polizeiorgane kleiner Gemeinden ist in Bayern nicht größer als anderwärts; Unzukömmlichkeiten haben sich jedoch hieraus nur sehr selten ergeben, weil meist sofort die Gendarmerie in Tätigkeit tritt.

Der unmittelbare Verkehr zwischen der Staatsanwaltschaft und den Vollzugsorganen der gerichtlichen Polizei muß dort, wo Kriminalabteilungen bestehen, eine Ausnahme bilden; im übrigen hat er sich sehr gut bewährt.

Die Frage, ob die Protokollierung der von den polizeilichen Vollzugsorganen betätigten Vernehmungen wünschenswert sei, wurde nur von einem geringen Teile der geschäftsleitenden Staatsanwälte bejaht, von der überwiegenden Mehrzahl für die Regelfälle verneint, namentlich auch mit der Begründung, daß die Form der Protokollierung für die Polizeiorgane zeitraubend, für das Publikum belästigend und für die Strafrechtspflege kaum von Nutzen wäre. Staatsanwälte und Richter werden, auch wenn sie mit gewissenhaften und tüchtigen Polizeiorganen arbeiten, gegenüber den Erhebungen der Vollzugsorgane immer eine gewisse Vorsicht walten lassen müssen, gleichviel in welcher Form die schriftliche Niederlegung erfolgt, da sie auch bei tüchtigen Vollzugsorganen nicht ein allzu großes Maß von allgemeiner und insbesondere psychologischer Bildung voraussetzen dürfen.

V.

Das staatsanwaltschaftliche Verfahren im Königreich Württemberg.

Von Amtsrichter Dr. **Weidlich**, Stuttgart-Cannstatt.

Allgemeines.

Durch Verfügung des Justizministeriums vom 16. Juli 1906 sind, in Übereinstimmung mit den Vorschlägen der Staatsanwaltschaften selbst, neue Dienstvorschriften für die Staatsanwaltschaften erlassen worden. Sie betonen, dem Geist der Prozeßordnung wie praktischen Bedürfnissen gleicherweise entsprechend, namentlich die Verpflichtung des Oberstaatsanwalts zur Durchführung einheitlicher Geschäftsführung und steter Fühlung mit seinen Beamten aufs neue und rücken seine Verantwortung für den gesamten Geschäftsbetrieb wieder mehr als bisher in den Vordergrund.

Die Stellung der staatsanwaltlichen Beamten, auch der als Hilfsarbeiter reichlich verwendeten Gerichtsassessoren, ist in der württembergischen Praxis meist eine sehr selbständige gewesen; wesentliche Nachteile haben sich hieraus zwar nicht ergeben, doch sind gelegentliche Ungleichmäßigkeiten der Praxis nicht zu vermeiden gewesen.

Die staatsanwaltlichen Behörden sind die Staatsanwaltschaft bei dem Oberlandesgericht Stuttgart, besetzt mit einem Generalstaatsanwalt; die Staatsanwaltschaften bei den acht Landgerichten, je besetzt mit einem Ersten Staatsanwalt, der den Titel Oberstaatsanwalt führt, mit mehreren Staatsanwälten und einem oder mehreren Hilfsarbeitern (Gerichtsassessoren); und die Staatsanwaltschaften bei den 64 Amtsgerichten, welche entweder mit besonderen Amtsanwälten — ausschließlich Gerichtsassessoren — besetzt sind oder von der Staatsanwaltschaft des vorgesetzten Landgerichts besorgt werden.

Daneben bestehen die besonderen Amtsanwaltschaften für Forstrügesachen, für Zoll-, für Steuer- und für Poststrafsachen, besorgt von Beamten der betreffenden Verwaltungszweige.

Die staatsanwaltlichen Beamten sind ihren Gerichten beigeordnet und stehen unter dem allgemeinen Beamtengesetz.

Für die dienstliche Stellung der Beamten der Staatsanwaltschaft sind naturgemäß in erster Linie die Vorschriften in §§ 145 bis 148 und § 151 GVG. und in Art. 28 des württembergischen Ausführungsgesetzes zum GVG. maßgebend. Art. 28 bestimmt, daß die Dienstaufsicht unter der Oberaufsicht des Justizministeriums durch den Generalstaatsanwalt und die Oberstaatsanwälte ausgeübt wird. Nach den ergänzenden Bestimmungen der Dienstvorschriften (§ 4) haben der Generalstaatsanwalt und die Oberstaatsanwälte auf eine rasche und zweckmäßige Erledigung aller staatsanwaltlichen Geschäfte unter Beachtung der gesetzlichen und dienstlichen Vorschriften sowie auf eine übereinstimmende Geschäftsbehandlung hinzuwirken. Sie können über den Stand der ihren Untergebenen übertragenen Geschäfte jederzeit mündliche oder schriftliche Auskunft einfordern. Auch haben sich der Generalstaatsanwalt bei den Staatsanwaltschaften, die Oberstaatsanwälte bei den nicht von der Staatsanwaltschaft des Landgerichts besorgten Amtsanwaltschaften durch jährliche Visitationen über den Geschäftsgang auf dem laufenden zu halten (Dienst-V. § 9). In wichtigen und in zweifelhaften Fällen haben sämtliche Beamten der Staatsanwaltschaft sich mit ihrem nächsten Vorgesetzten zu beraten und dessen Entscheidung zu befolgen. Die Einlegung und Zurücknahme von Rechtsmitteln seitens ihrer Untergebenen haben die Oberstaatsanwälte sorgfältig zu überwachen, und der Generalstaatsanwalt hat auch in reichsgerichtlichen Revisionssachen die Akten vor Übersendung an den Oberreichsanwalt einzusehen (Dienst-V. § 41).

Erheblichere Weisungen allgemeiner Natur, zu welchen der Generalstaatsanwalt Veranlassung findet, sind, bevor sie ausgeschrieben werden, dem Justizministerium vorzulegen. In gleicher Weise haben die Oberstaatsanwälte von ihnen ausgehende allgemeine Anordnungen zuvor dem Generalstaatsanwalt mitzuteilen, welcher geeignetenfalls dem Justizministerium Vorlage machen wird.

Um die Landesjustizverwaltung auch im einzelnen in steter Fühlung mit den Staatsanwaltschaften zu halten, sind in § 33 der Dienstvorschriften für eine Reihe von Einzelfällen Anzeigen an das Justizministerium vorgeschrieben.

So haben die Staatsanwaltschaften von dem Anfall besonders schwerer oder wegen sonstiger Umstände wichtiger Straffälle, sowie von der Eröffnung des Hauptverfahrens und von dem Termin für die Hauptverhandlung in solchen Fällen, ebenso von der Einstellung des Ermittlungsverfahrens oder von der Außerverfolgungsetzung des Angeschuldigten in derartigen Fällen unverzüglich dem Justizministerium Anzeige zu erstatten, welches die Anzeige dem Generalstaatsanwalt zustellt. — Anzeigen betreffs Verübung von Vergehen im Sinne der §§ 95 und 97 StGB. (Beleidigung des Landesherrn) sind vor der Erhebung der öffentlichen Klage, in der Regel nach Abschluß der Ermittlungen, unter Aktenanschluß zur Einsicht vorzulegen. — Wenn endlich in Fällen der §§ 99 oder 101 StGB. oder in Fällen der Beleidigung einer gesetzgebenden Versammlung des Reichs oder eines Bundesstaats die Einholung der zur Verfolgung erforderlichen Ermächtigung angezeigt erscheint, so ist hierzu die Vermittlung des Justizministeriums nachzusuchen.

Das Ergebnis von all dem ist, daß eine genügende Straffheit der Organisation und die erforderliche Einheitlichkeit der Geschäftsbehandlung der Staatsanwaltschaften gesichert ist.

Der Geist der württembergischen Staatsanwaltschaften ist stets ein liberaler gewesen. Vermeidung unnötiger Härte ist von jeher angestrebt worden. So ist auch in § 34 der Dienstvorschriften den Oberstaatsanwälten zur Pflicht gemacht, auf tunliche Beschränkung der Haftverlängerungsanträge hinzuwirken; überdies hat die Staatsanwaltschaft dem Generalstaatsanwalt Bericht zu erstatten, wenn sie nicht binnen zwei Wochen nach Abschluß der Voruntersuchung gegen einen Verhafteten ihre Anträge bei Gericht zu stellen imstande ist. Der Gebrauch der Rechtsmittel seitens der Staatsanwaltschaften ist ein geringer.

Die Beziehungen zu den Gerichten sind — teilweise im Gegensatz zu früheren Zeiten — überall freundlich kollegiale geworden. Die Beziehungen zu den Rechtsanwälten dagegen leiden teilweise unter der immer rücksichtsloser werdenden Vertretung des Parteivorbringens und den nicht seltenen Mißhandlungen der Zeugen namentlich durch jüngere Anwälte. Diese Umstände und das durch das Legalitätsprinzip über die Staatsanwaltschaften gebrachte Odium bewirken eine ungenügende Berücksichtigung der Bedürfnisse der Staatsanwaltschaften, insbesondere der stark überlasteten Staatsanwaltschaft Stuttgart im Landtag, wo zwar Rechtsanwälte, aber keine Staatsanwälte sitzen.

Die Staatsanwaltschaften bei den Landgerichten.

1. Der Oberstaatsanwalt

soll in wichtigen Schwurgerichtssachen, erheblichen Amtsdelikten und strafbaren Handlungen von politischer Bedeutung regelmäßig selbst tätig werden, doch findet das nicht gleichmäßig statt. Früher sind auch Schwurgerichtsfälle nicht selten von Assessoren nicht nur bearbeitet, sondern auch vertreten worden; das hat nun aufgehört. Anträge und Geschäfte von allgemeinerer Bedeutung, die Erstattung gutachtlicher Äußerungen, die Leitung der Beschäftigung der Referendare usf. soll der Oberstaatsanwalt regelmäßig selbst besorgen. Außer dem Gebrauch der Rechtsmittel hat er die Strafvollstreckung, insbesondere die Erledigung der Strafaufschubsgesuche zu überwachen.

Bei der Geschäftsverteilung hat er möglichst darauf zu sehen, daß die untergebenen Staatsanwälte nach und nach in sämtliche Zweige des Dienstes eingeführt werden.

Doch tragen bei der Staatsanwaltschaft Stuttgart einzelne Referate den Charakter von Spezialreferaten.

Die Herstellung der Fühlungnahme mit den einzelnen Referaten ist schon unter I. berührt. Bei einzelnen Staatsanwaltschaften werden zudem sämtliche Anklageschriften dem Oberstaatsanwalt vorgelegt, ehe sie hinausgehen, wobei gelegentlich auch sachliche Nachprüfung der Anklageschriften der jüngeren Referenten erfolgt. Die Vorlegung der Einstellungsverfügungen dagegen ist überall obligatorisch. Doch geschieht das unbeschadet des Zeichnungsrechts des Beamten, der den Fall bearbeitet hat, sei er Staatsanwalt oder Gerichtsassessor.

Berichte der staatsanwaltlichen Beamten, d. h. an das Justizministerium und den Generalstaatsanwalt sind, soweit es sich nicht um einfache Aktenvorlegung handelt, vom Oberstaatsanwalt zu unterzeichnen oder doch zu prüfen und mit Namensvermerk zu versehen.

Auf das vom Oberstaatsanwalt geführte eigene Referat finden die Grundsätze Ziffer 2 Anwendung.

2. Der einzelne staatsanwaltliche Referent

hat sein Referat allein ohne Hilfsarbeiter oder Sekretär zu versehen, soweit ihm nicht ein oder zwei Referendare im zweiten Jahre ihres Vorbereitungsdienstes zur Beschäftigung zugeteilt sind; doch werden sie ihm nach der Einarbeitung vielfach ganz oder teilweise wieder entzogen, um schöffengerichtliche Termine wahrzunehmen oder amtsanwaltliche Referate, namentlich während der Gerichtsferien, vertretungsweise zu versehen. Die den Staatsanwaltschaften als Hilfsarbeiter zugeteilten Assessoren haben ihr eigenes Referat, entweder ein volles staatsanwaltliches oder da, wo, wie in Stuttgart, große Amtsanwaltschaften von der Staatsanwaltschaft des Landgerichts mitversehen werden, zunächst ein amtsanwaltliches und dazu ein reichliches staatsanwaltliches Referat.

Auf das einzelne staatsanwaltliche Referat entfallen jährlich etwa 1000 Nummern, in Stuttgart teilweise bedeutend mehr; bei der Verbindung amtsanwaltlicher und staatsanwaltlicher Referate gehen die Zahlen in Stuttgart auf 1500 oder gar 1800 Nummern. Und dabei werden alle gegen einen Täter nebst seinen Mittätern oder sonstigen Teilnehmern gleichzeitig gemeldeten oder vor Abschluß des Verfahrens hinzukommenden Fälle unter einer Nummer zusammengefaßt. Seit der Erhöhung der schöffengerichtlichen Zuständigkeit sind fast alle die umfangreichen modernen Schwindeleien, bei denen unter einer Nummer oft Dutzende und teilweise Hunderte von Einzelfällen zu erledigen sind, an die Amtsanwaltschaften gekommen. Es besteht dringendes Bedürfnis, im Interesse rascher und einheitlicher Erledigung insbesondere die Amtsanwaltschaft Stuttgart-Stadt unter einen Staatsanwalt zu stellen, dem mehrere Assessoren als Hilfsarbeiter beigegeben würden; der häufige Wechsel der Assessoren, die grundsätzlich nicht allzu lange dem Zivilfach entfremdet werden sollen, macht sich bisher sehr störend bemerkbar und bewirkt bei den überlasteten Referaten nur allzu häufige Verzögerungen der für die Öffentlichkeit wichtigen größeren Sachen; außerdem wäre dagegen Abhilfe zu schaffen, daß die Wahrnehmung der Schöffengerichtsverhandlungen Stuttgart-Stadt bisher notgedrungen zu einem großen Teil Referendaren überlassen werden muß.

Der einzige in den Dienstvorschriften ausgesprochene Grundsatz für die Geschäftsbehandlung ist rasche, zweckmäßige und übereinstimmende Erledigung der Geschäfte. In der Praxis ist die Stoffsammlung im wesentlichen eine schriftliche und durch Polizei, Amtsgerichte und Untersuchungsrichter vermittelte; die unmittelbare persönliche und mündliche Ermittlungstätigkeit des Staatsanwalts bildet die Ausnahme. Der Grund liegt einmal in der tatsächlichen Unmöglichkeit, die unmittelbare Ermittlungstätigkeit in den überlasteten Referaten durchzuführen, in denen möglichst ein Fall wie der andere gleichmäßig durch kurze schriftliche Beauftragungen und Ersuchen behandelt werden muß; dazu kommt die seit alters in Württemberg ausgebildete Gewöhnung zur Schreiberei und die in kleineren Staaten mit mageren Beamtengehältern allzuleicht vorhandene Furcht, durch auswärtige Vernehmungen in den Geruch der „Diätenschinderei" zu kommen. Ein anderer Hauptgrund liegt aber in der von den württembergischen Strafkammern festgehaltenen Praxis, in allen größeren Sachen Voruntersuchung, in den sonstigen Strafkammersachen und den wichtigeren Überweisungssachen, namentlich auch in allen nicht von vornherein ohne Einwendung zugestandenen Körperverletzungen regelmäßig gerichtliche Vernehmung mindestens des Beschuldigten zu verlangen. Auch hier ist die Verwendung der Gerichte für Parteitätigkeit statt ausschließlich für richterliche Tätigkeit als ein Übel zu bezeichnen; zudem bewirkt sie bei großer Mehrbelastung der Gerichte kein merkliches Herabgehen des Prozentsatzes der Freisprechungen unter den allgemeinen deutschen Durchschnitt.

Die bescheidenen Ansätze unserer Strafprozeßordnung zur Gestaltung einer auf sich selbst gestellten, in Wirklichkeit mündlichen und unmittelbaren Hauptverhandlung, der gegenüber die Ermittelungen für das Gericht nur einen vorbereitenden, orientierenden Charakter haben sollten (arg. §§ 188, 58 Abs. 2, 65 Abs. 2 StPO.), sind auch in Württemberg an dem hiermit unvereinbaren und dem Akkusationsprozeß widersprechenden Grundsatz gescheitert, daß der Vorsitzende in der Hauptverhandlung zugleich Beweisführer sein muß, anstatt sich die Beweise von den Parteien vorführen zu lassen. Die in unserem leidigen schriftlichen Betrieb ergrauten Strafkammervorsitzenden haben das Bedürfnis, auf jede Einzelheit vorbereitet zu sein, schon um ihrer Stellung gegenüber dem Kollegium willen. Es sollen keine neuen Punkte, womöglich nicht einmal ein neues Verteidigungsvorbringen des Angeklagten auftreten können, welches ihre Notizen über den Haufen werfen könnte, die gelegentlich bis auf die einzelnen Fragen an den Angeklagten und die Zeugen und deren nach den Protokollen zu erwartenden Antworten vorbereitet sind. Nicht selten wird eine Anklageschrift vom Gericht mit der Anordnung der Voruntersuchung beantwortet, auch wenn die Ladung sämtlicher in Betracht kommender Zeugen zur Hauptverhandlung beantragt ist, sofern diese Zeugen nicht oder nicht sämtlich gerichtlich vernommen sind.

So beschränkt sich die persönliche Ermittlungstätigkeit des Staatsanwalts — von dringenden, sofortiges Eingreifen erfordernden Fällen abgesehen — im wesentlichen auf schwere Verbrechen, in denen noch kein bestimmter Täter bekannt oder vermutet ist, und auf geeignete Fälle, insbesondere Haftfälle, in denen durch Vernehmung des Beschuldigten und der sofort beizubringenden Zeugen eine erhebliche Vereinfachung oder Beschleunigung erzielt werden kann; dazu kommen Fälle, welche der Referent aus sonstigen Gründen, etwa weil er Spezialist ist, oder behufs Ausbildung der ihm zugeteilten Referendare selbst in der Hand behält.

In der Regel vollzieht sich also die Stoffsammlung mittelbar und schriftlich; es wird indessen in wichtigeren Fällen behufs sicherer und rascher Erledigung mit Vorliebe von der Möglichkeit Gebrauch gemacht, einen eingearbeiteten Fahnder oder einen Landjäger nötigenfalls telephonisch zu rufen und ihn unmittelbar mündlich zu instruieren. Daß der schriftliche Betrieb der kriminalistischen Schulung der staatsanwaltlichen Beamten und namentlich der Referendare nicht förderlich ist, bedarf keiner Ausführung.

Voruntersuchungen sind entgegen dem sächsischen Grundsatz von vornherein nicht nur in den gesetzlich notwendigen Fällen, sondern auch in außerordentlich vielen sonstigen Fällen zu beantragen, und zwar gemäß § 38 der Dienstvorschriften nicht nur zum Zweck der eingehenderen Ermittlung der zur Belastung dienenden Umstände, sondern auch dann, wenn dies zur Vorbereitung der Verteidigung erforderlich erscheint. So werden regelmäßig die größeren Eigentumsvergehen, die Schlägereien, fahrlässigen Körperverletzungen, Beleidigungen durch die Presse, Jagdvergehen, kurz alle voraussichtlich umfangreicheren oder verwickelten Sachen in Voruntersuchung gegeben, zumal wenn sie Durchsuchung, Beschlagnahme oder Augenschein erfordern. Auch bei umfangreichen schöffengerichtlichen Fällen besteht manchmal die Neigung, die Strafkammerzuständigkeit und damit die Möglichkeit der Inanspruchnahme des Untersuchungsrichters dadurch zu schaffen, daß man eine Reihe von Einzelhandlungen als eine fortgesetzte Handlung anspricht; der korrektere und ebenso erfolgreiche Weg ist aber in solchen Fällen zweifellos die Instruktion eines geeigneten Polizeibeamten, falls ein solcher zur Verfügung steht.

Kein Wunder, daß Württemberg den größten Prozentsatz von Voruntersuchungen hat; die einzelnen Untersuchungsrichter z. B. in Stuttgart erledigen den Jahresdurchschnitt der in Deutschland geführten Voruntersuchungen schon bis zu den Gerichtsferien. Und dabei sind die Voruntersuchungen gründlich bis in alle Einzelheiten durchzuführen.

In den Voruntersuchungsfällen beschränkt sich die Tätigkeit des Staatsanwalts regelmäßig auf Anwesenheit bei Augenscheinseinnahmen, soweit das zur entsprechenden Vertretung des Falls in der Hauptverhandlung erforderlich erscheint, auf etwaige Rücksprache mit dem Untersuchungsrichter nach Abschluß der Voruntersuchung, um sich über dessen persönliche Eindrücke von Angeschuldigten und Zeugen zu unterrichten, auf gelegentliche Ergänzung der Ermittlungen, soweit nicht Ergänzung der Voruntersuchung beantragt werden will, und auf Fertigung der Anklageschrift.

Zwar haben die neuen Dienstvorschriften in § 25 eine Erleichterung der persönlichen Ermittlungstätigkeit des Staatsanwalts durch Gestattung der Heranziehung der Kanzleibeamten zur Protokollführung und durch Entlastung von untergeordneter Schreibarbeit anzubahnen versucht; in letzterer Hinsicht sollen die Kanzleibeamten auf Erfordern die Entwürfe einfacher Verfügungen und Schreiben formellen Inhalts, wie Anordnung der Rückgabe von Beweisstücken, Mitteilung von Akten, Einholung von Vorstrafenverzeichnissen, Erinnerung an Erledigung von Ersuchen, Benachrichtigung der Beteiligten von ergangenen Verfügungen u. dgl. fertigen. Es fehlt aber an Staatsanwälten, die Zeit haben, in erheblichem Maße selbst zu vernehmen; es bestehen nicht einmal Grundsätze über Anstellung weiterer Staatsanwälte nach Eintritt eines gewissen konstanten Mehranfalls an Nummern. Es fehlt noch viel mehr an Kanzleibeamten, die zur Protokollführung herangezogen werden könnten; — eine

Vorstellung hiervon gibt die Tatsache, daß das Kanzleipersonal der Staatsanwaltschaft Stuttgart mit ihrer auf 12 000 Nummern angewachsenen Belastung seit 1879 nur um einen Kopf vermehrt worden ist. Endlich fehlt es zur sofortigen Erledigung der gedachten Schreibarbeit an Kopisten; die Staatsanwaltschaft Stuttgart bedürfte schon für die Bewältigung der derzeitigen Schreibarbeiten weiterer Kopisten, man behilft sich eben damit, daß man den vorhandenen Kopisten das den Tag über nicht Bewältigte nach Hause mitgibt, was die Frische der Leute für die Arbeit des folgenden Tages nicht erhöht. In großen Referaten ist es ausgeschlossen, sich einfache Dinge nach einiger Zeit ein zweites Mal durch die Hand gehen zu lassen. Was von der Kanzlei nicht selbsttätig vorbereitet wird, macht der Staatsanwalt rascher selbst; in dringenden Fällen holt er sogar nach wie vor die Vorstrafenzeugnisse selber ein. Die mit der Finanzlage usw. begründete ablehnende Haltung früherer Justizminister gegen die Bedürfnisse der Staatsanwaltschaften hat bewirkt, daß auch die tatkräftige Hilfsbereitschaft des neuen Justizministers von den Staatsanwaltschaften bisher nicht in der erwarteten Weise zur praktischen Durchführung der Bestimmungen der Dienstvorschriften in Anspruch genommen worden ist.

Nach all dem Vorstehenden ergibt sich in Württemberg folgendes staatsanwaltliche Verfahren:

Handelt es sich nicht um dringende oder besonders schwere Fälle, in denen der Staatsanwalt direkte Nachricht erhält und die Ermittlungen sofort persönlich in die Hand nimmt unbeschadet eines etwaigen gleichzeitig zu stellenden Antrags auf Eröffnung der Voruntersuchung, so wird er regelmäßig erst einige Zeit nach der Tat durch eine polizeiliche Meldung mit der Sache befaßt.

Zwar ist besondere Vorsorge dafür getroffen, daß die Landjägermannschaft in wichtigen oder eiligen Fällen Staatsanwaltschaft oder Gerichte unverzüglich telephonisch oder telegraphisch in Kenntnis setzt, auch wenn noch nicht ermittelt ist, ob ein strafbares Verschulden vorliegt; doch ist bei den Ortspolizeibehörden vielfach keine genügende Gewähr hierfür geboten. Die Versuchung ist gar zu groß, mit einem fertigen Fall aufzuwarten und inzwischen die Presse mit fortlaufenden Nachrichten über die Umsicht der Polizei zu versorgen. Der Erfolg ist, daß in Stuttgart Staatsanwälte und Untersuchungsrichter in schweren Fällen alles vorgearbeitet und häufig nicht mehr sachlich reparabel in die Hände bekommen

Ist die Meldung hinsichtlich der Vernehmung der Zeugen und des Beschuldigten abschließend, so erfolgt Anklage oder Einstellung; in den gesetzlich notwendigen Fällen hat der Einreichung der Anklageschrift natürlich Voruntersuchung und in den Strafkammersachen regelmäßig das Ersuchen an das zuständige Amtsgericht um Vernehmung wenigstens des Beschuldigten voranzugehen. Eine Beauftragung des Amtsanwalts mit Vernehmungen findet nicht statt. Vor der Einstellung sind auch in aussichtslosen, selbst in den von notorischen Querulanten angezeigten Fällen gerichtliche Vernehmungen des Antragstellers und des Beschuldigten, nötigenfalls auch Voruntersuchungen zu veranlassen, damit gegenüber den Beschwerden der Antragsteller erschöpfendes Material vorliegt; namentlich die Plage der Meineidsanzeigen und der so sehr beliebten Unterschlagungs- und Betrugsanzeigen macht sich als empfindliche Belastung der Staatsanwälte und der Untersuchungsrichter fühlbar.

Die Einstellungsverfügung muß nach § 37 der Dienstvorschriften bei Angabe der Gründe denjenigen Grad von sachlichem Inhalt haben, welcher den Verletzten in den Stand setzt, zu beurteilen, ob er Grund zur Beschwerde nach § 170 StPO. habe. Eine weitere erhebliche Belastung der Staatsanwaltschaften angesichts der rund 50 % einzustellender Anzeigesachen! Der sachliche Gewinn ist problematisch; die Beschwerden an den Generalstaatsanwalt werden eher gefördert; sachgemäßer wäre eingehende Begründung nach erfolgter Beschwerde. Der Verletzte ist selten in der Lage, sachlich zu prüfen; meist klammert er sich bei ausführlicher Tatsachendarstellung und -würdigung im Einstellungsbeschluß an irgendeine nebensächliche Bemerkung, die ihm nicht richtig erscheint, vielleicht auch tatsächlich schief ist, ohne daß dadurch das Gesamtergebnis beeinflußt wird. Außerdem lassen sich die oft sehr wesentlichen persönlichen Eindrücke, wie auch Ausführungen über die Glaubwürdigkeit des Antragstellers und seiner Zeugen in einem Einstellungsbeschluß nicht wohl anführen.

Nur der kleinere Teil der Anzeigen wird von den Verletzten oder sonstigen Antragstellern bei der Staatsanwaltschaft direkt, sei es mündlich oder schriftlich gemacht; mündliche Anzeigen erfolgen in wichtigen Fällen beim Referenten selbst, sonst auf der Kanzlei oder bei einem Referendar. Soweit nicht persönliches Einschreiten des Staatsanwalts oder Ersuchen der Gerichte geboten ist oder Antrag auf Eröffnung der Voruntersuchung gestellt werden kann, gehen diese Anzeigen zunächst an die Polizeibehörden zur Erhebung. Auf die Ermittlungen der Polizei wird sodann verfügt wie oben.

Solange die Fälle nicht spruchreif sind, werden sie regelmäßig durch fortlaufende Beauftragungen und Ersuchen der Polizeibehörden und Gerichte gefördert. In komplizierteren Fällen werden dabei die einzelnen Punkte häufig genau formuliert.

Für den Fall eines Geständnisses bestehen keine besonderen Grundsätze. So vorsichtig man auch polizeiliche Meldungen über Geständnisse behandelt, so wird doch ein Geständnis gegenüber einem Polizeibeamten für schöffengerichtliche und Überweisungsfälle zur Anklage regelmäßig zugrunde gelegt, ohne daß man es durch richterliche Vernehmung wiederholen läßt; vorsorglich ladet man aber vielfach den fraglichen Polizeibeamten zur Hauptverhandlung. Dagegen ist persönliche oder richterliche Vernehmung mindestens des Hauptzeugen auch in denjenigen Schöffengerichtsfällen üblich, in denen die Polizeibeamten zu versagen pflegen, wie namentlich in Betrugsfällen. Bei Beamtenbeleidigungen, Widerständen usf. wird regelmäßig richterliche Vernehmung der Beteiligten beantragt, wobei der Amtsrichter dem der Beleidigung Beschuldigten gelegentlich die Möglichkeit bietet, durch Leistung von Abbitte und eventuell Buße die Zurücknahme des Strafantrags des Beleidigten zu erwirken.

Wenn der Staatsanwalt selbst vernimmt, werden Protokolle nur insoweit geführt, als das Ergebnis der Vernehmungen im einzelnen zu den Gerichtsakten gebracht werden soll; im übrigen genügen unterschriebene Aktenvermerke (Dienst-Vorschr. § 25).

Zur Gewinnung persönlichen Eindrucks nimmt der Staatsanwalt Nachvernehmungen nur in zweifelhaften Fällen vor. Auswärtige Vernehmungen des Staatsanwalts sind wie erwähnt auch bei wichtigen Fällen selten; außerhalb seines Amtsbezirks nimmt der Staatsanwalt sie überhaupt nicht vor.

Bei den württembergischen Staatsanwaltschaften ist so zwar ein straffer und bis an die Grenzen seiner Leistungsfähigkeit ausgebildeter schriftlicher Betrieb durchgeführt; der Grundsatz der Unmittelbarkeit der staatsanwaltlichen Ermittelungen ist aber dabei zu kurz gekommen. Die eigene lebendige Anschauung läßt sich auch durch die Erfahrungen einer längeren Praxis nie ganz ersetzen. Der Staatsanwalt ist gegenüber dem Untersuchungsrichter und nicht selten auch gegenüber dem ersuchten Richter der schlechter Informierte. In den vielen Fällen, in denen er lediglich mit polizeilichen Ermittlungen arbeiten muß, bricht die Anklage häufig wegen Unzuverlässigkeit dieser Ermittlungen zusammen. Dem Wechsel in den Aussagen der Angeklagten und der Zeugen kann er nicht entgegentreten. Eine wesentliche Unterstützung des Gerichts in Beweisführung und -würdigung ist ihm darum meist versagt.

Immerhin hat er aber den Gang der Ermittlungen geleitet und von ihrem Ergebnis einen stärkeren Eindruck bekommen, als ihn das Gericht auf Grund des fertigen Aktentatbestandes erhält. So ist es von Vorteil, daß jeder Referent seine Fälle möglichst auch in der Hauptverhandlung zu vertreten hat; Schwierigkeiten erwachsen daraus selten, da die Fälle eines Referenten möglichst auf einen oder zwei bestimmte Wochentage angesetzt werden. Von besonderem Vorteil ist es, wenn der Referent, der einen wichtigen Schöffengerichtsfall vertreten hat, auch die Berufungsverhandlung wahrnimmt.

Wie der Gebrauch der Rechtsmittel überhaupt, so ist auch die vorsorgliche Rechtsmitteleinlegung selten. Doch ist sie in den Fällen, in denen die Staatsanwaltschaft die Anfechtung eines Urteils nur mit Rücksicht auf die Geschäftsbelastung der Gerichte zu unterlassen willens ist, angesichts der Praxis der Angeklagten und ihrer Anwälte, die Rechtsmittel erst in letzter Stunde einzulegen, nicht zu entbehren.

Die Inanspruchnahme der Staatsanwaltschaften mit Strafaufschubsgesuchen und Berichten in Begnadigungssachen ist erheblich. Das Justizministerium hat jährlich über mehr als 2000 Gnadengesuche zu entscheiden. England hat zur Entlastung seiner Gnadeninstanz den Criminal Appeal Akt geschaffen, obwohl aus dem Vereinigten Königreich insgesamt nur ebensoviele Gesuche jährlich einlaufen.

3. Der Amtsanwalt

ist in Württemberg — von den besonderen Amtsanwälten für Forst-, Zoll-, Steuer- und Poststrafsachen abgesehen — ausnahmslos ein Gerichtsassessor. Früher haben vielfach die zweiten Beamten des Oberamts die Geschäfte des Amtsanwalts wahrgenommen; doch mußten ihnen bei der fortgesetzten Vermehrung ihrer Verwaltungsaufgaben diese Geschäfte abgenommen werden. Man konnte sich nicht entschließen, die Amtleute durch niedergeprüfte Beamte oder gar Laien zu ersetzen. Die Erfahrungen, die man mit der ausschließlichen Bestellung von Assessoren zu Amtsanwälten gemacht hat, sind hinsichtlich der geeigneten Bearbeitung und Vertretung der Sachen, sowie hinsichtlich der Beförderung gleichmäßiger Rechtsprechung bei den Schöffengerichten so ausgezeichnete, daß Württemberg nicht beabsichtigt, von diesem Systeme abzugehen.

Soweit die Amtsanwaltschaften von den Staatsanwaltschaften am Sitz der Landgerichte versehen werden, gilt von ihrer Geschäftsbehandlung das unter Ziffer 2 Gesagte. Soweit sie — je zwei oder drei zumal — von eigenen Amtsanwälten besorgt werden, gilt mit geringen Abweichungen dasselbe; nur wird bei diesen Amtsanwälten eine vermehrte persönliche Ermittlungstätigkeit angestrebt; sie sollen nämlich in Fällen, in denen es sich um Vernehmung von Zeugen oder Beschuldigten an ihrem Amtssitz handelt, die Tätigkeit der Ortspolizeibehörden nur insoweit in Anspruch nehmen, als dies aus besonderen Gründen durch die Sachlage geboten erscheint (Dienst-V. § 24). Bei auswärtigen Vernehmungen wenden sie sich an Polizei oder Gerichte, nicht aber an den auswärtigen Amtsanwalt.

Ein abgekürztes schöffengerichtliches oder amtsgerichtliches Verfahren nach § 211 StPO. ist in Württemberg nicht ausgebildet worden. Es verträgt sich nicht recht mit dem schriftlichen Betrieb der Gerichte, der Staats- und Amtsanwaltschaften und ebensowenig mit dem unserer Polizei. Die Amtsanwälte sind zu viel auf der Reise, haben auch häufig noch ein Zivilreferat als Hilfsrichter eines Amtsgerichts zu versehen. Referendare als Hilfsarbeiter sind ihnen nicht beigegeben. Bei der Mehrzahl der Amtsgerichte ist der anderswo residierende Amtsanwalt nur an den Sitzungstagen mündlich zu erreichen. Die Erweiterung der primären schöffengerichtlichen und amtsgerichtlichen Zuständigkeit wird auch hierin Wandel schaffen.

4. Die polizeilichen Hilfsbeamten der Staatsanwaltschaft im Sinne des § 153 GVG.

sind nach der Königlichen Verordnung vom 27. Sept. 1879 die Ortsvorsteher, bzw. die an ihrer Stelle für die selbständige Verwaltung der Gemeindepolizei aufgestellten besonderen Beamten, die Polizeikommissäre, die untergeordneten für die Sicherheitspolizei aufgestellten Gemeindediener, vor allem aber die Stationskommandanten und Mannschaften des Königlichen Landjägerkorps; für Forst-, Zoll- und Steuerstrafsachen stehen besondere Beamtenkategorien zur Verfügung. Generalstaatsanwalt und Oberstaatsanwälte haben gegen die Hilfsbeamten wegen Ungebühr, sowie wegen ordnungswidriger Ausführung oder Nichtausführung erteilter Aufträge beschränkte, das Justizministerium volle Ordnungsstrafgewalt, obwohl diese Hilfsbeamten mittelbar oder unmittelbar den Regierungsbehörden unterstehen, welche bei etwaigen Beschwerden im Instanzenzuge (Oberamt, Kreisregierung, Ministerium des Innern) anzurufen sind.

Die Verwaltung der Ortspolizei ist in Württemberg bisher ausnahmslos den Gemeinden überlassen. Sie wird durch den Ortsvorsteher, in gewissen Fällen unter Mitwirkung des Gemeinderats, ausgeübt; es können aber durch genehmigungsbedürftige Gemeindesatzung einer oder mehrere Beamte zur Verwaltung der Polizei unter eigener Verantwortung aufgestellt werden.

In solchen Gemeinden, in welchen eine größere Anzahl für die Sicherheitspolizei aufgestellter Gemeindeunterbeamter vorhanden ist, kann im Einvernehmen des Oberstaatsanwalts mit der Gemeindebehörde eine kleinere, dem Bedürfnis entsprechende Zahl von Polizeiunterbeamten (Fahndern) zur Verwendung im kriminalpolizeilichen Dienst, insbesondere zur Vollziehung der staatsanwaltlichen Anordnungen bestimmt werden (Dienst-V. § 21). Das ist bei dem unter dem Gemeinderat stehenden Stadtpolizeiamt Stuttgart mit seiner besonderen Kriminalabteilung geschehen, doch ist die Zahl von nur wenig mehr als 20 Fahndern für den Kriminaldienst einer Stadt von 250 000 Einwohnern nicht entfernt genügend. Die Leute haben keine besondere technische Ausbildung; es besteht keine Polizeischule, keine besondere Instruktion; man nimmt brauchbare Leute, wie man sie bekommt, und gibt sie zunächst den älteren Fahndern zur Einarbeitung bei. Teils sind sie aus dem Landjägerkorps hervorgegangen, meist haben sie sich aber durch eigene, im Lauf längerer Dienstzeit erworbene Erfahrung im Fahndungsdienst heraufgearbeitet. Selbst für die Polizeiinspektoren ist bisher keine juristische oder sonstige höhere Bildung verlangt worden. Doch muß anerkannt werden, daß die einzelnen Fahnder im allgemeinen alles leisten, was unter solchen Umständen überhaupt von ihnen verlangt werden kann. Sie erledigen ihre gewöhnlichen Aufgaben im ganzen ruhig und geschickt und rufen keine Beleidigungen oder Mißstände hervor. Die häufigen, oft sechs- und achtwöchigen Verzögerungen in der Erledigung staatsanwaltlicher Aufträge rühren von der viel zu geringen Zahl der Fahnder, der aushilfsweisen Verwendung ungeeigneter Schutzleute und von dem unendlich bureaukratischen Betrieb des Stadtpolizeiamts her, bei dem es Tage anstehen kann, bis die dringendsten schriftlichen Aufträge an den zur Erledigung bestimmten Fahnder gelangen, und Wochen, bis die abzusendenden Meldungen das Zimmer eines gegenzeichnenden Polizeiamtmanns verlassen; dann allerdings nicht selten mit einer Darstellung für die Staatsanwaltschaft, wie sie den Fall aufzufassen habe! Das Fehlen einer straffen einheitlichen Organisation macht sich auch darin geltend, daß in derselben Sache oft mehrere Fahnder und in gleichartigen Sachen gelegentlich ein halbes Dutzend nebeneinander arbeiten, wo ein Beamter genügen würde.

Die gewöhnliche Schutzmannschaft ist in Stuttgart gänzlich unausgebildet, und obwohl aus gedienten Leuten mit mehrjähriger Dienstzeit hervorgehend, infolge mangelnder Organisation und Disziplin nicht zuverlässig; sie ist in ihrer Mehrzahl selbst zu einfachen Meldungen unbrauchbar. Die gerichtliche Verhandlung der Strafverfügungen des Stadtpolizeiamts ergibt mitunter, daß die Meldungen nur auf Hörensagen beruhen, oder daß der Schutzmann sich nicht einmal die Mühe nahm, die Identität des von ihm Beschuldigten festzustellen. Der ungeheuerliche Zustand früherer Zeiten scheint allerdings beseitigt zu sein, daß Strafverfügungen von den Schutzleuten geschrieben und zugestellt und von dem vorgesetzten Beamten des Stadtpolizeiamts erst nachträglich unterzeichnet wurden.

Die Schutzmannschaft unterstützt die Kriminalbeamten in keiner Weise. Sie ist, wie drastische Vorkommnisse beweisen, vielfach der Ansicht, daß sie nur „zur Sicherheit" da sei und mit dem Kriminaldienst überhaupt nichts zu tun habe, so daß das Publikum sich in Kriminalfällen, gleichviel welcher Art, an das Stadtpolizeiamt um Entsendung eines Fahnders zu wenden hat und inzwischen schutzlos ist.

So fehlt den Stuttgarter Sicherheitsverhältnissen der unentbehrliche sofortige sachgemäße Zugriff des Schutzmanns auf der Straße durchaus. Die Mordtaten bleiben meist unentdeckt, soweit nicht ein Zufall oder eine Mitteilung aus dem Publikum zu Hilfe kommt. Der Sicherheitsschutzmann kennt die Einwohner seines Bezirks und die Passanten nur zum kleinsten Teil. Und wie in der guten alten Zeit sind die Schutzmannsposten all zwei Stunden auf 20 bis 30 Minuten behufs Ablösung verwaist.

Häufig sind bei der Stuttgarter Polizei Anzeigen wegen groben Unfugs, Schutzmannsbeleidigungen und Widerständen, die nicht selten den Hauptbestandteil schöffengerichtlicher Sitzungen bilden, und leider auch Fesselungen. Es kann vorkommen, daß drei Schutzleute einen harmlosen Betrunkenen, der nicht mitgehen will, an der Handschließe nach der Wache schleppen, statt ihn sachgemäß unterzufassen und zu führen, wobei ein, höchstens zwei Polizisten genügen würden. Für eine würdige Behandlung des Publikums auf den Polizeiwachen bestehen wenig Garantien.

Auch die Stadtpolizeiämter der anderen größeren Städte sind fast alle durchaus ungenügend. Die Polizeieinrichtungen der mittleren und kleinen Gemeinden kommen für die Zwecke der Staatsanwaltschaft überhaupt nicht in Betracht, sondern nur die Ortsvorsteher.

So ist die Staatsanwaltschaft für ihre Ermittlungen auf dem Lande und in den kleineren und mittleren Gemeinden gänzlich, in den größeren Städten zum großen Teil und selbst in Stuttgart in besonderen Fällen *auf die Tätigkeit des Landjägerkorps angewiesen.*

Das Korps wurde im Jahre 1807 zur Befestigung der öffentlichen Sicherheit im Lande errichtet; es hieß Landreuterkorps; 1809 und 1811 wurde es als Landdragonerkorps und als Königliche Gendarmerie mehrfachen Umwandlungen unterworfen und 1823 als Landjägerkorps mit der in den Grundlagen jetzt noch bestehenden Organisation und Dienstinstruktion neubegründet. Es steht unter dem Ministerium des Innern und hat sich seither, namentlich auch in den achtundvierziger Jahren glänzend bewährt. Seit 1879 versieht es gleichzeitig den Kriminaldienst und stellt den erforderlichen soliden Unterbau für die württembergische Strafrechtspflege dar. Heute umfaßt es unter einem Kommandeur und drei Offizieren 601 Mann, die auf 65 Hauptstellen und 348 Nebenstellen in Stadt und Land verteilt sind. Ein Teil der Mannschaften ist seit 1889 und 1892 infolge der zunehmenden Unsicherheit in der Umgebung von Stuttgart und der überhandnehmenden Stromerplage beritten gemacht, auch sind Fahrräder eingeführt worden. Die Hauptstellen sind mit einem Stationskommandanten, einem Oberlandjäger und einem oder mehreren, meist jüngeren, noch weiterer Ausbildung bedürftigen Landjägern besetzt. Die Nebenstellen sind nur mit einem erprobten Mann besetzt. Wenn man bedenkt, daß England und Schottland möglichst und Irland grundsätzlich vermeiden, einen Mann allein auf einen exponierten Posten zu stellen, so ist nicht hoch genug anzuerkennen, daß sich bei uns keine Schwierigkeiten daraus ergeben haben, obwohl die Leute auch Schäden in den Gemeindeverwaltungen mutig zu Leibe rücken, wenn sie gegründeten Verdacht einer strafbaren Handlung haben.

Das Korps rekrutiert sich aus den tüchtigsten, aus dem Heer hervorgehenden Leuten und steht unter straffer Disziplin seiner Vorgesetzten. Die sicherste Gewähr für ihre Arbeit bietet aber ihre Auswahl nach Intelligenz, Zuverlässigkeit und namentlich Charakter. Sie stellen ein Elitekorps dar, mit dem jede beliebige, auch eine das rein akkusatorische Verfahren durchführende Prozeßreform ohne weiteres zu machen wäre.

Ihre Ausbildung steht zwar noch nicht auf der erreichbaren Höhe. Die neu Eintretenden erhalten zunächst einen vier bis acht Wochen dauernden Unterricht durch einen geeigneten Stationskommandanten, dann werden sie einem Stationskommando zur Dienstleistung überwiesen; schließlich erhalten sie selbständige Posten. Die zu Stationskommandanten heranstehenden Oberlandjäger werden seit 1899 in vierwöchigen Kursen durch einen Regierungsbeamten, seit 1907 auch durch einen Staatsanwalt weitergebildet; in gleicher Weise werden seit 1906 jährlich 12 Stationskommandanten vierzehntägige Unterrichtskurse zur Besprechung wichtigerer Gesetze und dienstlicher Vorkommnisse erteilt.

Die Einrichtung einer den modernen Bedürfnissen entsprechenden Kriminalschule ist aber nur eine Frage der Zeit, die mit der Frage der Verstaatlichung der Stuttgarter Polizei ihre Erledigung finden wird. Immerhin hat die Landjägermannschaft heute schon genügende Vorbildung, um außer ihrer Dienstanweisung, die für sie in ihrer Eigenschaft als Hilfsbeamte der Staatsanwaltschaft erlassen ist, die Daudesche Strafgesetzausgabe und den kleinen Hans Groß mit Verständnis zu benützen. Außerdem besitzt sie seit 1901 ein besonderes Landjägerverordnungsblatt behufs fortlaufender Ergänzung der in ihrem Gebrauch befindlichen Sammlung von Gesetzen, Verordnungen und Verfügungen straf- und polizeirechtlichen Inhalts. Nunmehr sind aber auch Vorbereitungen im Gange, um ein unter Mitwirkung von Landgerichtsdirektor Dr. Weingart in Bautzen herauszugebendes, namentlich auch den kriminaltaktischen Erfordernissen entsprechendes, umfassendes Handbuch entstehen zu lassen.

Die nebeneinander bestehenden württembergischen Polizeiorganisationen sind Gebäude ohne einheitliches Dach. Es fehlt eine Zentralpolizeibehörde, eine Stelle, bei der alle Fäden aus Württemberg, dem übrigen Deutschen Reich und aus dem Auslande zusammenlaufen und von der aus ungesäumt der ganze kriminalistische Apparat in Bewegug gesetzt werden kann. Das Stadtpolizeiamt Stuttgart ist seiner ganzen Organisation nach hierzu ungeeignet, selbst wenn man keinen Anstand nähme, staatliche Zwecke des gesamten Landes durch eine einzelne Gemeindeverwaltung besorgen zu lassen. Eine Gemeinde bei uns kann eine moderne Polizei mit allen ihren technischen Hilfsmitteln ebensowenig aus eigenen Kräften schaffen wie in England, und da unsere Gemeinden einer straffen Kontrolle ihrer Polizeiverwaltung durch das Ministerium des Innern im Gegensatz zu England entwachsen sind, so ist Verstaatlichung Erfordernis.

Für die Staatsanwaltschaft bleibt aber neben der Erreichung größerer Beschleunigung der polizeilichen Ermittlungen die Gewährleistung der bestehenden Möglichkeit unmittelbarer Inanspruchnahme und Beauftragung der Polizeibeamten eine Notwendigkeit. Eine in anderer Richtung gehende Verstaatlichung wäre für das staatsanwaltliche Verfahren ein zu teuer erkaufter Gewinn. Die Rechtspflege soll erleichtert, nicht erschwert werden.

Mit den Beamten des Polizei- und Sicherheitsdienstes verkehren die ihnen vorgesetzten Staatsanwälte bei dem Landgericht ihres Bezirks in der Form des Auftrags. Im Verkehr mit den anderen Polizei- und Sicherheitsbeamten bedient man sich der Form des Ersuchens. In den Gemeinden, in denen eine besondere Fahndungspolizei besteht, hat die Staatsanwaltschaft die Heranziehung der übrigen Unterbeamten der Ortspolizei zum kriminalpolizeilichen Dienst tunlichst zu unterlassen. Aufträge und Ersuchen sind, wie mehrfach erwähnt, meist schriftlich und durchlaufen vor und nach ihrer Erledigung den vorgeschriebenen Dienstweg. Nur der Auftrag an die Landjäger ergeht direkt an die betreffenden Nebenstellen, soweit nicht aus besonderen Gründen die Vornahme durch den Stationskommandanten erfolgen soll. Aber auch bei Ersuchen oder Aufträgen an die Polizeibehörden kann ein bestimmter Beamter für die Ausführung bezeichnet werden.

In wichtigen und eiligen Fällen ist schriftliches oder telephonisches Ersuchen um Stellung eines meist namentlich bezeichneten Fahnders, Landjägers oder Stationskommandanten üblich. Dieser wird mündlich instruiert und erstattet je nachdem mündlich oder schriftlich, unmittelbar oder im Dienstweg Meldung.

Die Beamten vernehmen Zeugen und Beschuldigte — und zwar die Landjäger tunlichst auf den Rathäusern in Gegenwart der Schultheißen —, sie nehmen Durchsuchungen vor, fertigen Skizzen des Tatorts usf. Sie haben keine Protokollierungsbefugnis, haben aber in ihren Meldungen, welche oft unzutreffend Protokolle genannt werden, die Aussagen der Vernommenen in der Regel in direkter Rede wiederzugeben; die Vernommenen unterschreiben nur dann, wenn sie zugleich einen Strafantrag oder sonstigen Antrag stellen, welcher der Schriftform bedarf; das Unterzeichnenlassen von Geständnissen kommt vor und ist zweckmäßig. Die zuverlässigen Landjägermeldungen brauchen vom Staatsanwalt oder Amtsanwalt seltener nachgeprüft zu werden; nur in komplizierteren Sachen ist das üblich. Die Nachprüfung der polizeilichen Meldungen ist dagegen häufiger notwendig. Daß man zur Nachprüfung und auch aus sonstigen Gründen bei uns reichlich die Gerichte heranzieht, ist bereits erörtert.

VI.

Das staatsanwaltschaftliche Verfahren im Großherzogtum Baden gegenüber demjenigen im Königreich Sachsen.

Vom Ersten Staatsanwalt **Junghanns** in Mannheim.

1. Der Erste Staatsanwalt

führt nur diesen Titel. Eine Einteilung in Abteilungen, die wieder einem älteren Staatsanwalt oder Ersten Staatsanwalt unterstellt wären, findet nicht statt.

Es besteht eine Dienstweisung für die Staatsanwaltschaften vom Jahre 1879, die jedoch durch eine Reihe von Erlassen des Justizministeriums und des Oberstaatsanwalts am Oberlandesgericht Karlsruhe erweitert und vielfach auch abgeändert worden ist. Die Einteilung der Dezernate, hier Respiziate genannt, unter die einzelnen Staatsanwälte wird vom Justizministerium bestimmt. Weniger wesentliche Einzelheiten werden jedoch nach Bedarf auch vom Ersten Staatsanwalt geregelt. Ihm steht überhaupt die Geschäftsleitung ebenso wie in Sachsen zu. Doch verfügen im allgemeinen die einzelnen Staatsanwälte gleich wie in Sachsen selbständig. Insbesondere unterzeichnen sie im eigenen Namen und nicht bloß aus Auftrag. Bei Beschwerden gegen Einstellungsverfügungen der Staatsanwälte wird kein Vortrag an den Ersten Staatsanwalt erstattet, sondern der Staatsanwalt berichtet direkt an den Oberstaatsanwalt am Oberlandesgericht. Die Geschäftsabteilung unter den einzelnen Staatsanwälten geschieht nicht nach Buchstaben, sondern nach lokal abgegrenzten Bezirken, doch hat der Erste Staatsanwalt meist ausschließlich die Strafsachen des ganzen Landgerichtsbezirks aus dem Gebiet des Preß-, Vereins- und Versammlungsrechts nebst einem kleineren lokalen Dezernat zu bearbeiten.

Die Entschließungen, wie sie im letzten Absatz des Abschnitts über den Ersten Staatsanwalt in Sachsen aufgeführt sind, werden hier selbständig von den Staatsanwälten getroffen.

Versammlungen sämtlicher Beamten der Staatsanwaltschaft sind nicht üblich.

Im allgemeinen haben sich die Einrichtungen in Baden bewährt, nur sollte dem Ersten Staatsanwalt — wenigstens an größeren Staatsanwaltschaften — das lokale Dezernat abgenommen werden, um ihm mehr Zeit zur wirksamen Ausübung der Dienstaufsicht, namentlich auch — wovon unten zu sprechen sein wird — über die Amtsanwälte übrigzulassen.

Die Untersuchungs- und Strafgefängnisse sind hier teils den Amtsgerichten, teils selbständigen, direkt unter dem Justizministerium stehenden Verwaltungen unterstellt.

2. Der Staatsanwalt.

§ 27 der badischen Dienstvorschriften für die Staatsanwaltschaften stellt grundsätzlich eine ähnliche Bestimmung auf wie § 832 der sächsischen Gerichtsordnung. Auch die persönliche Vornahme der wichtigsten Ermittlungen durch den Staatsanwalt soll möglichst die Regel bilden, ist aber bei den größeren Staatsanwaltschaften infolge der Geschäftsüberlastung (in Mannheim fallen durchschnittlich 1500 Ermittlungssachen auf die einzelnen Dezernate) leider mehr und mehr zur Ausnahme geworden. Jedoch findet sie in wichtigen und namentlich in juristisch besonders schwierigen Sachen immer noch statt, insbesondere ist auch in Fällen, in denen eine persönliche Einnahme eines Augenscheins durch den Staatsanwalt nötig erscheint, diese dem freien Ermessen des Dezernenten anheimgestellt.

In den Sitzungen *soll* der Staatsanwalt regelmäßig seine Anklagen selbst vertreten; er tut das auch immer bei den Schwurgerichten. Dagegen ist dies leider bei den Strafkammern infolge der anderweitigen Geschäftsabteilung derselben und um Zeitverluste durch Wechsel während der einzelnen Sitzung zu verhüten, sehr häufig nicht möglich.

3. Der Amtsanwalt.

Die Tätigkeit der Amtsanwälte wird durch die obenerwähnten Dienstvorschriften für die Staatsanwälte geregelt. Die Amtsanwälte haben ihren Sitz stets nur da, wo die Staatsanwaltschaft ihren Sitz hat. Zu den Sitzungen der auswärtigen Amtsgerichte reisen sie, und nur ausnahmsweise bevollmächtigt der Erste Staatsanwalt einen beim auswärtigen Amtsgericht tätigen Referendar (hier Rechtspraktikanten), was in dringenden Notfällen auch der Amtsrichter tun kann. Die Amtsanwälte werden vom Justizministerium auf Widerruf ernannt und in der Regel aus der Zahl der Gerichtsassessoren entnommen. Nur ausnahmsweise werden Referendare dazu bestimmt. Nicht juristisch gebildete Personen werden überhaupt nicht zu Amtsanwälten ernannt, auch nicht vertretungsweise.

Die Amtsanwälte unterstehen ausschließlich der Dienstaufsicht des Ersten Staatsanwalts, der sich jedoch in einzelnen Dingen durch den Staatsanwalt vertreten läßt, in dessen Dezernat die Amtsanwälte, die stets auch Gehilfen eines Staatsanwalts sind, arbeiten. Die Amtsanwälte haben in amtsanwaltschaftlichen Dingen eigene Unterschrift; soweit sie Gehilfen sind, unterschreibt der zuständige Staatsanwalt. In staatsanwaltschaftlichen Sachen dürfen sie nur eilige Aufträge oder Ersuchsschreiben, nicht aber Berichte, Anklagen oder Einstellungsverfügungen aus Auftrag des vorgesetzten Staatsanwalts unterzeichnen.

Im übrigen gelten für sie die gleichen Bestimmungen wie für die Staatsanwälte.

4. Die Hilfsbeamten der Staatsanwaltschaft.

In den größeren Städten des Landes (Mannheim, Heidelberg, Karlsruhe, Pforzheim, Baden-Baden, Rastatt, Freiburg i. B. und Konstanz) sind aus den Polizeibediensteten besondere Beamte (Kriminalpolizei) ausgeschieden, welche ausschließlich Strafanzeigen an die Staatsanwaltschaft zu erstatten und Aufträge dieser, des landgerichtlichen Untersuchungsrichters und des Amtsrichters (§§ 158, 159, 163, 164, 187 StPO.) zu erledigen haben. Die Zuteilung dieser Beamten erfolgt bezüglich der Chargierten durch das Ministerium des Innern im Einverständnis mit dem Justizministerium, bezüglich der Mannschaft durch das zuständige Bezirksamt (in Mannheim und Karlsruhe durch die Polizeidirektion) im Einverständnis mit dem Ersten Staatsanwalt. Entsprechend wird es mit der Enthebung vom Kriminalpolizeidienst gehalten. Die Verwendung der übrigen Schutzmannschaft zu kriminalpolizeilichen Geschäften findet nur im Notfalle und nur im Benehmen mit der zuständigen Verwaltungsbehörde statt. Die Kriminalpolizei untersteht in allen dienstlichen Dingen dem Ersten Staatsanwalt. Wegen dienstlicher Versäumnisse, Verzögerungen, unrichtiger Behandlung von Dienstgeschäften kann er Geldstrafen bis zu 50 M., selbstverständlich auch Verweise aussprechen; gegen seine Straferkenntnisse steht den Bediensteten der Kriminalpolizei binnen einer Woche die Beschwerde an das Justizministerium zu. Die Kriminalpolizei ist auch lokal von der übrigen Polizei getrennt; es ist ihr ein Teil der Geschäftsräume der Staatsanwaltschaft zugewiesen. Die übrige Schutzmannschaft nimmt selbstverständlich in dringenden Fällen ebenfalls Anzeigen auf und erledigt den ersten Angriff unter den gleichen Verhältnissen wie in Sachsen; ebenso geht aber, so bald als möglich, auch die weitere Erledigung an die Kriminalpolizei über (Einzelheiten s. a. Schluß).

Im übrigen sind Hilfsbeamte der Staatsanwaltschaft, abgesehen von den Forstbeamten in Forststrafsachen und den Finanzunterbeamten in Finanzstrafsachen, die Bürgermeister, wo ihnen die Verwaltung der Ortspolizei zusteht, d. h. in den kleineren Städten oder auf dem Lande, und die Gendarmen. Die Bürgermeister werden nur wenig, z. B. bei vereinfachten Zustellungen, Auskünften über Vermögensverhältnisse und dergl. in Anspruch genommen. Sonst werden zu Ermittlungen da, wo keine Kriminalpolizei existiert, ausschließlich die Gendarmen beigezogen.

Die badische Gendarmerie steht unter einem Korpskommando und vier Distriktsoffizieren. An den einzelnen Amtsgerichtssitzen ist je ein Wachtmeister domiziliert, dem bei großen Bezirken noch Vizewachtmeister beigegeben sind; einzelne Bezirke, z. B. der hiesige, haben noch eine berittene Abteilung.

Die Aufträge der Staatsanwaltschaft werden direkt an die Kommandos (Wachtmeister) der Bezirke erteilt, in dringenden Fällen auch an die einzelnen Gendarmen. Geeignetenfalls werden die Gendarmen auch zur mündlichen Information einbestellt. Außerdem meldet sich aber am Sitz der Staatsanwaltschaft der Wachtmeister bei dieser zu regelmäßigen, bei besonderen Vorkommnissen auch zu außerordentlichen Rapporten. Ähnliche Meldungen finden da, wo keine Staatsanwaltschaft domiziliert ist, bei den Amtsrichtern statt. Die Erfahrungen, die mit den Gendarmen als Hilfsbeamten gemacht werden, sind mit ganz vereinzelten Ausnahmen durchweg gute.

Die Vorbildung der Gendarmen entspricht ungefähr der sächsischen. Die Anzeigen erfolgen direkt an die Staatsanwälte bzw. Amtsanwälte, in dringenden Fällen, da, wo kein Staatsanwalt seinen Sitz hat, an den zuständigen Amtsrichter des Bezirks.

Soweit bei Bränden Verdacht der Brandstiftung vorliegt, wird gleichzeitig Meldung an die Verwaltungsbehörde und an die Staatsanwaltschaft bzw. das Amtsgericht erstattet.

Eigentliche Protokolle werden weder von der Kriminalpolizei noch von den Gendarmen aufgenommen, beide melden aber schriftlich, was ihnen vom Beschuldigten oder Zeugen angegeben wurde. Da polizeiliche Protokolle in der Hauptverhandlung doch nicht verlesen werden dürften, haben sich aus dem Fehlen solcher Protokolle Unzuträglichkeiten nicht ergeben.

Die Erfahrungen in Baden sprechen durchaus für die Zweckmäßigkeit der Verbindung von Staatsanwaltschaft und Kriminalpolizei. Ein Fall, in welchem ein Staatsanwalt sich der Aufgabe, den Kriminalbeamten zu dirigieren und zu instruieren, nicht gewachsen gezeigt hätte, ist mir nicht bekannt geworden. Im Gegenteil zeigt es sich stets, daß der unmittelbare Verkehr zwischen Staatsanwalt und Kriminalpolizei für beide Teile außerordentlich förderlich ist.

Eine Teilung der eigentlichen Kriminalpolizei findet nicht statt; in Mannheim haben wir bei vier Staatsanwälten etwa 24 Mann bei der Staatsanwaltschaft selbst, also in demselben Gebäude, und etwa sechs Mann in den Vororten. Dagegen untersteht dem Polizeidirektor eine sogenannte Fahndungsabteilung, welche die Kontrolle der Herbergen, der Leihhäuser, Trödler usw. ausübt und auch noch gleichzeitig die Funktionen der politischen Polizei bekleidet. Sie führt auch die sogenannte Fahndungsregistratur über die ausgeschriebenen Personen. Das Verbrecheralbum befindet sich dagegen bei der Kriminalpolizei. Die kriminellen auswärtigen Requisitionen wurden früher von der Kriminalpolizei, gegenwärtig aber werden sie nach neueren Bestimmungen von der Fahndungsabteilung erledigt, so daß also auch diese in fortdauernder Übung der Erörterungstätigkeit steht. Die Zuweisung von Polizeimannschaften zur Kriminalpolizei ist eine dauernde, die Chargierten können nur im Einverständnis mit dem Justizministerium, die Mannschaften nur mit Zustimmung des Ersten Staatsanwalts zur Lokalpolizei zurückkommandiert werden.

Auch Fahndung auf unbekannte Täter unternimmt in erster Linie die Kriminalpolizei, es werden hierzu aber auch die Fahndungsabteilung und die Mannschaften der allgemeinen Polizei, und zwar die Fahndungsabteilung in dringenden Fällen unmittelbar von der Staatsanwaltschaft, requiriert. Ein Heranziehen von Kriminalpolizisten zu allgemeinen Polizeizwecken findet nur ganz ausnahmsweise mit Zustimmung des Ersten Staatsanwalts statt. Der älteste Kommissär der Kriminalpolizei begibt sich täglich zum Rapport der Polizeidirektion. Zwischen dieser und der Kriminalpolizei besteht direkte Telephonlinie. Eine Dienstanweisung regelt die Abgrenzung der Tätigkeit der Fahndungsabteilung und der Kriminalpolizei in den Einzelheiten. So besteht z. B. in Mannheim eine „Vereinbarung“ zwischen dem Ersten Staatsanwalt und der Polizeibehörde vom 6. Dezember 1901, die auf der zur Ausführung von § 153 GVG. erlassene landesherrlichen, also für ganz Baden geltenden Verordnung vom 17. Juli 1879 beruht. Danach umfaßt der Geschäftskreis der Kriminalpolizei: die ersten Angriffe bei Verübung von Verbrechen und Vergehen; die Aufnahme von Anzeigen wegen solcher; Erledigung der Aufträge der Staatsanwaltschaft im Ermittlungsverfahren, ebenso die Aufträge des Untersuchungsrichters und des Amtsrichters; kriminelle Fahndung innerhalb des Ermittlungsverfahrens und der Voruntersuchung, wobei ein Übergreifen in die sicherheitspolizeiliche Tätigkeit der Polizeibehörde zu vermeiden und tunlichst ein Zusammenwirken mit der Fahndungsabteilung vorzusehen ist. Die Razzias der Kriminalpolizei sind mit den alltäglich seitens der Fahndungsabteilung stattfindenden Razzias tunlichst zu verbinden.

Die Kriminalpolizei hat ungehinderten Zutritt zum Bureau der Fahndungsabteilung; selbständige Recherchen in der Fahndungsregistratur sind ihr nicht gestattet; ihrem Ersuchen um Auskunft ist aber zu entsprechen.

Die Fahndungsabteilung besteht aus Leuten, die auf die Zentrale und die einzelnen Reviere zu verteilen sind. Ihr steht die kriminelle Fahndung außerhalb des anhängigen Ermittlungsverfahrens zu. Sie führt, wie schon erwähnt, die Kontrolle über Herbergen, Dirnenquartiere, Vergnügungslokale, anrüchige Personen. Sie überwacht die unter Polizeiaufsicht stehenden Personen und die vorläufig entlassenen Strafgefangenen. Sie nimmt kriminelle Anzeigen zur unverzüglichen Weitergabe an die Staatsanwaltschaft entgegen und darf vorher nur bei Gefahr im Verzuge einschreiten. Auch nach Abgabe der Anzeige darf sie nur unaufschiebbare Maßnahmen treffen. Der erste Angriff steht ihr also nur innerhalb dieser Beschränkung zu. Die von der Lokalpolizei und der Fahndungsabteilung erstatteten Meldungen im kriminellen Verfahren gehen durch Vermittlung der Polizeibehörde unverzüglich an die Staatsanwaltschaft.

VII.

Das staatsanwaltschaftliche Verfahren im Großherzogtum Hessen.

Von Generalstaatsanwalt **Dr. Preetorius** in Darmstadt.

1. Der Erste Staatsanwalt

führt in Hessen den Titel Oberstaatsanwalt; der Staatsanwalt am Oberlandesgericht heißt Generalstaatsanwalt.

An den drei hessischen Landgerichten ist je ein Oberstaatsanwalt angestellt, dem mehrere Staatsanwälte unterstehen. Die Geschäftsleitung entspricht im wesentlichen den sächsischen Verhältnissen. Grundsätzlich wichtige Fragen haben die Oberstaatsanwälte dem Generalstaatsanwalt berichtlich vorzutragen, der dann — soweit angemessen nach Verständigung mit dem Ministerium der Justiz — allgemeine Weisung gibt. Ebenso sind besonders wichtige Kriminalfälle dem Generalstaatsanwalt mitzuteilen.

Das Aufsichtsrecht des Oberstaatsanwalts gegenüber den ihm unterstehenden Staatsanwälten findet darin seinen Ausdruck, daß diese dem Oberstaatsanwalt Einstellungsbeschlüsse, Verweisungen auf den Privatklageweg, Anträge auf Außerverfolgsetzung und auf Wiederaufnahme des Verfahrens zugunsten des Verurteilten sowie Schwurgerichtsanklagen vorzulegen haben. Außerdem kann der Oberstaatsanwalt jederzeit mündliche oder schriftliche Äußerung anordnen, auch eine Sache, die von einem Staatsanwalt bearbeitet wird, selbst übernehmen oder einem andern Dezernenten übertragen.

Im übrigen erledigen die Staatsanwälte die ihnen zugeteilten Geschäfte selbständig, unter eigener Verantwortlichkeit und mit ihrer eigenen Unterschrift (Großherzogliche Staatsanwaltschaft, darunter die Unterschrift des Dezernenten), ohne daß dabei zwischen den dekretmäßig angestellten Staatsanwälten und den — vertretungsweise oder dauernd — mit der Verwaltung einer Staatsanwaltsstelle beauftragten Assessoren eine Verschiedenheit obwaltet.

Ein Bedürfnis nach strafferer Zentralisation ist nicht hervorgetreten.

Berichte der Staatsanwaltschaften bzw. der Oberstaatsanwälte an das Ministerium der Justiz über Gegenstände der Justizverwaltung, Abolitionsgesuche, Todesurteile und Disziplinarverfahren bei Entfernung aus dem Amte sind durch Vermittlung des Generalstaatsanwalts zu erstatten.

Abgesehen von den nur das Notwendigste enthaltenden Dienstvorschriften für den Generalstaatsanwalt und die Staatsanwaltschaften besteht eine eingehende Geschäftsanweisung nicht. Alljährlich erläßt der Generalstaatsanwalt ein Ausschreiben an die Beamten der Staatsanwaltschaft, welches, anknüpfend an die Ergebnisse der Prüfung der Geschäftsführung der Amtsanwälte, die einschlagenden Fragen behandelt. Außerdem sind eine Reihe von Weisungen und Vorschriften in den Amtsblättern des Ministeriums der Justiz und in Ausschreiben enthalten, die aus besonderen Anlässen ergehen.

Assessoren, welche zwecks Beschäftigung und Ausbildung einer Staatsanwaltschaft zugeteilt sind, arbeiten unter Aufsicht und Verantwortung eines Staatsanwalts, der auch die von ihnen entworfenen Verfügungen unterzeichnet. Nur zu Ermittlungen können sie selbständig verwendet werden. Das Gleiche gilt für Referendare.

Die Arbeitsteilung unter den Staatsanwälten erfolgt regelmäßig für das Geschäftsjahr nach örtlich begrenzten Dezernaten (Amtsgerichtsbezirke, Gemeinden, Polizeireviere). Verteilung nach Buchstaben oder nach sachlichen Gesichtspunkten geschieht in der Regel nicht. Bei Wechsel der Dezernate hat der seitherige Dezernent die bei ihm bereits anhängigen Sachen zu Ende zu führen.

2. Der Staatsanwalt.

Ob im einzelnen Fall Voruntersuchung zu beantragen oder die Sache im vorbereitenden Verfahren zu behandeln ist, darüber sind Vorschriften nicht erlassen. Der Staatsanwalt hat über diese Frage jeweils nach pflichtmäßigem Ermessen zu befinden. Schon wegen der sonst unvermeidlichen Überlastung der Untersuchungsrichter wird jedoch die weitaus überwiegende Mehrzahl der Sachen im vorbereitenden Verfahren bis zur Anklage behandelt. Die Zahl der Staatsanwälte ist nicht groß genug, um es zu ermöglichen, daß der Staatsanwalt selbst regelmäßig die Ermittlungen und Vernehmungen vornimmt; dies bildet vielmehr die Ausnahme und geschieht teils in wichtigen, teils in solchen Sachen, deren Eigenart die persönliche Information an Ort und Stelle erheischt oder ratsam erscheinen läßt. Den Amtsanwälten werden nicht selten Informationen übertragen, namentlich in solchen Sachen, deren spätere Überweisung an das Schöffengericht vorauszusehen ist. Von auswärtigen Terminen hat der Staatsanwalt dem Oberstaatsanwalt vorher Kenntnis zu geben.

Ständige Hilfsarbeiter sind den Staatsanwälten nicht beigegeben. Wohl aber können Assessoren (unbesoldet) bei der Staatsanwaltschaft zur Beschäftigung zugelassen werden, desgleichen Referendare, diese jedoch nur auf zwei Monate. Da diese Herren unter der Verantwortung und Unterschrift des Staatsanwalts arbeiten, dem sie vom Oberstaatsanwalt zugeteilt sind, so können sie als eine Entlastung für den Staatsanwalt nicht angesehen werden.

Während der Dauer der Voruntersuchung sind Besprechungen des Staatsanwalts mit dem Untersuchungsrichter nicht selten. Nach Schluß der Voruntersuchung werden Vernehmungen durch den Staatsanwalt nicht mehr vorgenommen.

Da eine Sitzung regelmäßig nur von einem und demselben Staatsanwalt wahrgenommen wird, so läßt es sich nicht immer erreichen, daß die Beamten der Staatsanwaltschaft — wenigstens an den Strafkammern — die von ihnen bearbeiteten Sachen auch selbst in der Sitzung vertreten. Indes nimmt der Oberstaatsanwalt bei Verteilung der Sitzungen Rücksicht darauf, daß wichtigere oder umfangreichere Sachen stets von dem Dezernenten in der Sitzung vertreten werden. Vor dem Schwurgericht wird die Anklage regelmäßig von dem Staatsanwalt vertreten, der sie bearbeitet hat.

3. Der Amtsanwalt.

Als Amtsanwälte fungieren in Hessen ausschließlich Gerichtsassessoren, die mit der Versehung der Verrichtungen dieses Dienstes beauftragt sind, und zwar sind — ausgenommen die Amtsgerichtsbezirke Darmstadt und Offenbach — immer mehrere Amtsgerichtsbezirke zu einem Geschäftsbezirk vereinigt, so daß ein Amtsanwalt den Dienst an mehreren Amtsgerichten zu versehen hat. Für die Amtsgerichte Darmstadt I und Offenbach ist je ein besonderer Amtsanwalt bestellt. Am Amtsgericht Mainz ist zwar formell auch ein besondererer Amtsanwalt tätig; die Geschäftslast erfordert dort aber die Verteilung unter mehrere Herren, die auch noch den Dienst an den Amtsgerichten Nieder-Olm und Oppenheim zu versehen haben.

Die Amtsanwälte unterstehen dem Oberstaatsanwalt des Landgerichts und sind von den Gerichten unabhängig.

Stellvertreter des Amtsanwalts ist der oberste Hilfsbeamte der Staatsanwaltschaft am Amtssitze des Amtsanwalts. Nur im Notfall darf vom dienstaufsichtführenden Richter des Amtsgerichts auch ein Beamter der Gerichtsschreiberei zum Vertreter des Amtsanwalts für einzelne Sachen bestellt werden.

Es können zwar Referendare mit der Versehung eines Amtsanwaltspostens beauftragt werden; es ist dies bis jetzt aber nur höchst selten und nur auf ganz kurze Zeit vorgekommen.

Die Wahrnehmung auswärtiger Termine ist dem Amtsanwalt nur mit Genehmigung des Oberstaatsanwalts gestattet, die aber in dringenden Fällen nachträglich eingeholt werden kann. Im übrigen ist die Stellung des Amtsanwalts im vorbereitenden Verfahren gleich der des Staatsanwalts.

Solche Sachen, in welchen er das Verfahren einzustellen, die Klage fallen zu lassen oder Verjährung eintreten zu lassen beabsichtigt, hat der Amtsanwalt allwöchentlich dem Oberstaatsanwalt einzusenden. Jene Maßnahmen werden dann erst getroffen, nachdem der Oberstaatsanwalt die Akten mit Genehmigungsvermerk zurückgeschickt hat.

In den nicht zu ihrer Zuständigkeit gehörenden Sachen sind die Amtsanwälte Hilfsbeamte der Staatsanwaltschaft. Die Amtsanwälte vertreten die Anklage auch in Forstsachen.

4. Kriminalbeamte der Staatsanwaltschaft.

Eine Reihe von Mißhelligkeiten, die sich im Verkehr der Staatsanwaltschaft in Darmstadt mit dem Polizeiamt daselbst ergeben hatten, führte im Jahre 1882 zur Anstellung von zwei Kriminalbeamten bei der genannten Staatsanwaltschaft. Die Einrichtung hat sich im Lauf der Jahre dermaßen bewährt, daß sie im Jahre 1906 auch für die Staatsanwaltschaften in Gießen und Mainz vorgesehen wurde. In Darmstadt und Mainz sind je zwei Kriminalkommissäre, in Gießen ein solcher tätig. Es sind dies Leute, die sich im städtischen Polizeidienst als besonders findig und tüchtig hervorgetan und die Polizeikommissärsprüfung abgelegt haben. Sie sind (als Staatsbeamte) der Staatsanwaltschaft bei- und untergeordnet und nehmen in deren Auftrag teils selbständige Ermittlungen an Ort und Stelle vor, teils unterstützen sie den Staatsanwalt in wichtigen Fällen beim ersten Angriff.

Obwohl die Schwierigkeiten, die sich, wie oben erwähnt, in den ersten Jahren nach Einführung der Justizgesetze im Verkehr der Staatsanwaltschaft mit dem Polizeiamt speziell in Darmstadt eingestellt hatten, längst aus dem Weg geräumt sind, so sind doch die Vorteile, die sich aus der Bereitschaft tüchtiger, erfahrener Kriminalbeamten ergeben, die ausschließlich der Staatsanwaltschaft zur Verfügung stehen und an örtliche Grenzen nicht gebunden sind, so einleuchtend, daß weitere Ausführungen in dieser Richtung erspart werden können.

Die Kriminalkommissäre haben Diensträume bei der Staatsanwaltschaft, woselbst sie etwa am Ort zu erledigende

Vernehmungen besorgen, auch Anzeigen entgegennehmen und etwa erforderliche Berichte selbst niederschreiben.

Der Verkehr der Kriminalkommissäre mit den Beamten der Staatsanwaltschaft ist vornehmlich ein mündlicher; insbesondere geschieht die Instruktion stets mündlich. Die Ergebnisse seiner Ermittlungen legt der Kriminalkommissär, soweit sie nicht in die Form protokollarischer Vernehmungen gekleidet sind, in einem Bericht nieder, den er, soweit nur Sentiments und persönliche Eindrücke in Betracht kommen, mündlich ergänzt.

In der Hauptsache werden die Kriminalkommissäre zu selbständigen Ermittlungen auf dem Lande benützt. In besonderen Fällen, in denen der Staatsanwalt selbst informiert, nimmt er wohl auch den Kriminalkommissär zu seiner Unterstützung mit. Die beiden arbeiten dann meist gleichzeitig: der Staatsanwalt vernimmt protokollarisch, während der Kriminalkommissär sich der angezeigten Beweismittel versichert, Zeugen notiert und dem Staatsanwalt Anregungen übermittelt. Es kommt auch vor, daß die Untersuchungsrichter um Überlassung eines Kriminalkommissärs zu bestimmtem Zweck ersuchen. Selbstverständlich bindet sich die Tätigkeit des Kriminalkommissärs nicht an die Landesgrenzen. So hat z. B. anläßlich der Ermordung des katholischen Pfarrers Thöbes in Heldenbergen ein Kriminalkommissär durch umfangreiche, mehrtägige Reisen im preußischen Gebiet das Treiben des Mörders Hudde vor und nach der Tat auf das genaueste festgestellt und dabei zugleich dessen Täterschaft für eine Anzahl von Einbrüchen in katholischen Pfarrhäusern in Preußen überzeugend dargetan.

Zu Ermittlungen bei Straftaten, die in den Städten mit eigener Polizeiverwaltung begangen sind, werden die staatsanwaltlichen Kriminalkommissäre nur in besonders gearteten seltenen Ausnahmefällen herangezogen; jene Ermittlungen werden vielmehr regelmäßig von den polizeilichen Kriminalbeamten besorgt. Die staatsanwaltlichen Kriminalkommissäre nehmen auch nicht teil an den Rapporten der örtlichen Kriminalpolizei, sind aber gleichwohl dadurch, daß sie von den Einläufen bei der Staatsanwaltschaft Kenntnis nehmen, immer unterrichtet über alle Kriminalfälle am Platze. In den seltenen Fällen, in welchen die staatsanwaltlichen Kriminalkommissäre nach oder neben der örtlichen Kriminalpolizei tätig wurden, haben sich niemals Reibereien ergeben; sie stehen mit ihren Berufsgenossen von der städtischen Polizei auf gutem Fuße und nehmen wohl auch anstandslos deren Hilfe in Anspruch, ebenso wie sie, wenn nötig, direkte Erkundigungen bei der örtlichen Polizei einziehen.

Auch das Verhältnis der Kriminalkommissäre zu den Gendarmen ist durchaus befriedigend. Die Gendarmen folgen willig ihren Weisungen und Ersuchen, und es kommt recht häufig vor, daß der Kriminalkommissär bei selbständigen Ermittlungen auf dem Lande Hand in Hand mit der Gendarmerie arbeitet.

5. Hilfsbeamte der Staatsanwaltschaft im Sinne des § 153 Abs. 2 des GVG. sind in Hessen außer den Amtsanwälten (s. oben unter 3. am Schluß) und den vorstehend unter 4. erörterten Kriminalkommissären bei den Staatsanwaltschaften

1. die Lokalpolizeibeamten, und zwar sind als Hilfsbeamte bestellt:

a) in den Städten mit besonderer Polizeiverwaltung der Vorsteher der Polizeiverwaltung oder ein diesem untergeordneter Beamter (Polizeiinspektor, Polizeikommissär) und — je nach dem örtlichen Bedarf — einzelne Revierkommissäre, Polizeisekretäre, Polizeiwachtmeister oder Kriminalschutzleute. Der Verkehr der Staatsanwaltschaft mit diesen Hilfsbeamten geschieht, abgesehen von dringlichen Ausnahmsfällen, nicht direkt, sondern im Wege des Ersuchens an die betr. Polizeibehörde. Das Verfahren dieser Behörden gleicht dem anderswo üblichen. Die Polizei hat den ersten Angriff. In wichtigen Fällen setzt sie sich alsbald mit der Staatsanwaltschaft in Verbindung, in minder wichtigen pflegt sie die angezeigten Ermittlungen meist soweit, daß der Staatsanwalt in der Lage ist, über die Frage, ob öffentliche Klage zu erheben ist, Entscheidung zu treffen. Mündlicher Verkehr des staatsanwaltlichen Dezernenten mit dem polizeilichen Hilfsbeamten, der die Ermittlungen pflegt, findet in den Städten Darmstadt, Gießen und Mainz nicht selten statt. Bei den Polizeiämtern in Darmstadt und Mainz sind auch besondere Kriminalabteilungen eingerichtet.

b) Auf dem Land die Bürgermeister bezw. als deren Vertreter die Bürgermeisterbeigeordneten. Sie nehmen Anzeigen an, auch haben sie von Amts wegen Anzeigen wegen strafbarer Handlungen zu erstatten und dieserhalb einzuschreiten. Letzteres geschieht jedoch nur selten, dagegen werden sie in einfachen Sachen von der Staatsanwaltschaft und den Amtsanwälten mit Vernehmungen befaßt. Ihre Befähigung ist oft recht gering, namentlich versagen sie meist, wenn es sich um Nachforschungen handelt, zumal hiefür auch die Polizeidiener auf dem Lande höchst selten geeignet sind. Der Schwerpunkt dieser Tätigkeit liegt daher, soweit die Landorte in Frage kommen, in den Händen der

c) Gendarmerie, deren Mannschaften (Wachtmeister und Gendarmen) durch Verordnung v. 9. Oktober 1897 zu Hilfsbeamten der Staatsanwaltschaft bestellt worden sind.

Die Gendarmerie ist ein militärisch organisiertes Korps, an dessen Spitze ein Stabsoffizier mit dem Range eines Regimentskommandeurs steht. Das Korps zerfällt — nach den drei Provinzen des Großherzogtums — in drei Distrikte, die von Offizieren im Range eines Rittmeisters oder Stabsoffiziers befehligt werden. Am Sitze jedes Kreisamtes befindet sich eine Gendarmeriesektion unter einem Oberwachtmeister. Ferner sind über das ganze Land Gendarmeriestationen mit bestimmten, mehrere Orte umfassenden Patrouillenbezirken zerstreut, die von Stationsführern angeführt werden. In militärischer Hinsicht unterstehen die Gendarmen ihren militärischen Vorgesetzten, im übrigen nebst diesen dem Ministerium des Innern. Offiziere und Mannschaften sind Angehörige des Soldatenstandes. Die Mannschaften des Korps rekrutieren sich aus Unteroffizieren der Großherzoglich hessischen Division bezw. soweit nötig der ganzen Armee, die neun Jahre bei der Fahne und davon fünf als Unteroffiziere gedient haben. Die Bewerber haben sich zunächst einer

Prüfung durch einen Offizier der Gendarmerie zu unterziehen, bevor sie überhaupt in die Liste der Bewerber aufgenommen werden. Sie werden dann für ein halbes Jahr zur Probedienstleistung beim Korps eingestellt. Die zweite Hälfte dieses Probedienstes haben sie im Kriminaldienst der Staatsanwaltschaft zu verbringen. Über die Befähigung und Verwendbarkeit zu diesem Dienst hat der Oberstaatsanwalt dem Distriktskommandeur eine Äußerung zugehen zu lassen, die bei der Beurteilung des Bewerbers in Betracht gezogen wird. Die Anstellung im Gendarmeriekorps hängt endlich vom Bestehen einer Prüfung ab, die am Schluß der Probedienstzeit vor dem Distriktskommandeur abzulegen ist. Zum Range des Wachtmeisters kann der Gendarm nur nach Ablegung einer weiteren Prüfung aufrücken; auch sollen nur solche Gendarmen zu diesen Stellen befördert werden, die nach einer vom Kommando einzuholenden Äußerung des für die Station des Betreffenden zuständigen Oberstaatsanwalts sich im kriminalpolizeilichen Dienst gut bewährt haben.

Mit den Leistungen der Gendarmen ist man im allgemeinen recht zufrieden. Für kriminalpolizeiliche Nachforschungen auf dem Lande kommen — neben den Kriminalkommissären der Staatsanwaltschaft — sie allein in Betracht. Anzeigen von Übertretungen werden von ihnen den Kreisämtern eingesandt, die sie dem zuständigen Amtsanwalt übermitteln. Alle anderen Anzeigen gehen direkt an die Staatsanwaltschaft oder den Amtsanwalt.

Die Hilfsbeamten der Staatsanwaltschaft haben in Hessen sämtlich die Befugnis zu protokollarischer Vernehmung. Indes sollen, um einer Überbürdung mit schriftlichen Arbeiten vorzubeugen, die Gendarmen nur ausnahmsweise mit der Aufnahme von förmlichen Protokollen beauftragt werden; sie legen daher das Ergebnis ihrer Ermittlungen meist in Berichten nieder, die zwar in Form und Ausdruck manchmal holperig sind (auch Fehler gegen die Rechtschreibung kommen vor), aber doch in der Regel sachlich ihren Zweck erfüllen.

Um eine bessere Ausbildung der Schutzleute zu ermöglichen, besteht seit 2 Jahren in Darmstadt eine Schutzmannsschule d. h. die Einrichtung, daß zweimal jährlich Kurse abgehalten werden, an welchen die in den Städten angestellten Schutzleute teilnehmen können. Die Stadtverwaltungen entsenden denn auch zu diesen Kursen jeweils eine Anzahl von Schutzleuten.

VIII.

Das staatsanwaltschaftliche Verfahren in der freien und Hansastadt Hamburg.

Von Staatsanwalt Dr. **Schläger** in Hamburg.

Der Oberstaatsanwalt.

Für die freien Hansestädte Hamburg, Lübeck und Bremen ist, zugleich mit dem Inkrafttreten des Gerichtsverfassungsgesetzes für das Deutsche Reich ein gemeinschaftliches Oberlandesgericht unter der Bezeichnung „Hanseatisches Oberlandesgericht" mit dem Sitze in Hamburg errichtet worden (Übereinkunft der drei freien Städte vom 23. Oktober 1878). Der erste Beamte der Staatsanwaltschaft beim Oberlandesgericht ist der Oberstaatsanwalt, der, ebenso wie sein ständiger Vertreter, seinen Wohnsitz in Hamburg haben muß. Da der Oberstaatsanwalt Beamter der drei Hansestädte ist, so würde er der Dienstaufsicht der Gesamtheit der Senate der drei Hansestädte unterstehen; zur Vermeidung von Schwierigkeiten ist diese Dienstaufsicht jedoch dem Senate derjenigen Stadt übertragen, in welcher der Oberstaatsanwalt seinen Sitz hat; denn Art. 27 der zitierten Übereinkunft bestimmt, daß das den drei Senaten zustehende Dienstaufsichtsrecht in der Weise ausgeübt werde, daß jeder Senat über die in seiner Stadt wohnenden Beamten die Aufsicht und Leitung namens der drei Senate hat und denselben in den aus dieser Stadt erwachsenden Sachen dienstliche Anweisungen erteilt. In Lübecker und Bremer Sachen empfängt der Oberstaatsanwalt von dem Lübecker und Bremer Senat Anweisungen. Die Anstellung von Beamten der Staatsanwaltschaft beim Oberlandesgericht erfolgt in der Weise, daß jeder Senat den oder die Beamten, welche in seiner Stadt ihren Wohnsitz haben sollen, den anderen Senaten vorgängig namhaft macht, um ihnen zur Geltendmachung etwaiger Bedenken Gelegenheit zu geben. Die Ernennung erfolgt durch die Gesamtheit der Senate. Den Senaten von Lübeck und Bremen ist es unbenommen, von der Anstellung in ihren Städten wohnhafter staatsanwaltlicher Beamten bei dem Oberlandesgericht abzusehen, und gibt es denn auch in beiden Städten keine solche Beamte.

Mit dieser Stellung eines Staatsanwalts beim hanseatischen Oberlandesgericht vereinigt der Oberstaatsanwalt auch die Stellung eines Ersten Staatsanwalts beim Landgericht Hamburg, so daß zwischen beiden Stellungen eine Realunion besteht. Nach Art. 29 zitierter Übereinkunft kann der Oberstaatsanwalt von dem Senate zu Hamburg auch mit Wahrnehmung staatsanwaltlicher Geschäfte beim Landgerichte und Schwurgericht betraut werden. Dies ist geschehen und ist somit der Oberstaatsanwalt zugleich leitender Beamter der landgerichtlichen und amtsgerichtlichen Staatsanwaltschaft Hamburg. Durch die Übertragung dieser Funktion auf den Oberstaatsanwalt tritt dieser zu dem hamburgischen Staat in das Verhältnis eines hamburgischen Beamten, so daß die hamburgische Justizverwaltung als Dienstaufsichtsbehörde dieses Aufsichtsrecht als eigenes Recht im eigenen Namen ausübt.

Aus dieser Stellung des Oberstaatsanwalts als ersten Beamten der Staatsanwaltschaft Hamburg ergibt sich, daß ihm die gesamte Geschäftsleitung zusteht. Eine Geschäftsordnung ist vom Oberstaatsanwalt für die Staatsanwaltschaft nicht erlassen, vielmehr ergehen die Anordnungen und Anweisungen des Oberstaatsanwalts an die ihm unterstellten Beamten bei gegebener Gelegenheit im Verfügungswege. Sache des Oberstaatsanwalts ist es, die Verteilung der Dezernate vorzunehmen, Vertreter der Behörde für die Gerichtssitzungen zu bestimmen, in Zweifelsfragen, tatsächlicher oder rechtlicher Natur, Entscheidungen zu treffen, Beschwerden über die Amtsführung der ihm unterstellten Beamten zu erledigen u. Ä. m. Gehen Anzeigen oder Mitteilungen von besonderer Bedeutung bei der Staatsanwaltschaft ein, so werden sie zunächst dem Oberstaatsanwalt vorgelegt, der alsdann bei wichtigen Sachen Berichte von dem staatsanwaltlichen Dezernenten einzieht. Anzeigen weittragenden Inhalts, wie z. B. Mord, politische Vergehen, Preßdelikte u. a. betreffend, gelangen daher zuerst zur Kenntnis des Oberstaatsanwalts, dem hierdurch die Übersicht über die bei der Staatsanwaltschaft anhängigen Ermittelungsverfahren, soweit sie aus irgendeinem Grunde von größerer Bedeutung sind, erhalten bleibt. Für Prozesse von besonderer Wichtigkeit behält sich der Oberstaatsanwalt die Zuweisung an einen Staatsanwalt außerhalb des Rahmens der sonstigen Verteilung der Dezernate vor.

Infolge landesgesetzlicher Vorschrift wirkt der Oberstaatsanwalt ferner im Disziplinarverfahren gegen richterliche Beamte mit. Nach § 43 des Ausführungsgesetzes zum Gerichtsverfassungsgesetz erfolgt die Eröffnung des Disziplinarverfahrens auf Anordnung des Vorstandes der Justizverwaltung durch Erhebung der Anklage seiten der Staatsanwaltschaft. Diese Verrichtungen der Staatsanwaltschaft sind dem Oberstaatsanwalt übertragen. Die gleiche Stellung nimmt der Oberstaatsanwalt im Disziplinarverfahren gegen nichtrichterliche Beamte ein.

Eine Kontrolle der Verfügungen der Staatsanwälte durch den leitenden Beamten, wie sie in Preußen geübt wird, findet in Hamburg nicht statt. Alle Staatsanwälte zeichnen demnach ihre Anklagen, Verfügungen und Bescheide selbständig und nicht etwa „in Vertretung“ oder „im Auftrage“. Ein Einblick in die Tätigkeit der ihm unterstellten Behörde verbleibt trotzdem dem Oberstaatsanwalt in ausgedehntem Maße, da ihm naturgemäß aus Anlaß von Beschwerden, Gnadengesuchen, Strafaufschubsgesuchen, Entscheidungen über Einlegung von Revision usw. viele staatsanwaltschaftliche Akten vorgelegt werden.

Da im Laufe der Zeit die Geschäfte des Oberstaatsanwalts sehr zugenommen haben, ist dem Oberstaatsanwalt ein ständiger Vertreter aus der Reihe der Staatsanwälte beigeordnet worden. Dieser unterstützt den Oberstaatsanwalt in der Wahrnehmung seiner Funktionen beim Oberlandesgericht und in Wahrnehmung der ihm als Vorstand der Staatsanwaltschaft obliegenden Geschäfte ständig und nimmt einen Teil dieser Geschäfte unter eigener Verantwortung selbständig wahr. Ein besonderer Titel ist diesem ständigen Vertreter des Oberstaatsanwalts nicht verliehen worden, doch zeichnet er seine Verfügungen: „Der Oberstaatsanwalt i. V.“. Seinem ständigen Vertreter gegenüber bleibt der Oberstaatsanwalt der aufsichtführende Vorgesetzte. Der Vertreter des Oberstaatsanwalts ist durch die Gleichstellung seines Gehalts mit demjenigen der Landgerichtsdirektoren aus der Zahl der anderen Staatsanwälte herausgehoben. Zurzeit wird der Erlaß eines neuen hamburgischen Gesetzes zur Ausführung des Gerichtsverfassungsgesetzes geplant, und ist in dem hierüber vorliegenden Antrage des Senats an die Bürgerschaft auch der Titel „Erster Staatsanwalt“ für den ständigen Vertreter des Oberstaatsanwalts in Vorschlag gebracht. In dem Gesetzentwurf heißt es im § 70: „Wird der Oberstaatsanwalt mit der Wahrnehmung der Geschäfte des ersten Beamten der Staatsanwaltschaft nicht beauftragt, so ist der Erste Staatsanwalt der erste Beamte der Staatsanwaltschaft“. Diese Vorschrift wird, zurzeit wenigstens, kaum praktisch werden, da eine Aufhebung der Realunion zwischen Oberstaatsanwalt und Erstem hamburgischen Staatsanwalt fürs Erste nicht in Frage kommen wird.

Dem Vertreter des Oberstaatsanwalts sind durch Spezialverfügungen des Oberstaatsanwalts eine Reihe von Geschäften aus dem oberstaatsanwaltschaftlichen Dezernat überwiesen worden. Diese beziehen sich sowohl auf die Tätigkeit beim Oberlandesgericht, als auch auf die Leitung der Staatsanwaltschaft. Vor allem ist ihm die Aufsicht über den sachlichen Dienstbetrieb der Amtsanwaltschaften Hamburg, Bergedorf und Ritzebüttel übertragen.

Staatsanwälte.

Die Geschäfte der Staatsanwaltschaft Hamburg werden zurzeit von 13 Staatsanwälten wahrgenommen. Daneben werden Assessoren bei der Staatsanwaltschaft beschäftigt.

Die Dezernate sind nach den Anfangsbuchstaben der Beschuldigten unter die Dezernenten verteilt. Besondere Dezernenten für Preßsachen gibt es nicht. Die Stellung der staatsanwaltschaftlichen Dezernenten ist, im Gegensatz zu Preußen, eine recht selbständige. Wie schon hervorgehoben, werden alle Verfügungen, Anklagen usw. von den Staatsanwälten unter eigener Verantwortung gezeichnet. Dies schließt natürlich nicht aus, daß sich der Oberstaatsanwalt speziell bezeichnete Sachen, namentlich solche, welche vor dem Schwurgericht zur Verhandlung kommen, vorlegen läßt, um von dem Gange der Ermittlungen bzw. dem Inhalt der Anklage Kenntnis zu nehmen. Eine einschränkende Bestimmung ist für die bei der Staatsanwaltschaft beschäftigten Assessoren getroffen. Zwar ist diesen, als Hilfsarbeitern der Staatsanwaltschaft, ein Dezernat in gleicher Weise zur Bearbeitung überwiesen, wie den Staatsanwälten, doch unterliegen ihre Verfügungen der Kontrolle und Gegenzeichnung eines Staatsanwalts. In der ersten Zeit der Beschäftigung unterzeichnet der Staatsanwalt selbst alle Verfügungen des Assessors, später, wenn der Assessor vom Senat als Beamter der Staatsanwaltschaft beeidigt und damit auch zur Vertretung der Behörde in den Sitzungen der Gerichte befugt ist, werden nur Anträge auf Voruntersuchung, Anklagen und Einstellungsbescheide dem gegenzeichnenden Staatsanwalt zur Kontrolle vorgelegt. Durch die Gegenzeichnung übernimmt der kontrollierende Staatsanwalt die Mitverantwortung für die von dem Assessor getroffene Verfügung, für die er, nachdem er das Zeichnungsrecht bekommen hat, nach außen allerdings selbständig verantwortlich ist. Der gegenzeichnende Staatsanwalt ist für den jungen Assessor der berufene Berater in allen zweifelhaften Fragen, und wird der Assessor daher bei allen besonders wichtigen Entschließungen Rücksprache mit ihm nehmen.

Eine Anstellung von Referendaren als Hilfsarbeiter kommt bei der Staatsanwaltschaft nicht vor. Referendare werden aber, wie in Preußen, der Staatsanwaltschaft, mindestens für 3 Monate, zur Ausbildung überwiesen.

Die in Sachsen bestehende Gewohnheit, daß die Staatsanwälte Vernehmungen und Ermittlungen selbst vornehmen, besteht in Hamburg nicht. Die große Zahl der dem einzelnen Staatsanwalt zur Bearbeitung vorliegenden Sachen würde ein solches Verfahren von selbst verbieten. Es ist sonach die Regel, daß die Staatsanwaltschaft die Ermittlungen und Vernehmungen durch die Polizeibehörde — in Hamburg die Abteilung II, Kriminalpolizei — vornehmen läßt. Es ist dies in Hamburg auch um so angebrachter, als Hamburg eine vortrefflich eingearbeitete Kriminalpolizei besitzt, deren Berichte und Protokolle in den meisten Fällen eine genügende Grundlage für eine Abschlußverfügung der Staatsanwaltschaft bilden wird. In kleineren Sachen, z. B. betreffend Widerstand gegen die Staatsgewalt, Körperverletzung u. Ä., werden die sofort von der Kriminalpolizei, vor Abgabe an die Staatsanwaltschaft, angestellten Erhebungen und Vernehmungen der Beteiligten den Staatsanwalt in die Lage versetzen, ohne noch weitere Aufklärungen oder Vernehmungen, etwa durch das Amtsgericht, anordnen zu müssen, entscheiden zu können, ob Anklage zu erheben oder das Verfahren einzustellen sei. In komplizierteren Sachen, in denen zunächst, wenn eine Anzeige bei der Polizeibehörde erstattet ist, von dieser nur die ersten, zur allgemeinen Aufklärung notwendigen Feststellungen getroffen sind, wird der Staatsanwalt die Ermittlungen selbst in der Weise leiten, daß er ein weiteres Ersuchen um Ermittlungen an die Polizeibehörde richtet, in welchem zur Orientierung des recherchierenden Beamten auf die einzelnen, speziell weiter aufzuklärenden Punkte hingewiesen ist. In Sachen, in denen es sich um Sicherung von Beweisen, Gegenüberstellungen von Zeugen und Beschuldigten oder Erörterungen vorwiegend juristischer Natur handelt (z. B. beim Betrug), werden die Akten mit einer entsprechenden Requisition an das Amtsgericht, Abteilung für Requisitionen in Strafsachen, gesandt. Im allgemeinen gilt aber als Grundsatz, daß alle Sachen, die einen größeren Umfang annehmen oder die eine ausgedehnte Beweiserhebung erforderlich machen, den Untersuchungsrichtern zur Führung der Voruntersuchung übersandt werden. Die Entscheidung, wann eine Sache an den Untersuchungsrichter gegeben werden soll, ist dem pflichtgemäßen Ermessen der einzelnen Dezernenten überlassen. Dies Verfahren hat den Vorzug, daß eine einheitlichere und raschere Aufklärung möglich ist, als wenn in zeitraubender Weise die Akten zwischen Staatsanwaltschaft, Amtsgericht und Polizeibehörde ständig hin- und hergesandt werden. Alles dies schließt natürlich nicht aus, daß der Staatsanwalt sich auch selbst Beschuldigte, Zeugen oder Sachverständige vorlädt und sie vernimmt; namentlich wird dies Verfahren in Ermittlungssachen, in welchen es auf die Aussage von Kindern ankommt, zweckmäßig sein, da gerade in solchen Sachen nur der persönliche Eindruck, den der Staatsanwalt von dem Kinde erhält, ihn in die Lage versetzen wird, zu entscheiden, welcher Wert der Aussage des Kindes beigemessen werden kann. Immerhin gehören persönliche Vernehmungen durch die Staatsanwälte zu den Ausnahmen. Zu den Ausnahmen pflegt es auch zu gehören, daß der Staatsanwalt mit den im Ermittlungsverfahren tätigen Kriminalbeamten persönlich konferiert und ihnen persönlich Instruktionen erteilt. Es pflegt dies gewöhnlich nur in Sachen vorzukommen, in denen Beamte nach auswärts gesandt werden, um dort, im Interesse der einheitlichen Aufklärung einer Sache, Erkundigungen einzuziehen. Im allgemeinen richtet die Staatsanwaltschaft ihre Requisitionsschreiben an die Polizeibehörde, die dann ihrerseits einen ihr geeignet erscheinenden Beamten mit der Erledigung der Requisition beauftragt. Wünscht die Staatsanwaltschaft ausnahmsweise, daß ein besonders von ihr bezeichneter Beamter die Erkundigungen vornimmt, so wird die Polizeibehörde diesem Ersuchen regelmäßig nachkommen.

Das in Sachsen geltende Prinzip, daß jeder Staatsanwalt stets die eigenen Sachen in der Sitzung vertritt, wird in Hamburg nicht streng durchgeführt. Es wird zwar nach Möglichkeit, namentlich, wenn wichtigere und größere Sachen zur Verhandlung kommen, berücksichtigt, doch wird jeder Dezernent nicht selten in die Lage kommen, auch fremde Anklagen in der Sitzung vertreten zu müssen, da im allgemeinen ein Wechsel der Staatsanwälte in ein und derselben Sitzung nicht vorzukommen pflegt. Schwurgerichtssachen werden, wenn irgend möglich, dem zuständigen Dezernenten zur Vertretung in der Sitzung zugeteilt. Assessoren werden in Schwurgerichtssitzungen nicht deputiert.

Eine Beteiligung an der Aufsicht über die Gefängnisse steht der Staatsanwaltschaft in Hamburg nicht zu. Die Aufsichtsleitung der Gefängnisse ist vielmehr einer besonderen Behörde, der sogenannten Gefängnisdeputation, überwiesen. Der Gefängnisdirektor ist dieser Behörde unterstellt. Die Staatsanwaltschaft hat nur insoweit, als die Strafvollstreckung selbst in Frage kommt, eine beaufsichtigende Stellung. Die Staatsanwaltschaft ersucht die Gefängnisdirektion um Vollstreckung der erkannten Strafe, indem sie mitteilt, von welchem Moment die Strafe zu berechnen ist; somit ist sie für die richtige Dauer der Vollstreckung verantwortlich. Hiermit im Zusammenhang steht, daß auch die Staatsanwaltschaft über Beurlaubungen von Gefangenen und Unterbrechung von Strafvollstreckungen zu entscheiden hat.

Früher gehörte es auch zu den Obliegenheiten der Staatsanwaltschaft, Akten, die für die Frage einer bedingten Begnadigung geeignet schienen, der Justizverwaltung zur Entscheidung vorzulegen. Dies ist jetzt den Gerichten übertragen worden, so daß die Staatsanwaltschaft auf diese Entscheidungen keinen Einfluß mehr hat.

Zu Berichten in Begnadigungssachen wird die Staatsanwaltschaft vom Senat, der das Begnadigungsrecht ausübt, nur ausnahmsweise aufgefordert. Dagegen erstattet in Schwurgerichtssachen, welche mit einem Todesurteil geendet haben, der Dezernent einen Bericht über die Frage der Begnadigung an den Oberstaatsanwalt, welcher diesen an die Justizverwaltung weitergibt.

Ernannt werden die Beamten der Staatsanwaltschaft vom Senate. Da sie nichtrichterliche Beamte sind, unterliegen sie den für diese gegebenen Disziplinar- und Pensionsbestimmungen. Der Senat kann im Interesse des Dienstes jederzeit einen Beamten der Staatsanwaltschaft in den Ruhestand versetzen unter Gewährung eines Wartegeldes zum Betrage von drei Vierteln seines Gehalts. Der einstweilig in den Ruhestand versetzte Beamte ist bei Verlust des Wartegeldes zur Annahme eines Richteramts mit einem seinem früheren Amtseinkommen mindestens gleichkommenden Gehalte verpflichtet. Der Eintritt in die Rechtsanwaltschaft hat den Verlust des Wartegeldes zur Folge.

Hilfsarbeiter sind dem Staatsanwalt nicht beigegeben. Wie schon erwähnt, üben die Assessoren dieselben Funktionen wie die Staatsanwälte aus.

Die Amtsanwälte.

Die Amtsanwaltschaft war früher mit fest angestellten Amtsanwälten besetzt. Wenn auch im § 82 des Gesetzes betreffend Ausführung des Gerichtsverfassungsgesetzes bestimmt ist, daß zu Amtsanwälten und Amtsanwaltsgehilfen auch solche Personen bestellt werden können, die nur die erste juristische Prüfung bestanden haben, so ist von dieser Befugnis für die Stadt Hamburg stets doch nur vorübergehend Gebrauch gemacht worden. Es ist zur Regel geworden, daß die Geschäfte der Amtsanwaltschaft nur von Juristen, die auch die zweite juristische Prüfung bestanden haben, wahrgenommen werden und daß Referendare nur aushilfsweise Verwendung finden. Seit kurzer Zeit ist mit der Praxis, die Amtsanwaltschaft mit fest angestellten Amtsanwälten zu besetzen, gebrochen worden, und werden die Geschäfte dieser Behörde jetzt von Assessoren der Staatsanwaltschaft, die dorthin delegiert werden, wahrgenommen. Für das hamburgische Landgebiet läßt das Gesetz die Möglichkeit zu, daß auch noch andere Staats- oder Gemeindebeamte, auch wenn sie die erste juristische Prüfung nicht bestanden haben, dies Amt auf jederzeitigen Widerruf im Nebenamt verwalten können. Dies ist bei den Amtsgerichten Bergedorf und Ritzebüttel der Fall.

In dem bereits zitierten Gesetzentwurf betreffend Ausführungsgesetz zum Gerichtsverfassungsgesetz ist vorgesehen, die neuerdings eingeschlagene Praxis zu einer dauernden zu machen und die Amtsanwaltsstellen beim Amtsgericht Hamburg dauernd durch Assessoren verwalten zu lassen. Um eine einheitlichere Praxis und zugleich eine Kontrolle herbeizuführen, ist beabsichtigt, daß bei der Amtsanwaltschaft ein Beamter mit der Amtsbezeichnung und dem Gehalt der Staatsanwälte die Geschäfte zusammen mit Assessoren als Hilfsarbeitern erledigt und bezüglich dieser die Aufsicht und Leitung in der Weise ausübt, daß gewisse wichtigere Sachen zur Nachprüfung der getroffenen Entscheidung ihm vorzulegen sind. Formell soll dieser Beamte bei der Staatsanwaltschaft des Landgerichts angestellt werden, damit seine Verwendung dort nicht ausgeschlossen ist.

Genau wie in Preußen ist die Amtsanwaltschaft von dem Amtsgericht unabhängig; abweichend von Preußen ist der Amtsanwaltschaft jedoch die selbständige Bearbeitung aller zu ihrer Zuständigkeit gehörenden Sachen übertragen, so daß eine ganze oder teilweise Bearbeitung dieser Sachen durch die Staatsanwaltschaft nicht stattfindet.

Hilfsbeamte der Staatsanwaltschaft.

Hilfsbeamte der Staatsanwaltschaft sind in erster Linie die Beamten der Kriminalpolizei. Die Kriminalpolizei bildet eine selbständige Abteilung der Polizeibehörde Hamburg, an deren Spitze ein juristischer Beamter mit dem Titel „Rat und Abteilungsvorstand“ steht. Das ganze Stadtgebiet ist in Kriminalreviere eingeteilt, welche die kriminalpolizeiliche Tätigkeit innerhalb ihres Bezirks handhaben. Den Kriminalrevieren liegt insbesondere der erste Angriff in Eilsachen und im übrigen die Ausführung der ihnen von der Zentrale der Polizeibehörde überwiesenen Aufträge ob. In Eilsachen, bei Gefahr im Verzuge, treffen die Kriminalreviere sogleich die erforderlichen Maßnahmen und geben dann die Akten an die Zentralstelle ab.

Im allgemeinen gibt die Kriminalpolizei alle dort entstehenden Strafsachen so bald als tunlich an die Staatsanwaltschaft ab, und zwar auch in Fällen, in welchen wegen Fehlens des Strafantrages oder Verzichts auf solchen die Strafverfolgung ausgeschlossen erscheint. Von schweren

Verbrechen wird der Staatsanwaltschaft durch Übersendung der Akten oder eines kurzen Auszuges umgehend Nachricht gegeben, während in andern Sachen die Kriminalpolizei die zur allgemeinen Klärung des Tatbestandes zunächst erforderlichen Ermittlungen selbst anstellt und dann erst — spätestens nach vier Wochen nach Bekanntwerden der strafbaren Handlung — die Akten an die Staatsanwaltschaft weitergibt. Auf Grund dieser ersten polizeilichen Erhebungen ist der Staatsanwalt dann in der Lage, anzuordnen, in welcher Richtung und in welcher Weise die weiteren Erkundigungen anzustellen sind. Zu den Hilfsbeamten der Staatsanwaltschaft gehört auch, wie unten noch weiter auszuführen ist, die Schutzmannschaft. Diese nimmt jedoch, wenn bei ihr strafbare Handlungen wahrgenommen oder zur Anzeige gebracht werden, an den weiteren Ermittlungen nicht teil, sondern gibt, wenn nicht etwa — bei Gefahr im Verzuge — unaufschiebbare Maßnahmen getroffen werden müssen, die Sache mit einem kurzen Bericht an die Kriminalpolizei ab. Diese nimmt alsdann die weiteren Ermittlungen unter eigener Verantwortung in die Hand.

Zu Hilfsbeamten der Staatsanwaltschaft im Sinne des § 153 des Gerichtsverfassungsgesetzes sind die folgenden Beamten bestellt:

a) für den Bezirk der städtischen Polizeibehörde:

1. die sämtlichen Exekutivbeamten, und zwar die Inspektoren, der Kapitän der Hafenpolizei, Kommissare, Leutnants, Kontrollbeamten für Maße und Gewichte, Marktaufseher, Sergeanten, Kommandeure der Hafenpolizei, Gefreiten und Konstabler;

2. die Bureaubeamten der Kriminalpolizei;

b) für die Landherrenschaften der Geestlande, Marschlande und Bergedorf: die sämtlichen Distriktsoffizianten, die landherrenschaftlichen Polizeikommissare, sowie in Bergedorf der Polizeikommissar, der Polizeisergeant in Bergedorf wie auch alle Polizeioffizianten der Landherrenschaft Bergedorf;

c) für die Landherrenschaft Ritzebüttel: der Polizeisergeant sowie Konstabler und Gefreite in Ritzebüttel, endlich auf Neuwerk: der dort angestellte Vogt.

IX.

Das staatsanwaltschaftliche Verfahren in Elsaß-Lothringen.

Von Landgerichtsrat **Rosenberg** in Straßburg.

Allgemeine Vorbemerkungen.

Die Staatsanwaltschaft in Elsaß-Lothringen war bis zum Jahre 1879 ebenso organisiert wie in Frankreich und der preußischen Rheinprovinz (Kais. Verordnung vom 14. Juli 1871 § 6). Durch Einführung der Reichsjustizgesetze ist an dieser Organisation nur wenig geändert worden. An die Stelle des „Generalprokurators“ bei dem Appellationsgericht Colmar ist der „Oberstaatsanwalt“ bei dem Oberlandesgericht Colmar getreten. Die beiden „Generaladvokaten“ sind durch einen „Ersten Staatsanwalt am Oberlandesgericht“ ersetzt worden, die „Oberprokuratoren“ an den sechs Landgerichten durch „Erste Staatsanwälte“, die „Staatsprokuratoren“ durch „Staatsanwälte“. — Der Oberstaatsanwalt ist Vorgesetzter sämtlicher Staatsanwälte des Landgerichtsbezirks.

Die Beamten der Staatsanwaltschaft haben nicht bloß Strafsachen zu bearbeiten, sondern auch zahlreiche Geschäfte auf den Gebieten der freiwilligen Gerichtsbarkeit und der Justizverwaltung zu erledigen. Ihre Zuständigkeit auf diesen Gebieten ist allerdings seit dem Jahre 1879 durch Reichs- und Landesgesetze erheblich beschränkt worden, doch führen sie auch jetzt noch die Dienstaufsicht über die Notare und Standesbeamten, sowie gemeinsam mit den Vorständen der Kollegialgerichte über die Gerichtsschreiber und Gerichtsvollzieher. Die Beamten der Staatsanwaltschaft haben ferner

Anträge zu stellen bei der gerichtlichen Entscheidung über Entlassung von Geisteskranken aus einer Irrenanstalt (französ. Gesetz vom 30. Juni 1838 Art. 29, Els.-Lothr. Ausführungsgesetz zum Reichsgesetz über die Angelegenheiten der freiwilligen Gerichtsbarkeit § 13 Absatz 2), über Zwangsenteignung von Grundstücken (französ. Gesetz vom 3. Mai 1841 Art. 14), über Anordnung oder Aufhebung einer Zwangserziehung (Els.-Lothr. Ausführungsgesetz zum Reichsgesetz über die Angelegenheiten der freiwilligen Gerichtsbarkeit § 14 Absatz 2), über Berichtigung von Standesurkunden (§ 22), Bestrafung von Standesbeamten (§ 19 Absatz 2), über Festsetzung von Notariatsgebühren (Els.-Lothr. Gesetz betr. die Notariatsgebühren vom 4. Dezember 1899 § 3). Zur Zuständigkeit der Staatsanwaltschaften gehört ferner die periodische Revision von Irrenanstalten (französ. Gesetz vom 30. Juni 1838, Art. 4) und Bezirksgefängnissen (Min.-Verfügung vom 29. April 1886) sowie die Bearbeitung von Gesuchen um Namensänderung, um Erteilung der Ehelichkeitserklärung an ein uneheliches Kind (§ 1723 BGB.), Befreiung von den Erfordernissen der Annahme an Kindes Statt (§ 1744, 1745 BGB.), um Ehedispens (§ 1303, 1312, 1313 BGB.), um Befreiung vom Aufgebot (§ 1316 BGB.), um Entbindung von der Beibringung des für die Eheschließung von Ausländern vorgeschriebenen Zeugnisses (Els.-Lothr. Gesetz vom 16. Mai 1892 § 5,6).

Alle Beamten der Staatsanwaltschaft können durch kaiserliche Verfügung gegen Gewährung des gesetzlichen Wartegelds jederzeit in den einstweiligen Ruhestand versetzt werden (Els.-Lothr. Gesetz vom 23. Dezember 1873, Art. II Ziffer 1).

Der Oberstaatsanwalt ist kraft seines Amtes Mitglied des Staatsrats für Elsaß-Lothringen (Reichsgesetz vom 4. Juli 1879 § 10 Ziffer 3).

1. Der Erste Staatsanwalt.

Eine Geschäftsanweisung besteht nur für das Sekretariat der Staatsanwaltschaft. Es hängt ganz von dem Ermessen des Ersten Staatsanwalts ab, in welcher Weise er die Geschäfte unter die einzelnen Staatsanwälte verteilen will. Bei kleineren Gerichten ist die Verteilung nach örtlichen Bezirken üblich d. h. die Strafsachen, welche aus einem bestimmten Amtsgerichtsbezirk e'ngehen, werden einem besimmten Staatsanwalt zugeschrieben. Bei größeren Gerichten ist der sogenannte „Wocheneinlauf" eingeführt, d. h. diejenigen Strafsachen, welche während einer bestimmten Woche neu eingehen, werden einem bestimmten Staatsanwalt zugeschrieben; letzterer behält die Bearbeitung dieser Sachen bis zu ihrer vollständigen Erledigung. Bei jedem dieser Systeme sind besonders wichtige Sachen von der allgemeinen Regel ausgenommen. Die Ersten Staatsanwälte können jederzeit Sachen, denen sie aus politischen oder anderen Gründen eine besondere Wichtigkeit beilegen, entweder selbst bearbeiten oder bewährten, älteren Staatsanwälten zur Bearbeitung übertragen.

Sämtliche Aktenstücke, welche bei einer Staatsanwaltschaft eingehen, werden zunächst dem Ersten Staatsanwalt zum Zwecke einer summarischen Durchsicht vorgelegt. Will der Erste Staatsanwalt die in einer Sache getroffene Verfügung vor ihrem Vollzuge sehen, so macht er dies durch ein für das Sekretariat bestimmtes Zeichen — z. B. durch ein Kreuz oder durch einen grünen Umschlag — kenntlich. Dem Ermessen des Ersten Staatsanwalts ist es überlassen, in einzelnen Sachen Rücksprachen anzuordnen oder gemeinsame Konferenzen aller bei demselben Gericht beschäftigten Staatsanwälte abzuhalten.

2. Der Staatsanwalt.

Allgemeine Dienstvorschriften über das Verfahren in Strafsachen bestehen nicht. Jeder Dezernent kann nach seinem Ermessen handeln, soweit ihm nicht besondere Anweisungen von dem Ersten Staatsanwalt gegeben sind. Im Ermittlungsverfahren werden Zeugen und Beschuldigte regelmäßig durch den Amtsanwalt, in größeren Städten durch die Polizeibehörde vernommen. Richterliche Vernehmungen werden nur dann beantragt, wenn besondere Gründe hierzu vorliegen. Unmittelbare Vernehmungen durch die Staatsanwälte sind zulässig, aber selten. In Straßburg z. B. hat jeder Dezernent alljährlich ca. 1500 neue Strafsachen zu bearbeiten; eine persönliche Information dieser Sachen ist daher nur in Ausnahmefällen möglich. — Die Staatsanwälte sind befugt, den von ihnen vernommenen Zeugen und Sachverständigen Gebühren anzuweisen (Els.-Lothr. Gerichtskostengesetz § 146) — Anträge auf Voruntersuchung werden nur in mäßigem Umfange gestellt. Bei der Staatsanwaltschaft Straßburg z. B. gehen in jedem Jahre mehr als 6000 Strafanzeigen ein; die Eröffnung der gerichtlichen Voruntersuchung wird jedoch höchstens in 240 dieser Sachen beantragt. — In der Hauptverhandlung werden größere Sachen regelmäßig durch die Dezernenten vertreten. Jeder Dezernent hat drei bis vier feste Sitzungstage im Monat, z. B. bei kleineren Landgerichten A jeden Mittwoch, B jeden Donnerstag, bei größeren Landgerichten A am 2., 16., 23. und 30. Januar, B am 3., 10., 24. und 31. Januar. Dem Vorsitzenden der Strafkammer sind die Sitzungstage der einzelnen Dezernenten in der Regel bekannt; eventuell wird ihm eine Tabelle über die Verteilung des Sitzungsdienstes in bestimmten Zeiträumen, z. B. alle drei Monate, mitgeteilt. Derselbe nimmt in den meisten Fällen bei Fixierung der Sachen auf die Person des Dezernenten Rücksicht.

Über die Unterzeichnung amtlicher Schriftstücke bei der Staatsanwaltschaft ist eine besondere Verfügung des Generalprokurators vom 26. November 1873 ergangen, welche noch heute gültig ist. Nach dieser Verfügung dürfen die Staatsanwälte im i n n e r n Dienst mit der Formel zeichnen „Für den Ersten Staatsanwalt. Der Staatsanwalt X“. Dagegen müssen die Berichte an Vorgesetzte, sowie die Berichte an koordinierte Behörden, insbesondere höhere Verwaltungsorgane, von dem Ersten Staatsanwalt selbst gezeichnet werden. Ist letzterer verhindert, so geht das Recht und die Pflicht der Zeichnung auf den ältesten Staatsanwalt über, welcher die Formel „In Vertretung des Ersten Staatsanwalts“ anzuwenden hat.

3. Der Amtsanwalt.

Die Staatsanwaltschaft am Amtsgericht ist nicht in einheitlicher Weise organisiert:

1. Bei denjenigen Amtsgerichten, welche am Sitze eines Landgerichts sich befinden — sechs — werden die Funktionen des Amtsanwalts von der Staatsanwaltschaft am Landgericht wahrgenommen. Den letzteren sind zur Erledigung der Amtsanwaltsgeschäfte Assessoren als Hilfsarbeiter beigegeben.

2. Bei einigen Amtsgerichten, welche nicht am Sitze eines Landgerichts sich befinden — zehn — werden die Funktionen des Amtsanwalts ebenfalls durch die Staatsanwaltschaft am Landgericht wahrgenommen.

3. Bei einigen Amtsgerichten — sechs — werden die Funktionen des Amtsanwalts durch Assessoren wahrgenommen, welche nicht zugleich Hilfsarbeiter der Staatsanwaltschaft am Landgericht sind.

4. Bei 52 Amtsgerichten wurden die Funktionen des Amtsanwalts früher durch Kantonal-Polizeikommissare wahrgenommen. Am 1. April 1907 ist die Institution der Kantonal-Polizeikommissare aufgehoben worden. 22 von diesen Polizeibeamten sind der Justizverwaltung überwiesen und zu Amtsanwälten bei den erwähnten 52 Amtsgerichten ernannt worden.

Die Tätigkeit der Amtsanwälte ist durch eine Geschäftsanweisung vom 15. Juli 1880 näher geregelt. Zeugen und Beschuldigte werden in der Regel von den Amtsanwälten selbst vernommen; in großen Städten wird die Polizeibehörde um Vernehmung derselben ersucht. Richterliche Vernehmungen sollen nur in „wichtigen und dringenden“ Fällen beantragt werden (Geschäfts-Anweisung § 15 Abs. 6). Die Amtsanwälte sind berechtigt, den von ihnen vernommenen Personen Zeugen- und Sachverständigengebühren anzuweisen (Els.-Lothr. GKG. § 146).

Die Amtsanwälte stehen unter der Dienstaufsicht des Ersten Staatsanwalts. Letzterer hat alljährlich die Hälfte der Amtsanwälte seines Bezirks zu revidieren (Verfügung des Oberstaatsanwalts vom 12. März 1886).

4. Die Hilfsbeamten der Staatsanwaltschaft.

Hilfsbeamte der Staatsanwaltschaft im Sinne des § 153 des Gerichtsverfassungsgesetzes sind:

1. die Amtsanwälte in den nicht zur Zuständigkeit der Amtsgerichte und der Schöffengerichte gehörigen Sachen (Els.-Lothr. Gesetz vom 4. November 1878 § 27),

2. die Bürgermeister und deren Beigeordnete, die Polizeikommissare und die Gendarmen,

3. die Forstschutzbeamten und die Feldschutzbeamten hinsichtlich der strafbaren Handlungen gegen die Forst-, Feld-, Jagd- und Fischereigesetze,

4. die Zollbeamten, die Steuerbeamten und die Oktroibeamten hinsichtlich der strafbaren Handlungen gegen die Zoll-, Steuer- und Oktroigesetze,

5. die Bergmeister und deren technische Assistenten, insoweit denselben die Eigenschaft von Beamten des Polizei- und Sicherheitsdienstes zukommt,

6. die Aichmeister, einschließlich der Faßaichmeister, und deren technische Gehilfen hinsichtlich der strafbaren Handlungen gegen die auf die Maße, Gewichte und Meßwerkzeuge bezüglichen Vorschriften,

7. die Gerichtsvollzieher hinsichtlich der Vorführungsbefehle, der Haftbefehle und der Steckbriefe (vgl. zu 2 bis 7 Verordnung des Reichskanzlers vom 13. Juni 1879),

8. die mit der Wahrnehmung der Fischerei-, Wasser- und Wegepolizei beauftragten Beamten hinsichtlich der strafbaren Handlungen gegen die Fischerei-, Wasser- und Wegegesetze (Verordnung des Statthalters vom 26. Januar 1880),

9. der Hafenmeister der Stadt Straßburg hinsichtlich der Zuwiderhandlungen gegen die Vorschriften über die Hafenpolizei (Verordnung des Statthalters vom 15. August 1896),

10. die Obergrenz- und Obersteuerkontrolleure hinsichtlich der strafbaren Handlungen gegen das Gesetz betreffend den Verkehr mit Wein, weinhaltigen und weinähnlichen Getränken vom 24. Mai 1901 (Verodnung des Statthalters vom 13. September 1901),

11. die amtlichen Weinprüfer hinsichtlich der strafbaren Handlungen gegen das Reichsgesetz vom 24. Mai 1901 (Verordnung vom 5. April 1904),

12. der mit Überwachung der Rebanlagen und des Rebenverkehrs in Lothringen beauftragte staatliche Weinbergsaufseher hinsichtlich der Zuwiderhandlungen gegen das Gesetz betreffend die Bekämpfung der Reblaus vom 6. Juli 1904 und die dazu ergehenden Ausführungsbestimmungen (Verordnung vom 14. Februar 1905).

Über das Verhältnis zwischen Staatsanwaltschaft und Gendarmerie enthält die Dienstanweisung für die Gendarmerie folgende Bestimmungen:

„Die Oberwachtmeister und Gendarmen sind in ihren zivildienstlichen Verrichtungen

a) den Bezirkspräsidenten und den Kreisdirektoren, in deren Bezirken und Kreisen sie stationiert sind,

b) den Staatsanwälten beim Landgericht ihres Dienstbezirks und den diesen vorgesetzten Beamten untergeordnet.

Die von diesen Behörden an den Gendarmen ergehenden Befehle und Aufträge sind gleich wie militärische Befehle zu achten und auf die Verantwortung des Auftraggebers hin, möglichst dem Wortlaut nach, ungesäumt zur Ausführung zu bringen“. —

Die Zivilbehörden, welchen die Gendarmen zugewiesen sind, haben dieselben in ihrer Dienstführung unmittelbar zu leiten und zu überwachen und sind befugt, ihnen Belehrungen und Zurechtweisungen zu erteilen.

Ein Strafrecht steht den Zivilbehörden nicht zu, vielmehr richten dieselben ihre Anträge auf Disziplinarbestrafung an die Militärvorgesetzten der Gendarmen.

Die Oberwachtmeister werden seitens der vorgesetzten Zivilbehörden nur insoweit zu zivildienstlichen Verrichtungen herangezogen, als es der Dienst derselben als Militärvorgesetzte gestattet. Die Oberwachtmeister werden daher nicht zu regelmäßigen Dienstverrichtungen, sondern nur in besonderen, dazu geeigneten Fällen in Anspruch genommen. Treffen zivildienstliche Aufträge mit militärischen Obliegenheiten zusammen, so hat der Oberwachtmeister der vorgesetzten Zivilbehörde ungesäumt Anzeige zu erstatten (vgl. Sammlung von Gesetzen, Verordnungen, Erlassen und Verfügungen betreffend die Justizverwaltung in Elsaß-Lothringen Bd. 19 — 1895 — S. 3).

Die zitierten Vorschriften haben sich bereits seit vierzehn Jahren in der Praxis bewährt; eine Änderung dieser Vorschriften wird von keiner Seite verlangt.

Die Amtsanwälte gehören nicht zu den Vorgesetzten der Gendarmen. Wenn ein Amtsanwalt der Hilfe eines Gendarmen bedarf, so hat er sein Ersuchen zwar an die Gendarmerie zu richten, dasselbe aber unter der Adresse seiner vorgesetzten Dienstbehörde — des Ersten Staatsanwalts am Landgericht — zu befördern. Letzterer versieht das Ersuchungsschreiben, wenn gegen dessen Erledigung kein Bedenken besteht, mit einem Genehmigungsvermerk und übersendet es unmittelbar an den Gendarmen, welcher darauf hin das Ersuchen zu erledigen und die Verhandlungen an den ersuchenden Amtsanwalt unmittelbar zurückzureichen hat. Nur bei Gefahr im Verzuge kann der Amtsanwalt die Gendarmerie direkt requirieren. Bei strafgerichtlichen Haftsachen ist stets Gefahr im Verzuge anzunehmen. — Dem Ersuchen um Vervollständigung einer von ihm erstatteten Strafanzeige hat der Gendarm in jedem Fall zu entsprechen.

Die protokollarische Vernehmung von Zeugen und Beschuldigten durch Gendarmen ist unzulässig. (Verfügung des Oberstaatsanwalts vom 29. Mai 1880).

Bei den Polizeidirektionen Straßburg, Metz und Mülhausen besteht eine besondere Kriminalabteilung. Allgemeine Dienstvorschriften über den Geschäftsverkehr zwischen der Staatsanwaltschaft und den Exekutivbeamten der Kriminalpolizei sind nicht erlassen worden. In der Regel wird dieser Geschäftsverkehr durch den Polizeipräsidenten vermittelt. Bei Gefahr im Verzuge richtet die Staatsanwaltschaft auch direkt schriftliche oder mündliche Ersuchen an den Kriminalkommissar; zu einem unmittelbaren Verkehr mit anderen Kriminalbeamten (Wachtmeistern, Schutzleuten) ist stets die Einwilligung des Polizeipräsidenten erforderlich. Dieses Verfahren ist nicht zweckmäßig; es bringt großen Zeitverlust und überflüssige Schreibereien mit sich. Die erwähnten Übelstände könnten vermieden werden, wenn das Verhältnis zwischen Staatsanwaltschaft und Kriminalpolizei in derselben Weise geregelt würde wie das Verhältnis zwischen Staatsanwaltschaft und Gendarmerie.

X.

Nachtrag.

(Die Berliner Kriminalpolizei.)

Von Staatsanwalt Dr. **Wulffen** in Dresden.

Nach Abschluß des Druckes bin ich noch auf einen Aufsatz von Dr. Schwickerath aufmerksam geworden, der unter der Überschrift „Gehört die Kriminalpolizei unter die Justizverwaltung?" im V. Jahrgange S. 518 der Deutschen Juristen-Zeitung unsere Hauptfrage nach der Unterstellung der Kriminalpolizei unter die Staatsanwaltschaft kurz behandelt und seinerzeit (1900/01) auch die Tagespresse zu ähnlichen Anregungen veranlaßt hat.

Auch Schwickerath betont unter Hinweis auf §§ 152, 159, 161 StPO. und § 153 GVG., daß nach dem Geiste der Reichsgesetzgebung die Staatsanwaltschaft überhaupt die strafverfolgende Behörde sein solle, während sie nach der Praxis abzuwarten habe, welche Strafsachen ihr die Polizeibehörde vielfach als fait accompli vorlegt oder vielleicht auch nicht vorlegt. An der Hand der Einrichtungen der Kriminalpolizei beim Polizeipräsidium Berlin zeigt er, wie dieser große Beamtenapparat von ungefähr 500 Köpfen nur einen bzw. zwei juristisch gebildete Oberbeamte hat, während in den Provinzen ein juristischer Polizeibeamter sich um die Tätigkeit der Kriminalpolizei im engeren überhaupt nicht kümmern kann, am allerwenigsten aber hierfür Fachmann wäre. Die Zwischenperson des Kriminalpolizeidezernenten müsse ausgeschaltet werden. Wenn z. B. in Berlin die Kriminalpolizei der Staatsanwaltschaft unterstellt werde, so ständen die vielen Kriminalbeamten nicht unter bloß zwei Regierungsräten, sondern unter der doppelt so großen Zahl von Staatsanwälten. Für ihre Anleitung und Ausbildung wäre dann ganz anders gesorgt als unter den ihnen vorgesetzten Kriminalinspektoren und Kriminalkommissaren, die aus Referendaren, Offizieren, Theologen, Philologen, Ärzten, Landwirten usw. hervorgehen und deshalb, so unentbehrlich die kriminalistischen Talente (siehe Sachsen, Seite 56) in beschränkterer Zahl sind, zur ausschließlichen Anleitung und sehr selbständigen Dienstaufsicht nicht befähigt erscheinen. Der Kriminalbeamte, der von seinem Staatsanwalt zu weit entfernt ist und dem sein juristischer Polizeidezernent nicht viel zu sagen weiß und nicht viel zu sagen hat, gelangt, wie Berliner Prozesse zur Genüge gezeigt haben, leicht zu übergroßer Selbständigkeit und zu Übergriffen. Staatsanwalt und Kriminalbeamter in unmittelbarer Verbindung, das hebt auch Schwickerath hervor, fördern sich gegenseitig, entlasten den Strafprozeß von Schreibwerk und geben ihm die erforderliche Beschleunigung. Auf solchem Wege werde es auch möglich sein, eine einheitliche Kriminalpolizei über ganz Preußen bzw. Deutschland in der vor allem wünschenswerten Verstaatlichung zu schaffen. Daß die Kriminalpolizei unter der Regie des Staatsanwalts an Findigkeit verlieren und in ihren Mitteln zur Erforschung strafbarer Handlungen irgendwie eingeschränkt werde, würde wohl niemand mit Grund behaupten können. So bliebe nur die Kostenfrage übrig: die Mehrkosten würden sicher im Verhältnis zu den Vorteilen stehen.

Zu diesen Ausführungen Schwickeraths haben seinerzeit die preußische Regierung und das Polizeipräsidium Berlin Stellung genommen. Eine unter dem Vorsitz des Ministers des Innern zusammengetretene, mit Beamten des Justizministeriums, des Polizeipräsidiums, der Staatsanwaltschaften und der Gerichte besetzte Spezialkommission hat sich für die Beibehaltung der bisher bestehenden Organisation der Kriminalpolizei ausgesprochen. Der verstorbene langjährige Leiter der Berliner Kriminalpolizei, der Oberregierungsrat Dieterici, hat in einem Gutachten die für diese Entschließung maßgebenden Gründe zusammengestellt. Das Gutachten selbst ist mir nicht zugängig geworden. Aber im dritten Verwaltungsberichte des Kgl. Polizeipräsidiums von Berlin auf die Jahre 1891 bis 1900 werden Seite 484 und 485 die hauptsächlichsten Gründe wiedergegeben. Es muß hierbei kurz auf die Organisation der Berliner Kriminalpolizei zurückgegangen werden.

Die Beschäftigung der einzelnen (1900: 38) Kriminalkommissare, welchen je eine bestimmte Anzahl von Kriminalschutzleuten unterstellt ist, vollzieht sich in drei Inspektionen. Die Inspektion A ist örtlich organisiert; sie umfaßte 1900 zwölf Bezirke. An der Spitze jedes Bezirks steht ein Kriminalkommissar. In der Inspektion A werden alle Anzeigen erörtert, soweit nicht entweder der Verdacht gewerbs- und gewohnheitsmäßiger Täterschaft oder besondere Schwierigkeiten auf juristischem, kaufmännischem oder technischem Gebiete die Zuteilung an die Inspektion B oder C angezeigt erscheinen lassen. Die Bearbeitung von Anzeigen wegen Körperverletzung, Hausfriedensbruchs, Widerstands, strafbaren Eigennutzes, Bedrohung, Beleidigung, Vergehens gegen die Bestimmungen der Gewerbeordnung sind drei besonderen Kommissaren übertragen.

Die Inspektion B ist eine Einrichtung zur Bekämpfung des gewerbs- und gewohnheitsmäßigen Verbrechertums. Unter den Beamten findet entsprechend dem Spezialistentume der Berliner Verbrecher eine strenge Arbeitsteilung statt. Die Inspektion zerfällt (1900) in zwei Unterabteilungen, deren jeder ein Kriminalinspektor vorsteht. In der einen bearbeiten zehn Kommissare die verschiedenen Spezialitäten des Diebstahls. In der zweiten Unterabteilung bearbeiten drei Kommissare die gewerbsmäßigen Sittlichkeitsdelikte, zwei gewerbsmäßigen Betrug und einer gewerbsmäßiges Glücksspiel, Bauernfängerei und verwandte Straftaten. Das überreiche Material, so betont der Verwaltungsbericht, bildet den einzelnen Beamten sehr bald zum erfolgreich arbeitenden Spezialisten aus, und das Zusammenströmen aller gleichartigen Anzeigen an einer Stelle deckt die Verbindungen und Banden der Verbrecher auf. Der Inspektion B sind auch vier Patrouillen zur Beobachtung der Straßen, Menschenansammlungen, Bahnhöfe usw. unterstellt, eine fünfte zur Unterdrückung der Ausstellung und des Ausbietens unzüchtiger und schamverletzender Abbildungen und Darstellungen. Die zu ihr gehörigen (zwölf) Kriminalschutzleute sind zu selbständigem Einschreiten nicht befugt; es erfolgt Vortrag des Kriminalkommissars der Patrouille an den Abteilungsdirigenten.

Das Arbeitsgebiet der Inspektion C umfaßt Betrug im Geschäftsverkehre, betrügerischen und einfachen Bankerott, Urkundenfälschung, insbesondere Wechselfälschung, Wucher, Meineid, Herausforderung zum Zweikampf, Vergehen gegen das Muster- und Markenschutzgesetz, Patentverletzung, Nachdruck, Lotterievergehen und Verstöße gegen das Aktiengesetz.

Die Berliner Kriminalpolizei arbeitet aber nicht nur im Weichbilde der Stadt Berlin; sie wird, ebenso die Sittenpolizei, auch in den anstoßenden zwölf ländlichen Amtsbezirken Wilmersdorf, Friedenau, Tempelhof, Treptow usw. ausgeübt. Jede Gemeinde hat ein mit Berliner Kriminalbeamten (Wachtmeistern und Schutzmännern) besetztes Kriminalbureau. Dieser Kriminalbezirk „Groß-Berlin" ermöglicht die Verfolgung der gewerbsmäßigen Verbrecher aus dem Innern der Stadt bis in ihre entfernten Schlupfwinkel.

Diese ganze aus den Bedürfnissen der Praxis hervorgegangene, in der Praxis bewährte Organisation der Berliner Kriminalpolizei, so führt Dieterici in seinem im Verwaltungsberichte wiedergegebenen Gutachten aus, werde nun durch die Forderung nach Unterstellung der Kriminalpolizei unter die Staatsanwaltschaft gefährdet.

„Zur Durchführung dieser Maßregel wäre es erforderlich, die drei Inspektionen der Kriminalpolizei aufzulösen, so daß jedem der 35 am Landgericht I beschäftigten Staatsanwälte etwa ein bis zwei Kommissare und 17 Unterbeamte zur Verfügung gestellt werden könnten, die dann ohne Rücksicht auf ihre erworbenen Spezialkenntnisse die Verfolgung aller in das Dezernat fallenden Straftaten zu übernehmen hätten. Bei dem wechselnden Umfange der Geschäfte würden die Kriminalbeamten bald zu wenig beschäftigt sein, bald würden die ihnen gestellten Aufgaben ihre Kräfte übersteigen. Eine schwierige Kapitalsache, welche einem Dezernenten zufällt, würde das Unzureichende einer derartigen Ordnung erweisen. Es bliebe nur der Ausweg, die Kriminalpolizei in ihrer Gesamtheit der Staatsanwaltschaft zu unterstellen. Die Belehrung, Ausbildung und Beaufsichtigung der Kriminalbeamten müßte der Erste Staatsanwalt oder ein von ihm zu bestellender Staatsanwalt übernehmen, der für die Erledigung der Geschäfte, die Zuteilung der von sämtlichen Staatsanwälten gestellten Aufträge an die einzelnen Kriminalbeamten und für die Dienstaufsicht verantwortlich zu machen wäre.

Man käme damit auf den gegenwärtigen Zustand zurück, nur mit dem Unterschiede, daß ein von der Staatsanwaltschaft ressortierender Beamter die Kriminalpolizei leiten würde an Stelle des dem Polizeipräsidium unterstellten höhern Verwaltungsbeamten, der übrigens seit dem Jahre 1874 stets aus der Berliner Staatsanwaltschaft hervorgegangen ist. Erreicht wäre eine völlige Lostrennung der Kriminalpolizei von der übrigen Polizeiverwaltung, insbesondere von der uniformierten Schutzmannschaft, der allgemeinen Sicherheitspolizei, der Sittenpolizei, der Handhabung der Polizeiaufsicht, Ausweisung und Korrektionsnachhaft, sowie der Fürsorgeerziehung jugendlicher Verbrecher, wodurch nicht nur die Verfolgung der Straftaten, sondern vor allem auch die Erfüllung der mit der vielseitigen Tätigkeit der Abteilung IV des Polizeipräsidiums verknüpften sozialpolitischen Aufgaben außerordentlich erschwert, wenn nicht unmöglich gemacht wird.“

Diese Ausführungen Dietericis vermögen in keiner Weise zu überzeugen. Er hat die Zustände in Baden nicht berücksichtigt, ja sie vielleicht gar nicht gekannt. Er hat auch in diesem Berichte den selbständigen Versuch nicht gemacht, dem Gedankengang der Unterstellung der Kriminalpolizei unter die Staatsanwaltschaft objektiv nachzugehen.

Die teilweise Dezentralisation der Berliner Kriminalpolizei, wie sie mit der Inspektion A in den Kriminalbezirken und deren Unterabteilungen, den Kriminalrevieren, sowie in den Kriminalbureaus der Vororte durchgeführt ist, erweist sich — nach dem Vorbilde Londons — für eine Millionenstadt als so zweckmäßig, daß an ihre Aufhebung gar nicht gedacht werden soll. Es kann sich also hier nur darum handeln, diesen Organismus der Staatsanwaltschaft unter Ausschaltung des überflüssigen polizeilichen Zwischendezernenten unmittelbar zu unterstellen, so daß die Anzeigen von den Kommissaren, die beibehalten werden, direkt an die Staatsanwaltschaft abgegeben werden und daß die Staatsanwälte sich mit den Bezirken, Revieren und Bureaus und dem einzelnen Beamten sowie umgekehrt unmittelbar in Verbindung setzen können. Ich wüßte nicht, welche Schwierigkeiten sich bei einer solchen Veränderung, wenn man sie nur will, ergeben sollten. Daneben springt vor allem noch der Vorteil in die Augen, daß diese Kriminalbeamten der Inspektion A, die jetzt mit dem Polizeidezernenten gar keine Berührung haben, nicht lediglich unter Aufsicht der Kriminalkommissare und der beiden sie revidierenden Inspektoren, sondern in engerer persönlicher Fühlung mit den einzelnen, verschiedenen Staatsanwälten, die ihre Anzeigen weiter bearbeiten, kommen.

Der Spezialismus, der die Inspektionen B und C und deren Unterabteilungen beherrscht, kann als kriminaltaktisch zutreffend nur zum Teil anerkannt werden. Ein übertriebener Spezialismus bildet seine Vertreter zu einer gewissen Einseitigkeit aus und lähmt ihre Arbeitsfreudigkeit. Der Umstand, daß die Erfolge der Berliner Kriminalpolizei weder in Berlin selbst noch außerhalb — auch von uns sächsischen Kriminalisten nicht — ungeteilte Anerkennung finden, hängt vielleicht mit dem übertriebenen, den Beamten schematisierenden Spezialismus zusammen. Von vornherein ist aber jedenfalls soviel klar, daß die polizeiliche Bearbeitung der in der Inspektion C vereinigten Spezialitäten unter der Anleitung eines Staatsanwalts ganz anders gefördert wird als allein unter einem gerade juristisch meist nicht genügend vorgebildeten Kriminalkommissar. Gerade bei diesen Spezialitäten, insbesondere Bankerotte, Meineide,

Musterschutz und Patentverletzungen usw., spielen, wie jeder juristische Kriminalist weiß, die juristischen Kenntnisse, die ja insoweit auch den Kriminalschutzmännern selber fehlen, eine wichtige Rolle. Hier drängen also geradezu die Verhältnisse dazu, den Staatsanwalt ebenfalls von vornherein unmittelbar mit der Kriminalpolizei in Verbindung zu setzen. Jedenfalls ist auch hier nicht der geringste Grund ersichtlich, der die Durchführung des allein richtigen Prozeßgedankens hinderte, die Kriminalpolizei der Staatsanwaltschaft zu unterstellen und mit ihr in demselben Gebäude bzw. in einem der Landgerichte in Berlin unterzubringen. Dasselbe gilt aber auch von der Inspektion B. Die Bearbeitung der gewerbsmäßigen Verbrechen und Vergehen kann in gleicher Weise, wie jetzt geschieht, von der unter der Staatsanwaltschaft stehenden Kriminalpolizei erfolgen. Der Apparat, nach welchem die zunächst erfolglosen Anzeigen gegen unbekannte Diebe in 19 verschiedenen Fächern aufbewahrt werden (Verwaltungsbericht S. 489), ist bei der Staatsanwaltschaft ebenso durchführbar wie an der Polizeizentrale.

Hingegen würden die der Inspektion B unterstellten fünf Kriminalpatrouillen ebenso die Handhabung der Polizeiaufsicht, der Ausweisung und Korrektionsnachhaft usw. nach dem Vorbilde in Baden einer der Polizeibehörde unterstehenden Fahndungsabteilung, oder wie man sie nennen will, (s. Seite 121) zu überweisen sein. Diese sozialpolitischen Aufgaben, von denen D i e t e r i c i spricht, können sehr wohl von der staatsanwaltschaftlichen Polizei losgelöst werden.

Inwieweit der große technische Apparat ganz oder teilweise bei der polizeilichen Zentrale zu belassen oder zur Staatsanwaltschaft überzuführen wäre, kann dahingestellt bleiben. Schwierigkeiten für das vorgeschlagene System böte diese Frage nicht.

Wir sehen also, die Verhältnisse in Karlsruhe und Mannheim sind, vielleicht mit Abweichungen, auch auf Groß-Berlin übertragbar. Es erschien mir besonders wertvoll, dies eingehender zu zeigen. Was für die Berliner Polizei gilt, muß auch für jede andere gelten. An eine Auflösung der drei Kriminalinspektionen, wie Dieterici meinte, wird gar nicht gedacht. Es wäre absurd, jedem Staatsanwalt beinahe zwanzig Kriminalbeamte ausschließlich zu unterstellen. Das Spezialistentum wird nicht gefährdet, aber vor Übertreibung bewahrt. Weder bloß der Erste Staatsanwalt noch sein Vertreter übernähme die Ausbildung und Belehrung, vielmehr arbeiteten an ihr im organischen Betriebe alle Staatsanwälte zusammen. Die Dienstaufsicht mit Disziplinarrecht führte der Erste Staatsanwalt, dem die Staatsanwälte und Kommissare ihre Beschwerden vorzutragen hätten. Die Kriminalbeamten ständen dann unter einer viel wirksameren Dienstaufsicht als jetzt. Die Verteilung der Arbeiten unter die bei der Staatsanwaltschaft selbst detachierten Kriminalbeamten übernehmen die Kommissare, deren Zahl übrigens — insoweit könnte sogar gespart werden — zu beschränken wäre, weil durch die Mitarbeit des Staatsanwalts die Arbeit gefördert würde. Dem Staatsanwalt selbst fiele keine Mehrbelastung zu, da ja auch er durch die unmittelbare Fühlung mit den Kriminalbeamten wesentlich gefördert wird. Die großen Vorteile, welche der Strafprozeß aus der vorgeschlagenen Verbindung ziehen würde, sieht Dieterici überhaupt nicht. Er sieht nur den Apparat der Kriminalpolizei, aber nicht das höhere Institut, dem allein sie zu dienen hat. Auf Erwägungen, wie ich sie Seite 19—35 eingehend entwickele, kommt er gar nicht zu sprechen. —

Ich habe es mir, um auch die beteiligte andere Seite zu hören, nicht versagen können, die gegenwärtigen Polizeidirektoren von Karlsruhe und Mannheim um ihr Gutachten über die dortigen Zustände und etwaigen Wünsche nach Abänderungen zu bitten. Ich habe sie eindringlich gebeten, mir ja ihre Bedenken offen mitzuteilen, da sie hier hätten zur Geltung gebracht werden müssen. Beide Herren haben in ihren ausführlichen Schreiben die dortigen Zustände als voll befriedigend und in keiner Weise abänderungsbedürftig bezeichnet. Die Frage, ob dortige Staatsanwälte sich als zur Direktion und Instruktion der Kriminalbeamten ungeeignet erwiesen haben, wurde verneint.

Reform der Untersuchungshaft

und

Entwurf eines Gesetzes über Festnahme und Verhaftung.

Von

Staatsanwalt Dr. Albert Feisenberger in Magdeburg

und

Französische Reformbestrebungen auf dem Gebiet der Untersuchungshaft.

Von

Oberlandesgerichtsrat Werner Rosenberg in Colmar i. E.

Berlin 1908.

J. Guttentag, Verlagsbuchhandlung,

G. m. b. H.

Inhaltsverzeichnis.

Die Reform der Untersuchungshaft.

Von Dr. **Albert Feisenberger,** Staatsanwalt in Magdeburg.

I.

Von allen Maßnahmen, die im Strafverfahren gegen den Beschuldigten ergriffen werden, ist keine von so einschneidender Schärfe wie der Eintritt der Untersuchungshaft. Man darf sich von aller Sentimentalität — mit der ja hier (sogar von juristischer Seite) nicht selten in übertriebenem Maße gearbeitet wird — freihalten und wird doch zugeben müssen, daß der plötzliche Verlust der Freiheit, wie er in häufigen Fällen den unvorbereiteten Beschuldigten trifft, eine stärkere seelische Erschütterung ausüben kann, eine heftigere Umwälzung in der materiellen, familiären und gesellschaftlichen Lage hervorrufen kann, als eine Verurteilung zu einer — (selbst längeren) — Freiheitsstrafe — ein Ereignis, mit dessen Eintritt der Beschuldigte rechnen mußte, auf das er sich vorbereiten konnte. — Man darf von der Unentbehrlichkeit der Untersuchungshaft völlig überzeugt sein und wird doch nicht leugnen können, daß diese Maßregel von größter Härte ist, weil in ihr einer nur der Schuld verdächtigen Person ein Übel zugefügt wird, welches sonst nur gegen eine der Schuld überführte Person zulässig und an sich auch nur gegen eine solche begründet ist. Denn darüber kann der, welcher verstehen will, sich nicht hinwegtäuschen lassen, daß die Untersuchungshaft der Freiheitsstrafe inhaltlich in der Hauptsache gleichkommt, mag sie auch nicht deren Charakter haben.

Trotz solcher Erkenntnis sind aber — von wenigen Utopisten abgesehen — alle, die sich wissenschaftlich oder praktisch mit dem Strafprozeß beschäftigen, darüber einig, daß die Untersuchungshaft nicht entbehrt werden kann. Jedes Strafverfahren ist durch eine Handlung veranlaßt, die gegen das Strafgesetz verstoßen und einen durch die Strafpflicht begründeten Strafanspruch hervorgerufen hat. Die öffentliche Ordnung und das Interesse eines jeden einzelnen an ihrer Aufrechterhaltung verlangt, daß die Person, der jene Handlung als eine schuldhafte zugerechnet werden muß, sich der Erfüllung des Strafanspruchs nicht entzieht — daraus folgt, daß die Möglichkeit vorhanden sein muß, Sicherungsmaßregeln zu treffen, durch die solcher Entziehung vorgebeugt oder die erfolgte Entziehung beseitigt wird — mit anderen Worten: rechtlicher Zwang zur Gestellung dessen, der sich der Entscheidung über den gegen ihn geltend gemachten Strafanspruch entzieht, muß ausgeübt werden können.

Aus den vorstehenden Ausführungen ergeben sich zwei Sätze, die allgemeine Gültigkeit beanspruchen können:

1. eine zwingende Vorschrift, nach der die Untersuchungshaft unter gegebenen Verhältnissen verhängt werden muß, kann niemals bestehen;

2. die Untersuchungshaft muß, da sie ein rechtlicher Zwang ist, wie alles Recht, nur dann Anwendung finden dürfen, wenn sie gerecht ist.

Aus diesen beiden Sätzen ist je ein Folgesatz abzuleiten, die die Grundlage der weiteren Darlegung bilden und, wie ich glaube, ebenfalls allgemeine Gültigkeit beanspruchen dürfen:

a) die Untersuchungshaft darf nur von jemandem beschlossen werden können, der keinem Zwange unterworfen ist, d. h. nur von dem unabhängigen, lediglich dem Gesetze unterworfenen Richter;

b) die Untersuchungshaft darf nur verhängt sein, wenn sie notwendig ist, denn nur dann ist sie gerecht.

Für die Innehaltung dieser beiden Folgesätze die erforderlichen Rechtsregeln zu geben, ist eine der bedeutsamsten und zugleich schwierigsten Aufgaben für die Reform der Strafprozeßordnung.

II.

Vergleicht man mit der deutschen Strafprozeßordnung, den ihr voraufgegangenen Strafprozeßgesetzen der deutschen Einzelstaaten und der die Reformfragen behandelnden Literatur des vorigen Jahrhunderts bis zur StPO. die neueren demselben Gegenstande gewidmeten Arbeiten, so findet man, daß das Problem, wie jene beiden Folgesätze auszugestalten seien, um unter völliger Sicherung des Strafanspruchs die bürgerliche Freiheit tunlichst zu schützen, seiner Lösung um keinen Schritt näher gekommen ist. Eher könnte man sogar behaupten, daß wir von der Lösung des Problems weiter entfernt sind. — Diese beklagenswerte Tatsache hat jedoch verständliche Gründe. Bezüglich des Folgesatzes a) trägt daran die Unklarheit und der hitzige Kampf die Schuld, in denen wir uns über die künftige Gestaltung des Vorverfahrens überhaupt befinden. Es ist ohne weiteres einleuchtend, daß das Verfahren über die Verhängung der Untersuchungshaft ein anderes sein muß, wenn der Staatsanwalt der Herr des Vorverfahrens ist, ein anderes, wenn ein Richter das Vorverfahren betreibt. — Bezüglich des Folgesatzes b) liegt der Grund darin, daß sich Bestrebungen geltend machen, die ohne Rücksicht auf das Interesse der Allgemeinheit und auf dessen Kosten einseitig den weitgehendsten Schutz des einzelnen auf ihre Fahnen schreiben und in blinden Persönlichkeitsgedanken den Schutz des Ganzen hintansetzen.

Die Mitglieder der von der deutschen Landesgruppe der IKV. in Frankfurt a. M. gewählten Kommission wünschen, soweit ihre bisherigen Äußerungen erkennen lassen, wohl grundsätzlich — von Meinungsverschiedenheiten im einzelnen abgesehen —ein Vorverfahren unter tunlichster Ausschaltung richterlicher Tätigkeit. Aus der Wahl dieser Kommission darf also gefolgert werden, daß die deutsche Landesgruppe darüber ein Gutachten hören will, wie auf dieser Grundlage das Problem der Untersuchungshaft zu lösen sei — ohne daß natürlich deshalb die Annahme berechtigt sein könnte, als hätten sich etwa alle auf der Frankfurter Tagung anwesenden Mitglieder der Landesgruppe zu dem Grundsatze der Ausschaltung des Richters aus dem Vorverfahren bekennen wollen.

Von der angegebenen Grundlage aus [1]) soll daher im folgenden dem Problem der Regelung der Untersuchungshaft nähergetreten werden; es kann das mit Rücksicht auf den zur Verfügung gestellten Raum nur in großen Zügen geschehen; Einzelheiten werden nur hier und da gestreift werden können.

Zur Vermeidung von Mißverständnissen muß ich dabei vorausschicken, daß ich weit davon entfernt bin, auf der angegebenen Grundlage des staatsanwaltschaftlichen Vorverfahrens einen Parteiprozeß errichten zu wollen, den ich als eine Unmöglichkeit für Deutschland ansehe — vielmehr einen reinen Anklageprozeß, in dem die an der Erforschung der Wahrheit bestehenden Interessen grundsätzlich von einem einzigen dazu bestellten Organe — der Staatsanwaltschaft — vertreten werden.

III.

Es fehlt ja leider heute immer noch an der so sehr notwendigen und für die Frage der Reform der Untersuchungshaft fast unentbehrlichen Statistik — trotzdem das Reichskanzleramt bereits im Jahre 1874 in der Anlage 3 zu den Motiven des Entwurfs der StPO. ihren großen Wert gekennzeichnet hat. Immerhin darf behauptet werden, daß die übergroße Mehrzahl der Haftbefehle gegen solche Personen erlassen wird, die dem Gerichte auf Grund vorhergegangener vorläufiger Festnahme vorgeführt werden. Die Regelung der vorläufigen Festnahme wird deshalb zuerst zu erörtern sein, weil sie ihrer schnell vorübergehenden Dauer nach einen weiteren Spielraum beanspruchen darf und muß, sowohl in Ansehung der Personen, die sie vornehmen dürfen, als in Ansehung der Voraussetzungen, unter denen sie erfolgen kann, während der Untersuchungshaft als einer auf längere

---

[1]) Das Ergebnis führt daher vielfach zu anderen Reformvorschlägen, als ich sie früher von der Grundlage unseres heutigen Strafprozesses aus gemacht habe; vgl. Gerichtssaal 65, S. 29 f.; Aschrott, Reform des Strafprozesses S. 261 ff.

Dauer berechneten Maßregel ein nach beiden Richtungen engerer Rahmen gesteckt werden muß. Manche Mißgriffe der theoretischen Behandlung und der praktischen Anwendung der Untersuchungshaft beruhen darauf, daß fast stets die vorläufige Festnahme anhangsweise behandelt und zu gering beachtet wird. Wie auch sonst, so empfiehlt es sich hier, erst das weitere Gebiet — die vorläufige Festnahme, — dann das engere Gebiet — die Untersuchungshaft — abzugrenzen.

IV.

Vorläufige Festnahme.

1. Berechtigter Personenkreis. a) Das Bekanntwerden mit einer begangenen strafbaren Handlung ruft eine Reaktion des sittlichen und rechtlichen Gefühls wach. Je unmittelbarer dem einzelnen die strafbare Handlung zum Bewußtsein kommt, desto stärker tritt diese Reaktion auf; am stärksten bei dem, der selbst Zeuge der Handlung ist oder sogleich unter dem frischen Eindrucke des Geschehnisses von ihr erfährt. Diese Reaktion wirkt dann zunächst als das spontane Verlangen, des Täters habhaft zu werden. Diesem sittlich begründeten Verlangen muß die Rechtsordnung Rechnung tragen. Jedermann soll daher befugt sein, einen auf frischer Tat betroffenen oder verfolgten Verbrecher festzunehmen.

a) Das Recht zur Festnahme muß aber erweitert werden für diejenigen Personen, die zur Wahrung der öffentlichen Ordnung und zur Verfolgung strafbarer Handlungen besonders berufen sind, d. i. Staatsanwaltschaft und Polizei; sie müssen, soll anders die Rechtsordnung aufrecht erhalten werden können, auch zur Festnahme befugt sein, um den der Tat Verdächtigen zu hindern, sich der Verwirklichung des Strafanspruches zu entziehen.

2. Voraussetzungen. Soll die Berechtigung nicht in Willkür ausarten, so müssen ihr gesetzliche Schranken gezogen werden; in Befolgung des oben aufgestellten Satzes erhebt sich also die Frage: Unter welchen Voraussetzungen ist die vorläufige Festnahme gerecht, d. i. notwendig?

Darauf ergibt sich zu 1 a) die Antwort: Wenn der Festnehmende glaubt, daß der Täter fliehen wird, oder wenn er seine Persönlichkeit nicht sofort feststellen kann. Ausschlaggebend kann hier bezüglich des Fluchtverdachtes nur die nach subjektiver Ansicht des Festnehmenden vorliegende — nicht eine objektiv vorhandene — Notwendigkeit sein; letztere kann in diesem Falle nur gegenüber dem zu 1 b) genannten Personenkreise verlangt werden — anderen Personen wird ein objektiver Maßstab vollständig fehlen und seine Anlegung füglich nicht gefordert werden können.

Für den Fall 1 b) beantwortet sich die Frage nach der Notwendigkeit dahin: Wenn objektiv der dringende Verdacht besteht, daß der Verdächtige sich der Verfolgung entziehen wird, sei es durch die Flucht, sei es durch Zerstörung von Beweismitteln (Kollusion). Betrachtet man Flucht und Kollusionsverdacht als Unterbegriffe des gemeinsamen Oberbegriffes des Entziehungsverdachts, so wird einleuchtend, daß sie als Voraussetzungen der vorläufigen Freiheitsentziehung grundsätzlich gleich zu behandeln sind, vorbehaltlich verschiedener Regelung im einzelnen. Die vorläufige Festnahme noch an weitere Voraussetzungen zu knüpfen, ist nicht erforderlich, wenn das Verfahren den folgenden Grundzügen nach gestaltet wird. Insbesondere lasse man die papierene Voraussetzung der „Gefahr im Verzuge" fallen; es gilt hier mutatis mutandis das gleiche, was ich bei Aschrott, Reform des Strafprozesses, zu §§ 98, 105 StPO. ausgeführt habe.

3. Verfahren. Der Staatsanwalt selbst wird nur in sehr ausnahmsweisen Fällen in die Lage kommen, eine Festnahme vorzunehmen. Regelmäßig wird der Fall der Ergreifung auf frischer Tat oder die Festnahme durch die Polizei — hier zuweilen auf Anregung des Staatsanwalts — vorliegen. Ist nun der Staatsanwalt der Herr des Vorverfahrens, so muß ihm auch die erste weitere Entscheidung über die vorläufige Festhaltung des Festgenommenen zustehen. Wird der Festgenommene von dem Festnehmenden nicht alsbald wieder freigelassen (z. B. weil er sich über seine Person ausgewiesen hat), so ist er zunächst innerhalb 24 Stun-

den dem Staatsanwalte zuzuführen. Diese Frist wird sich auch im ausgedehntesten Bezirke leicht einhalten lassen, wenn nicht die notwendige Dezentralisation der Staatsanwaltschaft und Ersatz der Amtsanwälte durch Staatsanwälte überhaupt jede Schwierigkeit nach dieser Richtung von vornherein beseitigt. Der heutige Zustand, wo der Festgenommene dem Richter vorgeführt wird, der Staatsanwalt ihn überhaupt nicht zu Gesicht bekommt und sich daher auch kein Bild davon machen kann, ob die von dem Richter veranlaßte Freilassung oder Verhaftung nach der Persönlichkeit des Ergriffenen gerechtfertigt war, wo der Staatsanwalt — dem doch schließlich für den Gang fast aller Vorverfahren auch heute schon die alleinige Verantwortlichkeit zugeschoben wird — nichts kennen lernt als die Akten, in denen sich die meist ohne jedes Zutun seinerseits geführten Verhandlungen über die Festnahme und Verhaftung oder Freilassung befinden — dieser Zustand ist unhaltbar! Der in neuerer Zeit öfters zitierte Erlaß des Justizministers Schönstedt vom Dezember 1902, in dem die Staatsanwälte in recht scharfer Form zu besonderer Vorsicht bei Erwirkung von Haftbefehlen ermahnt werden, ist unter den heutigen Verhältnissen wohl kaum an die richtige Adresse gerichtet gewesen; denn es ist, wie jedem in der Strafprozeßpraxis Tätigen bekannt ist, die Zahl der Haftbefehle, die auf unmittelbaren Antrag der Staatsanwaltschaft ergehen — abgesehen von den Fällen, in denen gegen einen Flüchtigen ein Haftbefehl zwecks steckbrieflicher Verfolgung erwirkt werden muß — verschwindend gering. Die größte Zahl der Verhaftungen entspringt heute der von der Staatsanwaltschaft unbeeinflußten Entschließung des Gerichts. Man räume der Staatsanwaltschaft maßgebenden Einfluß ein, und die Zahl der sich als unbegründet erweisenden Verhaftungen wird wesentlich zurückgehen! Wird der Festgenommene dem Staatsanwalte zugeführt, so wird dieser einerseits in vielen Fällen in der Lage sein, die sofortige Freilassung zu veranlassen, in denen der Richter heute bei der Vorführung den Haftbefehl erläßt; andererseits wird er auch in manchen Fällen die Verhaftung bewirken können, in denen der Richter heute freiläßt. Denn der Staatsanwalt vermag zufolge seiner auf diesem Gebiete viel weitgehenderen praktischen Erfahrung den Verdacht der Flucht oder Kollusionsgefahr besser abzuschätzen als der Richter; es steht ihm ferner eine viel größere Menschen- und Personenkenntnis gegenüber und in dem Kreise zu Gebote, aus dem sich das Verbrechertum zusammensetzt und ergänzt; endlich hat er mit der Zeit ein annähernd sicheres Urteil darüber erworben, wie hoch bei Überführung des Verdächtigen die Strafe sein wird — ein Punkt, der bei Beurteilung des Fluchtverdachtes nie außer acht gelassen werden sollte, den aber der mit der Praxis der Strafkammer oder des Schwurgerichts meist völlig unbekannte Amtsrichter gar nicht zu beurteilen vermag.

Heute hat der Staatsanwalt regelmäßig keinen Anlaß, die Aufhebung eines Haftbefehls zu beantragen, wenn der Richter eben erst Haftgründe für vorliegend erachtet hat; er wird es erst dann tun, wenn der dringende Tatverdacht geschwunden ist; er wird sich mit Recht sagen dürfen, daß er hinsichtlich der Beurteilung des Flucht- und Kollusionsverdachts nicht engherziger zu sein braucht als der Richter. Erfolgt aber die Vorführung vor dem Staatsanwalt und kann die Verhaftung nur auf seinen Antrag erfolgen, so bietet schon die doppelte Prüfung höhere Gewähr für die Begründetheit der Untersuchungshaft. Diese Gewähr kann aber noch um ein Bedeutendes gesteigert werden, wenn man den Staatsanwalt berechtigt, — unter Zustimmung des Festgenommenen — nach den Seiten des Tat- und Entziehungsverdachtes schleunige Ermittlungen vorzunehmen. Dafür wird (wenn, wie dringend zu fordern, die Kriminalpolizei in den unmittelbaren Dienst der Staatsanwaltschaft gestellt ist) eine Frist von 24 Stunden genügen; die Ermittlungen werden sich auch auf die von dem Festgenommenen geforderten vorläufigen Erhebungen zu erstrecken haben. Erst nach Ablauf dieser Frist — deren Ausdehnung auf 48 Stunden mit Zustimmung des Festgenommenen übrigens auch bedenkenfrei sein wird — würde sich der Staatsanwalt schlüssig zu machen haben, ob der Festgenommene dem Richter vorzuführen oder zu entlassen ist. Es ist ohne weiteres einleuchtend, daß durch solche Regelung der vorläufigen Festnahme die Verhängung der Untersuchungshaft viel seltener werden muß als unter den heutigen Verhältnissen, ohne daß dadurch das Recht des Festgenommenen auf baldigste Entscheidung des Richters gegen heute eine Einbuße erlitte.

V.

Verhaftung.

1. Berechtigter Personenkreis. Gemäß den unter I entwickelten Grundsätzen kann und darf nur der Richter berechtigt sein, die Verhaftung anzuordnen. Die Anordnung wird stets — auch bei sonst sachlicher Zuständigkeit eines Kollegialgerichts — durch einen Einzelrichter — Amtsrichter oder beauftragtes Mitglied des Kollegialgerichts — getroffen werden können; wird der Haftbeschluß in der Hauptverhandlung eines Kollegialgerichts erlassen, so wird diese Beschlußfassung dem Vorsitzenden obliegen.

2. Voraussetzungen. Im wesentlichen müssen die Voraussetzungen die gleichen sein sein wie für die vorläufige Festnahme im Falle IV, 1 b). Der zur Verfügung stehende Raum verbietet es mir, die Berechtigung und Notwendigkeit der Kollusionshaft praktisch näher zu begründen; sie folgt für mich grundsätzlich aus der schon unter IV, 2 angedeuteten Erwägung, daß es für die Vereitelung des Strafanspruchs gleichgültig ist, ob sich der dem Anspruche Ausgesetzte ihm durch Entfernung seiner Person oder durch Entfernung der Beweismittel entzieht. Auf eins sei aber doch kurz hingewiesen! Wenn die Kollusionshaft mit der Begründung bekämpft wird, der Beschuldigte habe keine Pflicht, zu seiner eigenen Überführung beizutragen, während die Kollusionshaft auf der Erwägung beruhe, daß dem Beschuldigten eine solche Verpflichtung obliege, so geht dieser Angriff von einer falschen Grundlage aus. Zweifellos hat der Beschuldigte nach den Grundsätzen des modernen Strafprozesses keine Pflicht, zu seiner Überführung beizutragen; ebenso zweifellos gibt es aber „kein Recht zum Kolludieren“

— genau wie es kein „Recht zum Lügen“ gibt, trotzdem man öfter selbst im Gerichtssaale von dem „Recht des Angeklagten, zu lügen“ reden hören kann. Im Gegenteil hat der Staat das Recht und die Pflicht, Sorge zu tragen, daß die Erfüllung des Strafanspruchs nicht durch Kollusion und Lüge unmöglich gemacht wird — und hierauf — nicht aber auf jener vorbezeichneten Erwägung — beruht Berechtigung und Zweck der Kollusionshaft.

Da die Verhaftung nach den Sätzen zu I gerecht, d. h. notwendig sein muß, so ergibt sich

a) der Tatverdacht muß dringend sein — d. h. der Beschuldigte muß so stark belastet erscheinen, daß der die Haft anordnende Richter, wenn die zur Begründung des Tatverdachts vorliegenden Tatsachen als erwiesen unterstellt würden, eine Hauptverhandlung gegen ihn zur Klarstellung der Schuld oder Nichtschuld für notwendig halten würde. Die Beurteilung des Grades eines Tatverdachts ist immer subjektiv und läßt sich von weiteren objektiven Momenten nicht abhängig machen.

b) Der Verdacht, daß sich der Beschuldigte durch Flucht oder Kollusion entziehen wird, muß dringend sein — d. h. es müssen Tatsachen vorliegen, aus denen mit hoher Wahrscheinlichkeit geschlossen werden kann, daß solche Entziehung erfolgen wird. Auch das wird dem subjektiven Urteile des Richters überlassen sein und bleiben müssen. Man wolle doch nie vergessen, daß die Strafprozeßordnung kein Gesetz ist noch (wohin mancher Bestrebungen steuern) werden soll oder kann, das dazu bestimmt ist, den Verbrecher vor seinem Richter zu schützen, sondern die Formen zu regeln, unter denen das Verbrechen der Bestrafung zugeführt werden soll.

Nach den Erfahrungen der Praxis scheint es notwendig, einen in früheren Gesetzgebungen vorhanden gewesenen Haftgrund wieder aufzunehmen. Es wird zu erwägen sein, ob die Untersuchungshaft nicht auch verfügt werden soll, wenn zu dem dringenden Tatverdacht der Verdacht hinzutritt, daß der Beschuldigte das verbrecherische Treiben fortsetzen wird. Hier wird aber zur Begründung des Verdachts gefordert werden müssen, daß der Beschuldigte mit der Fortsetzung bereits begonnen hat; als Beispiele seien angeführt: fortgesetzter Betrug durch schwindelhafte Inserate, fortgesetzter Kautions- oder Heiratsschwindel, fortgesetzte Verbrechen wider die Sittlichkeit u. ähnl. Die Zulässigkeit der vorläufigen Festnahme wird jedoch für diese Fälle entbehrlich werden können.

3. Verfahren.

a) Gegen den anwesenden, d. h. der Adresse nach bekannten Beschuldigten.

Liegt keine vorläufige Festnahme vor, so übersendet der Staatsanwalt dem Richter einen schriftlichen, entsprechend den erforderten Voraussetzungen begründeten Antrag. Dieser Fall wird wohl höchst selten eintreten, weil der Staatsanwalt sich dessen, gegen den er dringende Haftgründe für vorliegend erachtet, durch Festnahme sichern wird.

Ist vorläufige Festnahme erfolgt, so führt der Staatsanwalt den Beschuldigten unmittelbar dem Richter vor.

Vor dem Richter findet eine mündliche Verhandlung statt, die im ersten Falle dadurch ermöglicht wird, daß der Beschuldigte vor den Richter geladen und, falls er auf Ladung nicht erscheint, auf Grund eines richterlichen Vorführungsbefehls gestellt wird. Auf die mündliche Verhandlung kann nicht verzichtet werden; der Richter soll sich durch sie — und nicht durch eine Einwilligungserklärung des Beschuldigten — von dem Vorhandensein der Haftgründe überzeugen. Die mündliche Verhandlung hat sich auf die Haftgründe zu beschränken. Bezüglich des Tatverdachts darf also nur erörtert werden, ob die zu seiner Begründung vorgebrachten Tatsachen geeignet sind, den Beschuldigten in der oben angegebenen Weise zu belasten — nicht ob sie geeignet sind, ihn zu überführen.

Der Richter kann die Entscheidung aussetzen, wenn er es für nötig hält, Beweise zu erheben; diese Beweiserhebung muß innerhalb einer kurzen Frist — etwa bis zu 72 Stunden — geschehen; der Beschuldigte bleibt, wenn er vorläufig festgenommen war, so lange in Verwahrung; andernfalls beschließt der Richter, ob er auf freiem Fuße zu lassen oder in Verwahrung zu nehmen ist.

Der Beschuldigte kann im Beistande eines Verteidigers erscheinen. Auf Verlangen ist ihm ein Verteidiger zu bestellen. Dem Verteidiger muß, nachdem der Staatsanwalt seinen Antrag begründet hat, auf Verlangen eine nach Stunden festzusetzende Frist zur Erklärung bewilligt werden, wenn der Richter der Ansicht ist, daß die Sachlage eine weitere Vorbereitung des Verteidigers erforderlich macht und der Verteidiger erst unmittelbar vor oder in der mündlichen Verhandlung bestellt worden ist.

Die Verhandlungen über eine voraufgegangene vorläufige Festnahme dürfen, soweit sie nicht unmittelbar Beweismittel (Urkunden, eidesstattliche Versicherungen und ähnliches) enthalten, dem Gerichte nicht vorgelegt werden; sie bleiben bei den Ermittlungsakten der Staatsanwaltschaft. die dem Gerichte unzugänglich sein müssen.

Über die Verhandlung ist ein sorgfältiges Protokoll aufzunehmen. Die Verhandlung ist nicht öffentlich; es ist weder mit dem allgemeinen Interesse, welches an der Aufklärung des Sachverhalts besteht, noch mit dem Interesse des Beschuldigten selbst vereinbar, daß der bestehende Verdacht im einzelnen öffentlich (Presse!) erörtert wird.

Die Verhandlung schließt mit dem Beschlusse der Verhaftung oder Freilassung (bzw. Ablehnung des Haftantrages der Staatsanwaltschaft). Der Beschluß hat die Tatsachen zu enthalten, die dem Richter die Voraussetzungen für die Untersuchungshaft als begründet oder nicht begründet erscheinen lassen. Der Beschluß ist der Staatsanwaltschaft auf deren Verlangen, dem Beschuldigten (Verteidiger) stets, in Abschrift mitzuteilen. Das Protokoll über die Verhandlung bleibt im Gericht; Abschriften desselben sind auf Verlangen der Staatsanwaltschaft und dem Beschuldigten (Verteidiger) zu erteilen.

b) Gegen den abwesenden, d. h. der Adresse nach unbekannten oder sich sonst verborgen haltenden Beschuldigten.

Der Richter erläßt den Haftbeschluß auf den schriftlich begründeten Antrag der Staatsanwaltschaft; er kann zuvor Beweise erheben. Wird der Beschuldigte auf Grund des Haftbefehls (oder Steckbriefs) ergriffen, so ist er dem nächsten Richter vorzuführen, wenn er seine Identität mit dem Verfolgten bestreitet. Gibt er die Identität zu oder hält sie der Richter für erwiesen (vgl. bei Aschrott, S. 269 Z. 4), so ist der Ergriffene auf dem schnellsten Wege an das Gericht zu überführen, welches den Haftbefehl erlassen hat. Diese Überführung wird sich bei unsern heutigen Verkehrsverhältnissen innerhalb 24 Stunden stets bewerkstelligen lassen. Das weitere Verfahren regelt sich dann wie im Fall a).

4. Beschwerde. Die Beschwerde gegen den Haftbeschluß steht im Falle der Verhaftung dem Beschuldigten, im Falle der Freilassung dem Staatsanwalte zu. Über die Beschwerde wird in einer innerhalb kürzester Frist anzusetzenden mündlichen Verhandlung von dem Beschwerdegerichte entschieden. Für die mündliche Verhandlung finden die Regeln zu 3 entsprechende Anwendung. Da der Haftbeschluß stets durch einen Einzelrichter erfolgt (s. zu 1.), so wird als Beschwerdegericht ein Kollegium von drei Richtern zu bilden sein. Diese Bildung wird in allen Fällen am Landgerichte erfolgen können, so daß die zeitraubende Inanspruchnahme des Oberlandesgerichts in Fortfall kommt.

Bieten so das Verfahren betreffend die vorläufige Festnahme und die beiden mündlichen Verhandlungen eine dreifache bzw. zweifache Gewähr für die Begründetheit der Verhaftung bzw. Freilassung, so wird die weitere Beschwerde entbehrt werden können.

Ferner werden diese gegebenen Garantien auch gesetzliche Vorschriften gestatten, um der Belästigung des Gerichts durch unnütze Erneuerung der Haftentlassungsanträge, Haftbeschwerden (oder auch Verhaftungsanträge) vorzubeugen. Es wird eine Fassung gefunden werden müssen, die in voller Wahrung der berechtigten Interessen (der Staatsanwaltschaft und) des Beschuldigten — dem Gedanken entspricht, daß solche Anträge oder Beschwerden nur auf

Grund neuer Tatsachen wiederholt werden dürfen, andernfalls sie vom Richter ohne Verhandlung sofort durch einen nicht anfechtbaren Beschluß als unzulässig verworfen werden können.

5. Dauer. Eine absolute Begrenzung der Haftdauer ist nicht angängig; ich kann hier auf meine Ausführungen bei Aschrott (a. a. O. S. 267, Z. 3) verweisen. Bezüglich der relativen Begrenzung wird, wie auch a. a. O. ausgeführt, eine dreimonatige Frist genügen, bis zu deren Ablauf die Anklage regelmäßig fertiggestellt werden kann. Bei längerer Dauer ist der Richter, der den Haftbeschluß erlassen hat, berechtigt und auf Verlangen des Beschuldigten verpflichtet, von vier zu vier Wochen eine neue mündliche Verhandlung zur Beschlußfassung über die Fortdauer der Haft anzuordnen. Die einmal angeordnete Untersuchungshaft darf ohne mündliche Verhandlung nur mit Zustimmung des Staatsanwalts und muß auf seinen Antrag aufgehoben werden. Der Staatsanwalt ist verpflichtet, diesen Antrag oder den Antrag auf Erneuerung der mündlichen Verhandlung unverzüglich zu stellen, sobald Tatsachen zu seiner Kenntnis gelangen, die die Voraussetzungen der Untersuchungshaft aufheben oder sobald die den Haftbeschluß begründenden Tatsachen durch das Ergebnis der Ermittlungen widerlegt sind.

Auf den durch neue Tatsachen (vgl. zu 4) gestützten Antrag des Beschuldigten oder seines Verteidigers muß die Erneuerung der mündlichen Verhandlung stattfinden.

Die Haftfortdauer kann auf Grund der erneuerten mündlichen Verhandlung auch auf neue Tatsachen (andere Haftgründe gestützt werden.

6. Abwendung der Untersuchungshaft. Da nach dem unter I aufgestellten Grundsatze b) die Untersuchungshaft nur gerecht ist, wenn sie notwendig ist, so wird sie durch solche Sicherungsmaßregeln abgewendet werden können, die geeignet sind, die an sich bestehenden Haftgründe zu beseitigen. Ich darf hier auf die erschöpfende Darlegung von Rosenberg in der Zeitschrift für die gesamte Strafrechtswissenschaft, Bd. 26 S. 395 ff. unter III. Bezug nehmen, der ich im Ergebnisse zustimme.

Ob die Maßregeln im Einzelfalle genügende Sicherheit bieten, wird zunächst der Staatsanwalt zu prüfen und eventuell die Anordnung seitens des Richters herbeizuführen haben. Ist der Staatsanwalt jedoch der Auffassung, daß die Maßregeln nicht zur Abwendung der Haft genügen, so wird darüber bei der mündlichen Verhandlung der Richter nach freiem Ermessen zu entscheiden haben. Dabei sei jedoch auf eine verbreitete aber irrige Auffassung hingewiesen. Es wird oft behauptet, daß eine von dem Armen gestellte relativ große — absolut aber ganz geringe Kaution dieselbe sichernde Bedeutung habe wie die von dem Vermögenden gestellte relativ und absolut große Kaution, weil der eventuelle relative große Verlust ausschlaggebend sei; dabei übersieht man aber, daß wer wenig zu verlieren hat, sich leichter zum Aufgeben dieses Wenigen entschließen wird, als wer viel zu verlieren hat, zum Aufgeben des Vielen; wer wenig zu verlieren hat, verliert eben auch nicht viel, wenn er alles verliert.

7. Vollstreckung der Untersuchungshaft. Als Grundsatz ist festzuhalten, daß dem Verhafteten Beschränkungen wiederum nur insoweit auferlegt werden dürfen, als sie gerecht, d. h. durch den Haftzweck mit Notwendigkeit bedingt sind. Über die Beschränkung entscheidet innerhalb des Rahmens der gesetzlichen Vorschriften das freie (nur der Beschwerde im Aufsichtswege unterliegende) Ermessen des Richters. Im einzelnen darf ich auf meine Ausführungen bei Aschrott a. a. O. S. 263 f. Bezug nehmen. Eine besondere Bemerkung muß jedoch bezüglich des Verkehrs des Verhafteten mit dem Staatsanwalte und Verteidiger gemacht werden. Keinen Beschränkungen darf unterworfen werden der mündliche und schriftliche Verkehr zwischen dem Staatsanwalte und dem Beschuldigten sowie der mündliche Verkehr zwischen dem Verteidiger und dem Beschuldigten. Der schriftliche Verkehr zwischen dem Verteidiger und dem Beschuldigten muß jedoch der richterlichen Einsicht unterliegen, abgesehen von solchen geschlossenen schriftlichen Mitteilungen, die der Verteidiger persönlich bei Gericht, Staatsanwaltschaft oder Gefängnis

14*

abgibt oder mit eigenhändigem Begleitbriefe einreicht, bzw. persönlich in Empfang nimmt (vgl. bei Aschrott a. a. O. S. 264 Anm. 3).

VI.

Vorführung.

1. Berechtigter Personenkreis. Die Vorführung ist der am wenigsten tiefe Eingriff in die persönliche Freiheit; sie ist eine schnell vorübergehende Maßregel, die den Zweck hat, den Beschuldigten zu einem bestimmten durch das Verfahren gebotenen Zweck zu gestellen. Man wird daher — neben dem Richter — ohne Bedenken dem das Vorverfahren beherrschenden Staatsanwalt das Recht einräumen können und müssen die Vorführung anzuordnen.

2. Voraussetzungen. Die Vorführung ist nur dann gerecht, wenn sie notwendig ist; notwendig kann sie werden, wenn der Beschuldigte auf Ladung unentschuldigt nicht erschienen ist. Dabei ist für das Vorverfahren eine Bemerkung zu machen. Da der Beschuldigte nicht verpflichtet ist, sich vernehmen zu lassen, so wird, wenn er auf Ladung, die **nur** zum Zwecke seiner Vernehmung ergangen ist, nicht erscheint, die Vorführung für unzulässig zu erachten sein, weil in dem Verhalten des Beschuldigten die Weigerung liegt, selbst Erklärungen abzugeben.

3. Verfahren. Die Vorführung erfolgt durch die Polizei auf Grund eines richterlichen oder staatsanwaltlichen schriftlichen Befehls, der ihren Zweck und Grund enthalten muß.

Entwurf eines Gesetzes über Festnahme und Verhaftung.[1])

Von Dr. **Albert Feisenberger**, Staatsanwalt in Magdeburg.

An die Stelle der §§ 112 bis 132 der Strafprozeßordnung treten folgende Bestimmungen:

§ 1.

Wird jemand auf frischer Tat betroffen oder verfolgt, so ist, wenn er der Flucht verdächtig ist, oder seine Persönlichkeit nicht sofort festgestellt werden kann, jedermann befugt ihn vorläufig festzunehmen.

§ 2.

Die Staatsanwaltschaft, die Polizei und Sicherheitsbeamten sind auch dann zur vorläufigen Festnahme befugt, wenn Tatsachen vorliegen, welche den dringenden Verdacht begründen, daß der Beschuldigte

1. eine strafbare Handlung begangen hat;
2. sich der Strafverfolgung durch die Flucht (Fluchtgefahr) oder durch Zerstörung, Beiseiteschaffung

---

[1]) Zur Begründung des Entwurfes verweise ich auf meinen vorstehend abgedruckten Aufsatz „Die Reform der Untersuchungshaft" (Mitteilungen der IKV. Bd. 14 S. 575 ff.). Ich nehme ferner Bezug auf die Arbeiten von Heinemann, Kulemann, Rosenberg, Mittermaier in den Mitteilungen der IKV. Bd. 11 S. 659 ff., Rosenberg in der Zeitschrift für die gesamte Strafrechtswissenschaft Bd. 26 S. 339 ff. und die verschiedenen Arbeiten bei Aschrott, Reform des Strafprozesses S. 100 ff., 261 ff., 275 ff., 315, 324 ff., 349 ff. — Da der Entwurf sich auf die genannten Arbeiten aufbaut in dem Bemühen, eine Versöhnung der dort vorhandenen einzelnen Gegensätze herbeizuführen, so habe ich geglaubt, davon absehen zu können, besondere Motive anzuschließen.

oder Beeinträchtigung von Beweismitteln (Verdunkelungsgefahr) entziehen wird.

Verdunkelungsgefahr ist in der Regel nur anzunehmen, wenn der Beschuldigte es unternommen hat, Spuren der Tat zu vernichten, Zeugen, Sachverständige oder Mitschuldige zu einer falschen Aussage oder einem falschen Gutachten zu bestimmen oder Zeugen oder Sachverständige zu verleiten sich der Zeugnispflicht oder Gutachtenabgabe zu entziehen.

Ist die Tat nur mit Haft oder Geldstrafe bedroht, so darf die vorläufige Festnahme nur erfolgen

1. wenn der Beschuldigte ein Wohnungsloser oder Landstreicher oder nicht imstande ist, sich über seine Person auszuweisen;
2. wenn der Beschuldigte ein Ausländer ist und begründeter Zweifel besteht, daß er sich auf Ladung vor Gericht stellen und dem Urteil Folge leisten werde.

§ 3.

Der Beschuldigte ist unverzüglich in Freiheit zu setzen, wenn die Gründe für die vorläufige Festnahme weggefallen sind. Andernfalls ist er spätestens am Tage nach der Festnahme der nächsten Staatsanwaltschaft zuzuführen.

§ 4.

Die Staatsanwaltschaft hat, falls sie den Beschuldigten nicht in Freiheit setzt, spätestens am Tage nach seiner unmittelbar durch sie erfolgten Festnahme oder seiner Zuführung den Antrag auf Verhaftung zu stellen. Die Frist kann mit Zustimmung des Beschuldigten um einen Tag verlängert werden. Der Beschuldigte bleibt so lange in Gewahrsam der Polizei oder des am Orte befindlichen Untersuchungsgefängnisses.

§ 5.

Die Verhaftung erfolgt nur auf schriftlichen Antrag der Staatsanwaltschaft.

Wegen Verdachts einer strafbaren Handlung, deren Verfolgung nur auf Antrag eintritt, soll der Antrag auf Verhaftung nur gestellt werden, wenn die Verfolgung im öffentlichen Interesse liegt.

Der Antrag soll enthalten: Die genaue Bezeichnung des Beschuldigten, die Angabe der ihm zur Last gelegten Tat unter Hervorhebung ihrer gesetzlichen Merkmale und des anzuwendenden Strafgesetzes, der Gründe, aus denen das Vorliegen der Voraussetzungen des § 2 gefolgert wird, und der Beweismittel, deren sich die Staatsanwaltschaft in der mündlichen Verhandlung über die Verhaftung zu bedienen gedenkt.

§ 6.

Der Beschuldigte darf nur unter den Voraussetzungen des § 2 in Untersuchungshaft genommen werden. Zuständig ist — unbeschadet der Vorschriften des § 45 und soweit nicht die Zuständigkeit des Reichsgerichts[1]) begründet ist — jedes Amtsgericht, in dessen Bezirk ein Gerichtsstand für die Sache begründet ist, und das Amtsgericht in dessen Bezirk die vorläufige Festnahme erfolgt ist.

§ 7.

Das Gericht setzt Termin zur mündlichen Verhandlung an. Der Termin muß, wenn der Beschuldigte vorläufig festgenommen ist, am Tage nach der Stellung des Antrages der Staatsanwaltschaft, andernfalls spätestens innerhalb einer Woche nach diesem Zeitpunkte stattfinden.

Die Anberaumung des Termins kann nur wegen Unzuständigkeit des Gerichts abgelehnt werden. Den ablehnenden Beschluß kann die Staatsanwaltschaft mit der sofortigen Beschwerde anfechten.

Zuständig zur Entscheidung über die sofortige Beschwerde ist das nach § 48 zuständige Gericht; die §§ 24 Abs. 2, 40 Abs. 3, 50 finden entsprechende Anwendung.

§ 8.

Das Gericht hat zu allen Terminen den Beschuldigten und die Staatsanwaltschaft zu laden. Im Falle des § 4 ist der Beschuldigte von der Staatsanwaltschaft vorzuführen.

---

[1]) § 136 GVG.

§ 9.

Die Staatsanwaltschaft und der Beschuldigte schaffen ihre Beweismittel zum Termin herbei. Die von dem festgenommenen Beschuldigten verlangten Beweismittel sind von der Staatsanwaltschaft tunlichst zu beschaffen.

§ 10.

Der Beschuldigte kann im Beistand eines Verteidigers erscheinen. Auf Antrag ist ihm ein Verteidiger zu stellen, sofern er nicht bereits einen am Sitz des Gerichts wohnenden Verteidiger gewählt hat, und sofern nicht das Gericht die Überzeugung gewinnt, daß ein ausreichender Grund zur Bestellung eines Verteidigers nicht vorliegt.

Auch ohne Antrag ist dem Beschuldigten ein Verteidiger zu bestellen, wenn innerhalb vier Wochen seit dem Erlaß des Haftbefehls die öffentliche Klage nicht erhoben und diese Tatsache zur Kenntnis des Gerichts, welches den Haftbefehl erlassen hat, gebracht ist, sofern der Beschuldigte keinen Verteidiger gewählt hat.

Der Verteidiger ist zu allen Terminen vom Gericht zu laden. Die Ladung kann schriftlich oder mündlich geschehen; eine förmliche Zustellung der schriftlichen Ladung ist nicht erforderlich.

§ 11.

Der Ehemann der Beschuldigten ist in der mündlichen Verhandlung als Beistand derselben zuzulassen und auf sein Verlangen zu hören.

Dasselbe gilt von dem gesetzlichen Vertreter eines Beschuldigten.

§ 12.

Die Verhandlung erfolgt unter der Leitung des Richters in ununterbrochener Gegenwart der zur Beschlußfassung berufenen Personen sowie der Staatsanwaltschaft und eines Gerichtsschreibers.

§ 13.

Es können mehrere Beamte der Staatsanwaltschaft und mehrere Verteidiger in der Verhandlung mitwirken und ihre Verrichtungen unter sich teilen.

§ 14.

Über Anträge auf Aussetzung der Verhandlung entscheidet das Gericht. Kürzere Unterbrechungen ordnet das Gericht an.

Eine Verhinderung des Verteidigers gibt dem Beschuldigten kein Recht die Aussetzung der Verhandlung zu verlangen.

§ 15.

Erscheint der Beschuldigte im Termine nicht, so wird in seiner Abwesenheit verhandelt, wenn die Zustellung der Ladung nachgewiesen ist oder ihm nicht zugestellt werden konnte. Der Beschuldigte ist bei der Ladung auf die Folgen seines Ausbleibens aufmerksam zu machen.

In Abwesenheit des festgenommenen Beschuldigten darf im ersten Termin nur verhandelt werden, wenn die Vorführung wegen Erkrankung nicht erfolgen konnte. Ist die Vorführung aus einem anderen Grunde unterblieben, so ist der Termin auf 24 Stunden zu vertagen; ist auch dann die Vorführung nicht bewirkt, so hat das Gericht die Freilassung des Beschuldigten zu veranlassen.

§ 16.

Der erschienene Beschuldigte darf sich aus der Verhandlung nicht entfernen. Das Gericht kann die geeigneten Maßregeln treffen, um seine Entfernung zu verhindern; auch kann es ihn während einer Aussetzung oder Unterbrechung der Verhandlung in Gewahrsam halten lassen. Entfernt sich der Beschuldigte dennoch, kann die Verhandlung in seiner Abwesenheit zu Ende geführt werden.

§ 17.

Der nicht erschienene Beschuldigte ist befugt, sich durch einen mit schriftlicher Vollmacht versehenen Verteidiger vertreten zu lassen. Ebenso kann er durch den bestellten Verteidiger vertreten werden.

§ 18.

Das Gericht ist stets befugt, das persönliche Erscheinen des Beschuldigten anzuordnen und dasselbe durch einen Vorführungsbefehl zu erzwingen.

§ 19.

Die Vernehmung der von der Staatsanwaltschaft und dem Beschuldigten benannten Zeugen und Sachverständigen kann der Staatsanwaltschaft und dem Verteidiger auf deren Antrag vom Gericht überlassen werden. — Bei den von der Staatsanwaltschaft benannten Zeugen und Sachverständigen hat diese, bei den von dem Beschuldigten benannten der Verteidiger in erster Reihe das Recht zur Vernehmung.

§ 20.

Das Gericht hat der Staatsanwaltschaft, dem Beschuldigten und dem Verteidiger zu gestatten, Fragen an die Zeugen und Sachverständigen zu stellen.

§ 21.

Zweifel über die Zulässigkeit einer Frage entscheidet in allen Fällen das Gericht.

§ 22.

Die Verhandlung beginnt mit dem Vortrage der Staatsanwaltschaft, an welche sich die Entgegnung des Beschuldigten und seines Verteidigers und Beistandes anschließt.

Hierauf folgt die Beweisaufnahme, deren Umfang das Gericht bestimmt.

Sachverständige sind unbeeidigt zu vernehmen. Die Beeidigung von Zeugen steht im Ermessen des Gerichts.

§ 23.

Die mündliche Verhandlung hat nur die Voraussetzungen der Untersuchungshaft zum Gegenstand.

§ 24.

Das Gericht kann auf Antrag und von Amts wegen die Herbeischaffung weiterer Beweismittel anordnen. Die Herbeischaffung dieser Beweismittel erfolgt durch die Staatsanwaltschaft, falls sie nicht das Gericht dem Beschuldigten auferlegt.

Der nicht auf freiem Fuße befindliche Beschuldigte bleibt, wenn er vorläufig festgenommen ist, so lange in Gewahrsam; andernfalls beschließt das Gericht, ob der Beschuldigte auf freiem Fuße zu lassen oder in Gewahrsam zu nehmen ist.

Bleibt der Beschuldigte in Gewahrsam, so darf die Aussetzung der Verhandlung nicht mehr als drei Tage betragen.

§ 25.

Das Gericht kann den Beschuldigten, wenn zu befürchten ist, daß ein Mitbeschuldigter oder ein Zeuge bei seiner Vernehmung in Gegenwart des Beschuldigten die Wahrheit nicht sagen werde, während dieser Vernehmung aus dem Sitzungszimmer austreten lassen.

Der Beschuldigte ist jedoch, sobald er wieder zugelassen wird, von dem wesentlichen Inhalt desjenigen zu unterrichten, was während seiner Abwesenheit ausgesagt oder sonst verhandelt worden ist.

In gleicher Weise ist zu verfahren, wenn das Gericht wegen ordnungswidrigen Benehmens des Beschuldigten zeitweise dessen Entfernung aus dem Sitzungszimmer angeordnet hat.

§ 26.

Die vorgeladenen Zeugen und Sachverständigen dürfen sich nur mit Genehmigung oder auf Anweisung des Gerichts von der Gerichtsstelle entfernen. — Die Staatsanwaltschaft und der Beschuldigte sind vorher zu hören.

§ 27.

Urkunden oder andere als Beweismittel dienende Schriftstücke werden in der Verhandlung verlesen. Dies gilt insbesondere von früher ergangenen Strafurteilen, von Straflisten und von Auszügen aus Kirchenbüchern und Personenstandsregistern und findet auch Anwendung auf Protokolle über die Einnahme des richterlichen oder von der Staatsanwaltschaft vorgenommenen Augenscheins.

§ 28.

Beruht der Beweis einer Tatsache auf der Wahrnehmung einer Person, so soll die letztere in der Verhandlung vernommen werden. Die Vernehmung kann durch Verlesung des über eine frühere Vernehmung gerichtlich oder von der

Staatsanwaltschaft aufgenommenen Protokolls oder einer schriftlichen Erklärung ersetzt werden.

§ 29.

Ist ein Zeuge, Sachverständiger oder Mitbeschuldigter verstorben oder in Geisteskrankheit verfallen, oder ist sein Aufenthalt nicht zu ermitteln gewesen, so kann seine frühere Erklärung verlesen werden. Dasselbe gilt von den bereits verurteilten Mitbeschuldigten.

§ 30.

Die Aussage oder die Erklärung eines vor der Verhandlung vernommenen Zeugen, welcher erst in der Verhandlung von seinem Rechte der Zeugnisverweigerung Gebrauch macht, darf nicht verlesen werden.

§ 31.

Erklärungen des Beschuldigten können zum Zwecke der Beweisaufnahme über ein Geständnis verlesen werden. Dasselbe kann geschehen, wenn ein in der Vernehmung hervortretender Widerspruch mit der früheren Aussage nicht auf andere Weise ohne Unterbrechung der Verhandlung festgestellt oder gehoben werden kann. Schriftliche Erklärungen des in der Verhandlung abwesenden Beschuldigten können auch zu anderen Zwecken verlesen werden.

§ 32.

Die ein Zeugnis oder ein Gutachten enthaltenden Erklärungen öffentlicher Behörden mit Einschluß von Leumundszeugnissen, desgleichen ärztliche Atteste können verlesen werden.

§ 33.

Nach dem Schluß der Beweisaufnahme erfolgt der Schlußvortrag der Staatsanwaltschaft, des Beschuldigten, seines Verteidigers und Beistandes. — Der Beschuldigte hat das letzte Wort.

§ 34.

Einem der Gerichtssprache nicht mächtigen Beschuldigten müssen aus den Schlußvorträgen mindestens die Anträge der Staatsanwaltschaft und des Verteidigers durch den Dolmetscher bekannt gegeben werden. Dasselbe gilt von einem tauben Beschuldigten, sofern nicht eine schriftliche Verständigung erfolgt ist.

§ 35.

Die Verhandlung ist eine nichtöffentliche.

§ 36.

Die Verhandlung schließt mit der Erlassung und Verkündung eines Beschlusses. Der Beschluß kann nur auf Erlaß des Haftbefehls oder auf Zurückweisung des Antrages auf Verhaftung lauten. In letzterem Falle hat das Gericht die sofortige Freilassung des nicht auf freiem Fuße befindlichen Beschuldigten zu bewirken.

§ 37.

Wird der Haftbefehl erlassen, so müssen aus der Begründung des Beschlusses die Tatsachen hervorgehen, auf Grund deren die Untersuchungshaft verhängt wird, und die Gründe, welche für die richterliche Überzeugung leitend gewesen sind. Das Strafgesetz ist zu bezeichnen, unter welches die dem Beschuldigten zur Last gelegte Tat fällt, und darzulegen, aus welchen Gründen das Gericht durch die als vorliegend angenommenen Tatsachen die einzelnen gesetzlichen Tatbestandsmerkmale für erfüllt ansieht.

Wird der Antrag auf Verhaftung zurückgewiesen, so muß aus der Begründung des Beschlusses hervorgehen, ob und aus welchen Gründen das Gericht den dringenden Tatverdacht, die Fluchtgefahr oder die Verdunklungsgefahr oder die Erfüllung des gesetzlichen Tatbestandes der dem Beschuldigten zur Last gelegten Tat verneint.

Die Entscheidungsgründe sind am Schlusse der Verhandlung zu verlesen, oder es ist ihr wesentlicher Inhalt mündlich mitzuteilen.

§ 38.

Über das Ergebnis der Beweisaufnahme entscheidet das Gericht nach seiner freien aus dem Inbegriff der Verhandlung geschöpften Überzeugung.

§ 39.

Die Verhaftung des Beschuldigten auf Grund eines anderen als des in dem Antrage der Staatsanwaltschaft angeführten Strafgesetzes darf nicht erfolgen, ohne daß der anwesende Beschuldigte zuvor auf die Veränderung des rechtlichen Gesichtspunktes hingewiesen und ihm Gelegenheit zur Verteidigung gegeben worden ist.

§ 40.

Stellt sich nach dem Ergebnis der Verhandlung heraus, daß das Gericht nicht zuständig ist, so spricht es durch Beschluß seine Unzuständigkeit aus und verweist die Sache an das zuständige Gericht. Der Beschluß ist nicht anfechtbar und für das Gericht, an welches die Sache verwiesen ist, bindend.

Die Vorschrift des § 24 Abs. 2 findet entsprechende Anwendung.

Bleibt der Beschuldigte in Verwahrung, so muß die Verhandlung vor dem zuständigen Gericht innerhalb einer Frist von drei Tagen stattfinden.

§ 41.

Über die mündliche Verhandlung ist ein sorgfältiges Protokoll aufzunehmen und von dem Richter und dem Gerichtsschreiber zu unterschreiben. Im Falle der Verhinderung des Richters genügt die Unterschrift des Gerichtsschreibers.

§ 42.

Das Protokoll über die Verhandlung enthält:

1. Ort und Tag der Verhandlung;
2. die Namen der Richter, des Beamten der Staatsanwaltschaft, des Gerichtsschreibers und des zugezogenen Dolmetschers;
3. die Bezeichnung der strafbaren Handlung nach dem schriftlichen Antrage der Staatsanwaltschaft;
4. die Namen der Beschuldigten, ihrer Verteidiger und Beistände.

Das Protokoll muß den Gang und die Ergebnisse der Verhandlung im wesentlichen wiedergeben und die Beobachtung aller wesentlichen Förmlichkeiten ersichtlich machen, auch die Bezeichnung der verlesenen Schriftstücke sowie die im Laufe der Verhandlung gestellten Anträge, die ergangenen Entscheidungen und die Beschlußformel enthalten.

In das Protokoll sind die wesentlichen Ergebnisse der Vernehmungen aufzunehmen.

§ 43.

Der Beschluß mit den Gründen ist binnen 24 Stunden nach der Verkündung zu den Akten zu bringen, falls er nicht bereits vollständig in das Protokoll mit aufgenommen worden ist, und von dem Richter zu unterschreiben.

Die Bezeichnung des Tages der Sitzung, sowie die Namen der Richter, des Beamten der Staatsanwaltschaft und des Gerichtsschreibers, welche an der Sitzung teilgenommen haben, sind in den Beschluß aufzunehmen.

§ 44.

Ist der Aufenthaltsort des Beschuldigten unbekannt, so erläßt das Gericht den Haftbefehl ohne vorherige mündliche Verhandlung.

Das Gericht kann jedoch zuvor Beweis erheben.

Das Gericht ist auch befugt, mündliche Verhandlung anzusetzen und dem Beschuldigten einen Verteidiger zu bestellen.

§ 45.

Nach Erhebung der öffentlichen Klage ist für das Haftverfahren das für die Entscheidung über die Anklage zuständige Gericht ausschließlich zuständig. Ist hiernach die Zuständigkeit des Landgerichts begründet, so ist für das Haftverfahren ein damit beauftragter Landrichter zuständig.

Vom Beginn der Hauptverhandlung an ist der Vorsitzende des erkennenden Gerichts zuständig.

Zur Begründung des Tatverdachts in dem Antrag auf Verhaftung genügt die Bezugnahme auf die Anklageschrift;

auch kann der Antrag auf Verhaftung in der Anklageschrift gestellt werden.

In der Hauptverhandlung kann der Antrag auf Verhaftung mündlich gestellt und begründet werden.

In dem in der Hauptverhandlung ergehenden Haftbeschluß kann zur Begründung des Tatverdachts auf das Urteil Bezug genommen werden.

Ein besonderes Protokoll neben dem Protokoll über die Hauptverhandlung wird nicht geführt, doch hat dieses den Anforderungen des § 42 zu genügen.

§ 46.

Der Beschluß ist dem Beschuldigten oder auf seinen Antrag dem Verteidiger in Abschrift mitzuteilen, ebenso der Staatsanwaltschaft auf deren Verlangen.

Lautet der Beschluß auf Erlaß des Haftbefehls, so ist der Beschuldigte darüber zu belehren, daß ihm das Rechtsmittel der Beschwerde zusteht.

Das Protokoll über die mündliche Verhandlung bleibt bei den gerichtlichen Akten. Abschriften desselben sind auf Verlangen der Staatsanwaltschaft und dem Beschuldigten oder seinem Verteidiger zu erteilen.

Wird der Haftbefehl wegen Verdachts einer strafbaren Handlung, deren Verfolgung nur auf Antrag eintritt, erlassen, so hat die Staatsanwaltschaft den Antragsberechtigten von dem Erlaß des Haftbefehls unverzüglich Kenntnis zu geben und sie zu einer Erklärung darüber aufzufordern, ob sie Strafantrag stellen wollen.

§ 47.

Die Beschwerde gegen den Beschluß steht im Falle der Verhaftung dem Beschuldigten, im Falle der Ablehnung des Antrages auf Verhaftung der Staatsanwaltschaft zu. Die Beschwerde hat keine aufschiebende Wirkung.

§ 48.

Zuständig zur Entscheidung über die Beschwerde ist das Landgericht in der Besetzung von drei Richtern.

Der Richter, welcher den Haftbeschluß erlassen oder bestätigt hat, ist von der Mitwirkung ausgeschlossen.

Der Beschluß ist von den Richtern zu unterschreiben. Ist ein Richter verhindet, so wird dies unter Angabe des Grundes von dem Vorsitzenden und in dessen Verhinderung von dem ältesten mitwirkenden Richter unter dem Beschluß vermerkt.

§ 49.

Termin zur Verhandlung über die Beschwerde muß spätestens am dritten Tage nach Einlegung der Beschwerde angesetzt werden.

Der nicht auf freiem Fuße befindliche Beschuldigte hat einen Anspruch nur zu solchen Terminen, welche an der Gerichtsstelle des Ortes abgehalten werden, wo er sich in Haft befindet.

Auf die mündliche Verhandlung finden die §§ 8 bis 44 mit folgender Maßgabe entsprechende Anwendung: Die Verhandlung steht unter der Leitung des Vorsitzenden, der die Ladungen erläßt und die Entscheidungen verkündet. Die Verhandlung beginnt mit der Verlesung des angefochtenen Beschlusses. Das Protokoll über die Verhandlung der ersten Instanz kann ganz oder teilweise verlesen werden und ist auf Antrag zu verlesen. Die wiederholte Vernehmung der Zeugen und Sachverständigen soll nur dann erfolgen, wenn sie über eine Tatsache, über welche sie noch nicht vernommen sind, benannt werden. Das Protokoll ist von dem Vorsitzenden zu unterschreiben. Der Vorsitzende hat auch den beisitzenden Richtern zu gestatten, Fragen an die Zeugen und Sachverständigen zu richten.

§ 50.

Der Beschluß des Beschwerdegerichts kann mit einer weiteren Beschwerde nicht angefochten werden.

§ 51.

Wird der angefochtene Beschluß von dem Beschwerdegericht bestätigt, so kann ein wiederholter Antrag auf Erlaß des Haftbefehls oder auf Aufhebung des Haftbefehls, oder eine wiederholte Beschwerde ohne mündliche Verhandlung durch Beschluß als unzulässig verworfen werden, sofern der Antrag oder die Beschwerde nicht auf neue Tatsachen oder Beweismittel gestützt wird.

Der den Antrag oder die Beschwerde zurückweisende Beschluß ist nicht anfechtbar.

§ 52.

Der Haftbefehl ist ohne mündliche Verhandlung aufzuheben:

1. wenn der Beschuldigte freigesprochen oder das Verfahren eingestellt oder die Sache zur Privatklage verwiesen ist;
2. wenn es sich um eine strafbare Handlung, die nur mit Haft oder Geldstrafe bedroht ist, handelt, sofern nicht innerhalb zwei Wochen nach Erlaß des Haftbefehls die öffentliche Klage erhoben und diese Tatsache zur Kenntnis des Gerichts, welches den Haftbefehl erlassen hat, gebracht ist;
3. wenn es sich um eine strafbare Handlung, deren Verfolgung nur auf Antrag eintritt, handelt und nicht der Antrag eines der Antragberechtigten binnen einer Woche seit Erlaß des Haftbefehls gestellt, und diese Tatsache zur Kenntnis des Gerichts, welches den Haftbefehl erlassen hat, gebracht ist;
4. wenn es die Staatsanwaltschaft beantragt.

Die Staatsanwaltschaft muß den Antrag auf Aufhebung des Haftbefehls oder auf Erneuerung der mündlichen Verhandlung unverzüglich stellen, sobald Tatsachen zu ihrer Kenntnis gelangen, die die in dem Beschluß als vorhanden angenommenen Voraussetzungen der Untersuchungshaft aufheben.

Stellt die Staatsanwaltschaft das Verfahren ein oder lehnt sie unter Verweisung auf die Privatklage die Erhebung der öffentlichen Klage ab, so hat sie diese Tatsache unverzüglich zur Kenntnis des Gerichts zu bringen, welches den Haftbefehl erlassen hat.

§ 53.

Der Beschuldigte kann jederzeit die Aufhebung des Haftbefehls beantragen. Der Antrag muß enthalten:

1. Die Tatsachen, auf Grund welcher der Wegfall der Voraussetzungen des Haftbefehls behauptet wird;
2. die Beweismittel hierfür.

Dem Antrag ist ohne mündliche Verhandlung stattzugeben, wenn die Staatsanwaltschaft ihre Zustimmung erklärt, andernfalls wird, sofern nicht die Zurückweisung in Gemäßheit des § 51 erfolgt, über den Antrag in mündlicher Verhandlung entschieden. Die Vorschriften des § 49 finden entsprechende Anwendung.

Ist der Antrag nicht in der vorgeschriebenen Form angebracht, so wird er ohne mündliche Verhandlung durch nicht anfechtbaren Beschluß als unzulässig verworfen.

§ 54.

Der Antrag auf Aufhebung des Haftbefehls ist bei dem Gericht zu stellen, welches den Haftbefehl erlassen hat; nach Erhebung der öffentlichen Klage bei dem zur Entscheidung über diese zuständigen Gerichte.

§ 55.

Ohne Zustimmung der Staatsanwaltschaft kann, abgesehen von den Fällen des § 52 das Gericht den Haftbefehl ohne mündliche Verhandlung nur aufheben, wenn sich die Haft als völlig grundlos herausgestellt hat und die Einholung der Zustimmung mit erheblicher Verzögerung verbunden wäre.

§ 56.

Die Untersuchungshaft soll bis zur Erhebung der öffentlichen Anklage die Dauer von drei Monaten nicht überschreiten. Bei längerer Dauer ist das Gericht, das den Haftbefehl erlassen hat, berechtigt und auf Verlangen des Beschuldigten sowie wenn der Haftbefehl nur wegen Verdunkelungsgefahr erlassen ist, verpflichtet, von vier zu vier Wochen eine neue mündliche Verhandlung zur Beschlußfassung über die Fortdauer der Haft anzuordnen. Die Vorschriften des § 49 finden entsprechende Anwendung.

Der Beschluß des Gerichts hat die Gründe darzulegen, aus denen die Fortdauer der Untersuchungshaft angeordnet oder der Haftbefehl aufgehoben ist.

Die Haftfortdauer kann auch auf neue Tatsachen gestützt werden.

Auf die Beschwerde finden die Bestimmungen der §§ 47 bis 51 entsprechende Anwendung.

§ 57.

Ein Beschuldigter, dessen Verhaftung lediglich wegen Fluchtgefahr angeordnet ist, soll auf seinen Antrag gegen Sicherheitsleistung mit der Untersuchungshaft verschont werden.

§ 58.

Die Sicherheitsleistung ist durch Hinterlegung in barem Gelde oder Wertpapieren oder durch Pfandbestellung oder mittels Bürgschaft geeigneter Personen zu bewirken.

Die Höhe und die Art der zu leistenden Sicherheit wird von den nach §§ 6, 45 zuständigen Richter nach freiem Ermessen festgesetzt. Vor der Festsetzung ist die Staatsanwaltschaft zu hören, auf deren Antrag mündliche Verhandlung anzusetzen ist.

§ 59.

Der nicht im Deutschen Reiche wohnende Beschuldigte ist verpflichtet eine im Bezirk des zuständigen Gerichts wohnende Person zur Empfangnahme von Zustellungen zu bevollmächtigen.

§ 60.

Der Sicherheitsleistung ungeachtet ist der Beschuldigte zur Haft zu bringen, wenn er Anstalten zur Flucht trifft, wenn er auf ergangene Ladung ohne genügende Entschuldigung ausbleibt oder wenn neu hervorgetretene Umstände seine Verhaftung erforderlich machen.

§ 61.

Eine noch nicht verfallene Sicherheit wird frei, wenn der Beschuldigte zur Haft gebracht oder wenn der Haftbefehl aufgehoben worden ist, oder wenn der Antritt der Freiheitsstrafe erfolgt.

Diejenigen, welche für den Beschuldigten Sicherheit geleistet haben, können ihre Befreiung dadurch herbeiführen, daß sie entweder binnen einer von dem Gericht zu bestimmenden Frist die Gestellung des Beschuldigten bewirken oder von den Tatsachen, welche den Verdacht einer von dem Beschuldigten beabsichtigten Flucht begründen, rechtzeitig dergestalt Anzeige machen, daß die Verhaftung bewirkt werden kann.

§ 62.

Eine noch nicht frei gewordene Sicherheit verfällt der Staatskasse, wenn der Beschuldigte sich der Untersuchung oder dem Antritt der Freiheitsstrafe entzieht.

Vor der Entscheidung sind der Beschuldigte sowie diejenigen, welche Sicherheit geleistet haben, und die Staatsanwaltschaft zu einer Erklärung aufzufordern.

Die Entscheidung kann nur mit der sofortigen Beschwerde angefochten werden. Vor der Entscheidung über die Beschwerde ist den Beteiligten und der Staatsanwaltschaft Gelegenheit zur mündlichen Begründung ihrer Anträge sowie zur Erörterung stattgehabter Ermittlungen zu geben.

Die ergehenden Entscheidungen müssen mit Gründen versehen sein.

Die Zuständigkeit des Gerichts bestimmt sich nach den §§ 6, 45, 48.

Die den Verfall aussprechende Entscheidung hat gegen diejenigen, welche für den Beschuldigten Sicherheit geleistet haben, die Wirkungen eines von dem Zivilrichter erlassenen für vorläufig vollstreckbar erklärten Endurteils und nach Ablauf der Beschwerdefrist die Wirkungen eines rechtskräftigen Zivilendurteils.

§ 63.

Ein Beschuldigter, dessen Verhaftung lediglich wegen Verdunkelungsgefahr angeordnet ist, soll auf seinen Antrag mit der Untersuchungshaft verschont werden, wenn er schriftlich oder durch Handschlag verspricht, einen ihm angewiesenen Aufenthaltsort nicht zu verlassen oder an bestimmte Örtlichkeiten sich nicht zu begeben oder mit bestimmten Personen weder mündlich noch schriftlich noch durch Vermittlung Dritter zu verkehren.

Die Art und der Umfang des erforderten Versprechens werden von dem nach §§ 6, 45 zuständigen Gericht festgesetzt.

§ 58 Abs. 2 Satz 2 findet entsprechende Anwendung.

Der Beschuldigte ist zur Haft zu bringen, wenn er dem abgegebenen Versprechen zuwiderhandelt.

§ 64.

Ist die Verhaftung wegen Fluchtgefahr und Verdunkelungsgefahr angeordnet, so kann der Beschuldigte auf seinen Antrag mit der Untersuchungshaft verschont werden, wenn er sich den nach §§ 58, 63 festgesetzten Sicherheitsmaßregeln unterwirft.

§ 65.

Über die Beschwerde gegen die Entscheidungen des Richters aus §§ 58, 63, 64 entscheidet das nach § 48 zuständige Gericht.

Die Vorschrift des § 50 findet Anwendung.

§ 66.

Die Untersuchungshaft ist mit möglichster Schonung der Person und Ehre des Verhafteten zu vollziehen; insbesondere wird bestimmt:

1. der Verhaftete soll, soweit möglich, von andern gesondert und nicht in demselben Raum mit Strafgefangenen verwahrt werden;
2. dem Verhafteten dürfen nur solche Beschränkungen auferlegt werden, welche zur Sicherung des Zweckes der Haft oder zur Aufrechterhaltung der Ordnung im Gefängnis notwendig sind;
3. Bequemlichkeiten, Beköstigung und Beschäftigung darf sich der Verhaftete auf seine Kosten verschaffen, soweit sie mit dem Zwecke der Haft vereinbar sind und weder die Ordnung im Gefängnis stören noch die Sicherheit gefährden;

4. Fesseln dürfen dem Verhafteten nur dann angelegt werden, wenn es wegen besonderer Gefährlichkeit seiner Person, namentlich zur Sicherung anderer erforderlich erscheint, oder wenn er einen Selbstentleibungs- oder Entweichungsversuch gemacht oder vorbereitet hat;
5. gegen seinen Willen darf der Verhaftete auf dem Transport nicht mit Strafgefangenen und, wenn er sich im Besitz der bürgerlichen Ehrenrechte befindet, nicht mit anderen Verhafteten, denen die bürgerlichen Ehrenrechte aberkannt sind, zusammengefesselt werden.
6. Disziplinarstrafen dürfen gegen den Verhafteten nur verhängt werden, soweit es zur Aufrechterhaltung der Ordnung im Gefängnis und der Sicherheit notwendig ist.

Die nach Maßgabe vorstehender Bestimmungen erforderlichen, im Rechtswege nicht anfechtbaren Verfügungen hat der nach §§ 6, 45 zuständige Richter zu treffen. Die in dringenden Fällen von anderen Beamten getroffenen Anordnungen sind unverzüglich zur Kenntnis des Richters zu bringen und unterliegen seiner Genehmigung.

§ 67.

Der schriftliche Verkehr des Verhafteten unterliegt der Aufsicht der Staatsanwaltschaft [1]), unbeschadet der Bestimmungen des § 68.

---

[1]) Der Gesetzentwurf geht davon aus, daß das Vorverfahren unter tunlichster Ausschaltung richterlicher Tätigkeit (insbesondere des Untersuchungsrichters) in die Hand der Staatsanwaltscahft gelegt wird. Die Beaufsichtigung des brieflichen Verkehrs kann daher nicht dem Richter überlassen werden, der von dem jeweiligen Stand der Ermittlungen keine Kenntnis hat und daher die Bedeutung einer schriftlichen Mitteilung für das Verfahren nicht beurteilen kann. — Vgl. bei Aschrott a. a. O. S. 624 Ziff. 3.

Die Stellung, die der Staatsanwaltschaft in diesem Entwurfe gegeben ist, beruht auf dem in § 158 Abs. 2 StPO. zum Ausdruck gekommenen Grundsatze. Zur Abwehr der Versuche, die Staatsanwaltschaft in eine Parteirolle herabzudrücken, verweise ich auf die eingangs

Will die Staatsanwaltschaft eine Eingabe oder einen Brief des Verhafteten zurückbehalten oder eine an ihn gerichtete schriftliche Mitteilung nicht aushändigen, so hat sie unverzüglich die Entscheidung des nach §§ 6, 45 Abs. 1 zuständigen Richters herbeizuführen.

Nur solche Schriftstücke dürfen zurückbehalten werden, die eine Verdunkelungsgefahr in sich bergen, Anordnungen zur Ermöglichung der Flucht enthalten oder der Beschlagnahme unterliegen; dem Absender ist von der Zurückhaltung des Schriftstückes unter Mitteilung des Grundes Kenntnis zu geben.

Eingaben an Behörden dürfen nicht zurückbehalten werden.

Nach Erhebung der öffentlichen Klage übt die Aufsicht über den schriftlichen Verkehr des Verhafteten der nach § 45 zuständige Richter aus.

§ 68.

Der schriftliche und mündliche Verkehr zwischen dem Verhafteten und dem Verteidiger unterliegt keiner Beschränkung. Bis zur Erhebung der öffentlichen Klage kann jedoch der Richter schriftliche Mitteilungen zurückweisen, sofern sie nicht von dem Verteidiger persönlich bei dem Gericht, der Staatsanwaltschaft oder der Gefängnisverwaltung eingereicht oder in Empfang genommen werden.

Ist der Haftbefehl wegen einer nach §§ 80 bis 93 StGB. oder nach dem Reichsgesetze gegen den Verrat militärischer Geheimnisse mit Strafe bedrohten Handlung erlassen, so unterliegt der mündliche und schriftliche Verkehr zwischen dem Beschuldigten und dem Verteidiger der Aufsicht des Gerichts.

§ 69.

Die nach §§ 67, 68 ergehenden Entscheidungen unterliegen nur der sofortigen Beschwerde.

---

angeführten Arbeiten von Kulemann und Rosenberg und auf meine Ausführungen in der Zeitschrift für die gesamte Strafrechtswissenschaft Bd. 24 S. 715 ff.

Durch die von der Staatsanwaltschaft eingelegte sofortige Beschwerde wird der Vollzug der Entscheidung gehemmt. Über die sofortige Beschwerde muß in diesem Falle spätestens am dritten Tage nach ihrer Einlegung entschieden werden.

Die Zuständigkeit des Gerichts bestimmt sich nach § 48. Die Vorschrift des § 50 findet Anwendung.

§ 70.

Auf Grund eines Haftbefehls können von der Staatsanwaltschaft Steckbriefe erlassen werden, wenn der zu Verhaftende flüchtig ist oder sich verborgen hält.

Ohne vorgängigen Haftbefehl ist eine steckbriefliche Verfolgung nur statthaft, wenn ein Festgenommener aus dem Gefängnis entweicht oder sonst sich der Bewachung entzieht. In diesen Fällen sind auch die Polizeibehörden zur Erlassung eines Steckbriefes befugt.

Der Steckbrief soll, soweit dies möglich, eine Beschreibung des zu Verhaftenden enthalten und die ihm zur Last gelegte strafbare Handlung sowie das Gefängnis bezeichnen, in welches die Ablieferung zu erfolgen hat.

§ 71.

Ist jemand auf Grund eines Haftbefehls oder Steckbriefes ergriffen worden und kann er nicht spätestens am Tage nach der Ergreifung vor den nach §§ 6, 45 zuständigen Richter gestellt werden, so ist er auf sein Verlangen oder auf das in dem Haftbefehl oder Steckbrief enthaltene Ersuchen sofort dem nächsten Amtsrichter vorzuführen.

Die Vernehmung ist spätestens am Tage nach der Ergreifung zu bewirken. Der Richter hat die Freilassung des Ergriffenen zu verfügen, wenn

1. der Ergriffene nachweist, daß er nicht die verfolgte Person ist, oder daß die Verfolgung durch die zuständige Behörde wieder aufgehoben ist;
2. nach Prüfung der Sachlage erhebliche Zweifel bestehen, ob der Ergriffene die verfolgte Person ist und die Hebung der Zweifel binnen 24 Stunden nach der Vernehmung nicht gelungen ist.

§ 72.

Von allen die Untersuchungshaft betreffenden Anträgen der Staatsanwaltschaft ist dem Beschuldigten oder auf seinen Antrag dem Verteidiger unverzüglich von dem Gericht eine Abschrift zu erteilen. Ebenso hat das Gericht von solchen Anträgen des Beschuldigten oder seines Verteidigers der Staatsanwaltschaft unverzüglich Kenntnis zu geben.

§ 73.

Die die Untersuchungshaft betreffenden Akten bleiben bei dem Gericht, welches den Haftbefehl erlassen hat; sie sind zur Hauptverhandlung von dem erkennenden Gericht heranzuziehen, bei dem sie alsdann bleiben.

Französische Reformbestrebungen auf dem Gebiet der Untersuchungshaft.

Von **Werner Rosenberg,** Oberlandesgerichtsrat in Colmar i. E.

In meiner Abhandlung über „die Reform der Untersuchungshaft" habe ich ausgeführt, daß die Hauptmängel der Untersuchungshaft in Deutschland ihre übermäßige Anwendung und ihre übermäßige Dauer sind[1]). Genau die gleichen Mängel sind auch in Frankreich hervorgetreten. Nach der französischen Kriminalstatistik sind im Jahre 1897 von 13 006 Beschuldigten, welche durch Gerichtsbeschluß außer Verfolgung gesetzt wurden, 3896 — also fast ein Drittel — in Untersuchungshaft gewesen. Unter Hinweis auf diese Ziffern hat der französische Justizminister selbst erklärt:

> „Il est permis de se demander si c'est seulement sur des indices graves de culpabilité que les mandats d'arrestation seront décernés" — „On peut craindre que bien des prévenus ne soient placés sous mandat de dépôt qu'on aurait pu sans inconvénient pour la répression laisser comparaître en liberté devant leurs juges" [2]).

Im Jahre 1898 waren von 219 346 Beschuldigten 109 312 — also fast die Hälfte — in Untersuchungshaft[3]). In demselben Jahre haben von 106 841 Unter-

---

[1]) Zeitschrift für die gesamte Strafrechtswissenschaft 26, 339 bis 404.

[2]) Zirkular des französischen Justizministers Monis vom 20. Februar 1900, Journal officiel vom 1. März 1901, 1444.

[3]) Morizot-Thibault „De la détention préventive" in der Revue du droit public 21 (1904), 49.

suchungsgefangenen 51 090 — also wiederum fast die Hälfte — weniger als drei Monate Gefängnis erhalten[1]).

Mit Recht wird daher in einem Bericht über die erwähnte Kriminalstatistik gesagt:

„Il semble que dans la plupart des cas la détention préventive aurait dû étre évitée“ [2]).

Was die Dauer der Untersuchungshaft betrifft, so hat dieselbe 1898 bei 7 % aller Haftsachen mehr als einen Monat betragen[3]). Diese Ziffer scheint gegenüber den deutschen Verhältnissen außerordentlich günstig zu sein. Gleichwohl werden auch in Frankreich lebhafte Beschwerden über die langsame Erledigung von Haftsachen erhoben. Der französische Staatsanwalt Morizot-Thibault schreibt z. B. in einem Aufsatz über die Untersuchungshaft:

„On a vu des magistrats s'endormir dans leurs informations“ [4]).

Der ehemalige Generalprokurator Bertrand sagt:

„Le procureur général constate quelquefois des abus véritables provenant de ce que le juge a voulu faire de la détention un moyen d'instruction“ [5]).

Der Gefängnisgeistliche Arboux erklärt:

„La détention, dans un certain nombre de cas, est évidemment trop longue“ [6]).

Untersuchungsrichter Jolly führt aus:

„Le mal vient de la possibilité de l'inaction du juge et des lenteurs, quelquefois inutiles, de l'instruction. Le juge, en raison de la durée illimitée du mandat de dépôt, est trop à son aise vis-à-vis d'un inculpé détenu“ [7]).

---

[1]) Revue pénitentiaire. Bulletin de la société générale des prisons Bd. 25 (1901) N. 3, 583.

[2]) Revue pénitentiaire 1901, 583.

[3]) Revue 1901, 583.

[4]) Revue du droit public 1904, 62.

[5]) Revue pénitentiaire 1901, 669.

[6]) Revue 1901, 673.

[7]) Revue 436.

In der Sitzung des Senats vom 20. Mai 1897 hat Senator Trarieux geäußert:

„Les instructions de nos affaires d'assises, voir même de certaines affaires correctionnelles, présentent parfois des lenteurs qui n'étant pas suffisamment expliquées semblent accuser de la part des magistrats qui en ont été charges un oubli fâcheux de leur responsabilité à l'égard des inculpés maintenus en prison préventive“ [1]).

In der Deputiertenkammer hat der Abg. Cruppi am 25. Februar 1901 mitgeteilt, daß eine Frau, die wegen Diebstahls dreier Brödchen später zu 16 Franken Geldstrafe verurteilt wurde, 26 Tage lang in Untersuchungshaft festgehalten worden ist, obwohl sie festen Wohnsitz hatte und nicht vorbestraft war. Im Anschluß an diesen Fall hat Cruppi öffentlich behauptet:

„Je proclame hautement qu'à l'heure actuelle il n'y a pas dans le monde civilisé un pays où la liberté individuelle soit entourée de moins de garanties effectives que dans le nôtre“ [2]).

Die Beseitigung der erwähnten Übelstände ist bereits im Verwaltungswege versucht worden. Wie die preußischen Justizminister Simons und Schönstedt Verfügungen gegen den Mißbrauch der Untersuchungshaft erlassen haben, so haben auch die französischen Justizminister de Serre, Monis und andere Zirkulare zu demselben Zweck erlassen[3]). Viele Generalprokuratoren haben ferner die unter ihrer Aufsicht stehenden Staatsanwälte und Untersuchungsrichter[4]) angewiesen, jede Woche eine Übersicht aller schweben-

[1]) Dalloz Jurisprudence générale Recueil périodique et critique. Jahrgang 1897, Teil IV, 116.

[2]) Revue pénitentiaire 1901, 588.

[3]) Faustin Hélie, Traité de l'instruction criminelle 2. Aufl. (1866) 4, S. 622, 630—631; Journal officiel vom 1. März 1901, 1443; Coulon, Une réforme indispensable. De la liberté individuelle (1901), 60—62; Revue du droit public 21, 48.

[4]) Vgl. code d'instruction criminelle Art. 279.

den Haftsachen einzureichen[1]), während das Gesetz nur verlangt, daß die neu eingegangenen Haftsachen in diese Übersicht aufgenommen werden[2]). Eine dauernde und erhebliche Besserung ist durch die erwähnten Verwaltungsvorschriften nicht erzielt worden[3]); vielmehr wird allgemein anerkannt, daß gerade in den letzten zehn Jahren die Untersuchungshaft wieder länger geworden ist[4]). Es hängt dies mit den Formalitäten zusammen, welche durch das französische Gesetz vom 8. bis 10. Dezember 1897 eingeführt worden sind.

Die französische Regierung hat ferner wiederholt versucht, die gesetzlicher Bestimmungen, welche der code d'instruction criminelle über die Untersuchungshaft enthält, zu verbessern. Im März 1878 setzte der Justizminister Dufaure eine außerparlamentarische Kommission unter dem Vorsitz des berühmten Kriminalisten Faustin Hélie ein, welche die Grundzüge einer neuen Strafprozeßordnung beraten sollte. Schon am 27. November 1879 konnte der Justizminister Le Royer dem Senat einen vollständigen Gesetzentwurf vorlegen, der sich im wesentlichen mit den Vorschlägen der Kommission deckt[5]). Über diesen Entwurf hat der Senator Dauphin im Laufe des Jahres 1882 zwei verschiedene Berichte erstattet[6]). Die zweite Lesung des Entwurfs erfolgte in den Sitzungen vom 24. und 28. Juli, 3. und 5. August 1882; in denselben

[1]) Revue pénitentiaire 1901, 674.

[2]) Code d'instruction criminelle Art. 249 „Le procureur enverra tous les huit jours au procureur général une notice de toutes les affaires criminelles, de police correctionnelles ou de simple police qui seront survenues".

[3]) Bericht des Senators Dauphin 1882 (Documents parlementaires Sénat N. 63, 117); Revue pénitentiaire 1901, 647 (Coulon); Revue du droit public 1904, 48.

[4]) Mitteilungen der IKV. 8, 246; 11, 196; Zeitschrift für die ges. Strafrechtswissenschaft 23, S. 38, 40.

[5]) Projet de loi tendant à réformer le code d'instruction criminelle, présenté par M. Le Royer, garde des sceaux, ministre de la justice (Journal officiel 15. Januar 1880 Sénat Annexe N. 7).

[6]) Documents parlementaires 1882 Sénat. Annexe N. 63, 117 und N. 314, 389.

ist der Entwurf mit einigen Änderungen vom Staat angenommen worden. Nicht so schnell und glatt verliefen die Beratungen in der Deputiertenkammer. Der vom Senat genehmigte Gesetzentwurf ist in den Jahren 1882 bis 1894 viermal von vier verschiedenen Justizministern der Kammer vorgelegt worden[1]). Über den Entwurf wurde viermal ein Kommissionsbericht erstattet[2]). Die Kammer hat bereits 1884 den Entwurf in erster Lesung angenommen und 1887 die Erledigung des Entwurfs für dringlich erklärt[3]); zu einer vollständigen Durchberatung und zu einer definitiven Annahme des Entwurfs ist es gleichwohl niemals gekommen. In den Jahren 1892 bis 1898 sind einzelne Materien des Entwurfs durch Spezialgesetze geregelt worden[4]). Die Materie der Untersuchungshaft sollte durch einen Gesetzentwurf des Justizministers Monis vom 16. Januar 1902 gleichfalls besonders geregelt werden[5]); derselbe ist bis jetzt unerledigt geblieben.

Der Deputierte de Ramel und der Advokat Coulon haben ebenfalls Gesetzentwürfe ausgearbeitet, durch welche die Untersuchungshaft beschränkt und abgekürzt werden

[1]) Projet de loi Devès 1882 Journal officiel 1882 Chambre des députés Annexe N. 1379, 2423; projet de loi Demôle 1886 Annexe N. 371, 849; projet de loi Thévenet 1890 Annexe N. 165, 306; projet de loi Dubost 1894 Annexe N. 411, 249.

[2]) Rapport Goblet 1883 Annexe N. 2377, 1784; Rapport Bovier-Lapierre 1887 Annexe N. 1453, 103; Rapport Bovier-Lapierre 1891 Annexe N. 1114, 119; Rapport Bovier-Lapierre 1895 Annexe N. 1646, 1520.

[3]) Sitzungen vom 30. Oktober, 4., 6., 8. November 1884, 15. November 1887 (Débats parlementaires 2053).

[4]) Gesetz vom 15.—17. November 1892 imputant le détention préventive sur la durée des peines prononcées. Gesetz vom 8.—10. Dezember 1897 ayant pour objet de modifier certaines règles de l'instruction criminelle en matière de crimes et délits. Gesetz vom 19.—21. April 1898 sur la répression des violences, voies de fait, actes de cruauté et attentats commis envers les enfants (Artikel 4).

[5]) Projet de loi, tendant à modifier l'intitulé du chap. 8 du livre I et les art. 113, 114, 115, 116, 117, 118, 119, 120, 121, 122, 123, 124, 125, 126, 135, 136, 296, 421 du code d'instruction criminelle (Annexes de la Chambre des députés 1902, N. 2875, 11).

soll[1]). Zahlreiche Reformvorschläge sind ferner in den Protokollen der société générale des prisons enthalten, die den Schutz der persönlichen Freiheit wiederholt zum Gegenstand ihrer Beratungen gemacht hat[2]).

In der nachfolgenden Abhandlung soll eine kurze Übersicht über die wichtigsten der verschiedenen Reformprojekte gegeben werden, soweit dieselben für die deutschen Bestrebungen zur Verbesserung der Strafprozeßordnung von Interesse sind.

II.

Der code d'instruction criminelle enthält keine allgemeinen Vorschriften über die Voraussetzungen der Untersuchungshaft, sondern überläßt die Anordnung derselben dem richterlichen Ermessen. In der französischen Rechtswissenschaft ist jedoch bereits der Versuch gemacht worden, dieses Ermessen durch Aufstellung fester Grundsätze zu beschränken. Die Verhängung der Untersuchungshaft soll nur dann zulässig sein, wenn drei verschiedene Bedingungen erfüllt sind:

1. Die Handlung, welche dem Beschuldigten zur Last gelegt wird, muß mit einer Freiheitsstrafe bedroht sein. Beschuldigte, gegen welche nur eine Geldstrafe ausgesprochen werden kann, dürfen nicht in Untersuchungshaft genommen werden[3]). Zur Begründung dieser Ansicht wird auf Art. 131 des code d'instr. crim. verwiesen, der in der Fassung des Gesetzes vom 17. Juli 1856 lautet:

> „Si le délit ne doit pas entraîner la peine d'emprisonnement, le prévenu sera mis en liberté, à la charge de se représenter, à jour fixe, devant le tribunal compétent".

---

[1]) Documents parlementaires. Chambre des députés. Sess. ord. 1898 Annexe N. 1889, 534. Coulon, Une réforme indispensable. De la liberté individuelle (1901), 111—119. — Revue pénitentiaire 1901 S. 221—226, 647—652.

[2]) Revue pénitentiaire 1901, S. 185—323, 429—479, 633—681.

[3]) Dalloz, Répertoire méthodique et alphabétique Bd. 28 (1854) v. Instruction criminelle N. 609, 170, N. 632, 175. — Hélie, Traité de l'instruction criminelle 2. Aufl., 4, 603.

2. Gegen den Beschuldigten müssen „indices graves“ vorliegen[1]). Diese Ansicht wird auf Art. 40 des code d'instr. crim. gestützt, der zwar nur die vorläufige Festnahme durch den Staatsanwalt regelt, aber in analoger Weise auf den Untersuchungsrichter angewendet wird. Hélie z. B. sagt:

„Il faut considérer la disposition de cet article comme une règle générale qui s'étend à la délivrance de tous les mandats“ [2]).

3. Die Verhaftung des Beschuldigten muß notwendig sein[3]). Hélie führt in dieser Beziehung aus:

„La détention préalable ne doit point être appliquée dans tous les cas où elle n'est point indispensable soit à la sûreté publique soit à l'execution de la peine soit à l'instruction du procès. La nécessité étant la condition et la mesure de son application, dès que cette nécessité n'est plus constatée, la mesure est présumée inutile, et si elle est inutile, elle n'est plus qu'un abus odieux“[4]).

Allein die Begriffe „nécessité“ und „indices graves“ lassen der Willkür des Richters noch einen sehr weiten Spielraum. Coulon hat daher vorgeschlagen, gesetzliche Präsumtionen aufzustellen, welche durch die besonderen Umstände des einzelnen Falles entkräftet werden müssen. Art. 2, Absatz 2 seines Gesetzentwurfs bestimmt:

„La liberté provisoire est la règle. La détention préventive est l'exception“ [5]).

Genau denselben Vorschlag hat schon früher der Advokat Mack gemacht. Derselbe sagt:

„Il faut que le principe soit écrit formellement dans la loi, qu'elle prescrive au juge de remettre l'in-

---

[1]) Dalloz, Répertoire Bd. 28 v. Instruction criminelle N. 611, 170.

[2]) Hélie 4, 616—617.

[3]) Hélie 4, 628; Revue pénitentiaire 1901, 197 (Larnaude), S. 433, 435 (Jolly); Coulon, De la liberté individuelle S. 54—58, 60.

[4]) Hélie 4, 610.

[5]) Coulon, De la liberté individuelle S. 112; Revue pénitentiaire 1901, S. 642, 643, 648, 652.

culpé, même d'office, le plus tôt possible en liberté provisoire, et que le juge ou la jurisdiction à laquelle pourrait être déféréé son ordonnance aient seulement la faculté de déroger à la règle dans des cas prévus par la loi en refusant la mise en liberté provisoire par des décisions motivées, comme cela se passe en Belgique"[1]).

Der Abg. de Ramel will die erwähnte Präsumtion nur für Vergehen gelten lassen, nicht auch für Verbrechen. Nach seinem Entwurf sollen Personen, welche festen Wohnsitz und feste Beschäftigung haben, in Strafkammersachen (matières correctionelles) nicht verhaftet werden[2]). Der Vorschlag von Ramel will einer Verwaltungsvorschrift gesetzliche Anerkennung verschaffen, die für die französischen Staatsanwälte schon jetzt besteht. In einem Zirkular des Justizministers Monis vom 20. Februar 1900 ist ausdrücklich gesagt:

„En matière correctionnelle tout homme qui a un foyer ou une profession stable ou des attaches quelconques dans le pays qu'il habite, ne doit être placé qu' exeptionnellement sous mandat de dépôt" [3]).

Ein weiterer Vorschlag von Coulon geht dahin, auch diejenigen Fälle gesetzlich zu bestimmen, in welchen die von ihm aufgestellte Regel keine Anwendung finden soll. Zu diesen Ausnahmefällen rechnet er: 1. Ergreifung auf frischer Tat (flagrant délit), 2. Geständnis, 3. Mangel eines Wohnsitzes, 4. Vorstrafen wegen eines Verbrechens, 5. Vorstrafen von mehr als zwei Jahren Gefängnis[4]).

De Ramel hat gleichfalls den Versuch gemacht, die Ausnahmen von seiner Regel in eine Gesetzesformel zu

---

[1]) Revue pénitentiaire 1901, 221.

[2]) Revue S. 222; Proposition de loi ayant pour objet les garanties de la liberté individuelle présentée par M. de Ramel député (Documents parlementaires 1898 Annexe N. 1889, 534).

[3]) Journal officiel vom 1. März 1901.

[4]) Coulon, De la liberté individuelle S. 112 (Art. 3). Revue pénitentiaire 1901, 648.

bringen. Der von ihm aufgestellte Grundsatz soll keine Anwendung finden auf rückfällige Personen sowie auf Ausländer; der Begriff des Rückfalls ist in Art. 11 seines Entwurfs näher definiert[1]).

III.

Der code d'instr. crim. kennt drei verschiedene Formen für die Anordnung der Untersuchungshaft:

1. den Vorführungsbefehl (mandat d'amener),
2. den Verwahrungsbefehl (mandat de dépôt),
3. den Haftbefehl (mandat d'arrêt).

Jedes dieser drei „Mandate" muß die Persönlichkeit des Beschuldigten möglichst genau bezeichnen und das Gefängnis angeben, in welches der Beschuldigte abgeliefert werden soll. Auch muß jedes Mandat ein bestimmtes Datum tragen und von dem Beamten, welcher dasselbe erlassen hat, mit Unterschrift und Dienstsiegel versehen sein[2]). Im übrigen bestehen zwischen den einzelnen Klassen von Mandaten folgende Unterschiede:

1. Das mandat d'amener kann nur vor der Vernehmung des Beschuldigten erlassen werden. Die mandats de dépôt und d'arrêt sind erst nach der Vernehmung des Beschuldigten zulässig; eine Ausnahme von dieser Regel ist nur dann statthaft, wenn der Beschuldigte flüchtig ist[3]).

2. Die mandats d'amener und die dépôt können in bestimmten Fällen auch vom Staatsanwalt erlassen werden[4]); für den Erlaß des mandats d'arrêt ist der Staatsanwalt niemals zuständig.

3. Das mandat d'arrêt darf nur nach Anhörung der Staatsanwaltschaft erlassen werden. Bei den mandats d'amener und de dépôt bedarf es einer Anhörung der Staatsanwaltschaft nicht[5]).

---

[1]) Revue 1901, 222; Documents parlementaires 1898 Annexe N. 1889, 534: 1. condamnés pour crime, 2. condamnés à un an d'emprisonnement, 3. condamnés ayant subi deux condamnations de police correctionnelle à l'emprisonnement.

[2]) Code d'instruction criminelle Art. 95, 100, 110; Hélie 4, 638.

[3]) Code d'instruction criminelle Art. 94; Hélie S. 619,629, 630.

[4]) Code d'instruction criminelle Art. 40, 100.

[5]) Code d'instruction criminelle Art. 94; Hélie 632.

16*

4. In dem mandat d'arrêt muß die dem Beschuldigten zur Last gelegte Tat sowie das angeblich verletzte Strafgesetz genau bezeichnet werden. Für die mandats d'amener und de dépôt sind diese Angaben nicht vorgeschrieben[1]).

5. Auf Grund des mandat d'amener darf der Beschuldigte höchstens 24 Stunden lang in Untersuchungshaft festgehalten werden. Bei den mandats de dépôt und d'arrêt besteht im allgemeinen keine feste Grenze für die Dauer der Untersuchungshaft; nur in wenigen Ausnahmefällen ist die letztere kraft Gesetzes auf fünf Tage beschränkt[2]).

Vor der Vernehmung des Beschuldigten hat der Untersuchungsrichter die Wahl, ob er einen Vorladungsbefehl (mandat de comparation) oder einen Vorführungsbefehl erlassen will[3]). Nach der Vernehmung hat der Untersuchungsrichter die Wahl, ob er ein mandat de dépôt oder ein mandat d'arrêt erlassen will[4]). In der Regel wird das mandat de dépôt vorgezogen, um die Formalitäten zu vermeiden, welche für das mandat d'arrêt vorgeschrieben sind[5]). Diese Praxis der Gerichte widerspricht dem Grundgedanken des Gesetzes, nach welchem das mandat d'arrêt die Regel, das mandat de depôt die Ausnahme bilden soll[6]).

In den von der Regierung vorgelegten Gesetzentwürfen ist der Versuch gemacht, die richterliche Willkür bei Auswahl der verschiedenen Mandate zu beseitigen. Zunächst ist vorgeschlagen worden, daß alle Mandate den Gegenstand der Beschuldigung und das verletzte Gesetz genau angeben müssen[7]). Sodann ist für die ein-

[1]) Code d'instruction criminelle 96; Hélie 632; Revue du droit public 1904, 33.

[2]) Code d'instruction criminelle Art. 113.

[3]) Hélie S. 621, 622; Coulon, De la liberté individuelle 76.

[4]) Hélie 631—633, Coulon 76.

[5]) Hélie S. 633, 635—636; Revue pénitentiaire 1901, 435 (Jolly) Coulon 76.

[6]) Hélie S. 633, 637, 641.

[7]) Vgl. Entwurf Le Royer 1879 Art. 77, Entwurf Dubost 1894 Art. 90.

zelnen Mandate eine bestimmte Reihenfolge vorgeschrieben worden, welche nur in Ausnahmefällen durchbrochen werden darf. Nach dem Gesetzentwurf Le Royer von 1879 beginnt das Verfahren in der Regel mit der Vorladung des Beschuldigten (assignation). Leistet der Beschuldigte dieser Vorladung keine Folge, so wird ein mandat d'amener erlassen, auf Grund dessen der Beschuldigte höchstens 24 Stunden lang festgehalten werden darf. Innerhalb des genannten Zeitraums muß die richterliche Vernehmung des Beschuldigten stattfinden. Nach der Vernehmung kann der Richter ein mandat de dépôt provisoire erlassen, welches jedoch nur fünf Tage Geltung hat und nicht erneuert werden darf. Bei Ablauf dieses mandat de dépôt ist der Untersuchungsrichter befugt, ein mandat d'arrêt zu erlassen. Die Wirksamkeit des letzteren ist auf dreißig Tage beschränkt; jedoch kann die Ratskammer, wenn die gesetzliche Frist zur Durchführung der Voruntersuchung nicht ausreicht, weitere richterliche Fristen von je dreißig Tagen bewilligen. In den Motiven des erwähnten Gesetzentwurfs wird die vorgeschlagene Reform in folgender Weise begründet:

„Ainsi au régime abusif des mandats de dépôts actuel se trouve substitué le régime des mandats à échéancefixe, à période variable, s'échellonnant chacun à son tour après un examen plus approfondi et sous la responsabilité unique du juge d'instruction“ [1]).

In den späteren Reformvorschlägen finden sich nur unbedeutende Abweichungen von diesem Gesetzentwurf. Streitig ist, ob die Wirkung des mandat de dépôt auf einen längeren Zeitraum — zehn Tage, fünfzehn Tage, drei Monate — erstreckt werden soll[2]). Streitig ist ferner, ob dem Untersuchungsrichter bzw. der Ratskammer die Befugnis beige-

[1]) Journal officiel vom 15. Januar 1880 Annexe N. 7, 306.

[2]) Vgl. z. B. Bericht Bovier-Lapierre 1887 Art. 108 (zehn Tage). Bericht Dauphin 1882 Art. 108 (fünfzehn Tage), Entwurf Dubost 1894 Annexe 411, 252 (fünfzehn Tage), Jolly in der Revue pénitentiaire 1901, 435—437 (drei Monate).

legt werden soll, das mandat de dépôt zu erneuern[1]). Auch über die Dauer des mandat d'arrêt wird gestritten; statt 30 Tagen werden 20, 40 und 60 Tage vorgeschlagen[2]). Endlich besteht Streit darüber, ob in den Mandaten die Gründe für den Erlaß derselben angegeben werden sollen (règle de la motivation[3]).

Der wesentliche Kern des Gesetzentwurfs Le Royer sowie aller späteren Reformvorschläge besteht in der Einführung des „mandat à échéance". Der Grundgedanke dieser Reform hat bei Theoretikern und Praktikern, Juristen und Politikern gleichmäßig Beifall gefunden. Professor Larnaude z. B. erklärt:

> „L'introduction de ces délais me paraît être une des garanties les plus essentielles de la liberté individuelle[4]).

Professor Poittevin führt aus:

> „Cette limitation est indispensable; nos mandats avec effet indéfini ne peuvent se comprendre dans une législation libérale"[5]).

Untersuchungsrichter Jolly sagt:

> „Le remède consiste, à mon avis, à limiter la durée légale du mandat de dépôt. Supposons, en effet, que ce mandat de dépôt ne soit valable que pour un terme déterminé, qu'il soit périmé après un certain délai, combien les choses changeraient de face! Le juge serait obligé de veiller avec plus de sollicitude sur ses dossiers de détenus; il aurait en face de lui une échéance qui viendrait stimuler son zèle et activer son information.
> „Voilà un mandat de dépôt qui tombe de date tel jour, se dirait-il; il me faut terminer cette affaire le plus tôt

[1]) Bericht Dauphin 1882 N. 63, 117; Bericht Goblet 1883 N. 2377, 1788; Entwurf Dubost 1894 Art. 109; Entwurf Monis 1902 Art. 119; Revue pénitentiaire 1901, S. 436, 437 (Jolly).

[2]) Bericht Dauphin 1882, 117; Entwurf Dubost 1894 Art. 117, 118; Entwurf Monis 1902 Art. 119; Revue pénitentiaire 1901, 224 (de Ramel).

[3]) Entwurf Monis 1902 Art. 119; Revue pénitentiaire 1901, 210 (Larnaude), 221 (Mack), 436, 437 (Jolly), 656 (Chanteau).

[4]) Revue pénitentiaire 1901, 209.

[5]) Revue 233.

possible". Il serait dans la situation d'un commerçant qui surveille avec soin ses échéances, pour éviter un protêt"[1]).

Die gleiche Ansicht vertritt auch Untersuchungsrichter Albanel:

„Le système de mon excellent collègue me paraît être le meilleur[2]).

Staatsanwalt Chanteau äußert:

„Parmi les mesures proposées la limitation de la détention préventive serait la meilleure"[3]).

Der Abg. Ribot bemerkt:

„Je trouve excessif qu'on puisse décerner, sans échéance fixe, un mandat en vertu du quel on peut être détenu pendant un an et plus peut-être"[4]).

Der Abg. de Ramel endlich macht folgende Ausführungen:

„Il ne faut assurément pas gêner et paralyser le juge d'instruction dans son œuvre difficile. Il faut qu'il ait le temps de faire la lumière: mais il ne faut pas cependant que, exempt de tout contrôle, il puisse indéfiniment maintenir l'arrestation ..... Il faut donc lui impartir des délais; mais ces délais ne seront pas des délais de rigueur, les circonstances dans chaque affaire pouvant justifier le prolongement de l'instruction et, par là même, de la détention préventive"[5]).

IV.

Über das Verfahren bei Anordnung und Aufhebung der Untersuchungshaft enthalten die bestehenden Gesetze nur wenige Vorschriften. Nach Art. 3 des Gesetzes vom 8. bis 10. Dezember 1897 darf der Untersuchungsrichter die erste Vernehmung des Beschuldigten nicht als leere Formalität

[1]) Revue 435.
[2]) Revue 665.
[3]) Revue 655.
[4]) Revue 461.
[5]) Revue 224.

behandeln. Er muß die Personalien des Beschuldigten feststellen, ihn mit dem Gegenstande der Untersuchung bekannt machen und seine Erklärungen entgegennehmen. Nach demselben Gesetz (Art. 3 Abs. 3) kann der Beschuldigte jeder Zeit die Bestellung eines Verteidigers verlangen. Der Beschuldigte darf ferner in jeder Lage des Verfahrens seine Freilassung beantragen[1]). Solange die Voruntersuchung anhängig ist, hat der Untersuchungsrichter über diesen Antrag zu entscheiden[2]); vor der Entscheidung ist die Staatsanwaltschaft und die Zivilpartei zu hören[3]). Gegen den Beschluß des Untersuchungsrichters kann der Beschuldigte innerhalb 24 Stunden Beschwerde einlegen, jedoch nicht in allen Fällen, sondern nur dann, wenn der Beschluß die Freilassung gegen Kaution betrifft[4]). Das Beschwerderecht des Beschuldigten ist also ein beschränktes[5]). Zur Entscheidung über die Haftbeschwerde ist die Anklagekammer des Appellhofs zuständig[6]).

Die Reformvorschläge lassen sich in zwei verschiedene Gruppen einteilen: Die erste Gruppe solf Garantien für eine schnelle Erledigung des Verfahrens bieten; die zweite Gruppe soll den Schutz der persönlichen Freiheit während des Verfahrens verstärken. Zu der ersten Gruppe gehören folgende Vorschläge:

1. Die Entscheidung über Haftbeschwerden soll nicht mehr durch die Anklagekammer des vielleicht weit entfernten Appellhofs erfolgen, sondern durch die Ratskammer des Tribunals erster Instanz. Diese Ratskammer ist durch Gesetz vom 17. Juli 1856 aufgehoben worden und soll nunmehr in veränderter Form wieder hergestellt werden[7]).

---

[1]) Code d'instruction criminelle Art. 116.

[2]) Helie 4, 696.

[3]) Hélie d'instruction criminelle Art. 118.

[4]) Code d'instruction criminelle Art. 135, 114.

[5]) Hélie 4, 149.

[6]) Code d'instruction criminelle Art. 135.

[7]) Bericht Dauphin 1882, 118; Bericht Bovier-Lapierre 1887, 112; Entwurf Monis 1902, Art. 113; Revue pénitentiaire 1901, 663 (Levy-Alvarès), 665 (Albanel), 671 (Petit).

2. Die Mitwirkung der Zivilpartei, welche Hélie schon vor vielen Jahren für überflüssig erklärte, soll in Zukunft wegfallen[1]).

3. Die Verhandlung vor dem Beschwerdegericht soll innerhalb einer kurzen, gesetzlich bestimmten Frist stattfinden[2]).

4. Die Entscheidung des Beschwerdegerichts soll gleichfalls innerhalb einer kurzen, gesetzlich bestimmten Frist erfolgen[3]).

5. Gegen die Entscheidung des Beschwerdegerichts soll kein Rechtsmittel zulässig sein[4]); eventuell soll die Einlegung dieses weiteren Rechtsmittels sowie die Verhandlung und Entscheidung über dasselbe an kurze Fristen gebunden werden[5]).

6. Die Anklagekammer des Appellhofs soll das Recht erhalten, jede Haftsache nach Ablauf von drei Monaten dem Untersuchungsrichter zu entziehen und einem ihrer Mitglieder zu übertragen[6]).

Zu der zweiten Gruppe gehören folgende Vorschläge:

1. Das vom Untersuchungsrichter erlassene mandat de dépôt soll seine Geltung verlieren, wenn es nicht innerhalb einer bestimmten Frist von der Ratskammer bestätigt wird; die Ratskammer hat ihre Entscheidung nicht auf Anrufen einer Partei, sondern von Amtswegen zu treffen[7]).

2. Für die Verlängerung des mandat de dépôt und d'arrêt soll nicht der Einzelrichter, welcher diese Befehle

---

[1]) Hélie 4, 699; Entwurf Ramel Art. 7.

[2]) Entwurf Monis Art. 115 (48 Stunden).

[3]) Entwurf Le Royer Art. 139; Entwurf Monis Art. 116: „Son jugement est rendu le jour de la convocation même"; Entwurf Ramel Art. 7: 48 Stunden; Entwurf Coulon Art. 7: cinq jours.

[4]) Entwurf Monis Art. 116: „La chambre du conseil statue en dernier ressort."

[5]) Entwurf Ramel Art. 7; Entwurf Coulon Art. 7: „L'appel sera jugé dans les dix jours simple requête à la chambre des mises en a accusation."

[6]) Entwurf Le Royer 330; Bericht Bovier-Lapierre 1887, Art. 233, S. 114, 138.

[7]) Revue pénitentiaire 1901, 199—200 (Larnaude).

erlassen hat, sondern ein Richterkollegium — die Ratskammer — zuständig sein[1]).

3. Die Frist für die Einlegung der Haftbeschwerde soll verlängert werden[2]).

4. Vor der Entscheidung über die Haftbeschwerde soll eine mündliche Verhandlung stattfinden, in welcher nicht bloß der Verteidiger des Beschuldigten, sondern auch der Beschuldigte selbst zugegen sein darf[3]).

Völlig verschieden von den bisher erwähnten Reformvorschlägen ist ein Vorschlag, den Professor Garçon in Paris gemacht hat. Garçon unterscheidet zwischen den richterlichen und den gerichtspolizeilichen Funktionen des Untersuchungsrichters; die ersteren soll der Untersuchungsrichter behalten; die letzteren sollen dem Staatsanwalt übertragen werden. In logischer Durchführung dieses Gedankens erklärt Garçon:

> „Pour se prononcer sur la légitimité de la détention préventive, le juge sera amené, à exiger du ministère public la preuve qu'il existe, prima facie, des indices suffisants pour légitimer des soupçons contre l'individu arrêté" [4]).

Vor dem Untersuchungsrichter soll also nicht bloß eine kontradiktorische Verhandlung, sondern auch eine kontradiktorische Beweisaufnahme stattfinden. Auf Grund der von den Parteien vorgebrachten Beweise, welche nötigenfalls von Amts wegen zu ergänzen sind [5]), hat der Untersuchungsrichter zu entscheiden, ob ein Haftbefehl erlassen werden soll.

V.

Bei Betrachtung der erwähnten Reformvorschläge fällt zunächst auf, daß kein einziger der von der Regierung eingebrachten Gesetzentwürfe den Versuch gemacht hat, die

---

[1]) Entwurf Monis Art. 119; Revue 1901, 234 (Poittevin), 663 (Levy-Alvarès), 665 (Albanel).

[2]) Entwurf Monis Art. 115.

[3]) Entwurf Monis Art. 115; Revue 1901, 663 (Levy-Alvarès).

[4]) Mitteilungen der IKV. 10., 294.

[5]) Mitteilungen 295.

Voraussetzungen der Untersuchungshaft näher zu regeln. Dieser Mangel ist um so auffälliger, als schon vor vielen Jahren der berühmte Kriminalist Faustin Hélie auf die Lücken hingewiesen hat, welche der code d'instruction criminelle in dieser Beziehung enthält [1]).

Gegen den Vorschlag von Ramel besteht das Bedenken, daß die Grenze zwischen Schwurgerichts- und Strafkammersachen bzw. zwischen Verbrechen und Vergehen in der französischen wie in der deutschen Gesetzgebung eine ganz willkürliche ist [2]). Einen anderen, nicht minder zutreffenden Grund gegen die vorgeschlagene Unterscheidung hat Coulon angeführt:

> „La liberté est aussi précieuse et aussi nécessaire pour ceux qui sont accusés d'avoir commis un crime que pour ceux qui sont accusés d'avoir commis un délit; il est aussi injuste d'arrêter sans preuves dans un cas que dans l'autre" [3]).

Der Vorschlag von Coulon bringt klar und deutlich die richtige Ansicht zum Ausdruck, daß die Untersuchungshaft eine subsidiäre Maßregel sein soll, welche nur dann gerechtfertigt erscheint, wenn alle anderen Mittel — Hausarrest, Eingrenzung, Gelöbnis, Bürgschaft und Pfandbestellung [4]) — sich als ungenügend erweisen [5]). Gleichwohl kann auch dieser Vorschlag nicht empfohlen werden. Es ist unmöglich, alle Ausnahmefälle, in welchen die Untersuchungshaft verhängt werden darf, in erschöpfender Weise zu formulieren; bei der unendlichen Verschiedenheit der menschlichen Lebensverhältnisse muß dem vernünftigen Ermessen des Richters stets ein gewisser Spielraum eingeräumt werden. Auch ist es eine offenbare Inkonsequenz, wenn Coulon bei Aufstellung seiner Regel den Unterschied

---

[1]) Hélie 4, 605.

[2]) Revue pénitentiaire 1901, 434 (Jolly).

[3]) Revue 646.

[4]) Zeitschrift für die gesamte Strafrechtswissenschaft 26, 365—374.

[5]) Karl Meyer, Kritische und vergleichende Darstellung der Strafverfolgung und Voruntersuchung nach den kantonalen Gerichtsorganisationen und Strafprozeßordnungen (1897) 195.

zwischen Verbrechen und Vergehen verwirft, bei Aufstellung seiner Ausnahmen aber diesen Unterschied beibehält. Der Vorschlag von Coulon geht ferner darin zu weit, daß er die Untersuchungshaft wegen Kollusionsgefahr gänzlich beseitigen will [1]). Die Tatsache, daß ein Beschuldigter feste Wohnung hat und nicht vorbestraft ist, soll genügen, um ihn mit der Untersuchungshaft zu verschonen [2])! Gerade in Frankreich hält die herrschende Meinung daran fest, daß die Kollusionshaft eine „mesure d'instruction" ist, welche überhaupt nicht entbehrt werden kann [3]). Untersuchungsrichter Jolly z. B. sagt:

> „Quand même l'inculpé serait domicilié et ne songerait pas à s'enfuir, la détention préventive est souvent nécessaire pour empêcher un coupable de faire disparaître les preuves, de prévenir ses complices, de suborner ou d'influencer les témoins, de rendre stériles les perquisitions et les saisies, de mettre en sûreté le produit de son vol" [4]).

In Deutschland ist bekanntlich eine starke Strömung vorhanden, welche die Kollusionshaft gänzlich abschaffen will [5]). Diese Forderung wurde früher hauptsächlich von Professoren und Rechtsanwälten erhoben; in neuester Zeit ist dieselbe auch von Politikern geltend gemacht worden. Der sozialdemokratische Parteitag in Mannheim hat am 28. September 1906 beschlossen, die Beseitigung der Kollusionshaft zu verlangen [6]).

---

[1]) Revue pénitentiaire 1901, 644 (Coulon).

[2]) Entwurf Coulon Art. 3.

[3]) Vgl. Hélie 4, 608—609; Revue 1901, 197 (Larnaude).

[4]) Revue 1901, 433.

[5]) Vgl. die Literaturnachweise in der Zeitschrift für die gesamte Strafrechtswissenschaft 26, 356, Anm. 48, ferner Vargha, Die Verteidigung in Strafsachen 1879, 365—366; Heinemann in der Zeitschrift für die gesamte Strafrechtswissenschaft 26, 526; v. Liszt, Die Reform des Strafverfahrens (1906) 43; Aschrott, Reform des Strafprozesses (1906) 101.

[6]) Zeitschrift für die gesamte Strafrechtswissenschaft 27, 117.

Die Wahrheit liegt auch hier in der Mitte. Die Kollusionshaft ist bisher vielfach mißbraucht worden; sie darf aber nicht gänzlich abgeschafft werden, weil es zahlreiche Fälle gibt, in denen sie weder ersetzt noch entbehrt werden kann. Wenn ein Beschuldigter Mitschuldige bedroht oder mißhandelt, so kann er strafrechtlich nicht verfolgt werden, falls die Drohungen nur den Tatbestand eines Vergehens darstellen (§ 241 StGB.) oder falls die Mißhandlung eine einfache Körperverletzung im Sinne des § 223 StGB. ist und Strafantrag nicht gestellt wird. Dasselbe gilt, wenn der Beschuldigte eidesfähige Zeugen in das Ausland schickt oder wenn er jugendliche, verwandte, verschwägerte und geisteskranke Zeugen, welche nach den Vorschriften der Strafprozeßordnung nicht vereidigt werden dürfen, bedroht, mißhandelt, einschüchtert bzw. sonst beeinflußt. Endlich bleibt der Beschuldigte straflos, wenn er seine Geschäftsbücher verfälscht, vernichtet oder beiseite schafft, desgleichen, wenn er seine Weine oder andere Waren, welche untersucht und beanstandet worden sind, mit anderen Waren vermischt — zusammengießt und zusammenschüttet — so daß eine Feststellung ihres Verbleibs nicht mehr möglich ist. In allen diesen Fällen muß es ein wirksames Mittel geben, um eine Fortsetzung und Wiederholung der störenden Eingriffe des Beschuldigten in den Gang der Rechtspflege zu verhüten. Daß die vollständige Beseitigung der Kollusionshaft im Interesse des Beschuldigten nicht notwendig ist, bestätigt der Berliner Rechtsanwalt Dr. Siegfried Löwenstein, ein gewiß unverdächtiger Zeuge. In seinem Beitrag zu dem Sammelwerk von Aschrott sagt derselbe:

„Der Nachweis versuchter Kollusion, nicht bloßen Kollusionsverdachtes, als Voraussetzung des Haftbefehls wird auch die Gegner der Kollusionshaft zum Schweigen bringen; denn wenn auch vom Angeschuldigten nicht gefordert werden darf, daß er selbst dem Staate die Mittel zu seiner Überführung an die Hand gebe, so wird man andererseits doch dem Staate das Recht einräumen müssen, sich, sei es durch Strafandrohung, sei es dadurch, daß er sich der Person des Kolludenten versichert, gegen absichtliche Verdunkelung des Tatbestandes zu schützen"[1]).

VI.

In den Vereinigten Staaten von Amerika wird auf die Abkürzung der Untersuchungshaft ein so hoher Wert gelegt, daß das Recht auf ein „speedy trial" nicht bloß ein Verfassungsgrundsatz der Union, sondern auch vieler Einzelstaaten geworden ist[2]). In England muß jeder Beschuldigte spätestens in der zweiten Sitzungsperiode nach seiner Verhaftung abgeurteilt werden, widrigenfalls seine Freilassung zu erfolgen hat[3]). In Schottland darf jeder Beschuldigte seine sofortige Freilassung verlangen, wenn ihm nicht innerhalb 60 Tagen nach der Verhaftung die Anklageschrift zugestellt ist[4]). In Frankreich und in Deutschland dagegen besteht weder eine verfassungsmäßige noch eine gesetzliche Schranke für die Dauer der Untersuchungshaft. Eine Ausnahme gilt in Deutschland nur für die Fälle des § 126 StPO. Es ist kein Grund ersichtlich, weshalb das System der gesetzlichen Fristen, das in diesen Ausnahmefällen anerkannt ist, nicht auch in anderen Fällen anerkannt werden soll. Wenn es möglich und durchführbar ist, daß der Amtsrichter Haftbefehle auf bestimmte Zeit erläßt, so muß es auch möglich und durchführbar sein, daß der Untersuchungsrichter und die Ratskammer Haftbefehle auf bestimmte Zeit erlassen. Die Verschiedenheit der konkreten Sachlage kann dadurch berücksichtigt werden, daß in Fällen, in welchen eine längere Dauer der Untersuchungshaft geboten ist, eine Erneuerung des Haftbefehls bewilligt wird. Die Einführung gesetzlicher Fristen nötigt den untersuchungsführenden Be-

---

[1]) Aschrott, Reform des Strafprozesses (1906) 296.

[2]) Vgl. Art. VI der Amendments zu der Verfassung der Vereinigten Staaten von Amerika; Hartmann, Die Strafrechtspflege in Amerika (1906) 119—120.

[3]) Stephen, A Digest of the Law of Criminal Procedure (1883) Art. 276, 183; Revue pétentiaire 1901, 207 (Larnaude).

[4]) Hahn, Die gesamten Materialien zur StPO. I (1880) 397.

amten, in bestimmten Zeiträumen Rechenschaft über seine Tätigkeit abzulegen. Sie zwingt ihn zu raschem Entschluß und zu schneller Arbeit; sie erleichtert das Los der in Untersuchungshaft befindlichen Personen und erspart dem Staate überflüssige Verpflegungskosten. Der Grundgedanke der französischen Reformvorschläge ist bereits praktisch durchgeführt in Italien, Belgien, Holland, Waadt und Ungarn [1]). In Italien hat sich das System der mandats à échéance offenbar bewährt, sonst würde der neueste Entwurf einer italienischen Strafprozeßordnung dasselbe nicht beibehalten haben [2]). Auch in den übrigen Ländern hat das erwähnte System die Probe bestanden, wie die von der société générale des prisons befragten Auskunftspersonen bestätigen [3]).

Der französischen Dreiteilung in mandats d'amener, de dépôt und d'arrêt liegt ein richtiger und vernünftiger Gedanke zugrunde. Die folgenschwere Maßregel der Untersuchungshaft, welche die geschäftliche Existenz, die Ehre und das Familienglück eines Menschen vollständig vernichten kann, soll nicht ohne Gehör des Beschuldigten verhängt werden. Daher ist vor dieser Vernehmung nur der Erlaß eines Vorführungsbefehls gerechtfertigt. Durch die Vernehmung werden die vorhandenen Verdachtsmomente vielfach erschüttert, aber nicht vollständig entkräftet sein. In solchen Fällen können neue Ermittlungen nötig werden, um die Richtigkeit der Angaben des Beschuldigten zu prüfen. In der Zwischenzeit sind häufig provisorische Sicherungsmaßregeln geboten, zu denen auch die Verwahrung des Beschuldigten gehört. Erst nach Abschluß der weiteren Ermittlungen kommt sodann der Zeitpunkt, in welchem die definitive Entscheidung über den Erlaß des Haftbefehls getroffen werden kann.

Die materielle Unterscheidung zwischen dem provisorischen Verwahrungsbefehl und dem

[1]) Vgl. Zeitschrift für die gesamte Strafrechtswissenschaft 26, 397—398; Revue pénitentiaire 1901 S. 259, 269, 273, 310.

[2]) Zürcher in der Schweizerischen Zeitschrift für Strafrecht 19 (1906) 40; Rosenfeld in den Mitteilungen der IKV. 14, 166—167.

[3]) Revue 1901 S. 261, 274, 288.

definitiven Haftbefehl besteht bereits in Italien, Belgien, Österreich, Ungarn sowie in den schweizerischen Kantonen Genf und Waadt, wenn auch die technischen Ausdrücke in den einzelnen Ländern sehr verschieden sind und häufig der Verwahrungsbefehl als „Haftbefehl" bezeichnet wird [1]). In Deutschland ist diese Unterscheidung gleichfalls bekannt; dieselbe ist in manchen älteren Prozeßordnungen der deutschen Mittel- und Kleinstaaten zu finden [2]). Nach dem Entwurf einer deutschen Strafprozeßordnung von 1874 sollten die Gerichte befugt sein, aus denselben Gründen, aus denen sie einen Haftbefehl erlassen durften, auch einen Verwahrungsbefehl zu erlassen (§ 114); die Wirksamkeit des letzteren sollte zwei Wochen nach der Vollstreckung erlöschen (§ 115) [3]).

Die Einführung eines besonderen Verwahrungsbefehls würde also nur die Rückkehr zu alten und bewährten Traditionen des deutschen Rechts bedeuten.

Die französischen Reformvorschläge über das Verfahren bei Anordnung der Untersuchungshaft stehen noch vollständig im Banne des alten Inquisitionsprozesses. Eine kontradiktorische Verhandlung über den Grund der Verhaftung soll allerdings zulässig sein; allein diese Verhandlung soll sich auf die Anhörung des Beschuldigten und seines Verteidigers beschränken. Die Entscheidung selbst erfolgt auf Grund der Akten, d. h. auf Grund des schriftlichen Beweismaterials, welches Polizei, Staatsanwalt und Untersuchungsrichter gesammelt haben.

Der Vorschlag von Garçon stimmt mit dem Reformprojekt überein, das von einer Gruppe deutscher Kriminalisten empfohlen wird. Voraussetzung für den Erlaß eines

---

[1]) Hahn, Die gesamten Materialien zur Strafprozeßordnung (1880) I, 404 (Art. 4), 407 (Art. 107); Revue pénitentiaire 1901 S. 259, 285; Zeitschrift für die gesamte Strafrechtswissenschaft 26, 376; Karl Meyer, Kritische und vergleichende Darstellung der Strafverfolgung usw. 147.

[2]) Hahn, Materialien I, 418 (Sachsen), 419 (Württemberg); Zachariä, Handbuch des deutschen Strafprozesses 2 (1868), 139.

[3]) Hahn I, 18; Motive S. 129, 137.

jeden Haftbefehls ist eine kontradiktorische Verhandlung, in welcher nicht bloß der Beschuldigte gehört wird, sondern auch die Beweise für seine Schuld erhoben werden [1]. Diese Beweise können naturgemäß nur „prima — facie" Beweise sein, wie Garçon mit Recht sagt.

Was nun die Formen der kontradiktorischen Verhandlung betrifft, so will Heinemann einfach die Vorschriften, welche für die Hauptverhandlung gelten, auf das Vorverfahren über den Haftbefehl ausdehnen [2]. Diesem Vorschlag stehen jedoch erhebliche Bedenken entgegen. Gegen die Mitwirkung des Verteidigers bei der kontradiktorischen Verhandlung ist allerdings nichts einzuwenden. Dagegen erscheint es unnötig und sogar unzweckmäßig, dem Staatsanwalt die gesetzliche Verpflichtung aufzulegen, in allen Fällen bei der Verhandlung über den Haftbefehl mitzuwirken. Der Beschuldigte hat ein Interesse daran, daß die Beweise in seiner Gegenwart erhoben werden, nicht aber, daß sie in Gegenwart des Staatsanwalts erhoben werden. Für den Richter wird der schriftliche Antrag des Staatsanwalts in der Regel ausreichen; in besonderen Fällen kann er das persönliche Erscheinen des Staatsanwalts anordnen. Der Staatsanwalt dagegen würde viel kostbare Zeit verlieren, wenn er bei jeder Verhandlung über den Erlaß eines Haftbefehls mitwirken müßte. Besonders groß würden die Übelstände in ländlichen Bezirken sein. Die Beamten der Staatsanwaltschaft müßten beständig unterwegs sein: sie wären genötigt, jedesmal eine ganz überflüssige, kostspielige und zeitraubende Dienstreise zu machen, sobald in Schwurgerichts- oder Strafkammersachen ein Beschuldigter einem Amtsgericht außerhalb des Landgerichtssitzes vorgeführt wird. Wäre es zulässig, daß der sachlich unzuständige Amtsanwalt seinen Vorgesetzten vom Landgericht vertritt, so würde die Teilnahme der Staatsanwaltschaft an der Verhandlung zu einer leeren Form und

---

[1]) Vgl. die Literaturnachweise in der Zeitschrift für die gesamte Strafrechtswissenschaft 26, 375—380; ferner v. Liszt, Die Reform des Strafverfahrens (1906) 45—46.

[2]) Mitteilungen der IKV. XI, 689—690.

inhaltlosen Komödie werden. Ist die Anwesenheit des Staatsanwalts in der kontradiktorischen Verhandlung nicht obligatorisch, so passen auch die Vorschriften über die Hauptverhandlung nicht mehr. Es bleibt sodann nur übrig, das Verfahren über die Verhaftung nach dem Muster des Verfahrens in Entmündigungssachen zu gestalten[1]). Ein solches Verfahren ist auch ganz unbedenklich, wenn die Voruntersuchung abgeschafft und die Sammlung des Beweismaterials für die Schuld eines Verdächtigen ausschließlich der Staatsanwaltschaft zugewiesen wird.

[1]) Vgl. Zeitschrift für die gesamte Strafrechtswissenschaft 26, 381.

Reform des Schwurgerichts.

Bericht der Unterkommission

erstattet von

Professor **Dr. Georg Kleinfeller** in Kiel.

Berlin 1908.

J. Guttentag, Verlagsbuchhandlung,

G. m. b. H.

Die am 8. September 1906 für die Frage einer Reform des Schwurgerichts gebildete Unterkommission bestand ursprünglich aus drei Mitgliedern des am 7. September 1906 gewählten Neuner-Ausschusses: Professor von Liszt-Berlin-Charlottenburg als Vorsitzenden, Professor Mittermaier-Gießen und Rechtsanwalt Heinemann-Berlin sowie den sofort kooptierten Mitgliedern: Landgerichtsdirektor Weingart-Bautzen und Professor Oetker-Würzburg (Mitteilungen der IKV. 14, S. 353, 394). Später traten infolge von Kooptation noch ein: die Professoren Kleinfeller-Kiel und Liepmann-Kiel sowie Kammergerichtsrat Kronecker-Berlin.

Die Verhandlungen dieses Ausschusses fanden am 3. Januar 1908 zu Charlottenburg in den Räumen des Kriminalistischen Seminars der Universität Berlin statt. Es nahmen Teil: v. Liszt als Vorsitzender, Kleinfeller, Kronecker, Liepmann, Oetker und Weingart. Dagegen Heinemann und Mittermaier hatten ihr Ausbleiben entschuldigt.

Bei Beginn der Sitzung stellte v. Liszt fest, daß der Gesamtausschuß beschlossen hat, den Stoff in drei Abteilungen zu zerlegen: Organisation des Schwurgerichts, Verfahren vor dem Schwurgericht; Erweiterung der Zulässigkeit von Rechtsmitteln, und daß für jede Abteilung ein Fragebogen aufgestellt worden sei; die Fragen der ersten Abteilung sollten Kleinfeller und Liepmann, die der zweiten Abteilung Oetker und Weingart, die der dritten Abteilung Heinemann und Mittermaier bearbeiten. Nur für die erste Abteilung seien den Fragebogen erschöpfende Thesen vorgelegt; daneben habe

Weingart eine Reihe von Anträgen eingereicht, welche sich auf Fragen aus dem Gebiete der drei Abteilungen beziehen.

Nach dem Vorschlage v. Liszts wurde so verfahren, daß man auf zusammenhängende Referate verzichtete und den Stoff der einzelnen Abteilungen in der Reihenfolge der Fragebogen punktenweise verhandelte; es reihte sich daher jeweils an den einzelnen Antrag und dessen Begründung sofort die Beratung und Beschlußfassung hierüber. Man begann mit:

A. Organisation des Schwurgerichts.

Kleinfeller erhielt das Wort und bemerkte im allgemeinen zur Begründung seiner den Fragebogen der ersten Abteilung betreffenden Thesen, er habe keine Rücksicht auf die Wahrscheinlichkeit oder Unwahrscheinlichkeit der Annahme des einzelnen Vorschlages durch die gesetzgebenden Faktoren genommen, weil er glaube, daß es bei der jetzigen Besprechung im engen Kreise darauf überhaupt nicht ankomme, und weil er fürchte, daß eine solche Rücksichtnahme die sachliche Würdigung gefährden könne. Zur Begründung seines Antrages

> I. Der Vorsitzende des Schwurgerichts wird vom Präsidenten des OLG. aus der Zahl der Mitglieder des OLG. oder der zum Bezirke des OLG. gehörigen Landgerichte ernannt.
>
> Die Ernennung kann für eine oder für mehrere Schwurgerichtsperioden erfolgen.
>
> Der Präsident des Landgerichts bestimmt aus der Zahl der Mitglieder des Landgerichts zwei Vertreter des Vorsitzenden.

bemerkte der Berichterstatter: Abs. 1 entspricht dem geltenden Recht (§ 83 Abs. 1 GVG.). Die Direktoren der landgerichtlichen Strafkammern sind vermöge ihrer Übung in der Leitung umfangreicher Beweisaufnahmen auch zum Vorsitz im Schwurgericht vorzugsweise befähigt. Für die Berücksichtigung von Mitgliedern des OLG. spricht, trotzdem sie vielfach dem Strafrecht entfremdet und an die mit der Beweisaufnahme des Strafprozesses verbundenen Aufgaben des Vorsitzes nicht gewöhnt sind, daß wenigstens in Bayern dem OLG. viele Richter angehören, welche längere Zeit und wiederholt Staatsanwälte gewesen sind und deshalb die erforderliche Vertrautheit mit dem Strafrecht und den Aufgaben des Strafprozesses besitzen. Es kann mit Sicherheit angenommen werden, daß man in Bayern eine bewährte Einrichtung nicht aufgeben werde und die Streichung der Mitglieder des OLG. an dieser Stelle hätte nur zur Folge, daß ein entsprechender Vorbehalt in das EG. z. GVG. aufgenommen werden würde; solche Vorbehalte verdienen aber keine Begünstigung. Für den Fall, daß bei der sicher zu erwartenden Einführung der Berufung gegen Strafkammerurteile das OLG. auch in Strafsachen Berufungsgericht wird, ist zu erwarten, daß sehr bald bei allen OLG. im Reiche Mitglieder vorhanden sein werden, welche sich zum Vorsitze im Schwurgericht eignen.

Zum Absatz 2 verwies er auf das frühere preußische und das geltende italienische Recht, wonach der Schwurgerichtsvorsitzende auf die Dauer eines Jahres ernannt wird[1]), und betonte, daß eine wiederholte Berufung, bewährter Vorsitzender, wie sie auch im Reiche geübt wird, im Interesse der Rechtspflege durch Schwurgerichte sei. Wenn nun auch, um einen Mißgriff korrigieren zu können, nicht jeder sofort auf längere Zeit ernannt werden kann, so sollte doch das Gesetz die Justizverwaltungen darauf hinweisen, daß ein Stamm von geübten Schwurgerichtsvorsitzenden herangezogen und unnötiger Wechsel möglichst vermieden werden muß.

Von anderer Seite wurde zu diesem Punkte einerseits geltend gemacht, daß die Tätigkeit des Schwurgerichts-

---

[1]) Decreto sull' ordinamento giudiziario v. 6. 12. 65. Art. 75 Preußen, Ges. v. 3. 5. 52 Art. 52. Ebenso Sachsen StPO. 1868 § 4, während Hannover StPO. 1850 und 1859 § 10 sowie Hamburg, Ges. betr. Änderungen in der Gerichtsverfassung v. 30. 4. 69 § 17 die Ernennung für mehrere Sitzungsperioden zwar nicht geboten, aber ausdrücklich erlaubten.

vorsitzenden schwieriger sei als diejenige des Strafkammervorsitzenden, weil jener auf die langsamere Auffassung der ungeübten Geschworenen Rücksicht nehmen müsse; es sei daher nicht absolut der Schluß gerechtfertigt, wer sich als Vorsitzender der Strafkammer bewährt habe, werde auch ein guter Schwurgerichtsvorsitzender sein. Andererseits wurde betont, daß auch Zivilrechts-Juristen mitunter die besten Schwurgerichtsvorsitzenden abgeben, weil sie mehr wie der Strafrichter geneigt seien, sich auf die Behandlung der Rechtsfragen zu beschränken, und weil sie nicht so leicht ins Tatsächliche übergreifen. W e i n g a r t berichtete, daß auch in S a c h s e n Mitglieder des OLG. zu Schwurgerichtsvorsitzenden berufen werden.

Den entgegengesetzten Standpunkt vertrat L i e p m a n n , welcher verlangte, es solle zum Schwurgerichtsvorsitzenden nur ein Richter berufen werden, der mindestens zwei Jahre als Vorsitzender eines Strafgerichts 1. Instanz (Schöffengericht oder Strafkammer) tätig gewesen sei und diese Stellung noch bekleide. Er erwähnte als Tatsache, daß ein Landgerichtsdirektor, der eben erst eine Strafkammer übernommen hatte, sofort zum Schwurgerichtsvorsitzenden ernannt worden sei; in einem solchen Falle könne man die erforderliche Gewandtheit in der Leitung der Verhandlungen nicht voraussetzen; durch ungeübte Vorsitzende könne aber das ganze Schwurgerichtsverfahren in Verruf kommen.

Um die aus der Wahl ungeeigneter Personen und aus dem häufigen Wechsel der Schwurgerichtsvorsitzenden abzuleitenden Bedenken zu beseitigen, wurden zwei Anträge gestellt. O e t k e r schlug den Satz vor:

> Die Kommission empfiehlt, nur solche Richter zu Vorsitzenden zu ernennen, die längere Zeit in Strafsachen tätig gewesen sind.

W e i n g a r t beantragte:

> Es sind in erster Linie solche Richter zu berücksichtigen, die sich zur Übernahme bereit erklärt haben; jedoch ist dabei unnötiger Wechsel im Vorsitz zu vermeiden.

Man war darüber einig, daß diese beiden Sätze nicht in ein Gesetz gehören, sondern nur eine allgemeine Richtschnur für die Entschließung der Justizverwaltung bedeuten. Bei der Abstimmung wurde zunächst Abs. 1 des Referentenantrages angenommen, Abs. 2 aber abgelehnt. Dabei wurde festgestellt, daß es hiernach die Meinung des Ausschusses sei, das geltende Recht hinsichtlich der Beschränkung der Ernennung des Vorsitzenden auf je eine Sitzungsperiode bestehen zu lassen. Aus diesem Grunde ist anzunehmen, daß bei der Redaktion des Beschlusses die Worte „für jede Sitzungsperiode" in Abs. 1 einzuschalten sind. Dem Sinne nach ist also als Abs. 1 beschlossen:

> Der Vorsitzende des Schwurgerichts wird für jede Sitzungsperiode vom Präsidenten des Oberlandesgerichts aus den Mitgliedern des Oberlandesgerichts oder der zum Bezirke des Oberlandesgerichts gehörigen Landgerichte ernannt.

Ferner wurden die beiden Anträge von Oetker und Weingart angenommen.

Über den Abs. 3 des Antrages I wurde zusammen mit Antrag II verhandelt, welcher lautete:

> Im Schwurgericht wirkt nur ein Berufsrichter, der Vorsitzende, mit. Die Möglichkeit der Zuziehung eines Ergänzungsrichters gemäß § 194 GVG. wird dadurch nicht ausgeschlossen.

Kleinfeller begründete diesen Satz mit der auch von der Regierungskommission für die Reform des Strafprozesses anerkannten Tatsache, daß die Aufmerksamkeit der Beisitzer des Schwurgerichts sehr häufig durch andere Arbeiten wie Aktenstudium, schriftliche Absetzung von Urteilen von den Vorgängen in der Hauptverhandlung abgezogen werde[1]). Die von der Regierungskommission vorgeschlagene Abhilfe ist verwerflich; wenn man den Vorsitzenden ermächtigt, die Leitung der Verhandlung teilweise und abwechselnd auf einen der Beisitzer zu übertragen, so

[1]) Protokolle der Kommission für die Reform des Strafprozesses (1905) 1 S. 257 ff.

müssen die Beisitzer verpflichtet werden, vor der Hauptverhandlung die Akten ebenso gründlich zu studieren wie der Vorsitzende; dadurch aber, daß statt eines Richters drei Richter die Akten kennen, gerät die Unmittelbarkeit und das Gewicht der Hauptverhandlung in Gefahr. Ist dieser Ausweg nicht gangbar, so bleibt es dabei, daß die Beisitzer, wenn es über eine Beweisfrage oder irgend einen Zwischenfall zu kollegialer Beratung kommt, erst durch den Vorsitzenden informiert werden müssen; die Verantwortlichkeit wird geteilt, ohne daß die Vorteile kollegialer Beratung gegeben sind, welche doch darin bestehen sollen, daß drei mehr, folglich besser beobachten als einer, während hier nur die Wahrnehmungen des einen Vorsitzenden der Beratung zugrunde liegen. Mit diesem tatsächlichen Zustande hängt es offenbar zusammen, daß in der Praxis aus § 243 StPO. eine diskretionäre Gewalt für den Vorsitzenden abgeleitet wird, kraft deren er neue Beweisanordnungen allein trifft; die Befragung der Beisitzer wäre ja nur eine unnütze Verzögerung. Eine bessere Bürgschaft für das Verfahren als in der Dreizahl der Richter liegt in der möglichst sorgfältigen Auswahl des Vorsitzenden und in dessen Belastung mit der ganzen Verantwortlichkeit. Die Möglichkeit, daß gleichzeitig für den Vorsitzenden ein Vertreter tätig ist und das Bedürfnis nach Aufstellung eines Ergänzungsrichters hervortritt, nötigt zur Bestellung von zwei Vertretern.

Gegen das Einzelrichtersystem wurde das Bedürfnis kollegialer Entscheidung über die Fassung der den Geschworenen vorzulegenden Fragen geltend gemacht, wobei es sich nur um die Anwendung von Rechtssätzen handle, das Bedürfnis kollegialer Entscheidung über die Strafe, endlich die Gewöhnung des Volkes daran, in der Mitwirkung von drei Richtern eine Bürgschaft des Verfahrens zu sehen, und die Gewißheit, daß der Reichstag das Kollegialsystem doch nicht beseitigen werde. In tatsächlicher Hinsicht bemerkte Weingart, daß beim Landgericht Bautzen die Beisitzer des Schwurgerichts während der Schwurgerichts periode von jeder anderen Tätigkeit befreit seien und ihm als Schwurgerichtsvorsitzendem in vieler Beziehung wertvolle Hilfe leisten. Daß es sich in ganz Sachsen ebenso verhalte, wurde nicht festgestellt.

Gegen die beiden sachlichen Erwägungen wurde eingewendet, daß es rein abstrakte Fragen nicht gebe, sondern immer geprüft werden müsse, ob nach dem Ergebnis der Verhandlungen eine Frage veranlaßt sei. Über die wichtigsten Teile der Straffrage entscheiden die Geschworenen; die Ausmessung der Strafe in dem durch ihre Entscheidung gegebenenen Rahmen aber kann einem tüchtigen Vorsitzenden anvertraut werden.

Satz 1 des Referentenantrages wurde mit allen Stimmen gegen diejenige des Antragstellers abgelehnt. Dadurch war der zweite Satz sowie Abs. 3 des Antrages I betr. die Vertretung gegenstandslos geworden.

Zur Begründung seines Antrages III:

> Die Zuziehung eines Juristen zur Geschworenenbank durch Auslosung eines Juristen aus einer besonderen Liste ist ebenso wie in jeder anderen Form abzulehnen.

bezog sich Kleinfeller auf die Unvereinbarkeit solcher Maßregeln mit dem Wesen des Schwurgerichts, als eines Laiengerichts. Mit Recht hat Landgerichtsdirektor Schubert die Frage aufgeworfen: wo bleibt da das Prinzip?[1]). Es kommt gar nicht darauf an, daß die Geschworenen die Rechtsfragen so entscheiden wie ein Jurist. So gut man dem Verbrecher — wenigstens in den vor die Schwurgerichte gehörigen Fällen — immer zumuten darf, daß er sich die Frage nach der Rechtswidrigkeit seines Handelns beantworte, so gut kann man auch von Geschworenen eine Antwort hierüber verlangen. Die Mitwirkung eines Juristen bei der Beratung der Geschworenen bringt die Gefahr mit sich, daß dieser eine andere Rechtsauffassung vertritt als der Vorsitzende in seiner Rechtsbelehrung; die Geschworenen werden dann nicht wissen, wem sie folgen sollen und können so erst recht zu ungereimten Sprüchen kommen. Es wurde

---

[1]) Aschrott, Reform des Strafprozesses (1906) S. 6.

noch geltend gemacht, daß einerseits der juristische Geschworene durch das Los bestimmt werde, und in keinem Falle mit der gleichen Sorgfalt ausgewählt werden könne wie der Schwurgerichtsvorsitzende, andererseits ein Geschworener, der durch sein Wissen und seine Fähigkeiten die übrigen überragt, unberechenbaren Einfluß auf den Ausfall des Spruchs gewinne, so daß der Spruch in Wirklichkeit die Überzeugung eines Einzelnen, nicht die innere selbständig gebildete Überzeugung einer Zweidrittelmehrheit der zwölf Geschworenen darstelle.

Von der Gegenseite wurde als leitender allgemeiner Gesichtspunkt hervorgehoben, es empfehle sich im Interesse der Erhaltung des Schwurgerichts, dessen Organisation derjenigen des Schöffengerichts anzunähern; durch die Mitwirkung eines Juristen bei der Beratung werde der Vorteil erzielt, daß die Geschworenen, welchen doch die gesamte Rechtsbelehrung nicht gegenwärtig sein könne, schrittweise von Punkt zu Punkt ihre Bedenken vorbringen und Aufklärung erlangen können.

Oetker stellte den Antrag:

> Unter den Geschworenen muß sich stets ein aus den Richtern des Landgerichts auszulosender Richter-Geschworener befinden.

und begründete ihn damit, daß die Fragestellung in Verbindung mit der Rechtsbelehrung des Vorsitzenden keinen Ersatz für den Mangel an Rechtskenntnis auf Seite der Geschworenen biete, daß die kollegiale Aussprache allein geeignet sei, Irrtümer aufzuklären und Bedenken zu beseitigen; die Mitwirkung eines Richter-Geschworenen würde auch die Freiheit des Spruches von äußeren Mängeln begünstigen. Aber der Schwurgerichtsvorsitzende selbst sei zu dieser Aufgabe am wenigsten berufen; der Jurist müsse auch an der Abstimmung teilnehmen, wenn seine Meinung Einfluß haben soll[1]).

---

[1]) Oetker im Gerichtssaal 65 S. 325 ff. u. 68 S. 96 ff.; Mittermaier in Monatsschr. f. Kr.-Psych. 2 S. 20, 23, 24; Winkler im Recht 7 (1903) S. 305.

Die Ansicht, daß das Genfer System[1]): Teilnahme des Schwurgerichtsvorsitzenden an der Beratung, unzweckmäßig sei, wurde allgemein geteilt.

Weingart hatte unter I 1 seiner Thesen beantragt:

> In die Jahreslisten sind ehemalige Juristen aufzunehmen. Von diesen sind für jede Spruchliste drei auszulosen. Bei Bildung der Geschworenenbank ist durch abgesonderte Auslosung von diesen drei allemal einer mit auszulosen.

Der Antragsteller machte geltend, unter der Mitwirkung eines Richters an der Beratung und Entscheidung leide notwendig die Unbefangenheit der übrigen Geschworenen, andererseits sei es nicht unbedingt erforderlich, daß der juristische Geschworene besonders gut mit dem Recht und der Rechtspflege vertraut sei, wenn er nur juristisch denken gelernt habe. Auch so könne er, unterstützt durch die Rechtsbelehrung des Vorsitzenden, dazu helfen, die Lücke auszufüllen, welche zwischen den rechtsgelehrten Richtern und den Geschworenen bestehe[2]).

Die beiden Anträge von Oetker und Weingart wurden abgelehnt; für den Antrag Kleinfeller wurden drei Stimmen (Kronecker, Liepmann und Antragsteller), dagegen ebenfalls drei Stimmen (v. Liszt, Oetker und Weingart) abgegeben, so daß kein Beschluß zustande kam.

Der Antrag IV:

1. Zu § 34 GVG. empfiehlt sich die Streichung der Volksschullehrer, aber nicht die Streichung der Religionsdiener.
2. Die Liste des § 34 ist zu ergänzen durch Aufnahme der Kategorie: alle Rechtsanwälte und rechtswissenschaftlich gebildeten Beamten.

---

[1]) Loi du 1. octobre 1890 modifiant le Code d'instruction pénale du 25. 10. 1884 art. 208 al. 2; Zeitschr. f. Schweizer Strafrecht 4 S. 437, und hierzu Picot, ebenda 2 S. 344 ff., 3 S. 441 ff.; Revue pénitentiaire 24 S. 58.

[2]) Vgl. Weingart in Aschrott a. a. O. S. 739 ff.

wurde von Kleinfeller wie folgt begründet: Wesentliche Veränderungen an dem Kreise der zum Geschworenendienste heranzuziehenden oder davon auszuschließenden Personen sind nicht wohl möglich. Ein Bildungszensus ist ebensowenig wie ein Vermögenszensus eine sichere Bürgschaft für die Leistungsfähigkeit der Geschworenen. Der Mangel an formaler Bildung kann in dieser Hinsicht durch praktische Lebenserfahrung vollständig ausgeglichen werden. Der Wert eines Kollegiums von zwölf Geschworenen beruht darauf, daß möglichst verschiedenartige Elemente vertreten sind, die sich gegenseitig ergänzen. Die Streichung von Volksschullehrern und Religionsdienern aus der Liste der nicht zum Geschworenendienste heranzuziehenden Personen wäre zwar mit Rücksicht auf deren allgemeine Menschenkenntnis und die Kenntnis einzelner Personen und örtlicher Verhältnisse erwünscht. Aber bei dem Mangel an Geistlichen ist eine Vertretung häufig nicht möglich; die vorgängige Anfrage bei den Vorgesetzten des zu berufenden Geistlichen würde praktisch so oft zur Feststellung der Unabkömmlichkeit führen, daß die Änderung des § 34 illusorisch wäre; dazu kommt, daß den Pfarrkindern nicht immer mit einem nur vorübergehend bestellten Vertreter gedient ist, sie vielmehr ein Interesse daran haben, sich an ihren regelmäßigen Seelsorger wenden zu können; endlich kann die Strenge der religiösen Auffassung mit dem allgemein menschlichen Urteil in Konflikt geraten. Dagegen wird bei den Volksschullehrern, wenigstens in großen Städten, regelmäßig eine Vertretung möglich sein; überdies ist der Schaden nicht so groß, wenn an der Volksschule einmal einige Stunden ausfallen. Die Lehrer auf dem Lande kann man mit der Berufung verschonen, weil es nicht so sehr darauf ankommt, daß alle Lehrer nach und nach zum Geschworenendienst herangezogen werden, als vielmehr darauf, daß überhaupt Lehrer herangezogen werden.

Die Nichtberufung von rechtswissenschaftlich gebildeten Beamten und von Rechtsanwälten bezeichnete der Antragsteller als logische Folgerung aus dem Grundgedanken des Schwurgerichts unter gleichzeitigem Hinweis auf die zu

Antrag III erwähnten Gefahren sowie auf das österreichische Recht[1]).

Von anderer Seite wurde hinsichtlich der katholischen Geistlichen noch auf das Beichtgeheimnis aufmerksam gemacht, auf Grund dessen der Religionsdiener Tatsachen wissen könne, die doch nicht Gegenstand der Hauptverhandlung werden und die er deshalb nicht berücksichtigen dürfe. Ferner wurde bemerkt, daß der Lehrerstand schon genügend durch Lehrer von höheren Bildungsanstalten vertreten sei und an Volksschullehrern ebenso wie an Geistlichen empfindlicher Mangel herrsche.

Die Ausschließung rechtskundiger Personen wurde als zu weitgehend erklärt; auch wurde auf die Ausführungsgesetze hingewiesen, welche einen Kreis von rechtskundigen Beamten der Berufung entziehe[2]).

Der Antrag IV 1 wurde angenommen, IV 2 aber abgelehnt.

Zum Antrag V:

> Der Aufnahme von Kleingewerbetreibenden und von Arbeitern in die Jahresliste steht schon heute kein rechtliches Hindernis im Wege.
>
> Diese Möglichkeit ist zu verstärken durch Gewährung von Tagegeldern an solche Personen, welche glaubhaft machen, daß sie den mit der Ausübung des Berufes verbundenen Aufwand zu tragen nicht vermögen (vgl. § 35 Nr. 6 GVG.).

bemerkte der Berichterstatter: Die Heranziehung der wirtschaftlich Schwachen und die Gewährung von Diäten entspricht dem Zuge der Zeit nach Berücksichtigung der unteren Volksschichten bei der Berufung zu Ehrenämtern, ist aber nicht bedenkenfrei. Die wirtschaftlich Schwachen

---

[1]) Österreichisches Gesetz vom 23. 5. 73 betr. die Bildung der Geschworenenlisten (§ 302 der StPO.). § 3. Zu dem Geschworenenamte sind nicht zu berufen: 1. die wirklich dienenden Staatsbeamten mit Ausnahme der Professoren und Lehrer an Hoch- und Mittelschulen.

[2]) § 34 Abs. 2 GVG. Vgl. AG. z. GVG. f. Preußen §§ 33 u. 44; Bayern Art. 23 u. 34; Hessen Art. 15; Sachsen § 24; Württemberg Art. 19.

unterliegen der Gefahr der Abhängigkeit und liefern insofern kein ideales Richtermaterial; auch wird nur ein geringer Teil einen größeren Gesichtskreis haben; andrerseits sind auch unter den Arbeitern viele, die ein Stück Welt gesehen, sowie ihre Beobachtungsgabe und Denkkraft geübt haben. Aber nicht jeder, der vielleicht geeignet wäre, kann in einer der Würde des Gerichts entsprechenden Kleidung erscheinen. Das Ablehnungsrecht nach § 35 Nr. 6 GVG. müßte aus diesem Grunde trotz der Gewährung von Tagegeldern bestehen bleiben. Es müßte ferner dafür gesorgt werden, daß in dem beim Amtsgericht zusammentretenden Ausschuß (§ 40 GVG.) Personen sich befinden, welche Fühlung mit Arbeiterkreisen haben (Fabrikanten, Fabrikdirektoren), und daß dieser Ausschuß geeignete Personen namhaft macht. Die nach Gerland [1]) in England bestehende Unzufriedenheit mit den aus den niederen Ständen entnommenen Geschworenen bei den quarter sessions der Friedensrichter ist schon deshalb nicht maßgebend, weil dort die Mehrzahl der Geschworenen den niederen Ständen entnommen ist, während es sich im Deutschen Reiche nur darum handelt, einzelne Angehörige der unteren Volksklassen zu berufen.

Von den übrigen Mitgliedern des Ausschusses wurde den Gerlandschen Mitteilungen kein Gewicht beigelegt und betont, daß doch nur solche Arbeiter berufen werden, die als Werkführer oder dergl. sich über die große Masse erheben und deshalb auch die Erwartung rechtfertigen, daß sie in einer der Würde des Gerichts entsprechenden Weise erscheinen werden. Es wurde der Wunsch ausgesprochen, daß die in den größeren deutschen Staaten geltenden Aus-

[1]) Gerland, Die englische Gerichtsverfassung in ihrer gegenwärtigen Entwicklung und die deutsche Gerichtsreform (1908) S. 27. Vgl. auch Viezens, Bureaukraten und Lords. Eine Rundschau über Klassen-, Sonder- und Musterrichter (1908), der zwar S. 158, 161 das ungünstige Urteil über englische Geschworene aus den niederen Volksklassen bestätigt, aber S. 137 geltend macht: „Die allgemeine Bildung und systematische Schulung der Deutschen, auch gerade der ärmeren Klassen, ist in England, wenn überhaupt, nur in viel geringerem Grade vorhanden.“

führungsvorschriften über die Auswahl der Geschworenen zusammengestellt werden[1]). Um ferner der Gefahr zu begegnen, daß sich die Diätenempfänger gedrückt fühlen, seien die Diäten an alle Geschworenen zu gewähren. v. Liszt schlug daher für den Abs. 2 die Fassung eines selbständigen Satzes VI vor:

Den Geschworenen sind Tagegelder zu gewähren.

Der Berichterstatter zog hierauf seinen Antrag hinsichtlich des Abs. 2 zurück. Es wurde Abs. 1 in der Fassung

---

[1]) Das Ergebnis einer Umfrage über die Ausführungsbestimmungen betr. die Auswahl der Geschworenen ist im folgenden zusammengestellt:

Für Preußen sind solche Bestimmungen nicht bekannt.

In Bayern waren durch Ministerialentschließung vom 3. Mai 1879 (Justizministerialblatt S. 160) zwei Grundsätze aufgestellt worden: „Die Auswahl solcher Personen, welche durch Reinheit der Sitte, Verlässigkeit des Charakters, unabhängige Stellung und Achtung ihrer Mitbürger der Ehrenstellung eines Schöffen oder Geschworenen besonders würdig erscheinen, muß dem einsichtsvollen Ermessen der Ausschüsse überlassen bleiben."

„Auf die Vermögensverhältnisse (RGVG. § 35 Ziff. 6) wird besonders auch insofern Rücksicht zu nehmen sein, als die Ausübung des Geschworenenamtes in der Regel mit größerem Aufwande verbunden sein wird als die des Schöffenamtes."

Dieser zweite Satz erfährt eine nähere Erläuterung dadurch, daß in Bayern infolge der Zusammenlegung mehrerer Landgerichtsbezirke zu einem Schwurgerichtsbezirk (§ 99 GVG., Bekanntmachung vom 30. April 79, Gesetz- und Verordnungsblatt 1879 S. 609) die Schwurgerichtsperioden regelmäßig drei Wochen und länger dauerten. In dieser Hinsicht wurde mit Bekanntmachung des Staatsministeriums der Justiz vom 8. Januar 1901 (Justizministerialblatt S. 43) durch zwei Anordnungen Wandel geschaffen:

1. „Bei jedem Landgerichte rechts des Rheins, bei dem Schwurgerichte abzuhalten sind (Bekanntmachung vom 30. April 1879, Justizministerialblatt S. 176), tritt das Schwurgericht regelmäßig sechsmal im Jahre zusammen ..."

2. „Die Dauer einer jeden dieser sechs ordentlichen Sitzungsperioden des Schwurgerichts soll zwei Wochen, das sind in der Regel zwölf Sitzungstage, nur dann übersteigen, wenn triftige Gründe für die Verlängerung vorhanden sind; die Verlängerung soll die Dauer einer weiteren Woche nicht übersteigen."

Zur Bewältigung des Stoffes werden ferner außerordentliche Sitzungsperioden zugelassen (Nr. 6); andererseits kann der Justizdes Antrages Kleinfeller, Abs. 2 als Satz VI in der Fassung des Antrages v. Liszt angenommen.

VII. Zur Frage der Beseitigung des peremtorischen Ablehnungsrechtes lagen zwei Anträge vor. Der Antrag VI des Berichterstatters und der Antrag I 2 von Weingart.

Kleinfeller hatte unter VI den Satz aufgestellt:

Das peremtorische Ablehnungsrecht muß erhalten bleiben.

---

minister ausnahmsweise anordnen, daß eine der sechs ordentlichen Sitzungsperioden ausfällt, wenn die Zahl der vorhandenen Schwurgerichtssachen so gering ist, daß die Sitzungsperiode voraussichtlich nicht einmal die Dauer einer Woche umfassen würde (Nr. 7).

Eine Bekanntmachung, die Herstellung der Listen und die Wahlen für den Schöffen- und Geschworenendienst betreffend, vom 2. Mai 1904 (Justizministerialblatt S. 93), über deren Inhalt die ZStW. 25 S. 585 kurz berichtet hat, bricht vollständig mit der Rücksicht auf die Vermögensverhältnisse:

„Die Fähigkeit zum Amte eines Schöffen oder Geschworenen ist nach den §§ 32 bis 35 und 85 des GVG. möglichst wenig beschränkt; namentlich ist sie weder von Vermögensbesitz noch von einem Bildungsgrade abhängig."

„Es entspricht dem Willen des Gesetzes, daß, abgesehen von den in den §§ 32, 33, 34 bezeichneten Personen, in die Urlisten die Namen aller Personen aufgenommen werden, die zum Amte eines Schöffen oder Geschworenen berufen werden können (Nr. VII der Bekanntmachung vom 1. August 1880, Justizministerialblatt S. 290) und daß bei der nach den §§ 42 und 89 GVG. vorzunehmenden Wahl das Hauptaugenmerk darauf gerichtet werde, zu Schöffen und Geschworenen diejenigen Personen zu wählen, welche nach ihrer geistigen Begabung und Urteilsfähigkeit und nach ihrer sittlichen Tüchtigkeit und Selbständigkeit die für die Ausübung des Amtes eines Schöffen oder Geschworenen geeignetsten sind."

„Darauf, ob eine Person den mit der Ausübung des Amtes eines Geschworenen verbundenen Aufwand zu tragen vermag, wird bei den Wahlen ein besonderes Gewicht nicht gelegt werden können, weil nach der Bekanntmachung vom 8. Januar 1901 (Justizministerialblatt S. 43) die Dauer einer ordentlichen Sitzungsperiode zwölf Sitzungstage in der Regel nicht übersteigen soll, und durch Verordnung vom 20. Januar 1900, die Vergütung der Reisekosten der Geschworenen betreffend (Justizministerialblatt S. 297), den wirtschaftlichen Interessen der Geschworenen auch in anderer Beziehung Rechnung getragen ist."

Der Antrag I 2 von Weingart lautete:

Das peremtorische Ablehnungsrecht ist zu beseitigen. Die Ablehnungen sind vielmehr zu begründen. Innerhalb drei Tagen nach Zustellung der Spruchliste sind die Ablehnungen mit Gründen beim Schwurgerichtshof anzubringen. Die Geschworenen haben binnen einer Frist ihre etwaige Unfähigkeit anzuzeigen, sowie Urlaubsgesuche beim Gericht einzureichen.

„Die mit der Herstellung der Listen und der Vornahme der Wahlen für den Schöffen- und Geschworenendienst betrauten Behörden werden auf diese Gesichtspunkte hiermit aufmerksam gemacht. Es stände darnach nicht im Einklang mit dem Gesetz, wenn Personen zum Amte eines Schöffen oder Geschworenen nur deshalb nicht berufen würden, weil sie zur Arbeiterklasse gehören. Gesetzwidrig wäre es übrigens auch, wenn bei der Berufung zum Amte eines Schöffen oder Geschworenen auf die Zugehörigkeit zu einer politischen Partei Rücksicht genommen würde."

In Sachsen nimmt die Justizverwaltung den gleichen Standpunkt ein. Die Verordnung vom 23. September 1879 (Gesetz- und Verordnungsblatt S. 375) spricht im § 10 den Grundsatz aus:

„Die Wahl der Hauptschöffen und Hilfsschöffen sowie die Auswahl der zu Geschworenen vorzuschlagenden Personen erfolgt aus der Gesamtheit der in der berichtigten Urliste aufgenommenen Personen."

Die Geschäftsordnung für die Königlich Sächsischen Justizbehörden, in Kraft seit dem 1. Januar 1903, gibt nur mittelbar in den Vorschriften über die Auswahl der Schöffen einen Wink für die Auswahl der Geschworenen, während sonst auf das GVG., das AG. hierzu sowie die Ausführungsverordnungen verwiesen ist, von denen jedoch nur die oben erwähnte hier in Betracht kommt. § 170 Nr. 1 der Geschäftsordnung aber sagt:

„Bei der Auswahl der Schöffen kommt es, wie auch die Motive zum GVG. hervorheben, nur darauf an, aus dem Kreise der gesetzlich Befähigten diejenigen auszuwählen, die sich nach ihrer geistigen Begabung und Urteilsfähigkeit sowie nach sittlicher Tüchtigkeit und Selbständigkeit für die gedeihliche Ausübung des Gerichtsdienstes am besten eignen. Daß die verschiedenen Stände und Berufszweige unter den Schöffen vertreten seien, ist durch ein sachliches Interesse nicht geboten."

Zu beachten ist, daß die Motive zu §§ 36 ff. GVG. zugleich von den Geschworenen sprechen und daß der Schlußsatz des § 170 Nr. 1 die Auslegung zuläßt, bei der Auswahl der Geschworenen sei auf die Vertretung verschiedener Stände und Berufszweige Gewicht zu legen.

Der Schwurgerichtshof entscheidet endgültig über die Ablehnungen, Unfähigkeitsanzeigen und Urlaubsgesuche und nimmt darauf schon vor Beginn der Schwurgerichtsperiode die Ziehung der Geschworenen für jede anstehende Sache vor, wobei für jede Sache mindestens 16 Namen sich in der Urne befinden müssen.

Kleinfeller erkannte bei Begründung seines Antrages die Mangelhaftigkeit des peremtorischen Ablehnungsrechtes ausdrücklich an, stellte aber vor, daß die Ver-

---

An diesen Satz knüpft die Ministerialverordnung vom 7. Oktober 1905 (Justizministerialblatt S. 139; auch abgedruckt bei Aschrott, Reform des Strafprozesses S. 742 Anm. 1) an: „Das Justizministerium hat die Wahrnehmung gemacht, daß verschiedene Amtsgerichte und Landgerichte bei der Auswahl von Schöffen und Geschworenen ihr Augenmerk überwiegend auf Mitglieder der oberen Stände richten. Vielleicht ist dies auf eine zu enge Auslegung des § 170 Abs. 1 Satz 2 der GO. zurückzuführen. Dort hat indessen nur gesagt werden sollen, daß es nicht geboten erscheine, daß jeder einzelne Berufszweig und Stand unter den Schöffen vertreten sei. Dem Geiste des GVG. entspricht es aber nicht, wenn weite Kreise der Bevölkerung, wie die kleinen Gewerbetreibenden, die Handwerker und die Arbeiter, von dem Ehrenamt eines Schöffen oder Geschworenen ganz oder fast ganz ausgeschlossen bleiben. Wie kaum der Hervorhebung bedarf, fehlt es unter ihnen nicht an Personen, die vermöge ihrer Urteilsfähigkeit, Unbefangenheit und sittlichen Tüchtigkeit allen Anforderungen für die Übernahme des Amtes entsprechen, und das Vertrauen der Bevölkerung in die Rechtsprechung kann nur gewinnen, wenn jene Kreise herangezogen werden. Um einer irrtümlichen Auffassung der GO. vorzubeugen, glaubt das Justizministerium die an der Wahl von Schöffen und Geschworenen beteiligten Richter, in deren Ermessen die Wahl gestellt ist, auf das Vorstehende mit dem Anheimgeben hinweisen zu sollen, bei der Aufstellung der Listen und bei der Vornahme der Wahlen für den Schöffen- und Geschworenendienst mehr als bisher auch Personen der unteren Stände, die für das Ehrenamt geeignet sind, zu berücksichtigen."

Württemberg hat die Auswahl nicht näher geregelt.

Für Baden bestimmt die landesherrliche Verordnung vom 11. Juli 1879 (Gesetz- und Verordnungsblatt S. 325 ff.) im § 10:

„Der Ausschuß hat bei Vornahme der Wahl auch auf nicht geltend gemachte, aber sonst bekannte Ablehnungsgründe geeignete Rücksicht zu nehmen. Namentlich sind Personen, bezüglich welcher die Ablehnungsgründe der Ziff. 2 und 6 des § 35 GVG. (Erfüllung der Pflicht und Unvermögen) zutreffen, in eine der beiden Listen nicht aufzutauschung dieses Systems gegen das der Ablehnung mit Gründen noch viel schlimmere Zustände erzeugen würde. Aus den Erfahrungen, welche man hinsichtlich der Art gemacht hat, wie die Privatverhältnisse von Zeugen ans Licht gezogen werden, um den Wert des Zeugnisses herabzudrücken, insbesondere die Glaubwürdigkeit zu verdächtigen, folgerte er, daß man nach Einführung der Ablehnung mit Gründen in gleicher Weise gegen Geschworene vorgehen werde, an deren Verdrängung von der Geschworenenbank ein Interesse bestehe. Schon die Tatsache, daß Nachforschungen nach den intimsten Vorgängen des Privatlebens zu einem solchen Zweck stattfinden, ist bedenklich. Derartige Nachforschungen sind nicht nur für den Betroffenen peinlich — denn es ist ein eigentümliches Ehrenamt, wenn man durch die Berufung hierzu Gegenstand von dergleichen Nachforschungen wird — sondern sie vergiften allmählich den Volkscharakter, indem sie die Neigung zum Schnüffeln und Denunzieren begünstigen. Während die peremtorische Ablehnung intelligenter Geschworener ihre Grenze in der Zahl findet, gibt es für diesen Mißstand keine Grenze. Weder

---

nehmen, wenn bekannt ist, daß sie von dem Ablehnungsgrunde Gebrauch machen werden." Im Jahre 1905 wurde eine ähnliche Anordnung wie in Bayern und Sachsen erlassen, welche die Beschränkung der Auswahl auf Angehörige bestimmter Berufskreise und Stände verwirft.

In Hessen hat sich die Landesjustizverwaltung besonderer Vorschriften über die Auswahl enthalten. Nur die Verordnung vom 14. Mai 1879 (Gesetzsammlung für das Großherzogtum Hessen 1819 bis 1905, herausgegeben von Reh, Heyer und Gros, Bd. 2 S. 161 ff.) hat im § 9 ähnlich wie die badische Verordnung vorgeschrieben:

„Bei der von dem Ausschusse vorzunehmenden Wahl ist auf bereits bekannte Ablehnungsgründe geeignete Rücksicht zu nehmen. Insbesondere sind solche Personen, welche im laufenden Geschäftsjahre die Verpflichtung eines Geschworenen oder an wenigstens fünf Sitzungstagen die Verpflichtung eines Schöffen erfüllt haben, nur dann wieder in eine der beiden Listen aufzunehmen, wenn von ihnen bekannt ist, daß sie aus diesem Grunde die Berufung zum Amte eines Schöffen oder Geschworenen nicht ablehnen werden. ..."

Auch in Frankreich ist durch Erlaß vom 29. Januar 1908 die Aufnahme von Arbeitern in die Geschworenenlisten angeordnet worden und ein Gesetz über die Gewährung von Taggeldern in Vorbereitung. Rivista penale 67 S. 409.

aus den bisherigen Erfahrungen mit der Anwendung des Ablehnungsrechtes gegenüber den Berufsrichtern noch aus den Erfahrungen im Schöffengericht können zuverlässige Schlüsse auf die Wirkung der gleichen Einrichtung im Schwurgericht gezogen werden. Das Privatleben des Berufsrichters beschränkt sich auf einen engen Kreis, innerhalb der Volksklasse, der er angehört, und seine Beamtenstellung zwingt ihn alles Anstößige zu vermeiden; die Gefahr fehlt hier, weil es an der Gelegenheit fehlt. Im schöffengerichtlichen Verfahren aber handelt es sich um so geringfügige Sachen, daß das Interesse mangelt[1]). Endlich erwächst aus dieser Neuerung eine besondere Gefahr für die Unbefangenheit der Geschworenen; die Gelegenheit zur Geltendmachung von Ablehnungsgründen muß schon einige Tage vor der Hauptverhandlung gewährt werden, um die nötigen Feststellungen treffen zu können, falls der Ablehnungsgrund bestritten wird; die Auslosung findet hiernach mehrere Tage vor der Hauptverhandlung statt; der Versuch einer Beeinflussung der Geschworenen ist aber, wie schon in der Regierungskommission bemerkt wurde[2]), um so leichter möglich, je weiter die Zeit der Auslosung und die Zeit der Funktion der Geschworenen auseinanderliegt. Auf Geheimhaltung darf man nicht rechnen, wenn auch die Öffentlichkeit für die Auslosung und das Ablehnungsverfahren ausgeschlossen wird; jedenfalls ist eine Geheimhaltung der Auslosung unmöglich. Die Last des Geschworenendienstes wird vermehrt, wenn die Geschworenen schon einige Tage vor Beginn der Sitzungsperiode zu einer Sitzung herangezogen werden.

Gegen das peremtorische Ablehnungsrecht wurden die bekannten Mißbräuche angeführt, welche damit getrieben werden: Staatsanwalt und Verteidiger lehnen diejenigen Geschworenen ab, von welchen sie im einzelnen Falle eine ihrer Auffassung ungünstige Beurteilung besorgen, wodurch gerade die intelligenten Elemente der Geschworenenbank ferngehalten werden; es soll vorkommen, daß ein Geschwo-

---

[1]) Vgl. noch Wachenfeld bei Aschrott a. a. O. S. 27.
[2]) Protokolle a. a. O. 2 S. 31.

rener in allen folgenden Fällen abgelehnt wird, weil man den Spruch der Geschworenen in einem bestimmten Falle seinem Einflusse zuschreibt; endlich ist das peremtorische Ablehnungsrecht für die Geschworenen selbst ein Mittel, sich der Berufung auf die Geschworenenbank zu entziehen, indem sie den Verteidiger oder den Staatsanwalt ersuchen, sie abzulehnen. Die Besorgnisse des Berichterstatters sind unbegründet. Der Gefahr der Veröffentlichung von Ablehnungsgründen sowie der Beeinflussung ist dadurch vorzubeugen, daß den am Auslosungs- und Ablehnungsverfahren Beteiligten die Pflicht zur Geheimhaltung auferlegt wird[1]). Die Berufung auf allgemeine Vorurteile, in welchen der Geschworene nach Stand oder Beruf befangen sei, darf nicht als Ablehnungsgrund gelten.

Liepmann stellte den folgenden Antrag:

> Das peremtorische Ablehnungsrecht ist zu beseitigen. Die Parteien dürfen dagegen Geschworene wegen Besorgnis der Befangenheit ablehnen, wenn bestimmte Tatsachen vorliegen, welche geeignet sind, Mißtrauen gegen die Unparteilichkeit eines Geschworenen zu rechtfertigen. Diese Tatsachen sind glaubhaft zu machen. Der Antragsteller darf sich aller Beweismittel mit Ausnahme des Eides bedienen. Eine Beweisaufnahme, die nicht sofort erfolgen kann, ist unstatthaft. Die Ablehnungsanträge sind mit Gründen innerhalb drei Tagen nach Zustellung der Spruchliste beim Schwurgerichtshof anzubringen.

Bei der Abstimmung wurde der Antrag des Berichterstatters abgelehnt, der von Weingart und Liepmann aufgestellte Grundsatz: „Das peremtorische Ablehnungsrecht ist zu beseitigen" wurde angenommen. Ferner wurden die übrigen Sätze des Antrages Liepmann über den Ablehnungsantrag zum Beschluß erhoben.

---

[1]) Weingart bei Aschrott a. a. O. S. 744, 745; Winkler, im Recht 7 (1903) S. 304; Mittermaier in der Monatsschr. f. Kr. Psych. 2 S. 16.

Hinsichtlich des weiteren Verfahrens hatte Liepmann dem Absatz 2 des Weingartschen Antrages den folgenden Antrag gegenübergestellt:

Über die Ablehnungen wird in einer nicht öffentlichen Sitzung vor der Hauptverhandlung entschieden. Zu dieser Sitzung sind die Antragsteller und sämtliche Geschworene der Sitzungsperiode zuzuziehen. Der Anwesenheit der Antragsteller bedarf es nicht. Der abgelehnte Geschworene hat sich über den Ablehnungsgrund zu äußern. Das Gericht entscheidet, falls der Abgelehnte das Ablehnungsgesuch für begründet erklärt, endgültig über das Gesuch. Bei der Entscheidung haben sechs aus den Geschworenen ausgeloste Geschworene (unter Ausschluß des Abgelehnten) mitzuwirken.

Kronecker stellte zu Absatz 2 des Antrages Weingart die folgenden Amendements:

1. nach „Schwurgerichtshof" einzuschalten: „hat den Geschworenen über den Ablehnungsgrund zu hören. Er";

2. sowohl nach „entscheidet" als nach „Ziehung der Geschworenen für jede anstehende Sache" einzuschalten: „in nicht öffentlicher Sitzung".

Der Antrag Liepmann wurde abgelehnt, der Antrag Weingart mit den Amendements Kronecker angenommen.

Um den von einem Ablehnungsantrag betroffenen Geschworenen auch dagegen zu schützen, daß der Inhalt der Verhandlung über den Ablehnungsgrund nachträglich verbreitet wird, wurde der von Weingart unter Hinweis auf die Unanwendbarkeit des § 200 GVG. gestellte Antrag angenommen:

Alle beim Verfahren über die Ablehnung Beteiligten sind zur Geheimhaltung verpflichtet.

Endlich machte Weingart noch darauf aufmerksam, daß das Ablehnungsverfahren wiederholt werden müsse, wenn nach dessen Durchführung eine Sache nachträglich auf die Sitzungsliste gebracht werden würde. Sein Antrag:

Wird nachträglich eine Sache in dieser Sitzungsperiode anberaumt, so ist das Verfahren zu wiederholen.

wurde gleichfalls angenommen.

VIII. Der Antrag VII des Berichterstatters

Wenn die peremtorische Ablehnung durch motivierte Ablehnung ersetzt wird, muß die Auslosung der Geschworenenbank einige Tage vor der Eröffnungssitzung und nicht öffentlich erfolgen.

war durch diese Beschlüsse gegenstandslos geworden.

IX. Der Antrag VIII des Berichterstatters lautete:

Eine Verminderung der Zahl der Geschworenen wäre nur mit sorgfältigerer Auswahl vereinbar. Der größeren Sorgfalt bei der Auslese stehen jedoch unüberwindliche Schwierigkeiten im Wege.

Die Begründung ergibt sich zum Teil schon aus den zu Antrag IV angeführten Erwägungen. Da der Wert des Schwurgerichts im Zusammenwirken einer größeren Anzahl ungleichartiger Elemente besteht, welche sich gegenseitig ergänzen sollen und diese gegenseitige Ergänzung in dem Maße beschränkt wird, in welchem die Zahl der zur Urteilsfällung berufenen Geschworenen sich vermindert, so bedeutet die Herabsetzung der Zahl eine Wertminderung. Eine sorgfältigere Auswahl nach den individuellen Eigenschaften der zu berufenden Personen ist deshalb nicht möglich, weil den Mitgliedern des Ausschusses ebenso wie den landgerichtlichen Organen die hierzu nötige Personalkenntnis fehlt. Die Verminderung der Zahl könnte höchstens zu dem Zwecke in Frage kommen, um eine Ausdehnung der schwurgerichtlichen Zuständigkeit zu ermöglichen; aber diese steht zurzeit nicht in Frage, da man vielmehr zur Einschränkung der Zuständigkeit hinneigt.

Diese Erwägungen wurden gebilligt. Der Berichterstatter zog seinen Antrag zugunsten des von v. Liszt vorgeschlagenen Satzes:

Die gegenwärtige Zahl der Geschworenen ist beizubehalten

zurück. Diese Fassung wurde zum Beschluß erhoben [1]).

---

[1]) Vgl. hierzu noch Weingart a. a. O. S. 745; Oetker im Gerichtssaal 68 S. 101 ff.

Ein von Oetker gestellter Antrag:

Bleibt das peremptorische Ablehnungsrecht, so muß die Zahl der Geschworenen vermindert werden, wird es beseitigt, so ist die Zwölfzahl beizubehalten.

wurde abgelehnt.

Zur ersten Abteilung hatte Weingart noch einen Antrag II über die Beschränkung der Zuständigkeit eingereicht:

Urkundenfälschung und betrügerischer Bankerott sind den Landgerichten zuzuweisen [1]).

Er zog diesen Antrag jedoch zurück, weil die Zuständigkeit der Schwurgerichte nicht zum Kreise der Aufgaben des Schwurgerichtsausschusses gehöre.

B. Verfahren vor dem Schwurgericht.

I. Die Beratung wurde durch einen Antrag v. Liszts eingeleitet:

Die Verhandlung zur Hauptsache beginnt mit einer Rechtsbelehrung und der Feststellung des Plans der Verhandlung durch den Vorsitzenden. Die Parteivertreter sind über die von ihnen zu beweisenden Tatsachen und ihre Beweismittel zu hören.

In der Sache herrschte Einverständnis unter den Ausschußmitgliedern darüber, daß die Feststellung eines Planes für die Verhandlung und eine Rechtsbelehrung bei Beginn der Verhandlung zweckmäßig sei, um die Geschworenen darüber aufzuklären, worauf es ankomme, und ihnen die Unterscheidung der wesentlichen von den unwesentlichen Umständen zu erleichtern [2]). Ferner wurde berichtet, daß die Vorsitzenden schon jetzt in umfangreichen Sachen vor den Geschworenen ihren Verhandlungsplan entwickeln. Der Auffassung eines Mitgliedes, daß zuerst die Parteien vortragen müssen, was sie behaupten und beweisen wollen, ehe

---

[1]) Vgl. Weingart a. a. O. S. 745, 746; Winkler im Recht 7 (1903) S. 305.

[2]) Höflein in JW. 32 (1903) S. 95; Mittermaier a. a. O. S. 19; Kronecker a. a. O. S. 354; v. Liszt, Reform des Strafverfahrens (1906) S. 18.

der Vorsitzende einen Plan für den Gang der Verhandlung entwerfen könne, wurde entgegengehalten, es bestehe keine Aussicht, daß die Regierung von der Untersuchungsform abgehe und dieses englische Verhandlungssystem annehme; wenn der Verteidiger nach Aufstellung des Planes neue Behauptungen und Beweismittel vorbringe, so müsse der Plan nötigenfalls nachträglich geändert werden.

Kronecker gab sodann dem Antrage die Fassung:

> Vor Vernehmung des Angeklagten hat der Vorsitzende den Geschworenen den Gegenstand der Anklage darzulegen; er hat sie über die rechtlichen Gesichtspunkte zu belehren, welche sie bei Lösung der ihnen gestellten Aufgabe in Betracht zu ziehen haben, und ihnen den vorläufigen Plan der Verhandlung zu entwickeln. Darauf sind die Parteivertreter über die von ihnen unter Beweis gestellten Tatsachen und die Beweismittel zu hören.

In dieser Fassung wurde der Antrag einstimmig angenommen.

II. Hinsichtlich der Mitwirkung der Geschworenen bei der Beweisaufnahme lag ein Antrag (III) von Weingart vor:

> 1. Nach jeder Vernehmung des Angeklagten, eines Zeugen oder Sachverständigen sind die Geschworenen zu fragen, ob sie noch Fragen wünschen.
>
> 2. Wird ein Beweisantrag vom Angeklagten oder Verteidiger gestellt, so sind vor Entscheidung des Gerichts die Geschworenen erst zu hören. Verlangen die Geschworenen mit Stimmenmehrheit die Erhebung eines Beweises, so muß dem stattgegeben werden.
>
> 3. Den Geschworenen ist nach dem Beginn der Beweisaufnahme jederzeit gestattet, sich zu Besprechungen in das Beratungszimmer zurückzuziehen, wenn ein Antrag hierauf von mindestens drei Geschworenen unterstützt wird [1]).

[1]) Vgl. Weingart a. a. O. S. 746 ff.; Oetker im Gerichtssaal 65 S. 333, 334 u. 68 S. 103 ff.; Kahl bei Mittermaier und Liepmann, Schwurgerichte und Schöffengerichte S. 13; Kleinfeller, ebenda S. 195; Kronecker, ebenda S. 338.

Zur Begründung wurde geltend gemacht, daß bei der bestehenden Organisation und da der Richter nicht in der Seele des Geschworenen lesen könne, die Geschworenen nicht immer über den Sachverhalt so genau unterrichtet werden, wie sie es bedürfen. Es muß eine nähere, innere Beziehung zwischen dem Vorsitzenden und den Geschworenen dadurch hergestellt werden, daß jener sie zur Stellung von Fragen anregt, daß sie über Beweisanträge gehört werden und selbst ein Antragsrecht erhalten. Um diese Rechte fruchtbar zu machen, muß den Geschworenen endlich Gelegenheit gegeben werden, untereinander ihre Zweifel und ihre Ansichten über die Erheblichkeit von Beweisanträgen auszutauschen. Durch diese gegenseitige Aussprache wird mancher zu einer Frage oder zu einem Antrag ermutigt werden, während er schweigen würde, so lange er geistig isoliert bleibt.

Diese Erwägungen wurden allgemein gebilligt. Ebenso war man darüber einverstanden, daß der Inhalt des Satzes Nr. 3 unmittelbar nach Nr. 1 gestellt werden müsse und daß die beiden unter Nr. 2 des Antrages Weingart stehenden Sätze als Nr. 3 und 4 getrennt der Abstimmung zu unterwerfen seien. Hierauf wurden sämtliche vier Sätze einstimmig angenommen.

III. Im Anschluß an diese Beratung hatte Liepmann den Antrag gestellt:

> Die Geschworenen können jederzeit bis zur Verkündung des Schuldspruches beantragen, daß Rechtsfragen, von deren Entscheidung das Urteil ganz oder zum Teil abhängt, durch Beschluß des Gerichts beantwortet werden. Das Gericht hat dem Antrag stattzugeben und durch Beschluß unter Angabe von Gründen festzustellen, in welchem Sinne das Gericht die Frage beantwortet. Die Geschworenen sind an diese Entscheidung nicht gebunden, sie haben aber bei Verkündung ihres Spruches anzugeben, daß sie von der Entscheidung des Gerichtes abgewichen sind. Die Parteivertreter können den Geschworenen jederzeit, namentlich aber in ihren Schlußvorträgen, die Stellung solcher Fragen anheim-

geben. Der Vorsitzende hat vor Eintritt in die Beweisaufnahme die Geschworenen über dieses Recht der Fragestellung und seine Rechtsfolgen aufzuklären.

Der Antragsteller betonte, es handle sich hierbei n i c h t um die Herbeiführung eines special verdict, sondern die Geschworenen sollen auch über solche vom Gericht besonders beantwortete Rechtsfragen urteilen; sie sollen jedoch durch den Gerichtsbeschluß eine schriftliche Grundlage für die Beurteilung der ihnen zweifelhaften Rechtsfragen erhalten, insbesondere, wenn sich während ihrer Beratung herausstelle, daß die Rechtsbelehrung des Vorsitzenden eine Frage nicht genügend geklärt habe. Auf diesem Wege werde ferner eine Grundlage für Anträge auf Änderung oder Ergänzung der Fragestellung sowie die Möglichkeit einer Nachprüfung des Spruches der Geschworenen geschaffen.

Gegen diesen Vorschlag wurde eingewendet, er lasse das Verhältnis der Rechtsbelehrung des Vorsitzenden zu solchen Gerichtsbeschlüssen im unklaren; wenn die zum Zweck der Beantwortung von Rechtsfragen erlassenen Gerichtsbeschlüsse für die Geschworenen nicht bindend seien, so seien sie auch für den Vorsitzenden nicht bindend; dieser könne also eine vom Gerichtsbeschluß abweichende Rechtsbelehrung erteilen, wodurch das Urteil der Geschworenen verwirrt werde. Wenn die Geschworenen nach Erteilung der Rechtsbelehrung durch den Vorsitzenden einen solchen Antrag an das Gericht stellen, so müssen die Parteien darüber gehört werden, und die vorangegangene Rechtsbelehrung des Vorsitzenden werde dadurch zum Gegenstand einer Erörterung gemacht, welche die Verwirrung noch steigern würde. Die Möglichkeit einer nachträglichen Ergänzung der Rechtsbelehrung über Fragen, für welche sich bei der Beratung der Geschworenen das Bedürfnis nach weiterer Aufklärung ergeben habe, gewähre schon das geltende Recht ebenso wie die Möglichkeit, auf Grund der weiteren Rechtsbelehrung eine Änderung oder Ergänzung der Fragestellung herbeizuführen.

L i e p m a n n zog nach längerer Beratung seinen Antrag zurück. Vor der Fortsetzung der Verhandlungen — kurz nach vier Uhr — entfernte er sich.

IV. Zum Punkt der Vorbereitung des Wahrspruchs durch die Fragestellung beantragte v. Liszt eine Vereinfachung der Fragestellung:

Die gesetzlichen Merkmale des Verbrechens sind in den an die Geschworenen zu stellenden Fragen durch einen zusammenfassenden, das Wesen des Verbrechens kurz bezeichnenden populären Ausdruck zu ersetzen.

Zur Begründung wurde vom Antragsteller sowie von Kronecker geltend gemacht: Unsere heutige Fragestellung leidet an Formalismus, der dazu zwingt, z. B. beim Versuch den Wortlaut von zwei, wenn Teilnahme und Versuch vorliegt, den Wortlaut von drei Paragraphen des StGB. in eine Frage hineinzuzwingen; diese verliert dadurch an Übersichtlichkeit und Verständlichkeit; die Gedanken der Geschworenen kann man nur durch eine populäre, allgemeinverständliche Sprache leiten; die Geschworenen prüfen doch nicht die einzelnen gesetzlichen Merkmale der Reihe nach; übrigens kann man durch die Rechtsbelehrung und durch eine dem Fragebogen beigegebene Abschrift der anzuwendenden Gesetzesparagraphen die Fragestellung ergänzen. Eine Abhilfe durch Zerlegung der Fragen ist gefährlich, weil die Teilung der Fragen Mißverständnisse und falsche Urteile begünstigt [1]).

Gegen den Antrag wurde angeführt, die Merkmale müssen deshalb in die Fragen selbst aufgenommen werden, weil sonst keine Gewähr dafür bestehe, daß alle Merkmale gewürdigt seien; gelinge es nicht von den Geschworenen einen Spruch über die gesetzlichen Merkmale zu erlangen, so sei die Beurteilung unvollständig und das Schwurgericht verdiene dann die Abschaffung. Ohne die Feststellung der Merkmale bestehe die Gefahr, daß § 2 StGB. durchbrochen und irgendeine Handlung, die nicht mit Strafe bedroht sei, trotzdem der Bestrafung unterworfen werde. Oetker wies an diesem Punkt auf die Notwendigkeit hin, einen Juristen zur

---

[1]) v. Liszt, Die Reform des Strafverfahrens S. 17; Kronecker a. a. O. S. 351.

Beratung der Geschworenen hinzuzuziehen. Weingart befürwortete eine Teilung der Fragen [1]).

Die Mehrheit lehnte den Antrag ab.

V. Hinsichtlich der Rechtsbelehrung stellte v. Liszt zunächst fest, daß die Mitglieder des Ausschusses einstimmig an der Notwendigkeit der Rechtsbelehrung festhalten. Sodann beantragte Weingart:

> Die Rechtsbelehrung ist auf allgemeine Erfahrungssätze aus dem Gebiete der Kriminalistik zu erstrecken.

In der Begründung suchte der Antragsteller zu zeigen, daß § 300 StPO. schon jetzt in diesem Sinne auszulegen sei. Die Geschworenen stehen vor einem Chaos. Der Vorsitzende hat ihnen auseinanderzusetzen, daß sie vor Beantwortung der Schuldfrage die einzelnen Beweismomente würdigen müssen, und hat ihnen die einzelnen Indizien sowie psychologisch wichtige Erfahrungen nach dem Bedürfnis des einzelnen Falles sowie unter Bezugnahme auf andere ähnliche Fälle zu entwickeln; er hat auch auf sonstige Erfahrungen, z. B. über die Tragweite von Schußwaffen u. dgl., hinzuweisen. Alle Indizien betrachtet er als rechtliche Gesichtspunkte.

Von anderer Seite wurde bemerkt, diese Auffassung sei unrichtig; der Vorsitzende begebe sich mit solchen Darlegungen auf das Gebiet der Tatsachen und der Würdigung sachverständiger Gutachten. Wenn es noch Beweisregeln gäbe, dann wären auch die Indizien Gegenstand der Rechtsbelehrung; aber vom Standpunkte der freien Beweiswürdigung aus werde in den Geschworenen eine falsche Vorstellung über die Bedeutung der Erfahrungssätze erweckt, wenn man diese wie Rechtssätze behandle.

Der Antrag wurde hierauf abgelehnt.

VI. Die Beratung über die Möglichkeit schriftlicher Feststellung der Rechtsbelehrung wurde bis zur Verhandlung über die Rechtsmittel ausgesetzt,

---

[1]) Diesen Weg geht der italienische Entwurf (1905) Art. 486 ff. Vgl. hierzu Kleinfeller a. a. O. S. 205; Kronecker a. a. O. S. 346 ff.

weil jene nur insoweit Bedeutung habe, als man sie zur Begründung von Rechtsmitteln benutzen wolle.

VII. v. Liszt beantragte:

Die Vorschrift des § 302 StPO. ist auf alle in der Hauptverhandlung vorgelesenen Schriftstücke auszudehnen.

Es herrschte Einverständnis darüber, daß die vorgelesenen Schriftstücke auch Beweisstücke sind und deshalb nicht anders wie sonstige in der Verhandlung zur Besichtigung vorgelegte Gegenstände behandelt werden sollten. Der Antrag wurde einstimmig angenommen.

VIII. Die Verhandlung über die Frage der Begründung des Spruchs wurde aus dem gleichen Grunde wie zu Punkt VI ausgesetzt.

IX. Zur Frage der Strafzumessung hatte Weingart unter Nr. IV seiner Thesen den Antrag eingebracht:

Zur Festsetzung der Strafe sind der Obmann und drei weitere von den Geschworenen zu wählende Geschworene zuzuziehen. Vor der gemeinschaftlichen Beratung haben Gerichtshof und Geschworenenausschuß gesondert zu beraten.

In der Begründung ging der Antragsteller davon aus, daß der Gerichtshof häufig nicht in der Lage ist, zu wissen, in welchem Umfange die Geschworenen die Tat als festgestellt annehmen, ob sie z. B. eine Unterschlagung von 10 000 M. oder von nur 1000 M. für erwiesen halten und welche von den Umständen, die sonst als Strafzumessungsgründe in Betracht kommen, als bewiesen zu unterstellen sind. Der Gerichtshof kennt auch nicht die Stellung der Geschworenen zu der Frage nach dem Maße der Schuld. Der Gerichtshof läuft daher Gefahr, indem er selbst Stellung nimmt, dabei in Widerspruch mit der Meinung der Geschworenen zu geraten, z. B. aus der Verneinung der mildernden Umstände schließt das Gericht, daß die Geschworenen den Fall für besonders schwer halten, während diese ihn nur nicht als einen besonders milde zu beurteilenden, sondern für einen Durchschnittsfall ansahen. Der Antragsteller zog aus seinem Antrag auch die Folgerung, daß die Pflicht zur Geheimhaltung der Vorgänge bei der Beratung und Abstimmung den Richtern gegenüber wegfalle [1]).

Die übrigen Mitglieder des Ausschusses äußerten sich grundsätzlich zustimmend. Besonders wurde das Bedürfnis hinsichtlich des Gewichtes der mildernden Umstände anerkannt und bemerkt, wenn diese im künftigen StGB. wegfallen sollten, so würde die Zuständigkeit der Geschworenen zu stark beschnitten werden, sofern man ihnen nicht andere Gelegenheit zur Mitwirkung bei der Strafausmessung schaffen würde. Beanstandet wurde jedoch die Beschränkung der Zahl der bei der Beratung über das Strafmaß mitwirkenden Geschworenen, weil sie die Gefahr in sich schließt, daß die Meinung der Mehrheit nicht zur Geltung kommt, sowie die getrennte Beratung, weil diese unnützer Zeitverlust ist, wenn die beiden Kollegien getrennt zu verschiedenen Ergebnissen gelangt sind und darnach die Beratung in den vereinigten Kollegien von neuem beginnt.

v. Liszt schlug die folgende Fassung vor:

> Die Strafe wird von den Geschworenen und dem Gerichtshof in gemeinschaftlicher Beratung festgesetzt.

Dieser Satz wurde einstimmig angenommen.[2])

C. Erweiterung der Zulässigkeit von Rechtsmitteln.

I. Zur Frage der Ausdehnung des § 317 StPO. hatte Weingart als These V den Satz aufgestellt:

> Es würde sich recht wohl durchführen lassen, daß bei verurteilenden Sprüchen der Geschworenen dem Gerichtshof das Recht eingeräumt würde, bei Stimmeneinheit den Spruch in melius zu reformieren, also freizusprechen oder ein milder zu bestrafendes Delikt als erwiesen anzunehmen. Gegen einen solchen Vorschlag sprechen aber praktische und politische Bedenken. (Die

---

[1]) Weingart a. a. O. S. 747 ff.; Friedrich in Mittermaier und Liepmann S. 375 ff.; Kronecker, a. a. O. S. 371; Mittermaier a. a. O. S. 17; Heinze, Ein deutsches Geschworenengericht (1865) S. 192 ff.; Oetker im Gerichtssaal 68 S. 106.

[2]) Übereinstimmend ein franz. Entwurf 1908 vgl. DJZ. 13 S. 463.

Geschworenen verlieren an Ansehen, werden eingeschüchtert, Reichstag macht nicht mit.)[1]

Nachdem der Vorsitzende festgestellt hatte, daß der Antrag negativ sei und dahin gehe, eine Änderung der angedeuteten Art nicht einzuführen, erläuterte Weingart die Bedeutung der fraglichen Änderung. Es würde dadurch die Möglichkeit geschaffen werden, daß die drei Berufsrichter mit Stimmeneinhelligkeit anstatt der Verweisung an ein neues Schwurgericht ein Urteil fällen, welches den Angeklagten milder behandelt, als er nach dem Spruch der Geschworenen zu behandeln wäre, indem es den Angeklagten, den die Geschworenen schuldig gesprochen haben, freispricht oder wegen eines weniger schweren Deliktes verurteilt. Dieses Urteil würde der Revision unterliegen. Aber die im schriftlichen Antrage erhobenen Bedenken sprechen gegen eine solche Neuerung. Auch von anderer Seite wurde betont, daß auf dem angedeuteten Wege die Selbständigkeit (Souveränität) der Geschworenen untergraben werde und daß dabei die für die Geschworenen maßgebenden Erwägungen, weil sie dem Gericht unbekannt bleiben, nicht berücksichtigt werden, das Urteil insofern also auf falsche Gründe gestützt werde.

Oetker stellte den Antrag:

> Das Gericht kann einen einzelnen Punkt entgegen dem Spruch der Geschworenen zugunsten des Angeklagten entscheiden, wenn nicht der Obmann Stimmeneinheit bezeugt.
>
> Bei Stimmeneinheit dagegen soll die Möglichkeit der Verweisung an ein neues Schwurgericht bleiben.

Die Maßregel der Verweisung an ein neues Schwurgericht, bemerkte Oetker in der Begründung, unterliegt dem Bedenken, daß gegenüber dem neuen Schwurgericht ein Verbot der reformatio in pejus unmöglich ist, weil man die freie und innere Überzeugung der Geschworenen nicht beschränken darf. Die Verweisungsmöglichkeit ist deshalb auf die Fälle zu beschränken, in welchen die Geschworenen ihren

[1]) Weingart a. a. O. S. 750.

Spruch mit Stimmeneinhelligkeit gefaßt haben. Andererseits ist aber auch der von Weingart ausgesprochene Gedanke aus den bereits angeführten Gründen nicht schlechthin annehmbar. Aber der Gegenantrag sucht einen Mittelweg einzuschlagen; für den Fall, daß die Geschworenen nicht mit Stimmeneinheit entschieden haben, ist das aus der Souveränität der Geschworenen abgeleitete Bedenken nicht mehr durchschlagend, weil sich das Gericht mit seinem milderen Urteil doch an einen Teil der Geschworenen anlehnt. Für diesen Fall also will der Antrag ein Urteil der Berufsrichter zulassen, welches milder ist, als es nach dem Spruch der Geschworenen ausfallen müßte. Je nach dem Inhalt der einzelnen Frage, über welche das Gericht milder urteilt als die Geschworenen, kann das Urteil auf Freisprechung oder auf eine mildere Strafe lauten, als sie nach dem Spruch der Geschworenen zu verhängen wäre.

Die Mehrheit schloß sich diesen Ausführungen zustimmend an. Kronecker erinnerte noch an die Ähnlichkeit dieses Vorschlages mit dem früheren preußischen Rechte, wonach das Gericht zu entscheiden hatte, wenn die Geschworenen ihren Spruch mit sieben gegen fünf Stimmen gefällt hatten [1]); er hielt aber seine Bedenken aufrecht. Der wesentliche Unterschied zwischen dem preußischen Gesetz und dem Antrag Oetker besteht darin, daß dort die Entscheidung des Gerichts nur auf den einen Fall beschränkt war, wenn die Mehrheit der dem Angeklagten ungünstigen

[1]) Preußen Gesetz vom 3. Mai 1852 Art. 98: Wenn die dem Angeklagten nachteilige Beantwortung einer Frage nur mit einer Mehrheit von sieben gegen fünf Stimmen beschlossen ist, so tritt der Gerichtshof selbst in Beratung und entscheidet, ohne Angabe von Gründen, über den von den Geschworenen mit nur sieben Stimmen gegen fünf festgestellten Punkt. Ähnlich Großherzogtum Hessen, Schwurgerichtsgesetz vom 28. Oktober 1848 Art. 185: Wird jedoch nur mit sieben Stimmen gegen fünf der Angeklagte der Haupttat für schuldig bzw. der Zustand oder die Tatsache, welche die Strafbarkeit völlig aufheben, für nicht erwiesen erklärt, so beratschlagt der Assisenhof über denselben Gegenstand. Die Schuld ist dann erst als feststehend zu betrachten, wenn die Mehrzahl der Richter dem Ausspruch der Mehrzahl der Geschworenen beitritt. Nach Brauer, Die deutschen Schwurgerichtsgesetze (1856) S. 207, 208, 210.

Stimmen unter acht blieb; die Entscheidung des Gerichts war also nicht erst durch Stimmeneinheit der Geschworenen ausgeschlossen. (Es ist noch zu beachten, was in der Verhandlung nicht betont wurde, daß die Durchführung des Antrages Oetker die Beurkundung der Stimmeneinheit notwendig machen würde, dadurch aber das Geheimnis der Stimmenabgabe preisgegeben werden müßte und daß dieser Umstand die Unabhängigkeit der Geschworenen gefährdet.)

Der Antrag Oetker wurde hierauf mit drei gegen zwei Stimmen angenommen.

II. Zugunsten einer Anfechtbarkeit wegen unrichtiger Rechtsbelehrung stellte Kronecker den Antrag:

> Auf Antrag eines Prozeßbeteiligten oder von Amts wegen sind Teile der Rechtsbelehrung protokollarisch festzustellen.
>
> Der Wahrspruch der Geschworenen kann wegen unrichtiger Rechtsbelehrung angefochten werden, wenn nach Lage der Sache nicht ausgeschlossen ist, daß die rechtsirrtümliche Rechtsbelehrung auf den Inhalt des Urteils zum Nachteile des Beschwerdeführers Einfluß geäußert hat.

Zur Begründung wurde bemerkt: Man muß auch bei der Rechtsbelehrung mit der Gefahr des menschlichen Irrtums rechnen, weniger insoweit es sich um die Kenntnis und Auslegung von Rechtssätzen als sofern es sich um die Anwendung des Gesetzes auf festgestellte Tatsachen handelt. Revision setzt einerseits voraus, daß die Protokollierung der Rechtsbelehrung wenigstens auf Verlangen einer Partei erfolgt, wenn sie der Vorsitzende nicht von Amts wegen anordnet; andererseits ist Revision auszuschließen, wenn nach Lage der Sache ausgeschlossen ist, daß der Spruch auf der Rechtsbelehrung beruhen kann. Aber da gegenüber Berufsrichtern der Verdacht der Gesetzesverletzung immer vorliegt, wenn das Gericht sich über eine Rechtsfrage nicht geäußert hat, so ist gegenüber dem Spruch der Geschworenen mangels jeder Begründung Zusammenhang zwischen Spruch und Gesetzesverletzung immer anzunehmen.

Von anderer Seite wurde geltend gemacht, man könne mit Sicherheit einen Einfluß der Rechtsbelehrung auf den Spruch der Geschworenen nur annehmen, wenn die Rechtsbelehrung als bindend erklärt werde. An Stelle der protokollarischen Feststellung sei schriftliche Feststellung vor Bekanntgabe der Rechtsbelehrung, wie teilweise in Amerika üblich [1], vorzuziehen, weil die nachträgliche Protokollierung zu Streitigkeiten über den Inhalt der Rechtsbelehrung führe und man bei Protokollierung keine Gewißheit habe, daß der Inhalt des Protokolls mit dem Inhalt der mündlichen Rechtsbelehrung übereinstimme [2].

Dagegen wurde zur Unterstützung des Antrages Kronecker betont, daß sich der Streit häufig nur auf einzelne Teile der Rechtsbelehrung beziehe; vorgängige schriftliche Feststellung sei unmöglich, weil sie vielfach ein Augenblickswerk gegenüber Rechtsfragen sei, welche der Verteidiger in seinem Vortrage aufwerfe. Ferner wurde erwähnt, daß die Ansicht Kroneckers dem österreichischen und dem früheren sächsischen Rechte [3] entspreche. Ein Mitglied äußerte: Die Entscheidungen des österreichischen obersten Gerichtshofes arbeiten mit der Vermutung, daß die Geschwore-

---

[1] Hartmann, A., Die Strafrechtspflege in Amerika (1906) S. 84.

[2] Kleinfeller a. a. O. S. 201, 206 ff.

[3] Die österreichische StPO. § 325 Abs. 1 ordnet an: „... Der Vortrag des Vorsitzenden darf von niemand unterbrochen oder einer Erörterung unterzogen werden; dagegen steht es jeder Partei frei, zu verlangen, daß die den Geschworenen vom Vorsitzenden erteilte Rechtsbelehrung im Protokolle ersichtlich gemacht werde." § 344 Nr. 8 lautet: „Die Nichtigkeitsbeschwerde kann nur dann ergriffen werden, wenn einer der folgenden Fälle vorliegt: 8. wenn der Vorsitzende den Geschworenen eine unrichtige Rechtsbelehrung erteilt hat (§§ 325 und 327)". Es wird aber, wie sich aus Abs. 2 und 3 des § 344 ergibt, nicht gefordert, daß die Gesetzesverletzung einen Einfluß auf die Entscheidung üben konnte. Übereinstimmend die ungarische StPO. § 363 Abs. 4 und 5, § 427 Nr. 5 und der italienische Entwurf (1905) Art. 495 Abs. 2 und 3. Die sächsische StPO (1869) § 68 lautete: „Der Vortrag des Präsidenten darf keinenfalls unterbrochen werden. Es ist jedoch dem Staatsanwalt und dem Verteidiger unbenommen, Einwendungen gegen die Rechtsbelehrung des Präsidenten vorzubringen und, dafern der Präsident

nen von einer bestimmten Rechtsauffassung — nämlich dem Inhalte der Rechtsbelehrung — ausgegangen seien. Bloßer Verdacht, daß das Urteil auf der Gesetzesverletzung beruhe, genüge nur bei Verletzungen des Prozeßrechts, nicht bei materiellen Rechtsverletzungen. Dieser Unterscheidung widersprach der Antragsteller.

Zunächst wurde nun darüber abgestimmt, ob die Rechtsbelehrung mit bindender Kraft auszustatten sei, um die Anfechtung wegen unrichtiger Rechtsbelehrung zu ermöglichen. Diese Frage wurde mit vier Stimmen gegen diejenige Kleinfellers verneint.

Hierauf wurde der Antrag Kronecker mit drei gegen zwei Stimmen angenommen.

III. Zur Frage der Anfechtbarkeit des Spruchs wegen rechtsirrtümlicher Entscheidung bemerkte v. Liszt, daß es auf die Möglichkeit der Begründung des Spruchs durch die Geschworenen ankomme [1]).

Man war übereinstimmend der Ansicht, daß von den Geschworenen eine in Einzelheiten eingehende Begründung ihres Spruchs nicht zu erlangen sei. Ein Mitglied hielt eine Begründung jedenfalls insoweit für möglich, als die Geschworenen sich darüber äußern können, ob sie auf Grund der Würdigung von Tatsachen oder aus Rechtsgründen eine Frage verneint haben, erklärte aber eine weitergehende Begründung nicht für notwendig; denn wenn die Geschworenen aus Rechtsgründen verneinen, kann das Revisionsgericht untersuchen, ob das Nein dem Rechte entspricht. Bei der Bejahung dagegen muß immer irgendein Rechtssatz angewendet

dieselben als unrichtig bezeichnet, die streitigen Punkte durch das Protokoll feststellen zu lassen, auch unter Bezugnahme auf letzteres sodann das Erkenntnis selbst wegen irriger Rechtsanwendung seitens des Präsidenten bei der Rechtsbelehrung der Geschworenen als nichtig anzufechten."

[1]) Friedrich in Mittermaier und Liepmann S. 100ff.; Kahl a. a. O. S. 26; Kleinfeller a. a. O. S. 207ff.; Kronecker a. a. O. S. 367ff.; v. Liszt a. a. O. S. 19; Mittermaier a. a. O. S. 21; Weingart a. a. O. S. 749ff.

sein, aber es steht nicht fest, welche Tatsachen von den Geschworenen als wahr angenommen und unter das Gesetz subsumiert worden sind; daran scheitert die Prüfung durch das Revisionsgericht.

Oetker kam bei dieser Gelegenheit auf die Notwendigkeit der Zuziehung eines Richter-Geschworenen zurück, welche sofort die Begründungsmöglichkeit schaffen würde. Die Begründung sei aber eine Notwendigkeit, um die Strafzumessung auf eine sichere Grundlage zu stellen, um der Maßregeln gegen freigesprochene Jugendliche willen und wegen der Entschädigung für unschuldig erlittene Untersuchungshaft, weil das Gericht ohne Begründung des Spruchs nicht wisse, wie die Geschworenen über die Voraussetzungen denken, z. B. ob sie aus Rechtsgründen oder wegen Unschuld oder wegen Trunkenheit die Schuldfrage verneint haben.

Schließlich wurde einstimmig der Antrag v. Liszt angenommen:

> Wenn den Geschworenen juristischer Beirat nicht an die Seite gestellt werden kann, ist Begründung des Wahrspruchs (und damit dessen Anfechtung) unmöglich.

Die eingeklammerten Worte sind zwar nicht ausdrücklich beschlossen, entsprechen aber dem Sinn und Zweck des Beschlusses.

Der Vorsitzende stellte fest, daß sonstige Vorschläge nicht vorliegen, und erklärte, es sei über die heutigen Beschlüsse an das Plenum des Ausschusses für die Strafprozeßreform zu berichten, eine Sitzung dieses Ausschusses werde Ende April l. J. [1]) stattfinden.

Die noch anwesenden vier Mitglieder (v. Liszt, Kronecker, Oetker und Kleinfeller) beschlossen, daß Kleinfeller und Liepmann sich in die Aufgabe der mündlichen Berichterstattung an den Gesamtausschuß teilen sollen und daß das Protokoll über die Sitzung vom 3. Januar 1908 gedruckt werden soll.

---

[1]) Diese Sitzung wurde nachträglich verlegt.

Zusammenstellung der vom Schwurgerichtsausschuß angenommenen Vorschläge über die künftige Gestaltung des schwurgerichtlichen Verfahrens.[1])

A. Organisation des Schwurgerichts.

Vorsitz. I. 1. Der Vorsitzende des Schwurgerichts wird für jede Sitzungsperiode vom Präsidenten des Oberlandesgerichts aus der Zahl der Mitglieder des Oberlandesgerichts oder der zum Bezirke des Oberlandesgerichts gehörigen Landgerichte ernannt.

2. Die Kommission empfiehlt, nur solche Richter zu Vorsitzenden zu ernennen, die längere Zeit in Strafsachen tätig gewesen sind. Es sind in erster Linie solche Richter zu berücksichtigen, die sich zur Übernahme bereit erklärt haben; jedoch ist dabei unnötiger Wechsel im Vorsitz zu vermeiden.

Auswahl. II. (IV.) Zu § 34 GVG. empfiehlt sich die Streichung der Volksschullehrer, aber nicht die Streichung der Religionsdiener.

III. (V.) Der Aufnahme von Kleingewerbetreibenden und von Arbeitern steht schon heute kein rechtliches Hindernis im Wege.

Tagegelder. IV. (VI.) Den Geschworenen sind Tagegelder zu gewähren.

Ablehnung. V. (VII.) 1. Das peremtorische Ablehnungsrecht ist zu beseitigen.

2. Die Parteien dürfen dagegen Geschworene wegen Besorgnis der Befangenheit ablehnen, wenn bestimmte Tatsachen vorliegen, welche geeignet sind, Mißtrauen gegen die Unparteilichkeit eines Geschworenen zu rechtfertigen. Diese Tatsachen sind glaubhaft zu machen. Der Antragsteller darf sich aller Beweismittel mit Ausnahme des Eides be-

---

[1]) Hier sind die rein negativen Beschlüsse, durch welche Anträge abgelehnt wurden, sowie die Aussetzungsbeschlüsse nicht aufgenommen. Daraus ergibt sich eine Verschiedenheit der Zählung; deshalb wird durch eingeklammerte römische Ziffern auf die entsprechende Zahl im Bericht verwiesen.

dienen. Eine Beweisaufnahme, die nicht sofort erfolgen kann, ist unstatthaft. Die Ablehnungsanträge sind mit Gründen innerhalb drei Tagen nach Zustellung der Spruchliste beim Schwurgerichtshof anzubringen.

3. Der Schwurgerichtshof hat den Geschworenen über den Ablehnungsgrund zu hören. Er entscheidet in nicht öffentlicher Sitzung endgültig über die Ablehnungen, Unfähigkeitsanzeigen und Urlaubsgesuche und nimmt darauf schon vor Beginn der Schwurgerichtsperiode die Ziehung der Geschworenen für jede anstehende Sache in nicht öffentlicher Sitzung vor, wobei für jede Sache mindestens 16 Namen sich in der Urne befinden müssen.

4. Alle beim Verfahren über die Ablehnung Beteiligten sind zur Geheimhaltung verpflichtet.

5. Wird nachträglich eine Sache in dieser Sitzungsperiode anberaumt, so ist das Verfahren zu wiederholen.

VI. (IX.) Die gegenwärtige Zahl der Geschworenen ist beizubehalten. Geschworenenzahl.

B. Verfahren vor dem Schwurgericht.

I. Der Vorsitzende hat vor Vernehmung des Angeklagten den Geschworenen den Gegenstand der Anklage darzulegen. Er hat sie über die rechtlichen Gesichtspunkte zu belehren, welche sie bei Lösung der ihnen gestellten Aufgabe in Betracht zu ziehen haben, und ihnen den vorläufigen Plan der Verhandlung zu entwickeln. Darauf sind die Parteivertreter über die von ihnen unter Beweis gestellten Tatsachen und die Beweismittel zu hören. Einleitung der Hauptverhandlung.

II. 1. Nach jeder Vernehmung des Angeklagten, eines Zeugen oder Sachverständigen sind die Geschworenen zu fragen, ob sie noch Fragen wünschen. Aktive Beteiligung der Geschworenen.

2. Den Geschworenen ist nach dem Beginn der Beweisaufnahme jederzeit gestattet, sich zu Besprechungen in das Beratungszimmer zurückzuziehen, wenn ein Antrag hierauf von mindestens drei Geschworenen unterstützt wird.

3. Wird ein Beweisantrag vom Angeklagten oder Verteidiger gestellt, so sind vor Entscheidung des Gerichts die Geschworenen erst zu hören.

4. Verlangen die Geschworenen mit Stimmenmehrheit die Erhebung eines Beweises, so muß dem stattgegeben werden.

Mitgabe von Gegenständen ins Beratungszimmer.

III. (VII.) Die Vorschrift des § 302 StPO. ist auf alle in der Hauptverhandlung vorgelesenen Schriftstücke auszudehnen.

Straffestsetzung.

IV. (IX.) Die Strafe wird von den Geschworenen und dem Gerichtshof in gemeinsamer Beratung festgesetzt.

C. Erweiterung der Zulässigkeit von Rechtsmitteln.

Verweisung.

I. 1. Das Gericht kann einen einzelnen Punkt entgegen dem Spruch der Geschworenen zugunsten des Angeklagten entscheiden, wenn nicht der Obmann Stimmeneinheit bezeugt.

2. Bei Stimmeneinheit dagegen soll die Möglichkeit der Verweisung an ein neues Schwurgericht bleiben.

Anfechtung wegen unrichtiger Rechtsbelehrung.

II. 1. Auf Antrag eines Prozeßbeteiligten oder von Amts wegen sind Teile der Rechtsbelehrung protokollarisch festzustellen.

2. Der Wahrspruch der Geschworenen kann wegen unrichtiger Rechtsbelehrung angefochten werden, wenn nach Lage der Sache nicht ausgeschlossen ist, daß die rechtsirrtümliche Rechtsbelehrung auf den Inhalt des Urteils zum Nachteile des Beschwerdeführers Einfluß geäußert hat.

Der Entwurf einer Strafprozeßordnung und Novelle zum Gerichtsverfassungsgesetze.

Kritisch besprochen

von

Dr. P. F. Aschrott,
Landgerichtsdirektor a. D.

Berlin 1908.
J. Guttentag, Verlagsbuchhandlung,
G. m. b. H.

Am 1. September d. J. ist die amtliche Ausgabe des Entwurfes einer Strafprozeßordnung und Novelle zum Gerichtsverfassungsgesetze im Verlage von Otto Liebmann-Berlin erschienen. Schon einige Zeit vorher hatten die Zeitungen einen offenbar aus offiziöser Quelle herrührenden Bericht über die Veränderungen veröffentlicht, welche der Entwurf bringen würde. Fast überall fanden die Veröffentlichungen zunächst beifällige Aufnahme; man stellte mit Befriedigung fest, daß der Entwurf vielen volkstümlichen Forderungen gerecht würde. Erst nach und nach machten sich auch abweichende Meinungen geltend, und es wurden auch Bedenken gegen einzelne Bestimmungen des Entwurfes mehr oder minder energisch erhoben.

Auf dem in der zweiten Septemberwoche in Karlsruhe abgehaltenen Juristentage wurde der Versuch gemacht, eine Stellungnahme zu dem Entwurfe, und zwar in beifälligem Sinne, herbeizuführen; ein Versuch, der aber von dem Juristentage mit Recht abgelehnt wurde, da wohl nur wenige seiner Teilnehmer damals eine mehr als oberflächliche Kenntnis von dem Inhalte des Entwurfes haben konnten. Nunmehr hat die Deutsche Landesgruppe der Internationalen Kriminalistischen Vereinigung auf den 4. und 5. Januar 1909 eine besondere Tagung nach Berlin einberufen, um zu dem Entwurfe Stellung zu nehmen. Diese Verhandlungen vorzubereiten, ist der hauptsächliche Zweck vorliegender Arbeit.

Dabei möchte ich einige allgemeine Bemerkungen vorausschicken.

Vor zwei Jahren habe ich auf der Frankfurter Tagung der IKV. ein Generalreferat über die Reform des Strafprozesses gehalten. Ich habe dabei versucht, ein Bild zu geben von der Gestaltung, welche das Strafverfahren nach den Vorschlägen

21*

erhalten würde, die von der im Jahre 1903 vom Reichsjustizamte einberufenen Kommission gemacht worden waren, und habe daran anschließend in knappen Umrissen die großen, leitenden Gesichtspunkte vorgeführt, von denen nach meiner Meinung bei einer Reform des Strafprozesses ausgegangen werden muß. Bezüglich aller Detailausführungen konnte ich mich dabei auf das umfassende, von mir herausgegebene Sammelwerk „Reform des Strafprozesses“, Berlin 1906, Guttentagscher Verlag, beziehen, in welchem alle wichtigen Beschlüsse der erwähnten Kommission eingehende kritische Besprechung gefunden haben. In meinem Generalreferat kam ich zu dem Schlusse, daß die Beschlüsse der Kommission als geeignete Grundlage für die Reform nicht angesehen werden könnten, da sie die wünschenswerte durchgreifende Umgestaltung unseres Strafverfahrens nicht bewirken würden. Diese Auffassung fand die Zustimmung der Frankfurter Tagung, und es wurde zur Beschaffung der Grundlagen für eine durchgreifende Reform von der IKV. eine besondere Studienkommission eingesetzt. Diese Kommission hat dann eine Reihe von Arbeiten in den von mir zusammen mit Oberbürgermeister Adickes und den Professoren v. Lilienthal und v. Liszt herausgegebenen „Beiträgen zur Reform des Strafprozesses“ (Guttentagscher Verlag) veröffentlicht, aber ihre Arbeiten waren noch nicht abgeschlossen, als am 1. September 1908 der Regierungsentwurf erschien.

Dieser Entwurf bringt zwar eine erhebliche Anzahl von Neuerungen, aber von einer durchgreifenden Reform — dieses Urteil muß hier vorweggenommen werden — kann nur in sehr beschränktem Maße gesprochen werden. Das ist von dem Standpunkte aus, den ich auf der Frankfurter Tagung vertreten habe und an dem ich nach wie vor festhalte, sehr bedauerlich, aber es darf nicht von eingehender Prüfung der in dem Entwurfe enthaltenen Neuerungen abhalten. Ich bin der Ansicht, daß ein jeder, dem eine Reform des Strafverfahrens am Herzen liegt, verpflichtet ist, nach seinen Kräften mitzuarbeiten, damit die Reform, zu der sich die Regierung nunmehr entschlossen hat, möglichst gut ausfällt. Die Sachlage ist eben jetzt eine andere, als vor zwei Jahren. Damals galt es, die Regierung zu einer durchgreifenden Reform zu veranlassen; das ist, wie gesagt, nur in sehr bescheidenem Maße gelungen. Die Regierung hält die Zeit für eine große Reform noch nicht für gekommen. Heute gilt es, wenn man nicht den Gesetzesentwurf einfach ablehnen und damit eine Reform auf sicherlich lange Zeit hinaus verhindern will, aus dem Entwurfe das nach den gegebenen Verhältnissen erreichbare Beste zu machen.

Es wird sicherlich allen, die mit mir eine durchgreifende Reform des Strafverfahrens für notwendig erachten, schwer fallen, ihre Anschauungen zurzeit nicht durchsetzen und zurzeit nicht weiter verfolgen zu können, aber dieses Opfer muß zum allgemeinen Besten gebracht werden. Freilich mit dem Vorbehalte, daß wir alle diejenigen Bestimmungen des Entwurfes energisch bekämpfen, welche für die Durchführung der großen Reform, die kommen muß, ein Hindernis bieten würden. Man wird nicht erwarten, daß wir unsere grundsätzlichen Anschauungen fallen lassen; wir wollen nur dasjenige, was zurzeit nicht erreichbar erscheint, auf eine spätere Zeit verschieben.

Nur in einem Punkte werden wir eine Konzession machen müssen: Die Einführung der Berufung für alle Strafurteile, abgesehen von den Schwurgerichtssachen, ist eine so volkstümliche Forderung geworden, daß, nachdem die Regierung diesem Verlangen zugestimmt hat, ein jeder Kampf dagegen zwecklos ist. Man mag noch so große Bedenken gegen die allgemeine Zulassung der Berufung haben, und man wird doch zugeben müssen, daß, wie die Verhältnisse jetzt einmal liegen, eine Reform des Strafverfahrens ohne Berufung aussichtslos sein würde. Wenn man sich so auf den Boden der realen Verhältnisse stellt, so tritt aber um so dringender die Notwendigkeit hervor, bei der ganzen Gestaltung des Strafverfahrens genau zu prüfen, welche Änderungen gerade durch die Zulassung der Berufung erforderlich sein werden, wenn anders nicht die Energie der Strafverfolgung schweren Schaden leiden soll.

Ich glaubte, diese allgemeinen Bemerkungen zur Kennzeichnung meines persönlichen Standpunktes dem Entwurfe gegenüber hier machen zu sollen, bilden sie doch die Grundlage, auf der sich alle späteren Einzelausführungen zu dem Entwurfe aufbauen.

Was den Umfang betrifft, in dem hier zu dem Entwurfe Ausführungen gemacht werden, so mußte ich mir nach zwei Richtungen hin Schranken ziehen: einmal können nicht alle die zahlreichen Neuerungen, die der Entwurf bringt, hier besprochen werden, sondern nur diejenigen, welche für die ganze Gestaltung des Strafverfahrens von maßgebender Bedeutung sind, und sodann sollen auch bei diesen Besprechungen keine tiefgründigen Erörterungen über die großen Probleme des Strafprozesses angestellt, sondern nur meine auf langjähriger theoretischer und praktischer Beschäftigung mit dem Strafverfahren beruhenden Anschauungen wiedergegeben werden. Ich mußte den Hauptzweck der vorliegenden Arbeit, die Stellungnahme der demnächstigen Landesversammlung der IKV. zu dem Entwurfe vorzubereiten, stets im Auge behalten, und dieser gebot — von dem Mangel an Zeit für eine ausführliche Bearbeitung abgesehen — eine weitgehende Beschränkung.

Ehe ich zu den Besprechungen selbst übergehe, ein paar Worte zur äußeren Charakteristik des Entwurfes. Die StPO. erscheint in der Form eines neuen Gesetzes von 500 Paragraphen. Selbst da, wo materielle Änderungen nicht vorgenommen worden sind, haben die Bestimmungen vielfach eine neue Redaktion erhalten, die vollen Beifall verdient. Nicht nur sind Zweifelsfragen, die sich aus dem bisherigen Wortlaute ergaben, durch klarere Fassung der Bestimmungen beseitigt, sondern es sind auch in sprachlicher Hinsicht große Verbesserungen vorgenommen: das abscheuliche Juristendeutsch der geltenden StPO. ist verschwunden, an die Stelle lateinischen Satzbaues sind kürzere Sätze getreten, pedantische Worthäufungen sind gestrichen. Neben der großen Sorgfalt, welche auf eine wirklich gute deutsche Gesetzessprache verwendet worden ist, ist auch das erfolgreiche Bestreben des Entwurfes anzuerkennen, die Bestimmungen in ihrer Aufeinanderfolge logisch richtiger zu disponieren. Gedanklich Zusammengehöriges, das in der geltenden StPO. häufig weit auseinandergerissen in verschiedenen Abschnitten erscheint, ist zusammengefaßt und hintereinander gestellt. Der gesamte Stoff ist in fünf Büchern an Stelle der bisherigen sieben Bücher untergebracht. Überall zeigt sich die sorgsam bessernde Hand, fast kein Paragraph ist davon unberührt geblieben.

Für die vorgeschlagenen Änderungen der Gerichtsverfassung ist die Form einer Novelle gewählt, doch enthält der Entwurf des Einführungsgesetzes die Ermächtigung für den Reichskanzler zu einer Neu-Bekanntmachung des ganzen Gesetzes mit den Änderungen unter fortlaufender Nummernfolge der Titel und Paragraphen.

An die Entwürfe schließt sich eine sehr eingehende Begründung, die in der amtlichen Ausgabe 253 Spalten umfaßt. Die Begründung gibt zunächst die Vorgeschichte und eine Darlegung der Hauptziele der Reform, dann folgt die besondere Begründung in der Reihenfolge der Paragraphen, wobei den einzelnen Abschnitten übersichtliche Einleitungen vorausgeschickt sind. Auch die Begründung ist überaus klar abgefaßt und liest sich vortrefflich. Die Mängel, welche das bisherige Verfahren gezeigt hat, werden mit großer Offenheit klargelegt, und auch die zur Abhilfe gemachten Vorschläge werden, häufig allerdings nur kurz, erwähnt. Die Eleganz, mit welcher dabei manche Vorschläge und manche Einwendungen, die gegen die im Entwurfe enthaltenen Neuerungen bereits in der Literatur vorgebracht worden sind, abgetan werden, ist bewundernswert, aber nicht ganz unbedenklich: es besteht die Gefahr, daß Leser, welche die Materie nicht voll beherrschen, dadurch verleitet werden, über tatsächlich vorhandene Schwierigkeiten zu leicht hinwegzugehen.

Die ganze Vorlage beweist, daß darauf ein großer Fleiß und reiche Kenntnisse verwendet worden sind, sie zeigt aber auch eine solche Geschicklichkeit in der Behandlung schwieriger Fragen, daß diejenigen einen schweren Stand haben, welche die Fragen anders beantworten zu müssen glauben.

[1]) Für die Begründung zu dem Entwurfe wird im folgenden die Abkürzung: Begr. z. E. angewandt.

I. Organisation und Zuständigkeit der Strafgerichte.

Nach dem Entwurfe kommen für die Strafjustiz — abgesehen von der nicht geänderten Zuständigkeit des Reichsgerichts für Hoch- und Landesverrat — in Betracht:

A. Als erkennende Gerichte erster Instanz:

1. Der Amtsrichter als Einzelrichter. Er soll zuständig sein für alle Übertretungen und für diejenigen Vergehen, die nur mit Haft oder mit Geldstrafe von höchstens 300 Mk., allein oder in Verbindung miteinander oder in Verbindung mit Einziehung bedroht sind, sowie bei der nach § 146 a der Gewerbeordnung strafbaren Vergehen.

2. Das Amtsgericht in der Zusammensetzung von einem Amtsrichter als Vorsitzenden und zwei Schöffen. Die Zuständigkeit des bisherigen Schöffengerichts — der Ausdruck Schöffengericht wird von dem Entwurfe vermieden und statt dessen der Ausdruck Amtsgericht gebraucht — ist erweitert, einmal indem die im § 27 Z. 2 GVG. enthaltenen Ausnahmen und die im § 74 GVG. aufgeführten Fälle der ausschließlichen Zuständigkeit der Strafkammer beseitigt sind, und sodann durch die vorgeschlagene erhebliche Ausdehnung der Privatklage, da Privatklagesachen wie bisher zur Zuständigkeit der Amtsgerichte gehören werden. Von größerer Bedeutung noch ist es, daß der Staatsanwalt einfach durch Erhebung der Anklage vor dem Amtsgerichte dessen Zuständigkeit begründen kann nicht nur in den bisherigen Überweisungsfällen, sondern auch bei den Vergehen der §§ 128, 184, 266 No. 2, 271, 296 a, 301, 320, 331, 347 Abs. 2 RStGB., und bei den Verbrechen der §§ 244 und 264 RStGB. (Diebstahl und Betrug im Rückfall), wobei aber in den letzteren Fällen das Amtsgericht nicht auf

Zuchthausstrafe erkennen kann, sondern, falls es Zuchthaus für verwirkt erachtet, die Sache an das Landgericht verweisen muß. Endlich soll das Amtsgericht hinsichtlich Jugendlicher auch bei den meisten Verbrechen zuständig sein.

3. Die Strafkammer des Landgerichts in der Besetzung von zwei Richtern und drei Schöffen für alle nicht zur Zuständigkeit der Gerichte zu 1 und 2 gehörigen Vergehen und Verbrechen, soweit letztere nicht zur Zuständigkeit der Schwurgerichte gehören. Dabei sind von den bisherigen Schwurgerichtssachen einige Fälle der Urkundenfälschung (§§ 268 No. 2, 272, 273 RStGB.), der Amtsverbrechen (§§ 349, 351 RStGB.), die Bankrottverbrechen (§§ 239, 242 Konkursordnung) und die Verbrechen der Depotunterschlagung (§§ 11, 12 Gesetz vom 5. Juli 1896) der Strafkammer überwiesen worden.

4. Die Schwurgerichte mit der unter 3 erwähnten Einschränkung ihrer bisherigen Zuständigkeit.

B. Als erkennende Gerichte zweiter Instanz:

1. Die Strafkammer des Landgerichts in der Besetzung von drei Richtern für die Berufung gegen die Urteile des Amtsrichters und des Amtsgerichts (A 1 und 2).

2. Die Berufungssenate bei den Landgerichten in der Besetzung von fünf Richtern für die Berufung gegen Urteile der Strafkammer (A 3).

C. Als Revisionsgerichte:

1. Die Oberlandesgerichte bei Revisionen gegen die Berufungsurteile der Strafkammer (B 1), sowie ferner gegen die Urteile der Berufungssenate (B 2) in folgenden Fällen:

a) wenn die Revision sich auf eine strafbare Handlung bezieht, über die der Einzelrichter zu entscheiden hatte;
b) wenn die Revision ausschließlich auf Verletzung einer in den Landesgesetzen enthaltenen Rechtsnorm gestützt wird;
c) wenn das Reichsgericht von der ihm in dem § 136[1] der Novelle zum GVG. gegebenen Befugnis Gebrauch macht, die Entscheidung in einer Revisionssache dem Oberlandesgerichte zu überweisen, weil für die Entscheidung im wesentlichen solche Rechtsnormen in Betracht kommen, die in den Landesgesetzen enthalten sind.

2. Das Reichsgericht bei Revisionen gegen Urteile der Schwurgerichte (A 4) und gegen die Urteile der Berufungssenate (B 2), soweit nicht die unter C 1 erwähnten Fälle vorliegen.

Überblickt man die vorstehende Gliederung, so ergibt sich als wesentliche Neuerung neben der Zuziehung des Laienelements bei der Strafkammer und der Einführung der Berufung gegen Strafkammerurteile die Entlastung der höheren Gerichte durch die jeweilig niedere Gerichtsorganisation: in erster Instanz wird das Schwurgericht durch die Strafkammer, letztere durch das Amtsgericht, und dieses wieder durch den Amtsrichter als Einzelrichter entlastet, wobei noch eine weitere Entlastung durch die Ausdehnung des Strafbefehls und die Einführung des schleunigen Verfahrens herbeigeführt wird. Der Schwerpunkt der erstinstanzlichen strafrichterlichen Tätigkeit wird auf das Amtsgericht resp. den Amtsrichter verlegt. Die Erweiterung der Zuständigkeit des Amtsgerichts hat naturgemäß auch eine Entlastung der Strafsenate des Reichsgerichts zur Folge, wozu noch die unter C 1 angeführte erweiterte Zuständigkeit der Oberlandesgerichte für die Entscheidung von Revisionen hinzukommt.

Betrachten wir zunächst die erstinstanzlichen Gerichte.

Die Beibehaltung des Schwurgerichts stellt sich an sich als Inkonsequenz dar; denn innere Gründe dafür, die Mitwirkung der Laien im allgemeinen in der Form des Schöffengerichts und nur bei den schwersten Delikten in der Form des Schwurgerichts stattfinden zu lassen, wird man kaum angeben können. In der Begr. z. E. wird die Beibehaltung unter Hinweis auf die ungünstige Aufnahme, welche der von der RK.[1]) gemachte Vorschlag der Ersetzung der Schwurgerichte durch große Schöffengerichte gefunden hat, damit gerechtfertigt, daß „die Beseitigung der Schwurgerichte und ihre Ersetzung durch Schöffengerichte die Schwierigkeiten, welche schon jetzt

[1]) RK. ist die hier stets gebrauchte Abkürzung für die von dem Reichsjustizamte im Jahre 1903 einberufene Kommission für die Reform des Strafprozesses. Die Zitate aus den im Verlage von Guttentag, Berlin 1905 in zwei Bänden erschienenen Protokollen dieser Kommission erfolgen hier unter der Abkürzung: Prot. und Anführung des Bandes mit römischer und der Seitenzahl mit arabischer Ziffer.

mit der Lösung der ganzen Reformaufgabe verbunden sind, sehr beträchtlich steigern“ würde. Demgemäß hat der Entwurf bei der Organisation der Schwurgerichte nur die Änderung vorgenommen, daß die Zahl der in die Spruchliste aufzunehmenden Geschworenen auf 22 herabgesetzt und das Ablehnungsrecht zahlenmäßig entsprechend eingeschränkt wird; an dem schwurgerichtlichen Verfahren ist sachlich nichts geändert worden.

Man wird damit einverstanden sein können, daß die Entscheidung über die Schwurgerichte zurzeit noch verschoben wird. Ich habe bereits in meinem Frankfurter Generalreferate ausgeführt, daß man eine Institution wie das Schwurgericht, das auf einer geschichtlich-politischen Entwicklung beruht, trotz aller ihm unbestreitbar anhaftenden Mängel nur dann beseitigen kann, wenn man als Ersatz etwas unzweifelhaft Besseres vorzuschlagen vermag. Ob dies große Schöffengerichte sein werden, steht noch keineswegs sicher fest. Auch wenn man, wie ich es tue, davon ausgeht, daß sich die bisherigen amtsgerichtlichen Schöffengerichte im allgemeinen gut bewährt haben, so ist schon der Schluß, daß dies auch bei einer Ausdehnung der schöffengerichtlichen Tätigkeit auf schwerer zu beurteilende und schwerer zu bestrafende Delikte der Fall sein wird, ein unsicherer. Ganz besonders aber kommt in Betracht, daß bei den bisherigen amtsgerichtlichen Schöffengerichten die gute Bewährung sicherlich in nicht unerheblichem Maße darauf zurückzuführen ist, daß der vorsitzende Amtsrichter in dem kleinen Kollegium kraft seiner autoritativen Stellung die beiden Schöffen in geeigneter Weise leiten konnte, während erst durch Erfahrungen zu erproben ist, ob sich eine gleich geeignete Leitung auch dann sicherstellen lassen wird, wenn bei den großen Schöffengerichten die Zahl der Schöffen eine erheblich größere sein wird, und, wie wenigstens nach dem Vorschlage des Entwurfes anzunehmen ist, in dem Kollegium mehr als ein gelehrter Richter sitzen wird. Dieses Experiment soll ja bei der jetzt beabsichtigten Beteiligung des Laienelements an der Rechtsprechung der Strafkammer gemacht werden, und es wird nach meiner noch darzulegenden Meinung bei den Berufungs-Strafgerichten gemacht werden müssen. Man sammele damit erst Erfahrungen und gehe schrittweise vor; erst wenn diese Erfahrungen günstig ausgefallen sind, mag man, darauf gestützt, die Beseitigung des Schwurgerichts mit Aussicht auf Erfolg vorschlagen.

Sollen also die Schwurgerichte jedenfalls vorläufig beibehalten werden, so ist es mir recht zweifelhaft, ob es sich empfehlen wird, an der Zuständigkeit der Schwurgerichte jetzt eine Änderung vorzunehmen. Man kann zugestehen, daß bei den Verbrechen, welche der Entwurf der Zuständigkeit der Schwurgerichte entziehen will, der schwerfällige schwurgerichtliche Apparat teils zu der Schwere der Straftat nicht im richtigen Verhältnisse steht teils wegen der in Betracht kommenden Rechtsfragen Schwierigkeiten bei der Verhandlung bietet. Aber anderseits halte ich es nicht für unbedenklich, unter den gegebenen Verhältnissen an dem Bau der Schwurgerichte zu rütteln, es könnten dabei leicht weitere Steine herausfallen: es ist ja bekannt, daß eine weitverbreitete Anschauung dem Schwurgerichte auch die Meineids- und gewisse Sittlichkeitsverbrechen entziehen will, und es lassen sich dafür vielleicht ebenso gute Gründe anführen, wie für die Vorschläge des Entwurfs.

Die heutige Strafkammer, gegen welche sich die Angriffe auf unsere Strafjustiz in erster Linie gerichtet haben, soll durch die Zuziehung von Schöffen eine neue Organisation erhalten. An der für den Angeklagten besonders günstigen Besetzung des Gerichtes mit fünf Mitgliedern, bei der zu jeder Verurteilung wenigstens vier Richter zustimmen müssen, wird festgehalten, es sollen aber an die Stelle von drei richterlichen Mitgliedern drei Schöffen treten.

Als ausschlaggebender Grund für die Beteiligung des Laienelements, auch in mittleren Strafsachen, führt die Begr. z. E. mit Recht an, daß der Rechtsprechung dadurch ein erhebliches Maß von Vertrauen gesichert wird: „Es darf erwartet werden, daß die zurzeit vielfach verbreitete Mißstimmung gegen die Urteile der Strafkammern schwinden wird, wenn auch hier Laien in gleichberechtigter Stellung mit den Berufsrichtern mitwirken. Gerade auf dem Gebiete der Strafrechtspflege muß besonderer Wert darauf gelegt werden, daß die zur Ausübung der Strafgewalt berufenen Gerichte nicht nur tatsächlich ihrer Aufgabe gerecht werden, sondern daß sie auch in dem Vertrauen der Bevölkerung eine feste Stütze finden."

Als weitere Momente für die Zuziehung der Laien in Strafsachen werden sodann in der Begr. z. E. ausgeführt: 1. daß „die Mitwirkung von Laien für die Aufklärung des Sachverhalts wie für die Beurteilung der festzustellenden Straftat eine wertvolle Hilfe bietet,“ daß „die Schöffen auf dem Gebiete des täglichen Lebens Erfahrungen mitbringen, die dem Richter in gleichem Maße nicht immer eigen sind;“ 2. daß „die Schöffen bei der Urteilsfällung zu einer dem Volksempfinden entsprechenden Entscheidung beitragen;“ 3. daß „ihre Mitwirkung eine besonders eingehende Verhandlung der Sache und eine gründliche Prüfung der Ergebnisse der Beweisaufnahme gewährleistet.“

Die zuletzt erwähnte Nötigung für den gelehrten Richter, infolge der Mitwirkung von Laien bei der Verhandlung und Entscheidung gründlicher vorzugehen, als es bei einem unter sich eingearbeiteten Kollegium gelehrter Richter meistens der Fall ist, erachte auch ich als einen Vorzug. Es wird dadurch einem routinemäßigen Abarbeiten der Fälle entgegengewirkt und eine größere Berücksichtigung der Individualität des Einzelfalles sichergestellt. Auch das zu 1 erwähnte Moment kann unter Umständen von Vorteil sein, aber nicht immer wird man sagen können, daß die Laien in der Kenntnis von Personen und Verhältnissen dem gelehrten Richter überlegen sind. Das kommt ganz auf die Person des Richters und auf die Persönlichkeiten der Schöffen an. Noch bedenklicher erscheint mir die bei 2 geschehene Heranziehung des Volksempfindens. Schon dieser Begriff ist ein recht unsicherer: Wohin das Volksempfinden geht, darüber werden oft recht verschiedene Meinungen je nach beruflicher, gesellschaftlicher und politischer Richtung des einzelnen bestehen können. Vor allem aber kommt es auch in der Strafjustiz darauf an, die einmal bestehenden gesetzlichen Vorschriften — mögen sie dem Volksempfinden mehr oder weniger entsprechen — strikte anzuwenden und die Zulassung einer Korrektur etwaiger Härten der Gesetze bei der Beurteilung eines Einzelfalles wäre ein recht gefährliches Beginnen.

Ich glaube, wie ich dieses schon in meinem Frankfurter Generalreferate ausgeführt habe, zur Rechtfertigung der weiteren Zuziehung von Laien zur Strafrechtspflege genügt allein schon der Grund, daß wir nur so ein wirkliches Vertrauen zu unserer

Strafrechtspflege werden herstellen können. Und ich kann meinen eigenen Standpunkt nicht besser kennzeichnen, als durch Wiederholung der Worte, welche am 25. November 1874 der damalige preußische Justizminister Dr. Leonhardt im Reichstage bei der ersten Beratung der Reichsjustizgesetze gebraucht hat: „Ich gehe davon aus, daß eine wirklich korrekte Rechtspflege nur durch rechtsgelehrte Richter garantiert wird. Aber es kommt nicht allein auf korrekte Rechtspflege an, sondern auf eine Rechtspflege, die das Vertrauen genießt.“

Und nun zu der vorgeschlagenen Organisation der Strafkammer: zwei Richter und drei Schöffen.

Ich habe gegen diesen Vorschlag die allerschwersten Bedenken. Zunächst würde das Verhältnis der zwei Richter zueinander sich leicht sehr unerquicklich gestalten. Juristische Meinungsverschiedenheiten unter ihnen würden, wenn anders der beisitzende Richter ein wirklich selbständiger und unabhängiger Richter und kein bloßer Gehilfe des Vorsitzenden sein soll, gar nicht ausbleiben können. Dadurch aber würde die Autorität des Vorsitzenden, die gerade für ein Schöffengericht von maßgebender Bedeutung ist, sehr schwer gefährdet werden. Aber auch die Stellung des beisitzenden Richters würde, wenn solche Meinungsverschiedenheiten häufiger vorkommen und er, was immerhin wahrscheinlich ist, dabei überstimmt würde, eine recht peinliche werden. Nun aber erst die Schöffen! Wie sollen sie sich zu juristischen Fragen stellen, bei denen die beiden gelehrten Richter verschiedener Meinung sind. Bei den heutigen amtsgerichtlichen Schöffengerichten verlassen sie sich, von seltenen Ausnahmen abgesehen, bezüglich der rechtlichen Beurteilung der Sache auf die Rechtsbelehrung des Vorsitzenden; wo dies nicht der Fall ist, kann man sicher sein, daß der vorsitzende Richter nicht die für das Amt geeignete Persönlichkeit ist. Die Schöffen sind gar nicht in der Lage, über rein juristische Fragen, über welche die rechtsgelehrten Richter verschiedener Meinung sind, eine eigene selbständige Entscheidung abzugeben; ihre Entscheidung wird regelmäßig vom Zufalle abhängen, je nach ihrem Naturelle werden sie bald dem Vorsitzenden ohne weiteres zustimmen bald sich für die dem Angeklagten günstigere Meinung entscheiden. Das Ergebnis kann in keinem Falle ein für einen gewissenhaften Schöffen befriedigendes sein.

Gegenüber einer solchen Organisation der Strafkammer scheint mir noch die schon häufig vorgeschlagene Besetzung mit einem Richter und vier Schöffen erhebliche Vorzüge zu bieten. Aber auch gegen diese sprechen schwere Bedenken. Abgesehen davon, daß dadurch der Bedarf an Schöffen, dessen befriedigende Deckung vielfach Schwierigkeiten machen wird, wesentlich erhöht würde, halte ich ein derartiges Überwiegen der Laienrichter im Kollegium mit Rücksicht auf die Strafzumessung für bedenklich. Da bei der Strafzumessung die einfache Majorität entscheidet, und da unser Strafgesetz sehr weite Strafrahmen hat — und das zukünftige dürfte noch weitere erhalten —, so besteht bei einem starken Überwiegen des Laienelements die Gefahr, daß dann Strafen herauskommen, die der Gerechtigkeit nicht entsprechen. Der Laie ist nicht imstande, den ihm gerade vorliegenden Fall mit ähnlich liegenden zu vergleichen und danach die Strafe auszumessen, er läßt sich leicht von Sentiments leiten. Die erkannten Strafen werden bald unverhältnismäßig niedrig bald unverhältnismäßig hoch sein. Auf diese letztere vielfach übersehene Möglichkeit habe ich schon früher auf Grund eigener Erfahrungen hingewiesen. Das Argument „es muß ein Exempel statuiert werden“ ist bei Schöffen recht beliebt.

Nach alledem kann ich, wenn man überhaupt an der Fünfzahl des Kollegiums festhalten will, nur auf meinen früheren Vorschlag zurückkommen, das Gericht aus drei Richtern und zwei Schöffen zusammenzusetzen. Die Begr. z. E. führt gegen diesen Vorschlag aus, daß „die Schöffen den Richtern gegenüber in der Überzahl sein müssen, weil andernfalls die gelehrten Richter, denen ihre juristischen Kenntnisse und ihre größere Gewandtheit in der Erörterung streitiger Punkte ohnehin einen erheblichen Einfluß sichern, die Mitwirkung der Schöffen zu sehr in den Hintergrund drängen könnten.“ Dagegen möchte ich folgendes bemerken: 1. Eine Mitwirkung der Schöffen in der Beurteilung juristischer Zweifelsfragen, zu deren richtiger Entscheidung Rechtskenntnisse gehören, ist gar nicht wünschenswert; da die Schöffen die erforderliche Rechtskenntnis nicht besitzen, so ist es wünschenswert, daß sie sich in juristischen Zweifelsfragen der von der Mehrheit der rechtsgelehrten Richter geteilten Ansicht anschließen. 2. Bei der Beurteilung der Beweise, wie überhaupt bei der Feststellung des Tatsächlichen ist den Schöffen eine wesentliche Mitwirkung dadurch gesichert, daß wegen des Erfordernisses der $^2/_3$-Majorität keine Verurteilung erfolgen kann, ohne daß wenigstens einer der Schöffen zugestimmt hat. 3. Die Ausmessung der Strafe, über welche die einfache Majorität entscheidet, erfolgt in jedem Kollegium nach dem Durchschnitte der darin vertretenen Auffassungen, die auch bei den Richtern recht verschiedenartige sind, und die Schöffen werden an der Festsetzung dieser Durchschnittsstrafe um so stärkeren Anteil haben, als sie bei der Abstimmung zuerst stimmen. Von einem „In den Hintergrunddrängen“ der Schöffen könnte also nur bei der Entscheidung der Rechtsfragen gesprochen werden.

Ich bleibe hiernach bei meiner Ansicht, daß die einzig geeignete Zusammensetzung eines Fünfmänner-Kollegiums die von drei Richtern und zwei Schöffen ist. Die Frage, ob überhaupt ein Fünfmänner-Kollegium für die erste Instanz zu empfehlen ist, soll erst später im Zusammenhange mit der Organisation der Berufungsgerichte behandelt werden.

Was sodann die Amtsgerichte als Schöffengerichte betrifft, so dürften gegen die im Entwurfe vorgeschlagene Erweiterung ihrer Zuständigkeit von keiner Seite Bedenken erhoben werden. Man hat es hier mit einer Institution zu tun, die sich bereits in der Praxis bewährt hat, und es kann nur die Frage sein, ob man die Zuständigkeit nicht noch weiter ausdehnen sollte. Die Entscheidung dieser Frage hängt von der Organisation der Berufungsgerichte ab und wird zusammen mit dieser hier behandelt werden. Die vorgeschlagene Bildung besonderer Abteilungen für die Verhandlung von Strafsachen gegen Jugendliche (Jugendgerichte) wird in dem besonderen, später folgenden Abschnitte über das Verfahren gegen Jugendliche besprochen werden. Ich gehe deshalb hier auch auf die vorgeschlagene weite Zuständigkeit der Jugendgerichte nicht ein.

Die im Entwurfe vorgesehene erhebliche Erweiterung der Zuständigkeit des Amtsrichters als Einzelrichters ist vielfach auf Bedenken gestoßen. Ich möchte mich aber doch für den Vorschlag des Entwurfes aussprechen, allerdings nur unter der Voraussetzung, daß das Gericht, welches über die Berufung gegen die Urteile des Amtsrichters zu entscheiden hat, in geeigneter Weise — und zwar durchaus anders, als es in dem Entwurfe vorgeschlagen wird, — zusammengesetzt ist.

Bisher entschied der Amtsrichter als Einzelrichter nur in den Fällen des außerordentlichen Verfahrens des § 211 StPO. Der Vorschlag des Entwurfs, wonach ihm alle Übertretungen und eine Anzahl von Vergehen, bei denen nur auf geringe Strafen erkannt werden kann, zugewiesen werden, wird damit gerechtfertigt, daß man bei der neuen Organisation der Strafgerichte möglichst sparsam mit dem Schöffenmateriale vorgehen müsse und daß man deshalb bei solchen Sachen von der Zuziehung von Schöffen absehen wolle, bei denen ihre Mitwirkung ohne Schaden entbehrt werden könne; das seien die Bagatellsachen. Man hätte als weiteren Grund wohl noch anführen können, daß sich in Bagatellsachen eine schnelle Erledigung, wie sie gerade vor dem Einzelrichter möglich ist, ganz besonders empfiehlt. Natürlich kann man über die Frage, was Bagatellsachen sind, im Einzelfalle recht verschiedener Meinung sein, und wenn man die Geringfügigkeit der auf die Handlung gesetzten Strafe als Maßstab nimmt, so müßten wohl diejenigen Übertretungen ausgeschaltet werden, bei denen auf Überweisung an die Landespolizeibehörde erkannt werden kann. Immerhin handelt es sich auch hier regelmäßig um „glatte" Sachen. Man wird sich nach meiner Meinung dabei beruhigen können, daß in denjenigen Fällen, wo die Sachen in tatsächlicher Richtung zweifelhaft sind oder wo die Strafen höher ausgefallen sind, dem Angeklagten, der sich ungerecht behandelt glaubt, eine Berufung zur Verfügung steht. Am meisten Schwierigkeiten bieten ja bei Übertretungen gerade die eigentlichen Rechtsfragen, insbesondere die Frage nach der Rechtsgültigkeit von Polizeiverordnungen, und hierfür erscheint die Mitwirkung von Schöffen ohne Bedeutung.

Ich wende mich nunmehr zu den Berufungsgerichten. Hier ist jede Zuziehung von Laien von dem Entwurfe abgelehnt worden.

Von den Gründen, die hierfür in der Begr. z. E. angeführt werden, erscheint mir nur einer von Bedeutung, nämlich, daß die Besetzung der Berufungsgerichte mit Schöffen wegen der Beschaffung des erforderlichen Materials Schwierigkeiten bereiten würde.

Wenn sonst noch angeführt wird, daß „die wesentlichen Vorzüge der Beteiligung der Laien an der Rechtspflege durch ihre Mitwirkung in der ersten Instanz gesichert“ seien, daß sie damit „ihre Aufgabe erfüllen, zur Aufklärung und gründlichen Beurteilung des Falles beizutragen“, so wird das schwerlich jemanden überzeugen. Da die Berufung regelmäßig eine Anfechtung der tatsächlichen Grundlagen des ersten Urteils enthalten wird und da dann zum Zweck neuer tatsächlicher Feststellungen in der Berufungsinstanz eine neue Beweisaufnahme erfolgen muß, so sprechen alle die Gründe, die für eine Zuziehung der Laien, in erster Instanz angeführt werden, auch für die Zuziehung in der Berufungsinstanz. Glaubt man wirklich, daß der für die Zuziehung der Laien in erster Instanz angeführte Hauptgrund, nämlich die Herstellung eines wirklichen Vertrauens des Volkes zu unserer Strafrechtspflege, erreicht wird, wenn in zweiter Instanz ausschließlich gelehrte Richter sitzen, und wenn von diesen ein Angeklagter verurteilt wird, der von dem Gerichte erster Instanz freigesprochen war? Wird man dann nicht davon sprechen, daß der Einfluß der Laienrichter durch die Organisation des Berufungerichts nullifiziert worden ist.

Es kann auch nicht, wie es in der Begr. z. E. geschieht, angeführt werden, daß für die Tätigkeit des Berufungsgerichtes, die „immer eine gewisse Nachprüfung der rechtlichen Auffassung des ersten Gerichts in sich schließt, Laien weniger geeignet“ seien. Da eine Verlesung der Protokolle der ersten Instanz nach dem Entwurfe in der zweiten Instanz nicht zugelassen ist, so kann von einer Nachprüfung der Ergebnisse des ersten Verfahrens nicht mehr gesprochen werden. Und es dürfte keineswegs gerechtfertigt sein, die Organisation der Berufungsgerichte lediglich mit Rücksicht auf die in der Praxis relativ seltenen Fälle vorzunehmen, wo die Berufung ausschließlich auf Rechtsgründe gestützt wird. Für diese Fälle dürfte es vielleicht sehr zu erwägen sein, ob man hierfür überhaupt neben der Revision eine Berufung zulassen soll oder ob es nicht richtiger wäre, hier gegen das erste Urteil lediglich das Rechtsmittel der Revision zu geben. Denn was hat es zum Beispiel für einen Sinn, da, wo der alleinige Beschwerdegrund gegen das Urteil erster Instanz die behauptete Rechtsungültigkeit einer Polizeiverordnung ist, die Sache noch durch zwei Instanzen zu ziehen.

Wenn sich die Begr. z. E. dann noch für die Nichtzuziehung von Laien in der Berufungsinstanz auf das Ausland, insbesondere auf England bezieht, so wirkt das einigermaßen befremdend. Es wird nämlich dabei verschwiegen, daß in England, soweit cort überhaupt eine Berufung gewährt wird, diese nur dem Angeklagten zusteht. Würde man bei uns der Staatsanwaltschaft das Recht nehmen, auch ihrerseits von dem Rechtsmittel der Berufung Gebrauch zu machen — was ernstlich wohl aber kaum in Frage kommen wird und was ich auch von meinem Standpunkte aus nicht befürworten möchte —, so würden zweifellos die Hauptbedenken gegen die Ausschaltung der Laien aus der Berufungsinstanz fortfallen. Im übrigen müßte das Studium des englischen Rechtsmittelwesens, wie es neuerdings Bromberg in unsern „Beiträgen" Bd. II, Heft 4 in vortrefflicher Weise dargestellt hat, ebenfalls auf den Gedanken einer schärferen Abgrenzung der Rechtsmittel für die Tatfrage einerseits und für die Rechtsfrage andrerseits bringen.

Durch die von dem Entwurfe vorgeschlagene Organisation der Berufungsgerichte würde die Lage des Angeklagten in vielen Fällen gegenüber dem bisherigen Rechte geradezu verschlechtert werden. In den zahlreichen Fällen, die bisher zur Zuständigkeit der Strafkammer gehört haben, nach dem Entwurfe aber bei den Amtsgerichten zur Erledigung gelangen werden, kann jetzt der Angeklagte nur für schuldig erklärt werden, wenn von den fünf Richtern der Strafkammer vier ihn für schuldig halten. Nach dem Entwurfe würde es zu seiner Verurteilung genügen, wenn von den drei Richtern der Berufungsstrafkammer ihn zwei für schuldig erachten, und dieses auch dann, wenn das Amtsgericht — vielleicht einstimmig — ihn freigesprochen hat. Und bei den schwereren Delikten, bei denen die ausschließliche Zuständigkeit des Landgerichts im Entwurfe beibehalten wird, könnte der Angeklagte, wenn er glücklich von der unter Mitwirkung von Laien gebildeten Strafkammer freigesprochen worden ist, von dem Berufungsgerichte, das ebenso wie die heutige Strafkammer aus fünf gelehrten Richtern gebildet ist, mit vier Stimmen verurteilt werden. Daß das ihn verurteilende Gericht dann die Bezeichnung „Berufungssenat" trägt und nicht mehr „Strafkammer" heißt, wird dem Angeklagten gänzlich gleichgültig sein; die möglicherweise über die Verurteilung entstehende Mißstimmung wird genau dieselbe sein, ob die Verurteilung von der bisherigen Strafkammer oder von dem neuen Berufungssenate erfolgt ist; sie wird sich sogar erhöhen, wenn im letzteren Falle in der ersten Instanz, wo Laien mitgewirkt haben, eine Freisprechung erzielt war.

Es ist mir gar nicht zweifelhaft, daß der ganze Erfolg, den man von der erweiterten Zuziehung von Laien in erster Instanz erwartet, hinfällig werden würde, durch die von dem Entwurfe vorgeschlagene Organisation der Berufungsinstanz. Ich halte deshalb diese Vorschläge für unannehmbar, und es erübrigt, auf die sonst dagegen sprechenden Bedenken hier noch ausführlicher einzugehen. Nur kurz sei noch auf folgendes hingewiesen.

Bisher galt es als wesentliche Garantie für die größere Richtigkeit des Berufungsurteils, daß der Rechtsmittelzug an ein höheres Gericht ging, dessen Mitglieder die Präsumtion einer größeren Tüchtigkeit für sich hatten. Nun hat aber der Entwurf auf die Überweisung der Berufungen an die Oberlandesgerichte verzichtet, besonders mit Rücksicht auf die sich aus der Größe vieler Oberlandesgerichtsbezirke ergebenden Schwierigkeiten. Die Gründe dafür sind auch nicht von der Hand zu weisen. Wenn aber der Entwurf glaubt, durch besondere Bestimmungen über die Besetzung der Berufungssenate diesen Gerichten eine erhöhte Autorität verschaffen zu können, so dürfte diese Hoffnung sich in der Praxis nicht bestätigen.

Der Entwurf geht davon aus, daß der Vorsitz in dem Berufungssenate in der Regel von dem Präsidenten des Landgerichts übernommen wird; in der Praxis wird der Landgerichtspräsident wegen der Fülle der sonst auf ihm lastenden Geschäfte dazu nur ganz selten in der Lage sein; vor allem überhaupt nicht bei den großen und auch kaum bei den mittleren Landgerichten. Falls der Präsident am Vorsitz verhindert ist, so soll nach dem Entwurfe der Präsident des Oberlandesgerichts einen geeigneten Richter in gehobener Stellung zum Vorsitzenden bestellen, entweder ein Mitglied des Oberlandesgerichts oder einen Landgerichtsdirektor. Der erstere Fall wird in der Praxis nur selten zur Anwendung kommen können, da bei der regelmäßig sehr starken Beschäftigung der Oberlandesgerichte es nicht angängig sein wird, durch eine derartige Abkommandierung ein Mitglied des Oberlandesgerichts von seiner Tätigkeit in diesem Gerichte häufiger fernzuhalten. Praktisch wird also die Sache darauf hinauskommen, daß in den meisten Fällen ein Landgerichtsdirektor den Vorsitz im Berufungssenate führt. Das aber soll nach § 61 GVG. überhaupt bei allen Kammern des Landgerichts der Fall sein. Daß es heute, besonders in Preußen, nicht immer so ist, muß bedauert werden.

Und was die Mitglieder des Berufungssenates betrifft, so ist die Vorschrift des Entwurfes, daß nur ständig angestellte Richter, also nicht Assessoren, im Senate sitzen sollen, eine solche, die bei jeder Strafkammer gelten müßte, wie es übrigens heute schon in Bayern und in Hamburg der Fall ist. Ich habe in meinem Frankfurter Generalreferate darauf hingewiesen, daß jedenfalls ein gut Teil der gegen die jetzigen Strafkammern herrschenden Mißstimmung auf die — besonders in Preußen — ungenügende Besetzung dieser Gerichte zurückzuführen ist. Der Entwurf scheint die zurzeit vielfach bestehende ungenügende Besetzung als das Normale anzusehen, von dem nur bei dem Berufungssenate eine Ausnahme gemacht werden soll.

Wenn in der Begr. z. E. ferner die Hoffnung ausgesprochen wird, daß gerade die befähigtsten Richter geneigt sein werden, sich diesem Zweige der Strafrechtspflege zuzuwenden, so habe ich darüber recht erhebliche Zweifel. Vor allem wird es bei den meisten Gerichten gar nicht auf die Neigung der Richter ankommen, sondern es werden alle Richter des Landgerichts in Strafsachen tätig sein müssen. Man bedenke, daß in Zukunft bei einem Landgerichte, selbst wenn es nur e i n e Strafkammer hat, acht Richter für die Bearbeitung der Strafsachen nötig sind (ein Untersuchungsrichter, zwei Richter in der Strafkammer und fünf Richter im Berufungssenate), daß aber höchstens die ganz kleinen Landgerichte mit einer Strafkammer auskommen werden, da naturgemäß die aus zwei Richtern und drei Schöffen zusammengesetzte Strafkammer ein sehr erheblich geringeres Arbeitspensum erledigen kann, als die bisherige Strafkammer von fünf gelehrten Richtern. (Man wird sicherlich rechnen müssen, daß dasjenige, was jetzt in zwei Strafkammersitzungen erledigt wird, in Zukunft reichlich drei Strafkammersitzungen ausfüllen wird.) Nun haben wir aber in Preußen nicht weniger als 24 Landgerichte, die, einschließlich Präsidenten und Direktor, nur aus acht Richtern bestehen.

Es erhellt auch hieraus, daß bei nicht wenigen Landgerichten überhaupt eine Richterzahl nicht vorhanden sein wird, wie sie nach den Vorschlägen des Entwurfes allein zur Besetzung der Strafgerichte erforderlich sein würde. Der Entwurf hat deshalb die Möglichkeit der Bildung eines gemeinschaftlichen Berufungsgerichtes für mehrere Landgerichte vorgesehen. Ich befürchte, daß sich dabei manche Mängel wieder herausstellen werden, die sich bei den jetzigen detachierten Strafkammern gezeigt haben.

Jedenfalls steht so viel fest, daß bei Annahme der vom Entwurfe vorgeschlagenen Organisation für eine Auswahl von Richtern, die zur Tätigkeit im Strafgerichte besonders geeignet sind, nur ein sehr geringer Spielraum sein würde. Wenn man von Berlin und anderen großen Städten absieht, so werden fortab fast alle Richter der Landgerichte in Strafsachen tätig sein müssen, und die Befürchtung ist nicht von der Hand zu weisen, daß darunter gar manche sich nicht für diese Tätigkeit eignen werden. Man denke an ältere Richter, welche schon seit Jahrzehnten aus jeder strafrichterlichen Tätigkeit heraus sind.

Also mit der in der Begr. z. E. aufgestellten Behauptung, daß die Berufungssenate „durch die Art ihrer Besetzung eine über die sonstigen Kollegien des Landgerichtes hinausragende Stellung erhalten“ werden, wird es in der Praxis recht schwach aussehen. Ich möchte aber auch nicht unterlassen, auf die Bedenken hinzuweisen, welche eine derartige Heraushebung der Stellung eines Kollegiums bei einem Gerichte auf das ganze kollegiale Verhältnis unter den Mitgliedern des Gerichts haben könnte.

Und nun zu dem einzigen Einwande von wirklicher Bedeutung, der in der Begr. z. E. gegen die Zuziehung von Laien zu den Berufungsgerichten gemacht wird: nämlich dem, daß die Beschaffung eines geeigneten Materials von Schöffen Schwierigkeiten bereiten würde.

Dieser Einwand ist recht ernst zu nehmen. Zum Schöffendienst eignen sich nur völlig integre, tüchtige und lebenserfahrene Männer, und es würde sehr bedenklich sein, wenn man auch nur in einzelnen Bezirken mit den Ansprüchen an die Qualifikation der für den Schöffendienst auszuwählenden Personen heruntergehen müßte.

Ein sicheres Urteil darüber, ob sich überhaupt im Land eine genügende Zahl wirklich vertrauenswürdiger Schöffen finden lassen wird, kann man lediglich auf Grund besonderer Erhebungen gewinnen, wie sie nur die Regierung anzustellen vermag. Es kann wohl keinem Zweifel unterliegen, daß sich die Ansicht der Begr. z. E., wonach es neben der durch die Gerichte erster Instanz erforderlichen Zahl von Schöffen und Geschworenen an weiterem Material für bei den Gerichten zweiter Instanz zuzuziehende Schöffen fehlen würde, auf solche Erhebungen stützt. Wann, in welcher Weise und auf welcher Grundlage diese Erhebungen angestellt worden sind, darüber wird uns allerdings in der Begr. z. E. nichts mitgeteilt. Es ist daher nicht möglich, sich ein eigenes, selbständiges Urteil über die Frage zu bilden. Nur ein paar Momente, die bei der Beantwortung der Frage zu berücksichtigen sind, möchte ich hier hervorheben.

Nach dem bisherigen Rechte konnten wenig bemittelte Personen, auch wenn sie an sich zum Schöffendienste geeignet waren, zu diesem Amte nicht berufen werden, weil sie die damit verbundenen wirtschaftlichen Opfer zu tragen außer Stande waren; denn die Schöffen (und ebenso die Geschworenen) erhielten vom Staate nur ihre Reisekosten vergütet. Entsprechend den vielfach, auch im Reichstage, geäußerten Wünschen, sollen nach dem Entwurfe fortab Tagegelder an Schöffen und Geschworene gewährt werden. Dadurch wird sich die Zahl der für das Laienrichteramt in Betracht kommenden Personen erheblich vermehren. Dieser Erfolg ist sicher erwünscht, und auch das Vertrauen zur Rechtsprechung kann nur gewinnen, wenn die Laienrichter aus allen Ständen gewählt werden.

Aber weiter glaube ich auch, daß man, wenn die Schöffen nicht mehr den mit der Ausübung ihres Amtes verbundenen Aufwand selbst zu tragen haben, ihre Dienstleistung im Laufe des Jahres nicht, wie bisher, auf fünf Sitzungstage zu beschränken braucht, sondern daß man sie reichlich zu der doppelten Anzahl von Sitzungen heranziehen könnte. Ich halte dies auch im Interesse der Rechtsprechung für geboten, da sich die Laienrichter bei einer häufigeren Heranziehung besser einarbeiten können. Selbst wenn man die Schöffen zehn- bis zwölfmal im Jahre zu Sitzungen heranzöge, könnte darin keine drückende Behelligung gefunden werden, vorausgesetzt nur, daß man bezüglich der Sitzungstage billige Rücksichten auf die Verhältnisse des einzelnen nimmt: man dürfte z. B. einen ländlichen Schöffen nicht gerade in der Erntezeit zu Sitzungen heranziehen, sondern müßte seine Sitzungstage mehr auf die Wintermonate verlegen; ebenso gibt es bei Geschäftsleuten stille Zeiten, wo sie leicht abkömmlich sind. Ich sehe überhaupt keinen Grund, warum man streng an dem Prinzipe der Auslosung der Schöffen zu den einzelnen Sitzungen festhalten soll. Warum könnte man nicht die erwählten Schöffen unter Mitteilung von ihrer Wahl und unter Benachrichtigung von den Sitzungstagen des Gerichts auffordern, etwaige Wünsche bezüglich der Zeit ihrer Heranziehung zum Sitzungsdienste zu äußern, um diese Wünsche dann nach Möglichkeit zu berücksichtigen? Wenn ein Schöffe bereit wäre, seine zehn oder zwölf Sitzungstage hintereinander abzumachen, so würde dies dem Interesse einer gleichmäßigen Rechtsprechung am besten dienen.

Ich möchte überhaupt glauben, daß die Bestimmungen über die Wahl und die Auslosung der Schöffen, die im Entwurf im wesentlichen unverändert geblieben sind, in mancher Beziehung verbesserungsfähig wären. Z. B. würde ich es für wünschenswert erachten, daß der Landgerichtspräsident in den bei dem Amtsgerichte zusammentretenden Ausschuß einen Vertreter zu entsenden hätte, der darauf achtet, daß nur wirklich geeignete Personen in die Vorschlagslisten für die landgerichtlichen Schöffen und für die Geschworenen hineinkämen. Ich halte ferner die allgemeine Ausschließung der Volksschullehrer von der Berufung zum Laienrichterdienst durchaus nicht für berechtigt, sondern meine, man sollte es dem Ausschusse überlassen, ob er im Einzelfalle mit Rücksicht auf die Interessen der Schulverwaltung etwa einen einzelstehenden Volksschullehrer ausnehmen will.

Ob sich bei Berücksichtigung der eben erwähnten Momente, denen ich noch manche anderen hinzufügen könnte, das in der Begr. z. E. ausgesprochene Urteil über den Mangel an geeignetem Schöffenmateriale nicht doch modifizieren würde, ist mir fraglich. Jedenfalls aber erscheint es, um ganz sicher zu gehen, daß wirklich vertrauenswürdige Schöffen in genügender Zahl zur Verfügung stehen, geboten, in der Verwendung der Laienrichter sparsam zu sein. Und da ich, wenn anders man das Vertrauen des Volkes in die Strafrechtspflege wirklich wiedergewinnen will, eine Zuziehung von Schöffen in den Berufungsgerichten unbedingt für erforderlich halte, so bleibt nichts anderes übrig, als am Schöffenmaterial bei den Gerichten erster Instanz noch mehr zu sparen, als es schon der Entwurf getan hat, der ja lediglich aus diesem Grunde die Zuständigkeit des Amtsrichters als Einzelrichters so sehr erweitert hat.

Und damit komme ich nunmehr zur Darlegung meines eigenen Vorschlages. Ich werde mich dabei kurz fassen können, da ich meine diesbezügliche Ansicht schon in meinem Frankfurter Generalreferate niedergelegt habe.

Ich halte es, wenn man die Berufungsinstanz geeignet organisiert, nicht für erforderlich, auch in erster Instanz ein Kollegium von fünf Richtern zu bilden. Ich glaube vielmehr, daß für die Entscheidung über alle heute von den Strafkammern abgeurteilten Delikte ein erstinstanzliches Gericht aus einem Richter als Vorsitzenden und zwei Schöffen durchaus genügen würde. Nur muß man Sorge tragen, daß der Vorsitzende ein wirklich tüchtiger Richter ist. Nicht in der Zahl der Richter, sondern in ihrer richtigen Auswahl liegt die Gewähr für eine gute Rechtsprechung. Der tüchtige Richter wird durchaus imstande sein, auch bei schwereren Delikten die Verhandlung geeignet zu führen, ja es kann nur — wie ich schon oben bei Besprechung der von dem Entwurfe vorgeschlagenen Organisation der Strafkammern ausgeführt habe — eine Schwächung seiner Autorität herbeiführen, wenn man ihm einen zweiten rechtsgelehrten Richter zur Seite stellt. Und ist es denn auch nicht logisch viel richtiger, nachdem sich das bisherige Schöffengericht bewährt hat, dieser Organisation weitergehende Aufgaben zu stellen, als für die weitergehenden Aufgaben eine neue Organisation zu schaffen, indem man der bereits bewährten Organisation noch einen Richter und einen Schöffen hinzufügt, und damit ein ganz neues Experiment macht, für dessen Bewährung keinerlei Sicherheit gegeben ist? Die in der Tat für den Angeklagten besonders günstige Fünfzahl im Kollegium ist für die endgültige Entscheidung zweifellos von großem Werte, und sie erscheint da, wo keine Berufung gegeben ist, als wertvolle Garantie gegen eine ungerechtfertigte Verurteilung; wo aber Berufung zugelassen ist, liegt diese Garantie in der Berufungsinstanz.

Die Berufungsinstanz müßte ein Kollegium von Fünfen sein, das ich, entsprechend meinen oben gemachten Ausführungen, aus drei Richtern und zwei Schöffen bilden würde. Die Zahl der Schöffen würde also dieselbe bleiben, wie in erster Instanz, dagegen an Stelle des einzelnen rechtsgelehrten Richters ein Kollegium von drei Richtern treten, wodurch ein geeigneter Rechtsmittelzug geschaffen wäre.

Die Berufungsinstanz wäre an das Landgericht zu legen, bezüglich der ersten Instanz würde es das einfachste sein, sie bei den Amtsgerichten zu bilden. Es würde dann eine außerordentlich klare und einfache Gerichtsorganisation geschaffen sein: als erste Instanz wären für Bagatellsachen der Amtsrichter als Einzelrichter, für Kapitalsachen das Schwurgericht, für alle anderen Sachen das amtsgerichtliche Schöffengericht zuständig. Die Berufung würde sowohl von dem Einzelrichter wie von dem amtsgerichtlichen Schöffengerichte gleichmäßig an das landgerichtliche Schöffengericht gehen. Ich halte es für unbedingt erforderlich, auch die Berufung von dem Einzelrichter an ein Kollegium gehen zu lassen, in dem Laienrichter sitzen, weil nur dadurch die Bedenken einigermaßen behoben werden, die gegen die im Entwurfe vorgeschlagene Erweiterung der Zuständigkeit des Einzelrichters nicht ohne Grund geltend gemacht werden.

So würde trotz der Durchführung der Berufung eine prompte und energische Strafjustiz ohne allzu große Belastung der Staatskasse und ohne allzu große Behelligung der Bevölkerung einigermaßen sichergestellt werden. Die erste Instanz wäre ganz an die Amtsgerichte gelegt, wo die Auskunftspersonen leicht erreichbar sind, wo einer schnellen Sammlung des Materials keine Schwierigkeiten entgegenstehen. Es wäre ferner eine Berufungsinstanz mit Devolutiveffekt geschaffen, ohne daß man zu der künstlichen und unwahren Bildung von Berufungssenaten bei den Landgerichten — man könnte sie in Anlehnung an ein französisches Wort kurz dahin charakterisieren: „Mehr Schein als Sein“ — seine Zuflucht zu nehmen braucht. Die Beschaffung eines geeigneten Schöffenmaterials könnte keine Schwierigkeiten machen; denn es würden bei diesem Plane kaum mehr Schöffen gebraucht werden, als bei der im Entwurfe vorgeschlagenen Organisation: was in der zweiten Instanz an Schöffenmaterial gebraucht wird, dürfte fast voll in der ersten Instanz gespart werden.

Ich bin mir durchaus bewußt, daß dieser Vorschlag auch Schwierigkeiten mit sich bringen würde; aber ich halte sie für überwindbar.

Der Vorschlag würde zunächst eine anderweitige Organisation der Staatsanwaltschaft in der Richtung größerer Dezentralisation erfordern, damit für eine geeignete Vertretung der Staatsanwaltschaft bei den amtsgerichtlichen Schöffengerichten gesorgt wäre. Aber ich habe in meinem Frankfurter Generalreferate, auf das ich mich in dieser Hinsicht beziehen muß, des Näheren ausgeführt, daß eine anderweitige Organisation der Staatsanwaltschaft auch sonst, insbesondere zur Beseitigung der bei den Amtsanwaltschaften bestehenden Mißstände, erforderlich ist, und man hat in der Zwischenzeit in Preußen erfreulicherweise auch schon Schritte in dieser Richtung getan.

Schwerer würde für die Justizverwaltung die Aufgabe sein, bei allen Amtsgerichten es sicherzustellen, daß ein geeigneter, erfahrener Richter vorhanden ist, dem man die Leitung einer Strafverhandlung auch in größeren und schwierigeren Strafsachen anvertrauen kann; denn zum Vorsitzenden in den Schöffengerichten mit einer so erheblich erweiterten Zuständigkeit würden sich nicht junge, unerfahrene Richter, oder gar Assessoren, eignen, sondern nur ältere Richter, welche das Vertrauen der Bevölkerung genießen und eine autoritative Stellung einnehmen. Ich weiß sehr wohl, daß diese schwierige Aufgabe nicht von heute auf morgen gelöst werden kann und habe deshalb schon in Frankfurt vorgeschlagen, daß man sich da, wo an einem Amtsgerichte eine geeignete Kraft nicht vorhanden ist, zunächst durch Zusammenlegung mehrerer benachbarter Amtsgerichte zu einem Schöffengerichte helfen könnte.

Wenn man aber, ganz abgesehen von diesen Schwierigkeiten, meinen Vorschlag überhaupt für zu radikal hält, so gibt es auch eine Möglichkeit, mehr schrittweise zu dem von mir erstrebten Ziele zu gelangen. Nachdem schon das Gesetz vom 5. Juni 1905 die Kompetenz der amtsgerichtlichen Schöffengerichte erheblich erweitert hat, ist der Entwurf, wie oben dargelegt, auf diesem Wege noch weiter gegangen, und der Schwerpunkt der erstinstanzlichen Rechtsprechung in Strafsachen ist schon danach in die Amtsgerichte verlegt. Man verfolge nun diesen Weg noch etwas weiter. Wenn man diejenigen Delikte, welche nach dem Entwurfe noch zur ausschließlichen Zuständigkeit der Strafkammern gehören, sorgfältig durchmustert, so wird man noch eine ganze Anzahl Delikte finden, bei denen nicht selten die Fälle so gelagert sind, daß man keine Bedenken tragen wird, ihre Aburteilung dem amtsgerichtlichen Schöffengerichte zu überlassen. Man erweitere deshalb die Befugnis der Staatsanwaltschaft, auch diese Delikte in geeigneten Fällen durch Erhebung der Anklage vor dem Amtsgerichte zur Aburteilung durch dieses zu bringen. Und für die nicht große Zahl der dann noch übrigbleibenden Delikte sowie für diejenigen Fälle, in denen der Staatsanwalt es nicht für angebracht hält, von seiner Befugnis der Erhebung der Anklage vor dem Amtsgericht Gebrauch zu machen, errichte man zunächst noch kleine Strafkammern bei den Landgerichten, bestehend aus einem Richter als Vorsitzenden und zwei Schöffen. Die Bildung dieser Gerichte, insbesondere die Wahl eines geeigneten Vorsitzenden, dürfte kaum Schwierigkeiten bereiten. Und ich glaube, die Entwicklung wird dann von selbst dahin gehen, daß der Tätigkeitskreis dieser kleinen Strafkammern sich mehr und mehr einschränken wird. Wenn dann die Zeit zur Entscheidung über die jetzigen Schwurgerichte gekommen sein wird, wird man diejenigen Delikte, deren Aburteilung in erster Instanz man auch dann nicht dem amtsgerichtlichen Schöffengerichte überlassen will, zusammen mit den jetzt zur Zuständigkeit der Schwurgerichte gehörigen Delikten den für Kapitalssachen neu zu bildenden Gerichten überlassen können. Es wird dann also die kleine Strafkammer wegfallen, und man wird so zur Durchführung meines Vorschlages gelangen.

Der Haupteinwand, der gegen meinen Vorschlag erhoben worden ist, dürfte der sein, daß danach das Schwergewicht der Strafjustiz in die zweite Instanz gelegt, die erste Instanz zu einer Art Versuchsstation gemacht werden würde. Ich glaube, daß dieser Einwand mit demselben Rechte auch gegen jede andere Organisation der beiden Gerichte erhoben werden könnte: wenn man einmal Berufung zuläßt, so wird naturgemäß das Schwergewicht in die zweite Instanz fallen trotz aller Bestimmungen, die dieses zu verhindern suchen. Und da dies nun einmal so ist, so sollte es das wichtigste Bestreben sein, die Berufungsinstanz so zu organisieren, daß sie wirklich das Vertrauen der Bevölkerung genießen würde. Der Entwurf ist den entgegengesetzten Weg gegangen: er hat gesucht, die erste Instanz durch die Besetzung mit zwei Richtern und drei Schöffen mit besonderen Garantien zu umgeben, ein Versuch, der, wie ich oben nachgewiesen zu haben glaube, mißglückt ist; in der zweiten Instanz hat er unter der Bezeichnung Berufungssenat die bisherige Strafkammer wieder eingeführt, gegen die sich doch die allgemeine Mißstimmung gerichtet hat.

Wenn gegen meinen Vorschlag ferner der Einwand gemacht worden ist, daß es bei einer so weitgehenden Erhöhung der Zuständigkeit der aus einem Richter und zwei Schöffen gebildeten Gerichte erster Instanz für den Vorsitzenden schwer sein würde, neben den ihm sonst obliegenden Geschäften die Abfassung aller Urteile zu übernehmen, so gibt es da, wo eine solche Schwierigkeit wirklich entstehen sollte, eine sehr einfache Abhilfe: man ziehe Assessoren als Hilfskräfte für die Abfassung der Urteile heran. Ich habe mich sehr gefreut, daß auch die Begr. z. E. diesen sehr praktischen Weg erwähnt. Es geschieht dies in der besonderen Begründung zu § 195 GVG. Im § 195 GVG. ist die bisherige Bestimmung, daß der Vorsitzende die Anwesenheit der dem Gerichte zur Ausbildung überwiesenen Personen gestatten darf, dahin erweitert, daß auch die Anwesenheit der zur juristischen Beschäftigung überwiesenen Personen gestattet werden kann. Dazu bemerkt dann die Begr. z. E., daß es sich in Ausnahmefällen für notwendig erweisen könne, für die Urteilsabfassung Assessoren heranzuziehen, und führt dabei aus: „Man wird nicht einwenden dürfen, daß eine solche Beschäftigung der Stellung der Assessoren, die bei der Entscheidung nicht mitgewirkt haben, wenig entspreche; diese Tätigkeit wird, zumal die Leitung der Strafkammern besonders erfahrenen Richtern zu übertragen sein wird, für ihre Fortbildung keineswegs verloren sein.“ Dem wird man völlig zustimmen müssen, nur möchte ich das, was hier unter besonderer Bezugnahme auf die Strafkammern gesagt ist, auf alle Gerichte ausdehnen; ich sehe in der Zuziehung zur Urteilsabfassung für junge Assessoren eine durchaus geeignete, für sie lehrreiche Tätigkeit.

Und nun noch eine kurze Bemerkung zu den Vorschlägen des Entwurfes über die Revisionsgerichte. Man wird dem Bestreben des Entwurfs an sich zustimmen können, hier eine möglichste Entlastung des Reichsgerichts herbeizuführen. Aber man wird dabei beachten müssen, daß dadurch die Aufgabe des Reichsgerichts, eine Garantie für die einheitliche Auslegung der Gesetze zu geben, eingeschränkt wird, und dies wird naturgemäß um so mehr der Fall sein, je mehr Delikte der Zuständigkeit des amtsgerichtlichen Schöffengerichts zugeteilt werden. Das hieraus herzuleitende Bedenken ist allerdings, solange wir unser heutiges Strafgesetzbuch haben, nicht allzu schwer in Anschlag zu bringen, weil durch die bisherige Judikatur des Reichsgerichts die Tatbestandsbegriffe bereits genügend festgelegt und klargestellt sind. Anders aber, wenn ein neues Strafgesetzbuch in Kraft treten sollte. Dann wird man unbedingt die Zuständigkeit des Reichsgerichts bei Revisionen neu regeln müssen. Wie dieses zu geschehen haben wird, damit braucht man sich heute noch nicht zu beschäftigen. Es kann ja überhaupt keinem Zweifel unterliegen, daß, falls wir ein neues RStGB. erhalten, die dann geltende StPO. umfassenden Änderungen unterzogen werden muß. Und es sind darum gegen das Vorgehen der Regierung, die Reform der StPO. vor der Reform des RStGB. vorwegzunehmen, mit Recht sehr erhebliche Einwände geltend gemacht worden. Ich kann mich diesbezüglich darauf beschränken, auf die ausführliche Erörterung dieser Frage auf der Posener Landesversammlung der IKV. zu verweisen.

II. Legalitätsprinzip und Privatklage.

Die gegen unsere Strafrechtspflege vorhandene Mißstimmung ist, wie die Begr. z. E. zutreffend ausführt, zu einem guten Teil zurückzuführen auf die allzuweite Ausdehnung, welche die staatliche Pflicht zur Strafverfolgung in dem bei uns herrschenden Legalitätsprinzipe gefunden hat. Die vielfach erhobenen Beschwerden, daß die Staatsanwaltschaft eine kleinliche Verfolgungssucht betätige und sich gehässigen Angebereien gegenüber allzu willfährig zeige, können in Wahrheit nicht gegen die Staatsanwaltschaft gerichtet werden, welche dabei nur ihre gesetzliche Pflicht erfüllt, sondern richten sich gegen den bestehenden Rechtszustand, nach dem in Deutschland das LegPr. in einer Ausdehnung besteht, wie in keinem anderen Kulturlande.

Nach § 152 StPO. ist die Staatsanwaltschaft verpflichtet, wegen aller gerichtlich strafbaren und verfolgbaren Handlungen einzuschreiten, sofern zureichende tatsächliche Anhaltspunkte vorliegen. Dieses strenge Prinzip wird, abgesehen von den geringfügigen, durch Bestimmungen des materiellen Strafrechts (§§ 4, 37, 42 RStrGB. und § 12 des Gesetzes vom 12. Mai 1896) herbeigeführten Ausnahmen, nur gemildert durch die im § 414 StPO. bei Beleidigungen und Körperverletzungen, deren Verfolgung nur auf Antrag eintritt, eingeführte prinzipale Privatklage; hier soll nach § 416 StPO. die Staatsanwaltschaft die öffentliche Klage nur erheben, wenn dies im öffentlichen Interesse liegt.

Daß weitergehende Einschränkungen des LegPr. bei einer Reform der StPO. notwendig sind, darüber besteht wohl allgemeine Übereinstimmung. Es wird dies selbst von denjenigen kaum ernstlich bestritten, welche in dem LegPr. eine unentbehrliche Garantie für die gleichmäßige und unparteiische Handhabung des Anklagerechts der Staatsanwaltschaft sehen. Die Meinungsverschiedenheiten beginnen erst bei der Frage, in welchem Umfange und in welcher Weise das LegPr. eingeschränkt werden soll.

Der Entwurf schlägt nun vor, daß die Staatsanwaltschaft in Zukunft in folgenden Fällen von Erhebung der öffentlichen Klage absehen darf:

1. Wenn die Verfolgung des Verdächtigen mit Rücksicht auf die Schwere der Strafe, die er wegen einer anderen Tat zu verbüßen oder noch zu erwarten hat, durch das öffentliche Interesse nicht geboten erscheint (§ 153).

2. Wenn die Tat zugleich im Inlande und im Auslande begangen ist und inländische Rechtsgüter nicht verletzt sind, oder wenn ein Ausländer die Tat zwar im Inlande begangen hat, dabei aber inländische Rechtsgüter nicht verletzt sind (§ 155).

3. Wenn der Durchführung der Strafverfolgung rechtliche Hindernisse im Wege stehen; dies ist der Fall, wenn die Entscheidung der Sache von dem Ausfall eines Zivilverfahrens abhängt, in dem ein für die Strafbarkeit wesentliches Moment festzustellen ist (§ 156 Abs. 2).

4. Wenn der Durchführung der Strafverfolgung Hindernisse tatsächlicher Art aus den persönlichen Verhältnissen des Verdächtigen entgegenstehen, deren Beseitigung in absehbarer Zeit nicht zu erwarten steht (§ 157). Hier kommt vor allem Geisteskrankheit, schwere körperliche Erkrankung, eine die Verständigung ausschließende Taubstummheit in Betracht, während Abwesenheit des Verdächtigen nur insoweit als Hindernis gelten soll, als der Angeklagte nach den gesetzlichen Vorschriften in der Hauptverhandlung gegenwärtig sein muß (§ 158).

5. In Sachen, die vor dem Amtsgerichte ohne Schöffen zu verhandeln sind, also bei allen Übertretungen und denjenigen Vergehen, die nur mit Haft oder mit Geldstrafe von höchstens 300 Mark bedroht sind, sofern die Verfolgung des Verdächtigen durch das öffentliche Interesse nicht geboten erscheint (§ 154).

6. In denjenigen Sachen, in denen die prinzipale Privatklage gesetzlich zugelassen ist; hierbei wird der Kreis der Privatklagedelikte gegenüber dem bisherigen Rechte ausgedehnt auf Hausfriedensbruch, gefährliche Körperverletzung, fahrlässige Körperverletzung mit Übertretung einer Amts-, Berufs- oder Gewerbepflicht, Bedrohung und Sachbeschädigung. Bei den

Privatklagedelikten soll, wie bisher, die öffentliche Klage nur erhoben werden, wenn dies im öffentlichen Interesse liegt (§ 377).

7. Bei jugendlichen Personen allgemein, wenn deren Bestrafung nicht im öffentlichen Interesse liegt (§ 365 Abs. 1).

Die zuletzt erwähnte Bestimmung soll nicht hier, sondern im Zusammenhange mit dem ganzen Verfahren gegen Jugendliche besprochen werden. Was sodann die anderen vom Entwurfe vorgeschlagenen Ausnahmen von dem LegPr. betrifft, so dürften gegen die unter 1 bis 4 angeführten Bestimmungen wesentliche Einwendungen nicht zu erheben sein.

Der § 153 schließt sich an eine schon bestehende Vorschrift an, nämlich an § 208 StPO.; er schafft die Möglichkeit, strafbare Handlungen unverfolgt zu lassen, wenn die darauf zu verwendende Mühe zwecklos sein würde, weil der Verdächtige wegen einer anderen Tat eine Strafe zu verbüßen oder zu erwarten hat, neben der die in dem neu einzuleitenden Verfahren zu erwartende Strafe bedeutungslos erscheint. Das ist sicherlich praktisch; es hat keinen Zweck, gegen einen wegen eines schweren Diebstahls zu langjähriger Zuchthausstrafe Verurteilten noch wegen eines kleinen Gelegenheitsdiebstahls vorzugehen. Die weitere Bestimmung, daß das Gericht in solchen Fällen auch nach erhobener Klage auf Antrag der Staatsanwaltschaft das Verfahren einstellen kann, deckt sich mit dem bisherigen § 208 StPO. Erfolgt die Einstellung mit Rücksicht auf eine zu erwartende Bestrafung, so kann binnen drei Monaten nach dem Eintritte der Rechtskraft des wegen der anderen Tat ergangenen Urteils die Fortsetzung des Verfahrens von der Staatsanwaltschaft beantragt werden.

Auch der § 155 knüpft an einen Gedanken an, der bereits in dem bestehenden Gesetze (§ 4 RStGB.) zum Ausdruck gekommen ist, daß nämlich bei den im Auslande begangenen Handlungen, soweit sie überhaupt im Inlande strafbar sind, die Verfolgung dem Ermessen der Strafverfolgungsbehörde anheimgestellt wird. Das Gleiche erscheint ganz allgemein zulässig, wenn durch eine Tat, die im Inlande und Auslande oder von einem Ausländer im Inlande begangen ist, inländische Rechtsgüter nicht verletzt sind. Kommt dabei ein Ausländer in Frage, so kann die Verfolgung dem Staate, dem der Täter angehört oder in dem ein Strafverfahren gegen ihn anhängig ist, auf Antrag dieses Staates überlassen werden. Des Antrags bedarf es nicht, wenn die Tat an Bord eines ausländischen Schiffes begangen ist. Auch im Falle des § 155 kann noch nach erhobener Klage auf Antrag der Staatsanwaltschaft das Verfahren durch das Gericht eingestellt werden.

Praktisch und unbedenklich ist ferner die im § 156 der Staatsanwaltschaft gegebene Möglichkeit, auf einen Zivilprozeß, in dem über ein für die Strafbarkeit einer Handlung maßgebendes bürgerliches Rechtsverhältnis gestritten wird, Rücksicht zu nehmen und die Erhebung der öffentlichen Klage von dem Ausgange dieses Verfahrens abhängig zu machen. Die neue Bestimmung ist übrigens nur eine Erweiterung der im § 261 Abs. 2 StPO. dem Gerichte gegebenen Befugnis, in einem solchen Falle das Verfahren auszusetzen. § 156 des Entwurfs enthält im Abs. 1 außerdem noch die Bestimmung, daß, wenn in einem anhängigen Strafverfahren mit der Entscheidung über die Straftat zugleich über ein Tatbestandsmerkmal einer anderen strafbaren Handlung zu entscheiden ist und beide Sachen nicht gleichzeitig verhandelt werden können, die Staatsanwaltschaft die Erhebung der öffentlichen Klage wegen dieser anderen Handlung von dem Ausgange des ersteren Verfahrens abhängig zu machen hat. Der Grund hierfür ist, daß widersprechende Entscheidungen der gleichen Frage in zwei Prozessen vermieden werden sollen. In gewissem Umfange tragen diesem Gesichtspunkte schon die §§ 164, 191 RStGB. Rechnung.

Der § 157 endlich ist nur eine Erweiterung der im § 203 StPO. dem Gerichte für den Fall, daß der Angeschuldigte nach der Tat in Geisteskrankheit verfallen ist, gegebenen Befugnis zur vorläufigen Einstellung des Verfahrens. Es erscheint durchaus zweckmäßig, daß derartige Hindernisse tatsächlicher Art, die der Durchführung des Verfahrens entgegenstehen, nicht nur von dem Gerichte nach Erhebung der öffentlichen Klage berücksichtigt werden, sondern auch die Staatsanwaltschaft berechtigen, zur Vermeidung nutzloser Anklagen von einem Einschreiten vorläufig abzusehen.

Von sehr großer praktischer Bedeutung dürften übrigens die eben besprochenen Fälle nicht sein; viel einschneidender sind die oben unter 5 und 6 erwähnten Ausnahmen vom

LegPr. Und, während in den bisher besprochenen Fällen klar bestimmte, feste Voraussetzungen für das Nichteinschreiten der Staatsanwaltschaft aufgestellt werden, wird hier das Nichteinschreiten der Staatsanwaltschaft lediglich von ihrem pflichtgemäßen Ermessen abhängig gemacht, daß die Verfolgung durch das öffentliche Interesse nicht geboten erscheine, daß die öffentliche Klage nicht im öffentlichen Interesse liege. Es kann aber nicht bestritten werden, daß der Begriff „öffentliches Interesse“ kein festbestimmter ist, sondern ein recht dehnbarer, und daß recht verschiedene Meinungen über seinen Umfang und seine Begrenzung entstehen können. Eine Garantie für eine gleichmäßige Handhabung seitens der einzelnen Staatsanwaltschaften ist also hier in der Tat nicht geboten.

Trifft dies gleichmäßig für die beiden unter 5 und 6 erwähnten Ausnahmen vom LegPr. zu, so sind dieselben im übrigen verschieden zu beurteilen.

Bei der Ausnahme unter 6 werden die Fälle der schon im bestehenden Rechte zugelassenen prinzipalen Privatklage, bei welcher der Verletzte auch ohne vorherige Anrufung der Staatsanwaltschaft die Klage erheben kann, erweitert; der dabei maßgebende Gesichtspunkt ist aber derselbe geblieben wie bisher, nämlich daß in diesen Fällen das öffentliche Interesse regelmäßig gegenüber dem Privatinteresse des Genugtuung suchenden Verletzten sehr zurücktritt und daß es deshalb in erster Linie dem Verletzten anheimgestellt werden kann, ob er zum Zwecke persönlicher Genugtuung eine Bestrafung herbeiführen will, während ein staatliches Einschreiten nur erfolgen soll, wo ein besonderes öffentliches Interesse vorliegt.

Bei der Ausnahme unter 5 dagegen wird ein ganz neues Prinzip eingeführt. Hier soll das pflichtgemäße Ermessen der Staatsanwaltschaft überhaupt darüber entscheiden, ob eine Strafverfolgung stattfinden soll oder nicht; dem durch die Straftat Verletzten wird ein eigenes Recht, eine Bestrafung herbeizuführen, versagt. Damit ist das öffentliche Interesse nicht bloß wie bei der Ausnahme unter 6 zum Maßstabe für die Ausübung des staatlichen Strafklagerechts gemacht, sondern zur Bedingung der Strafbarkeit erhoben. Das ist ein Eingriff in das materielle Strafrecht. Bei einer solchen Regelung wäre es durchaus nicht ausgeschlossen, daß eine Strafvorschrift, die sich nach dem pflichtmäßigen Ermessen einer Staatsanwaltschaft nicht bewährt hat, ohne daß sie durch Gesetz aufgehoben ist, einfach dadurch außer Anwendung gestellt wird, daß die Staatsanwaltschaft die Verfolgung stets unterläßt. Damit ist eine Erweiterung der staatsanwaltschaftlichen Machtbefugnisse gegeben, die — ganz gleichgültig, ob man mehr oder weniger Vertrauen zu der Staatsanwaltschaft hat — in hohem Grade bedenklich erscheint.

Diese Bedenken werden auch dadurch nicht beseitigt, daß es sich bei § 154 nach den Worten der Begr. z. E. um „Sachen ohne erhebliche Bedeutung“ handelt. Ganz abgesehen davon, daß die Anschauungen darüber, ob eine Sache von erheblicher Bedeutung ist oder nicht, in den verschiedenen Volkskreisen sehr voneinander abweichen können, ist die Gefahr einer Verwirrung des Rechtsgefühls, die recht nahe liegt, bei einer jeden auch noch so unbedeutenden Sache ein sicherlich beachtenswertes Moment. Und wenn die Begr. z. E. glaubt, daß etwaigen Mißgriffen der Staatsanwaltschaft durch die Aufsichtsbehörde sowie durch die Kontrolle der Öffentlichkeit vorgebeugt werden würde, so dürfte darin in weiten Volkskreisen wohl kaum eine ausreichende Sicherheit gefunden werden. Vor allem aber berücksichtige man doch die Lage des durch die Straftat Verletzten, welcher sich durch die Nichtverfolgung des Täters in seinen berechtigten Interessen beeinträchtigt sieht und nur zu leicht geneigt sein wird, hier eine Parteilichkeit der Staatsanwaltschaft zu wittern — man bedenke, daß zu den der Bestimmung des § 154 unterliegenden Sachen Delikte aus dem Gewerberecht, aus den Arbeiterversicherungsgesetzen usw. gehören! Wird der Verletzte das Vertrauen haben, daß die Aufsichtsbehörde — das ist zunächst der Oberstaatsanwalt — den Staatsanwalt korrigieren wird, und wird es dem Verletzten immer möglich sein, die Öffentlichkeit für seinen Fall zu interessieren?

Ich bin, wie ich das in meinem Frankfurter Generalreferate mit Entschiedenheit ausgesprochen habe, für eine weitgehende Einschränkung des LegPr., aber einer Einschränkung in der Art, wie sie § 154 vorschlägt, könnte ich unter keinen Umständen zustimmen.

Ehe ich zu meinen eigenen Vorschlägen über die Einschränkung des LegPr. übergehe, erscheinen mir ein paar allgemeine Bemerkungen angezeigt. Jeder Vorschlag bezüglich des LegPr. muß sich stützen auf grundsätzliche Anschauungen über das Strafrecht und über die Stellung der Staatsanwaltschaft im Strafrechte.

Wer der Auffassung huldigt, die in dem Satze „Nullum crimen sine poena" zum Ausdruck gelangt, der muß es als Pflicht des Staates erachten, dafür Sorge zu tragen, daß der Strafanspruch des Staates in allen Fällen zur Realisierung gelangt. Er muß deshalb ein Gegner jeder Privatklage sein, da sie niemals eine Sicherheit bietet, daß der Verletzte von dem ihm zustehenden Rechte der eigenen Strafverfolgung wirklich Gebrauch macht. Er muß in der Staatsanwaltschaft die Behörde sehen, die streng nach dem LegPr. jede zu ihrer Kenntnis gekommene strafbare Handlung verfolgt, und er muß als Konsequenz hiervon fordern, daß die Staatsanwaltschaft aus richterlichen, unabhängigen Beamten zusammengesetzt ist.

Ich teile diese Auffassung nicht, und sie ist auch in unserer heutigen StPO. nicht zur Geltung gekommen. Nicht nur, daß die StPO. die prinzipale Privatklage, wenn auch nur in beschränktem Umfange, zuläßt; vor allem ist in ihr die Staatsanwaltschaft als Verwaltungsbehörde organisiert: der Staatsanwalt hat den Weisungen seiner Vorgesetzten Folge zu leisten, und der oberste Vorgesetzte, der Justizminister, ist an den Legalitätsgrundsatz nicht gebunden.

Die andere Auffassung geht davon aus, daß durch die Aufstellung einer Strafvorschrift keineswegs eine unbedingte Strafpflicht für den Staat begründet wird, ja, daß die Verfolgung einer jeden Gesetzesübertretung dem Staats- und Gemeinwohle nicht dienen würde. Bei dieser Auffassung ist die Staatsanwaltschaft diejenige Behörde, die über den Strafanspruch des Staates verfügt, und es bestehen keinerlei prinzipielle Bedenken gegen die Zulassung der Privatklage. Es ist lediglich eine Frage praktischer Erwägung, in welchem Umfange die Privatklage zugelassen, und inwieweit die Staatsanwaltschaft durch gesetzliche Vorschriften dahin eingeschränkt sein soll, daß sie wegen bestimmter strafbarer Handlungen unter allen Umständen einzuschreiten hat. Insoweit derartige gesetzliche Vorschriften nicht bestehen, bleibt es aber die Aufgabe der Staatsanwaltschaft, dafür zu sorgen, daß der Strafanspruch des Staates in allen den Fällen zur Realisierung kommt, in denen das staatliche Interesse es erfordert. Bei der Entscheidung darüber, wo dies der Fall ist, hat die Staatsanwaltschaft wie jede andere Verwaltungsbehörde Zweckmäßigkeitserwägungen zu beachten. Wo aber die Staatsanwaltschaft aus Zweckmäßigkeitsrücksichten von einem Einschreiten absieht, da muß dem Verletzten die Möglichkeit geboten sein, seinerseits den durch die Straftat einmal begründeten Strafanspruch zur Realisierung zu bringen. Daß dem Verletzten diese Möglichkeit gegeben wird, erscheint als ein Erfordernis eines Rechtsstaates; denn der Staat muß, wenn in einem Strafgesetze auf eine Handlung eine Strafe gesetzt ist, auch die Möglichkeit gewähren, daß im Falle der Übertretung des Gesetzes die Bestrafung herbeigeführt werden kann. Ob dies durch den Staatsanwalt oder durch denjenigen, der durch die strafbare Handlung verletzt ist, zu geschehen hat, ist keine prinzipielle Frage. Es darf nur nicht der Zugang zum Gerichte dadurch versperrt werden, daß der Staatsanwaltschaft ein Anklagemonopol eingeräumt, ihr aber gleichzeitig die Befugnis zur Nichtverfolgung im Falle Nichtvorliegens eines öffentlichen Interesses gegeben wird; vielmehr muß das Anklagemonopol insoweit als das LegPr. nicht Platz greift, ausgeschaltet werden.

Von dieser zweiten Auffassung ausgehend, bin ich in meinem Frankfurter Generalreferate dafür eingetreten, das LegPr. nur für bestimmte Delikte — schwere Verbrechen, Delikte von politischer Färbung, sogenannte Beamtendelikte, Delikte, bei denen es sich um die Gefährdung der allgemeinen Sicherheit handelt, usw. — aufzustellen, im übrigen aber das pflichtgemäße Ermessen der Staatsanwaltschaft nach dem Opportunitätsprinzipe über die Erhebung der öffentlichen Klage entscheiden zu lassen, dem Verletzten jedoch als Korrektiv gegen diese Machtbefugnis die subsidiäre Privatklage zu geben.

Ich möchte bemerken, daß ich dabei den Begriff des Verletzten im weitesten Sinne genommen und darunter jeden verstanden haben will, dessen Rechtssphäre durch die strafbare Handlung irgendwie berührt worden ist, jeden, der ein rechtliches Interesse an der Strafverfolgung besitzt. Und ich möchte weiter bemerken, daß ich als unbedingtes Erfordernis für eine geeignete Durchführung der Machtbefugnisse, welche hier der Staatsanwaltschaft zugedacht sind, verlangt habe, daß die Staatsanwaltschaft die Herrschaft über eine geschulte Kriminalpolizei besitzt.

Es würde zu weit führen, auf den letzteren Punkt hier nochmals näher einzugehen, und ich möchte nur darauf verweisen, daß wir in unseren „Beiträgen" Band I, Heft 2 eingehende kritische Berichte über die Staatsanwaltschaft und die Kriminalpolizei in Deutschland sowie im Band II, Heft 1 eine Darstellung der englischen Polizei und endlich im Band II, Heft 3 eine Arbeit über die Polizei als Grundlage der Strafrechtspflege in England, Schottland und Irland gebracht haben. Da wir an der Hand dieser Materialien auf der Posener Landesversammlung der IKV. die Frage: „Stellung und Aufgabe der Polizei im Strafverfahren" ausführlich behandelt haben, so darf ich ein Eingehen auf diese Frage hier unterlassen. Nur das möchte ich bemerken, daß, solange wir nicht überall in Deutschland eine geschulte Kriminalpolizei haben und zugleich dafür gesorgt ist, daß die Staatsanwaltschaft die Herrschaft über sie besitzt, ich auch meinerseits Bedenken tragen würde, die Machtbefugnisse der Staatsanwaltschaft so weit zu erweitern und das LegPr. so weit einzuschränken, wie ich dies in Frankfurt vorgeschlagen habe. Ich glaube, daß man auch hier den realen Verhältnissen Rechnung tragen muß. Wir sollten die Ausstattung der Staatsanwaltschaft mit einer geschulten Kriminalpolizei als Ziel fest im Auge behalten, damit wir, wie es wünschenswert erscheint, der Staatsanwaltschaft weitgehende Befugnisse geben können. Aber man wird, bis eine geschulte Kriminalpolizei überall geschaffen und in die geeignete Stellung zur Staatsanwaltschaft gebracht ist, behutsam vorgehen müssen. Das mir vorschwebende Ziel einer erheblichen Einschränkung des LegPr. kann so allerdings erst allmählich erreicht werden.

Nun soll hier nicht verschwiegen werden, daß aus den Kreisen der Staatsanwaltschaft selbst Stimmen laut geworden sind, die sich gegen die in der Einschränkung des LegPr. liegende Erweiterung der Machtbefugnis der Staatsanwaltschaft ausgesprochen haben. Auf dem Deutschen Juristentage in Karlsruhe, der die Frage des LegPr. behandelt hat, ist dies insbesondere von einem österreichischen Oberstaatsanwalt geschehen. Nach Zeitungsberichten — die gedruckten Protokolle liegen noch nicht vor — scheint insbesondere ein Ausspruch dieses Herrn, daß eine Befugnis der Staatsanwaltschaft, nach pflichtmäßigem Ermessen von der Strafverfolgung absehen zu dürfen, ein Danaergeschenk sein würde, einen starken Eindruck gemacht zu haben. Dagegen ist zunächst darauf hinzuweisen, daß angesehene Mitglieder der Staatsanwaltschaft in Deutschland sich in durchaus entgegengesetztem Sinne ausgesprochen haben. Auf unserer Frankfurter Versammlung sagte der Oberstaatsanwalt Dr. Hupertz wörtlich: „Die Staatsanwaltschaft wird für das Vertrauen, welches ihr durch den Vorschlag entgegengebracht wird, sehr dankbar sein, und sie wird es, des bin ich sicher, auch rechtfertigen." „Hoffen wir, daß in der Reformgesetzgebung das LegPr. in möglichst weitem Umfange durch das Opportunitätsprinzip ersetzt wird. Ich würde die ausnahmslose Geltung des Opportunitätsprinzips mit dem Korrektiv der subsidiären Privatklage für richtig und ausführbar erachten." Und auf dem Karlsruher Juristentage haben sich der jetzige Reichsanwalt Dietz, sowie die früheren Oberreichsanwälte Dr. Olshausen und Dr. Hamm in sehr energischer Weise für die Einschränkung des LegPr. ausgesprochen. Aber, vor allem ist die Anschauung, die in dem Ausspruche „Danaergeschenk" liegt, eine unrichtige. Wenn wir die Machtbefugnisse der Staatsanwaltschaft bei der Strafverfolgung erweitern wollen, so geschieht es nicht im Interesse dieser Behörde; wir wollen ihr gar kein Geschenk machen; es geschieht vielmehr, weil wir die Mißstände des jetzt in Deutschland geltenden starren LegPr. erkennen und sie beseitigen wollen, und weil wir dafür kein wirksameres Mittel sehen, als in möglichst weitem Umfange die Strafverfolgung in das Ermessen der Staatsanwaltschaft zu stellen. Wir können dies allerdings nur dann tun, wenn wir das Vertrauen zur Staatsanwaltschaft haben, daß sie von dieser Befugnis in geeigneter und unparteiischer Weise Gebrauch machen wird. Aber der Staatsanwaltschaft stellen wir damit eine neue schwere Aufgabe: sie darf sich nicht mehr wie bisher darauf beschränken, festzustellen, ob durch eine Handlung ein Strafgesetz verletzt ist, um dann gleichsam automatisch die öffentliche Klage zu erheben, sondern sie soll in Zukunft weiterhin die Individualität des Einzelfalles genau prüfen und danach ihre Entscheidung treffen, ob das öffentliche Interesse die Erhebung der Klage erfordert. Also nicht weniger Arbeit, sondern eine erhebliche Mehrarbeit für die Staatsanwaltschaft! Und auch das ist nicht von der Hand zu weisen, daß die Staatsanwaltschaft, mag sie noch so sorgfältig und pflichtgemäß bei ihren Erwägungen über das Vorliegen eines öffentlichen Interesses vorgehen, nicht selten einer parteiischen Handhabung geziehen werden wird; das Ansehen der Staatsanwaltschaft wird also durch die erweiterte Machtbefugnis nicht gehoben werden. Ich habe aber die Überzeugung, daß wirklich tüchtige Staatsanwälte diese Mehrarbeit und diese mögliche Anfeindung nicht scheuen, sondern einsehen werden, daß sie sich zum allgemeinen Besten der neuen Aufgabe unterziehen müssen.

Wenn man vorgeschlagen hat, nicht der Staatsanwaltschaft, sondern lieber dem Gerichte die verantwortungsvolle Entscheidung darüber, ob eine Verfolgung und eine Bestrafung im öffentlichen Interesse liegt, zu übertragen, so scheinen mir alle in dieser Richtung bezeichneten Wege nicht gangbar zu sein. Die einen wollen dem Gerichte die Befugnis geben, beim Nichtvorliegen eines öffentlichen Interesses das Hauptverfahren nicht zu eröffnen, die anderen wollen gestatten, daß das Gericht dem Angeklagten, trotzdem es ihn für schuldig erachtet, freispricht oder mit einer Verwarnung laufen läßt. Bei dem ersteren Vorschlage würde die mit so vielen Mißständen verbundene Einrichtung eines besonderen Eröffnungsbeschlusses, die der Entwurf glücklicherweise beseitigen will, wiederum eingeführt werden, und sodann würde dem Gerichte eine Aufgabe gestellt, die nicht richterlicher Natur ist: das Gericht soll Recht sprechen und nicht über Zweckmäßigkeitserwägungen entscheiden! Der zweite Vorschlag aber richtet sich überhaupt nur gegen einen einzelnen der vielen aus der Geltung des starren LegPr. folgenden Übelstände: es soll vermieden werden, daß zuviel gestraft wird; alle die anderen Übelstände, die aus einer unangebrachten Strafverfolgung und Strafverhandlung sich ergeben, würden bestehen bleiben.

Im übrigen könnte der letztere Vorschlag gar nicht bei der Reform des Strafprozesses, sondern erst bei der Reform des Strafrechts verwirklicht werden. Daß sich bei der Reform des materiellen Strafrechts manche bei dem heutigen LegPr. hervorgetretene Übelstände beseitigen lassen, ist ja unbestreitbar. Das würde insbesondere der Fall sein, wenn man die Zahl der Antragsdelikte vermehrte und bei manchen Delikten — insbesondere bei den Übertretungen — eine Bestrafung erst nach vorheriger Verwarnung eintreten ließe. Bei dem innigen Zusammenhange, der zwischen Strafrecht und Strafprozeß auch in der Frage des LegPr. besteht, wird es unvermeidlich sein, sobald wir ein neues Strafgesetzbuch erhalten werden, die dann geltende Strafprozeßordnung auch hinsichtlich des LegPr. zu revidieren, so daß auch in diesem Punkte die jetzt erfolgende Neuregelung nur eine provisorische, keine definitive sein kann.

Und nun nach diesen allgemeinen Bemerkungen zu den Vorschlägen des Entwurfes zurück.

Der Entwurf verwirft die subsidiäre Privatklage, läßt aber die prinzipale Privatklage in erheblich weiterem Maße zu, als bisher. Durch die in der Begr. z. E. gegen die subsidiäre Privatklage angeführten Gründe bin ich in meinen Anschauungen von den Vorzügen der subsidiären Privatklage vor der prinzipalen Privatklage nicht erschüttert worden. Ich ziehe die subsidiäre Privatklage vor, weil man ihr ein viel weiteres Ausdehnungsgebiet geben kann, als der prinzipalen Privatklage, und sodann, weil bei ihr das staatliche Interesse besser gewahrt ist. Es scheint mir dem Gedanken, daß die Staatsanwaltschaft als staatliches Organ für die Strafverfolgung eingesetzt ist, am besten zu entsprechen, wenn zunächst die Staatsanwaltschaft von allen strafbaren Handlungen Kenntnis erhält und sich schlüssig macht, ob sie die öffentliche Klage erheben will, und wenn erst im Falle der Ablehnung durch die Staatsanwaltschaft der Verletzte seinerseits klagend vorgehen kann. Aber ich lege der Frage, ob prinzipale oder subsidiäre Privatklage, im allgemeinen keine allzugroße Bedeutung bei, besonders wenn bei der prinzipalen Privatklage in geeigneter Weise dafür gesorgt ist, daß die Staatsanwaltschaft von dem Gange des Privatklageverfahrens fortlaufend Kenntnis hat.

Ich kann daher der im § 377 des Entwurfs vorgeschlagenen Erweiterung der Zuständigkeit der Privatklage zustimmen, und ich sehe insbesondere auch keine Bedenken dagegen, daß hier auch Offizialdelikte, wie die §§ 223a, 230 RStGB., in das Bereich der Privatklage gezogen werden; denn, wie die Begr. z. E. zutreffend ausführt: „Dem Rechte des Staates, ohne Antrag zu strafen, entspricht nicht notwendig die Pflicht zum öffentlichen Einschreiten".

Von dem von mir vertretenen Standpunkte aus kann nur in Frage kommen, ob sich nicht schon heute eine noch weitergehende Zulassung der Privatklage über den im § 377 gezogenen Rahmen hinaus empfehlen würde. Ich glaube, der in der Begr. z. E. für die Zulassung der Privatklage ausgesprochene Gesichtspunkt, daß nämlich bei den im § 377 angeführten Delikten in vielen Fällen das öffentliche Interesse gegenüber dem Privatinteresse des Verletzten sehr zurücktritt und daß man deshalb die Geltendmachung des staatlichen Strafanspruchs hier auf solche Fälle beschränken kann, in denen ein besonderes öffentliches Interesse vorliegt, kann in gleichem Maße auch bei einer Reihe anderer Delikte Geltung beanspruchen. Ich nenne hier nur die §§ 289, 292, 299 RStGB., vor allem aber die Verletzungen des geistigen Eigentums (Patent-, Muster-, Zeichenschutz). Hier ist dem Verletzten meistenteils nur wenig an der Bestrafung gelegen; die Hauptsache ist ihm, in dem Strafverfahren die Grundlagen für einen Zivilprozeß zu erhalten und für sich eine erhebliche Entschädigung herauszuholen. Gar nicht selten sind die Fälle, in denen der Verletzte, nachdem kostspielige Gutachten durch die Staatsanwaltschaft eingeholt worden sind, den Strafantrag zurücknimmt und sich mit dem Beschuldigten einigt (vgl. schon Prot. II, 47). Wer, wie ich, jahrelang in einem Bezirke gearbeitet hat, in dem Streitigkeiten aus den Gesetzen über das geistige Eigentum fast täglich die gerichtliche Tätigkeit in Anspruch nehmen, wird sich dem Gedanken nicht verschließen können, daß hier vielfach mit dem Strafverfahren geradezu ein Mißbrauch getrieben wird, und daß sich die Verletzungen des geistigen Eigentums ganz besonders für die Privatklage eignen würden. Es sei auch darauf hingewiesen, daß sich die Ermittelungen im Strafverfahren wegen Verletzung des geistigen Eigentums mit Rücksicht auf die dabei in Betracht kommenden technischen Fragen oft sehr schwierig gestalten und dann dazu führen, daß sich der Staatsanwalt oder der Untersuchungsrichter fortwährend Informationen von dem Verletzten erteilen lassen muß.

Was nun endlich den § 154 des Entwurfs betrifft, den ich in seiner jetzigen Fassung schon oben als unannehmbar bezeichnet habe, so soll nicht verkannt werden, daß es an sich wünschenswert wäre, bei den hier in Frage kommenden Sachen von geringerer Bedeutung, insbesondere den Übertretungen, das Opportunitätsprinzip einzuführen und damit gerade hier dem Satze: „minima non curat praetor“ wieder Geltung zu verschaffen. Aber es stehen dem zurzeit große Schwierigkeiten entgegen.

Zunächst haben die strafbaren Handlungen, die bei uns unter dem Begriff „Übertretungen“ zusammengefaßt werden, keinen einheitlichen Charakter; es ist eine bunte Zusammenstellung von Fällen wirklichen Kriminalunrechts und von einfachen Ungehorsamsdelikten.

Sodann ist hier die Stellung der Polizei infolge der ihr eingeräumten Befugnis, in den meisten der hier fraglichen Fälle auf dem Wege polizeilicher Strafverfügung selbst Strafen festzusetzen, eine andere als bei den sonstigen Delikten. Wenn auch die Polizei nach den sicherlich zutreffenden Entscheidungen des Reichsgerichts dabei an das LegPr. gebunden ist, so hat sie hier doch schon heute weitgehende Machtbefugnisse infolge des ihr unzweifelhaft zustehenden Rechts, da, wo sie die Sache im Wege polizeilicher Strafverfügungen abzumachen befugt ist, das Verfahren ganz einzustellen, wenn sie den Verdacht nicht für hinreichend dargetan erachtet. Ich glaube nicht, daß man geneigt sein wird, diese Machtbefugnisse der Polizei noch zu erweitern und ihr das Recht zu geben, auch mangels öffentlichen Interesses von der Strafverfolgung abzusehen; denn man wird nicht sagen können, daß der Polizei in weiten Kreisen des Volkes ein gleiches Vertrauen, hier unparteiisch zu handeln, entgegengebracht werden wird wie der Staatsanwaltschaft. Soll hier aber für die Polizei das LegPr. weiter gelten, für die Staatsanwaltschaft dagegen das Opportunitätsprinzip eingeführt werden, so würde dies zu großen Weiterungen führen. Die Polizei müßte, wenn sie bei einer Übertretung auf Grund ihrer gerade hier besonders wichtigen Kenntnisse der lokalen Verhältnisse ein Einschreiten im öffentlichen Interesse nicht für angebracht hält und deshalb eine polizeiliche Strafverfügung nicht erlassen will, die Sache der Staatsanwaltschaft übermitteln zur Entscheidung darüber, ob von einem Einschreiten abgesehen werden soll; ein Verfahren, das nicht nur überaus weitläufig wäre, sondern das auch, solange die Polizei nicht der Staatsanwaltschaft unterstellt ist, zu unangenehmen Reibereien Anlaß geben kann.

Endlich ist zu beachten, daß gerade auf dem Gebiete der Polizeiübertretungen in recht vielen Fällen von einem Verletzten — auch wenn dieser Begriff noch so weit gefaßt wird — nicht gesprochen werden kann und daß deshalb die von mir sonst als Korrektiv gegen das Opportunitätsprinzip für genügend erachtete Zulassung der Privatklage hier nicht in Wirksamkeit treten kann. Dem mit Rücksicht hierauf gemachten Vorschlag, eine Popularklage einzuführen, vermag ich mich nicht anzuschließen.

Bei dieser Sachlage scheint mir eine allgemeine Zulassung des Opportunitätsprinzips bei Übertretungen zurzeit nicht angängig, und es bliebe nur übrig, aus dem Übertretungsabschnitte des RStGB. diejenigen Übertretungen herauszusuchen, welche kriminellen Charakter haben, um sie dem Opportunitätsprinzipe bei gleichzeitigem Zulassen der subsidiären Privatklage für den Verletzten zu unterwerfen. Ob sich das jetzt noch lohnt, wo eine Reform des Strafgesetzbuches vor der Tür steht, eine Reform, die uns hoffentlich eine allgemeine Ausscheidung der Polizeiübertretungen aus dem Strafgesetzbuche bringen wird, das dürfte zweifelhaft sein. Werden die Polizeiübertretungen in Zukunft aus dem Strafgesetzbuche verschwinden, so ist anzunehmen, daß gleichzeitig das ganze Verfahren bei Polizeiübertretungen neu geregelt wird; dann wird auch die Frage einer Einschränkung des LegPr. bei Übertretungen sich besser ordnen lassen.

Da die hier befürwortete Einschränkung des LegPr. im engsten Zusammenhange mit der Ausdehnung der Privatklage steht, so sei wenigstens kurz noch auf die Gestaltung eingegangen, welche der Entwurf dem Privatklageverfahren geben will. Der Entwurf enthält hier eine Reihe von Änderungen des bestehenden Rechtes, durch welche den vielfach bei dem bisherigen Privatklageverfahren hervorgetretenen Übelständen abgeholfen, zugleich dem Verletzten die Erhebung der Privatklage erleichtert und er in den Stand gesetzt werden soll, der ihm als Privatkläger zufallenden Aufgabe der Strafverfolgung besser gerecht zu werden.

Im einzelnen sei folgendes hervorgehoben.

Nach § 381 des Entwurfs können als Vertreter des Privatklägers neben den Personen, die im Verfahren auf öffentliche Klage als Verteidiger aufzutreten befugt sind, auch andere Personen als Vertreter oder Beistände zugelassen werden. Damit wird dem Privatkläger die Verfolgung seiner Rechte wesentlich erleichtert, aber freilich auch die Aufgabe der Gerichte unter Umständen erschwert werden. Bedenklich erscheint es insbesondere, daß der Privatkläger nach § 395 Abs. 2 seine Anträge im Rechtsmittelverfahren durch seinen Vertreter, auch wenn dieser juristische Kenntnisse nicht besitzt, in gleicher Weise anbringen kann, wie durch einen Rechtsanwalt. Ich fürchte, daß sich in der Praxis daraus Schwierigkeiten ergeben werden, und ich glaube, die Privatkläger werden durch die Praxis sehr bald zu der Überzeugung kommen, daß es sich, von ganz einfach liegenden Sachen abgesehen, für sie doch empfiehlt, sich durch einen Rechtsanwalt vertreten zu lassen.

Der Entwurf führt sodann im § 380 Abs. 1 eine dreimonatliche Klageverjährung ein. Hat die Staatsanwaltschaft einem Antrage auf Erhebung der öffentlichen Klage keine Folge gegeben oder nach dem Abschlusse der Ermittelungen das Verfahren eingestellt, so kann die Privatklage nur binnen drei Monaten nach der Bekanntmachung des dem Antragsteller erteilten Bescheids erhoben werden. Dies gilt, wie in der Begr. z. E. ausdrücklich hervorgehoben wird, auch bei denjenigen Delikten, deren Verfolgung nicht an einen Antrag des Verletzten gebunden ist. Die Neuerung ist zu billigen. Die bisherige Rechtslage, nach welcher der Privatkläger durch rechtzeitige Stellung des Strafantrages sich die Möglichkeit der Erhebung der Privatklage für die ganze Verjährungsfrist sichern konnte, führte zu Mißständen. Aber, ist es dann gerechtfertigt, dem Privatkläger bei Nichtantragsdelikten die ganze Verjährungsfrist zur Erhebung der Klage zu belassen, falls er von einem Antrage bei der Staatsanwaltschaft auf Erhebung der öffentlichen Klage abgesehen hat? Auch hier würde sich wohl die Stellung einer Frist zur Erhebung der Privatklage rechtfertigen lassen.

Innerhalb der im § 380 Abs. 1 gegebenen Frist kann der zur Erhebung der Privatklage Berechtigte Einsicht in die im staatsanwaltschaftlichen Ermittelungsverfahren schriftlich abgegebenen oder amtlich aufgezeichneten Erklärungen und Aussagen nehmen (§ 380 Abs. 2). Das ist praktisch, da es dem Berechtigten die Entscheidung erleichtern wird, ob er Privatklage erheben will.

Um der im Privatklageverfahren für die Parteien bestehenden Schwierigkeit, ihrerseits Ermittelungen anzustellen, und der dadurch herbeigeführten mangelhaften Vorbereitung der Hauptverhandlung entgegenzuwirken, gibt § 387 des Entwurfs sowohl dem Privatkläger wie dem Beschuldigten das Recht, bei dem Amtsrichter Ermittelungen zu beantragen. Der Amtsrichter soll den Anträgen entsprechen, soweit er sie zur Aufklärung der Sache für erforderlich erachtet, und er kann zu ihrer Erledigung die Hilfe der Behörden des Polizei- und Sicherheitsdienstes sowie des zuständigen Amtsrichters in Anspruch nehmen. Auch das ist zweifellos eine Verbesserung. Der Erreichung des dabei erstrebten Zwecks dürfte es aber noch besser dienen, wenn der Amtsrichter in geeigneten Fällen einen Vortermin stattfinden lassen würde, in dem er dann auf Grund mündlicher Aussprache zwischen den Parteien und mit den Parteien selbst feststellen könnte, ob und welche Ermittelungen vor der Hauptverhandlung veranlaßt werden sollen. Es würde dadurch manche sonst unvermeidliche Vertagung der Hauptverhandlung vermieden werden.

Nicht selten dürfte auch in einem solchen Vortermine die Sache noch durch Vergleich erledigt werden können, wodurch die Hauptverhandlung mit all ihren Kosten in Wegfall käme. Die Begr. z. E. erkennt es als Vorzug des Privatklageverfahrens ausdrücklich an, daß dabei Verfehlungen leichterer Art von Person zu Person in einer dem allgemeinen Empfinden entsprechenden Weise durch gütlichen Vergleich erledigt werden können, und hat deshalb auch Bestimmungen über die Wirkungen eines Vergleiches gegeben, die in der bisherigen StPO. leider fehlten. Wird in einer gerichtlichen Verhandlung ein Vergleich geschlossen — gleichviel, ob vor oder in der Hauptverhandlung —, so soll das Verfahren eingestellt werden, der Strafantrag gilt als zurückgenommen, und aus dem Vergleiche kann, wie aus einem Vollstreckungstitel, die Zwangsvollstreckung nach den Vorschriften der Zivilprozeßordnung betrieben werden (§ 397). Die im Vergleiche über die Kosten getroffene Vereinbarung ist auch für die Frage maßgebend, wer der Staatskasse gegenüber als Schuldner gilt (§ 490 Abs. 1). Durch diese Bestimmungen werden die jetzt dem Abschlusse von Vergleichen häufig entgegenstehenden Schwierigkeiten behoben. Die dadurch herbeigeführte Erleichterung einer Erledigung im Vergleichswege ist zu begrüßen.

Dagegen ist es zu bedauern, daß die bisherige Bestimmung des § 431 StPO. beibehalten ist, wonach die Privatklage auch noch in der zweiten Instanz zurückgenommen werden kann, was ja häufig auf Grund eines zwischen den Parteien geschlossenen Vergleichs geschieht. Diese Bestimmung entspricht nicht der Autorität, die ein gerichtliches Urteil zu beanspruchen hat. Es geht zu weit, wenn es in das Belieben der Parteien gestellt wird, Strafen, die von einem Gerichte ausgesprochen sind, wieder aufzuheben. Wie nach § 64 RStGB. die Zurücknahme des Strafantrags nur bis zur Verkündigung eines auf Strafe lautenden Urteils zulässig ist, so müßte dieser Grundsatz auch für das Privatklageverfahren Geltung erhalten.

Für den Fall des Todes des Privatklägers sind im § 398 des Entwurfs neue Bestimmungen getroffen. Nach § 433 StPO. hat der Tod des Privatklägers die Einstellung des Verfahrens zur Folge, und nur bei verleumderischer Beleidigung ist den Eltern, den Geschwistern und dem Ehegatten des Privatklägers die Befugnis zur Fortsetzung der Klage binnen zwei Monaten nach dessen Tode gegeben. Das ist, wenn die Privatklage begründet war, eine entschiedene Unbilligkeit: der Beschuldigte geht straffrei aus, und die Erben des Privatklägers haben die Kosten zu tragen. Demgegenüber bestimmt der Entwurf, daß im Falle des Todes des Privatklägers das Verfahren zunächst überhaupt nicht einzustellen ist, und daß der Ehegatte, die Verwandten gerader Linie sowie die Geschwister des Privatklägers das Verfahren durch eine bei dem Gerichte binnen zwei Monaten abzugebende Erklärung fortsetzen können. Auch die Staatsanwaltschaft kann binnen dieser Frist die Verfolgung übernehmen.

Sodann hat die Widerklage im § 399 des Entwurfs eine Neuregelung erfahren, die recht eingehend ist. An die Stelle des kurzen § 428 StPO. ist ein Paragraph getreten mit sechs langen Absätzen; er umfaßt nicht weniger als 57 Druckzeilen! Wenn daran festgehalten wird, daß Klage und Widerklage nicht in einem rechtlichen oder tatsächlichen Zusammenhange zu stehen brauchen, so erscheint mir dies bedenklich, weil es sich mit der Natur eines Strafprozesses — und ein solcher soll doch auch das Privatklageverfahren sein — nach meiner Meinung nicht verträgt. Dies Bedenken wird um so größer, je mehr die Privatklage ausgedehnt wird, weil damit die Zulässigkeit einer Widerklage von selbst erweitert ist. Als wesentliche Verbesserung ist es aber zu erachten, daß dem Gerichte die Befugnis gegeben wird, getrennte Verhandlung über die Widerklage anzuordnen, wenn nach seinem Ermessen die Entscheidung über die Widerklage für die Entscheidung über die Klage ohne jede Bedeutung ist und diese Entscheidung durch die Verhandlung über die Widerklage verzögert wird.

Endlich sind eingehende Vorschriften getroffen, um die Staatsanwaltschaft in die Lage zu setzen, den Gang des Privatklageverfahrens zu übersehen und die Fälle, welche der Strafverfolgung im Wege der öffentlichen Klage bedürfen, jederzeit in die Hand zu nehmen. Übernimmt die Staatsanwaltschaft die Verfolgung, so ist das Verfahren in der Lage fortzusetzen, in der es sich befindet. Jedoch ist in Fällen, in denen die Erhebung der öffentlichen Klage bei dem mit der Privatklage befaßten Gerichte wegen sachlicher oder örtlicher Unzuständigkeit unzulässig gewesen wäre, die Sache an das für die öffentliche Klage zuständige Gericht erster Instanz zu verweisen. Ist auf die Privatklage bereits ein Urteil erlassen, so wird durch die Übernahme der Eintritt der Rechtskraft gehemmt, und es ist das Urteil gleichzeitig mit der Verweisung an das zuständige Gericht aufzuheben. Damit sind die bisher über diese Fragen vielfach bestehenden Zweifel zur Entscheidung gebracht. Nur die Frage hat keine ausdrückliche Beantwortung gefunden, ob die Staatsanwaltschaft, welche durch die Übernahme der Verfolgung die Aufhebung des im Privatklageverfahren bereits erlassenen Urteils herbeigeführt hat, verpflichtet ist, die erhobene öffentliche Klage auch durchzuführen. Die Frage dürfte aber aus allgemeinen Grundsätzen unbedenklich zu bejahen sein. Im übrigen wird bei der im Entwurfe vorgesehenen erheblichen Vermehrung der Gerichtsstände (§§ 1 bis 14 des Entwurfs) der Fall, daß infolge der Übernahme der Strafverfolgung durch die Staatsanwaltschaft ein Urteil wegen örtlicher Unzuständigkeit des Gerichts erster Instanz zur Aufhebung gelangt, in Zukunft erfreulicherweise eine seltene Ausnahme bilden.

III. Vorverfahren und Untersuchungshaft.

Die Begr. z. E. erkennt die schweren Mißstände, welche die gegenwärtige Gestaltung des Vorverfahrens mit sich gebracht hat, unumwunden an, ebenso wie dies auch schon von der RK. geschehen ist (vgl. Prot. I. 151, 157, 182). Aber ebenso wie die RK. glaubt der Entwurf jede durchgreifende Änderung vermeiden zu sollen und begnügt sich mit Änderungen in Einzelheiten. Auch wenn die Vorschläge durchweg Verbesserungen enthielten, könnte man ihnen nicht zustimmen. Denn es ist eine schlechte Politik, an einem Gebäude, das zum Abbruch reif ist, noch kostspielige Veränderungen vorzunehmen. Tatsächlich aber können die vorgeschlagenen Änderungen nicht durchweg als wirkliche Verbesserungen angesehen werden; sie sind ferner zum Teil so verklausuliert, daß ihr praktischer Wert nur gering ist; zum Teil unterliegt auch ihre Durchführbarkeit in der Praxis erheblichen Zweifeln.

Der Entwurf läßt neben dem staatsanwaltschaftlichen Ermittelungsverfahren das mit dem technischen Ausdruck Voruntersuchung bezeichnete gerichtliche Vorverfahren bestehen.[1]) Dieser stehengebliebene Rest des früheren geheimen schriftlichen Inquisitionsprozesses ist mit den in unserer heutigen StPO. aufgestellten Prinzipien der Mündlichkeit und Unmittelbarkeit unvereinbar und ebenso unvereinbar mit der Stellung und den Aufgaben, die wir heute dem Richter zuweisen. Aber die gerichtliche Voruntersuchung widerspricht nicht nur theoretisch den modernen Anforderungen, sie führt auch große Mißstände herbei. Es ist darüber schon so viel geschrieben und gesprochen worden, daß ein ausführliches Eingehen an dieser Stelle sich

[1]) Wo im folgenden der Ausdruck Vorverfahren gebraucht wird, umfaßt er sowohl das staatsanwaltschaftliche Ermittelungsverfahren wie die gerichtliche Voruntersuchung.

24*

erübrigt, dies um so mehr, als noch jüngst Oberlandesgerichtsrat Rosenberg und Professor Mittermaier in ihren dem letzten Juristentage erstatteten Gutachten die Sache in ganz vortrefflicher Weise behandelt haben. Ich beschränke mich deshalb hier darauf, ganz kurz die hauptsächlichsten Mängel der gerichtlichen Voruntersuchung anzuführen.

1. Sie veranlaßt eine unnötige Zeit-, Kraft- und Geldvergeudung. Man vergegenwärtige sich den regelmäßigen Gang: wenn eine strafbare Handlung begangen ist, so finden zunächst Nachforschungen durch die Polizei statt, die dabei schon Zeugen vernimmt. Die Verhandlungen der Polizei werden dann der Staatsanwaltschaft übersandt, welche diese Verhandlungen lesen und prüfen muß und in vielen Fällen weitere Ermittelungen veranlaßt. Beantragt dann die Staatsanwaltschaft die Voruntersuchung, so hat der Untersuchungsrichter, nachdem er sich aus den ihm übersandten Akten informiert hat, von vorne zu beginnen und den Angeschuldigten sowie die Zeugen zu vernehmen. Hat er endlich die Voruntersuchung abgeschlossen, so wandern die Akten wieder an den Staatsanwalt zurück, der sie nunmehr zu studieren hat, um sich über die Erhebung der Anklage schlüssig zu machen. Durch dies umständliche, weitschweifige Verfahren werden nicht nur die verschiedenen Behörden stark in Anspruch genommen, sondern auch das Publikum wird ungebührlich behelligt, da die Personen, welche über die Sache etwas bekunden können, oft genötigt werden, schon im Vorverfahren zu mehreren aufeinanderfolgenden Terminen zu erscheinen (vor der Polizei, vor dem Untersuchungsrichter und nicht selten auch vor dem Staatsanwalt), um dann später noch zur Hauptverhandlung geladen zu werden.

2. Leidet schon durch diese Verlangsamung des Verfahrens die Energie der Strafverfolgung schweren Schaden, so kommt hinzu, daß der Staatsanwalt, der die Verantwortung für die Erhebung der Anklage zu tragen hat, für diese Aufgabe ungenügend informiert wird, weil regelmäßig die wesentlichen Ermittelungen in seiner Abwesenheit vor dem Untersuchungsrichter stattgefunden haben. Der Untersuchungsrichter ist dabei ganz selbständig, vielleicht nach einem Plane ver-

fahren, der den Ansichten des Staatsanwalts nicht entspricht. So wird künstlich eine Teilung der Verantwortlichkeit zwischen Staatsanwalt und Untersuchungsrichter herbeigeführt.

3. Die durch das in sich zerrissene Vorverfahren angesammelten dicken Akten spielen dann in der Hauptverhandlung eine große Rolle. Form und Inhalt der Beweisaufnahme in der Hauptverhandlung wird durch die Vorakten in maßgebender Weise bestimmt. Der Hauptverhandlung wird dadurch ihre Selbständigkeit und Frische genommen. Der Schwerpunkt des ganzen Strafverfahrens, der in der Hauptverhandlung liegen sollte, wird in die Voruntersuchung verschoben. Die für die Hauptverhandlung aufgestellten Grundsätze der Mündlichkeit und Unmittelbarkeit können nicht voll zur Geltung kommen.

4. Die Akten des Vorverfahrens, welche sonach tatsächlich die Hauptverhandlung beherrschen, sind ohne jede Mitwirkung des Angeklagten zustande gekommen, sie bieten deshalb nicht die Garantie, welche zum Schutze des Angeklagten erforderlich ist.

Alle diese Mängel liegen so auf der Hand, daß sie ernstlich kaum bestritten werden können, es sei denn, daß man die Rückkehr zum alten Inquisitionsprozesse überhaupt für das Wünschenswerte hält und die Grundsätze der Mündlichkeit und Unmittelbarkeit als moderne Verirrungen wieder beseitigen möchte. Das letztere war der Standpunkt, den der leider verstorbene Oberlandesgerichtsrat von Spindler in meinem Sammelwerke „Reform des Strafprozesses“ mit einer herzerquickenden Offenheit vertreten hat. Die Verfasser des Entwurfes, der ja auf die Erfüllung volkstümlicher Forderungen den allergrößten Wert legt, teilen natürlich diesen Standpunkt nicht. Warum also wollen sie die gerichtliche Voruntersuchung mit all dem unnützen, ja schädlichen Aktenkram beibehalten?

Die Begr. z. E. verwirft ausdrücklich die Reformvorschläge, die ich unter Bezugnahme auf mein Frankfurter Generalreferat hier kurz dahin zusammenfasse: Beseitigung der Voruntersuchung; das Vorverfahren muß ganz in die Hand des Staatsanwalts gelegt werden, welchen dabei eine geschulte Kriminalpolizei zu unterstützen hat; die Akten des Vorverfahrens dienen nur zur Information der Anklagebehörde und sind, abgesehen von bestimmten Ausnahmen — insbesondere den Protokollen über antizipierte Beweisaufnahmen, Augenscheinseinnahmen usw. —

dem Gerichte nicht vorzulegen. Als Ersatz für die Akten ist die Anklageschrift genau spezialisiert zu halten.

Vier Momente werden in der Begr. z. E. gegen diese Vorschläge und für die Beibehaltung der gerichtlichen Voruntersuchung angeführt:

1. Die Ausschaltung des Untersuchungsrichters würde zum Schaden der Interessen des Beschuldigten[1]) erfolgen, da der Richter „leichter als der Staatsanwalt sich die nötige Objektivität gegenüber den Beschuldigten und der Verteidigung bewahren" könne.

2. In verwickelten Sachen sei „die häufige Angehung des Gerichtes wegen wichtiger Zwischenmaßnahmen (Verhaftungen, Beschlagnahme, Augenscheinseinnahme, eidliche Vernehmungen usw.) so unentbehrlich, daß die Leitung der Untersuchung besser ganz in der Hand eines Richters bliebe."

3. Es würde der Beschuldigte „der Anklagebehörde gegenüber einen ungleichen Kampf kämpfen, zumal wenn er ungewandt und mittellos ist und daher weder einen Verteidiger annehmen noch selbst seine Verteidigung in geeigneter Weise vorbereiten und führen kann; es würde also eine erhebliche Ungleichheit der Prozeßführung verteidigter und unverteidigter Angeklagter geschaffen werden, die in der Hauptsache auf eine Bevorzugung der wohlhabenden Klasse hinausliefe".

4. Es würde „eine Anklageschrift, auch wenn sie ausführlicher abgefaßt wird, dem Vorsitzenden weder eine genauere noch eine unparteiischere Unterlage bieten, als die Akten über das Vorverfahren; Vertagungen und Fehlsprüche wären die Folge", wenn „die für die Leitung der Hauptverhandlung unentbehrliche Information des Vorsitzenden" fehle.

---

[1]) Der Entwurf führt als allgemeine Bezeichnung für Personen, gegen die auf Grund der Anzeige einer strafbaren Handlung von der Staatsanwaltschaft vorgegangen wird, den Ausdruck „Verdächtiger" ein und bezeichnet den „Verdächtigen" nur dann als „Beschuldigten", wenn er richterlich vernommen worden ist, während er nach Erhebung der öffentlichen Anklage „Angeschuldigter" heißt. Ich werde mich aber im folgenden dem bisher üblichen Sprachgebrauche anschließen und der Einfachheit halber den Ausdruck „Beschuldigter" gebrauchen; gleichviel, ob nach dem Sprachgebrauche des Entwurfs im einzelnen Falle von einem Verdächtigen oder einem Beschuldigten oder einem Angeschuldigten die Rede ist.

Es erscheint wichtig, jedes dieser Momente eingehend für sich zu prüfen.

Also zunächst die geringere Objektivität des Staatsanwalts. Es ist das ein Einwand, den man von Laien häufiger hört. Ihn in einer Regierungsvorlage anzutreffen, wirkt recht befremdend. Ob ein Staatsanwalt objektiv ist oder nicht, hängt von seiner Person ab, nicht von seinem Amte. Das Interesse seines Amtes erfordert mindestens in demselben Maße, daß er im Vorverfahren die Ermittelung der Wahrheit erstrebt, wie dies beim Untersuchungsrichter der Fall ist. Ich sage mit Vorbedacht „mindestens“; denn bei dem Untersuchungsrichter wäre es an sich denkbar, daß er ein Interesse daran hat, durch Hinwirken auf ein Geständnis die Voruntersuchung schnell zum Abschlusse zu bringen, da die Sache dann für ihn erledigt ist. Der Staatsanwalt dagegen hat die Anklage in der Hauptverhandlung zu vertreten; er trägt die Verantwortung dafür, daß in der Hauptverhandlung das Gebäude nicht zusammenstürzt, das in dem von ihm geleiteten Vorverfahren errichtet worden ist. Es liegt deshalb in seinem eigenen Interesse, den Sachverhalt mit aller Objektivität zu erforschen und dabei auch das Entlastungsmaterial genügend zu sammeln, da er nur so vor einem Mißerfolge in der Hauptverhandlung sicher ist. Recht eigentümlich macht es sich auch gegenüber der in der Begr. z. E. vertretenen Auffassung von der größeren Objektivität des Untersuchungsrichters, daß der Entwurf es für nötig hält, im § 188 Abs. 2 für den Untersuchungsrichter die in der bisherigen StPO. nicht enthaltene Vorschrift aufzunehmen, „nicht nur die zur Belastung des Angeschuldigten, sondern auch die zu seiner Entlastung dienenden Umstände zu ermitteln“. Die bisherige StPO. beschränkte sich darauf, diese Vorschrift im § 159 Abs. 2 der Staatsanwaltschaft mit auf den Weg zu geben, für den Untersuchungsrichter hielt sie es für überflüssig. Den Verfassern des Entwurfs dagegen erscheint auch bei dem Untersuchungsrichter eine solche ausdrückliche Vorschrift erforderlich.

Etwas ernster steht es mit dem zweiten Punkte. Es ist richtig, daß der Staatsanwalt für gewisse Maßnahmen, die im Vorverfahren vorkommen können, einen Richter angehen muß. Der häufigste und wichtigste Fall ist die Verhaftung. Das Verfahren in Haftsachen soll unten noch näher behandelt werden, und ich möchte hier nur darauf hinweisen, daß der Entwurf dem schon mehrfach aufgestellten Verlangen, in allen Haftsachen eine Voruntersuchung stattfinden zu lassen, keine Folge gibt. Von den sonstigen Maßnahmen, bei denen ein Richter eingreifen muß, kommt vor allem noch die eidliche Vernehmung von Zeugen in Betracht. Aber hier müssen auch im Falle einer Voruntersuchung die Akten häufig an ein anderes Gericht, nämlich an den zuständigen Amtsrichter, abgegeben werden. Es mag in manchen verwickelten Sachen für den Staatsanwalt eine gewisse Bequemlichkeit bieten, wenn durch das Vorhandensein eines Untersuchungsrichters ihm die sonst erforderlichen Requisitionen von Gerichten erspart werden. Aber es geht auch ohne dies. Beweis dafür ist, daß tatsächlich heutigen Tages die Zahl der Fälle, wo eine Voruntersuchung, ohne daß sie obligatorisch ist, von der Staatsanwaltschaft beantragt wird, nur eine ganz verschwindende ist und nach der Statistik von Jahr zu Jahr abnimmt. Daß aber alle die Sachen, in denen das Gesetz eine Voruntersuchung vorschreibt, „verwickelte Fälle“ darstellen, wird wohl niemand behaupten wollen.

Ganz merkwürdig wirkt das dritte Argument: beim Wegfall der Voruntersuchung werde eine erhebliche Ungleichheit der Prozeßführung verteidigter und unverteidigter Angeklagter geschaffen. Ja, besteht eine Ungleichheit zwischen verteidigten und unverteidigten Angeklagten nicht mehr oder weniger in jedem Verfahren, vor allem aber gerade bei der Voruntersuchung? Ist es denn den Verfassern der Begr. z. E. entgangen, daß von vielen Seiten gefordert wird, bei jeder Voruntersuchung solle dem Beschuldigten von Amts wegen ein Verteidiger bestellt werden? Und verschärft denn nicht gerade der Entwurf die Ungleichheit zwischen verteidigten und unverteidigten Beschuldigten? Dafür nur zwei Hinweise. Dem Verteidiger wird das Recht zur Einsicht der Untersuchungsakten eingeräumt, dem nicht verteidigten Beschuldigten bleiben die Akten verschlossen. Und sodann die vom Entwurfe vorgeschlagene Parteienöffentlichkeit im Vorverfahren. Die Begr. z. E. glaubt, daß dadurch die Interessen des Beschuldigten wesentlich gefördert werden würden. Wenn das überhaupt der Fall ist — ich komme darauf noch später zu sprechen —, so setzt es zu seiner Wirksamkeit voraus, daß ein Verteidiger die Interessen des Beschuldigten wahrnimmt; ohne dies wird die große Masse der Beschuldigten, die sich doch vorzugsweise aus den weniger gebildeten und unvermögenden Kreisen rekrutiert, schwer imstande sein, von ihrem Rechte den richtigen Gebrauch zu machen. Wenn man sich auf den Standpunkt der Begr. z. E. stellt, daß die Ungleichheit der Prozeßführung verteidigter und unverteidigter Angeklagter zu beseitigen sei, dann muß man in allen Strafsachen — vielleicht mit Ausnahme der Bagatellsachen — dem Beschuldigten von Amts wegen einen Verteidiger bestellen. So ist es denn auch in der Tat schon häufig als eine Ungerechtigkeit bezeichnet worden, daß in jedem Zivilprozesse über 300 Mk. der nicht bemittelten Partei ein Armenanwalt bestellt wird, während im Strafprozesse, wo es sich um die Freiheit eines Menschen handelt, die Bestellung eines Verteidigers nur ausnahmsweise erfolgt. Und wenn man lediglich den Schutz des Beschuldigten im Auge hat, dann dürfte diesem durch die Bestellung eines Verteidigers besser gedient sein, als durch eine Voruntersuchung. Ich möchte auch darauf hinweisen, daß sich meines Wissens bisher kein namhafter Verteidiger für die Beibehaltung der Voruntersuchung ausgesprochen hat, daß dagegen für ihre Beseitigung Männer wie von Pannwitz, Mamroth, Heinemann, Staub, Löwenstein, Stranz und andere eingetreten sind.

Und nun das letzte Argument. Dem Vorsitzenden sei für die richtige Leitung der Hauptverhandlung die Kenntnis der Akten des Vorverfahrens unentbehrlich. Das heißt doch wirklich die Fähigkeiten des Vorsitzenden unterschätzen. Freilich eignet sich dazu nicht jeder Richter; denn es genügt dazu nicht, ein guter Jurist zu sein. Aber wer sich zu diesem schwierigen Amte überhaupt eignet, dem darf die Leitung einer Strafverhandlung lediglich auf Grund einer Anklageschrift keine Schwierigkeiten machen, vorausgesetzt nur, daß die Anklageschrift genügend spezialisiert abgefaßt ist. Und der fernere Einwand, daß eine spezialisierte Anklageschrift keine unparteiischere Unterlage bieten würde als die Vorakten, läuft wohl auf den schon häufig vorgebrachten Einwand hinaus, daß die Protokolle des Vorverfahrens auf dem Umwege der Anklageschrift wieder in die Gerichtsakten hineingelangen würden.

Dem muß natürlich vorgebeugt werden, aber das kann durch die einfache Vorschrift geschehen, daß die Anklageschrift das zur Begründung der Anklage Erforderliche lediglich in der Behauptungsform und nicht in der Ergebnisform vorzuführen hat; also in derselben Weise, wie es in den Schriftsätzen im Zivilprozeß geschieht. Eine dahingehende Abänderung des § 198 Abs. 2 StPO. ist notwendig, wenn man wirklich den Anklageprozeß durchführen will. Der Entwurf hat in seinem § 203 Abs. 1 die fehlerhafte Bestimmung des jetzigen Gesetzes beibehalten.

Wenn selbst die Begr. z. E. für die Beibehaltung der Voruntersuchung nur diese Argumente anzuführen vermag, dann kann man wohl annehmen, daß die ganze Institution dem Tode verfallen ist. Der Entwurf aber will sie nicht sterben lassen, sondern will ihr zu neuem Leben verhelfen.

Er enthält im § 181 die Vorschrift, daß die Staatsanwaltschaft — abgesehen von den beibehaltenen bisherigen Fällen der obligatorischen Voruntersuchung — in Sachen, die vor den Landgerichten zu verhandeln sind, dann die Voruntersuchung zu beantragen habe, wenn es zur weiteren Aufklärung der Sache erforderlich erscheint. Bisher war es dem freien Ermessen der Staatsanwaltschaft überlassen, wann sie in Landgerichtssachen die Voruntersuchung beantragen wollte. Der Entwurf befürchtet offenbar, daß die Staatsanwaltschaft in Zukunft — vor allem auch mit Rücksicht auf die neu eingeführte Parteien-Öffentlichkeit — davon immer weniger Gebrauch machen würde, und hält es deshalb für angezeigt, ihr die Stellung dieses Antrages zur Pflicht zu machen, wenn es zur weiteren Aufklärung der Sache erforderlich erscheint. Die Begr. z. E. gibt dabei nicht näher an, was alles unter dem Aufklärungsbedürfnisse zu verstehen ist. Man wird dafür das heranziehen müssen, was in der Begr. z. E. über den Zweck des Vorverfahrens im allgemeinen gesagt wird.

Auf Seite 154 der Begr. z. E. wird als Zweck des Vorverfahrens angegeben: „Der Anklagebehörde von der Tat und dem Täter, dem Beschuldigten von dem gegen ihn vorliegenden Verdachte genügende Kenntnis zu verschaffen, beiden Gelegenheit zu weiterer Aufklärung zu geben und schließlich dem Gericht und dem Vorsitzenden eine geeignete Unterlage für die Erfüllung ihrer Aufgaben zu bieten.“ Also neben dem

Hauptzweck des Vorverfahrens, über den kein Streit besteht, nämlich der Vorbereitung der Anklage, wird hier als zweiter Zweck die Vorbereitung der Hauptverhandlung bezeichnet.

Nun möchte ich zunächst darauf hinweisen, daß sich hier die Begr. z. E. nicht mit dem vorgeschlagenen Gesetzestext deckt. Im § 162 des Entwurfs wird als Zweck des Ermittelungsverfahrens angegeben „behufs der Entschließung darüber, ob die öffentliche Klage zu erheben ist, den Sachverhalt zu erforschen". Und im § 188 des Entwurfs heißt es wörtlich: „die Voruntersuchung ist nicht weiter auszudehnen als erforderlich ist, um eine Entscheidung darüber zu begründen, ob das Hauptverfahren zu eröffnen oder der Angeschuldigte außer Verfolgung zu setzen ist." Hier ist also von einer Vorbereitung der Hauptverhandlung ebensowenig die Rede wie in den wörtlich gleichlautenden Bestimmungen des geltenden Rechts (§§ 158 Abs. 1 und 188 Abs. 1 StPO.).

Allerdings ist es richtig, daß auch die bisherige Praxis den Zweck des Vorverfahrens vielfach weiter gefaßt hat, als es sich nach dem Wortlaute des Gesetzes ergibt. Viele Untersuchungsrichter haben geglaubt, daß es ihre Aufgabe sei, eine möglichst „glatte Hauptverhandlung" vorzubereiten. Und dies hat sie veranlaßt, der Voruntersuchung eine überaus große Ausdehnung zu geben. Häufig freilich, ohne das erwünschte Ziel zu erreichen. Dafür brauche ich nur auf den bekannten Pommernbank-Prozeß hinzuweisen, der nach mehr als zweijähriger Dauer der Voruntersuchung, während welcher die Angeschuldigten in Untersuchungshaft waren, in der Hauptverhandlung vertagt werden mußte, weil die Sache nicht genügend aufgeklärt war. Es sind denn auch in der Literatur gegen die bisherige Praxis schwere Bedenken erhoben, ja diese Praxis ist direkt als dem Gesetze widersprechend bezeichnet worden. Man hat dabei mit Recht darauf hingewiesen, daß „die Hauptverhandlung vorbereiten" in Wahrheit nichts anderes bedeutet als die Hauptverhandlung vorwegnehmen, und daß dies nicht nur dem Angeklagten, besonders wenn durch die lange Dauer der Voruntersuchung seine Untersuchungshaft verlängert wird, nachteilig ist, sondern auch der Ermittelung der Wahrheit.

Das Gedächtnis der Zeugen, die doch regelmäßig erst in der Hauptverhandlung eidlich vernommen werden, ist naturgemäß erheblich abgeschwächt, wenn gar zu lange Zeit zwischen den von ihnen zu bekundenden Vorgängen und der Hauptverhandlung liegt. Man ist dann vielfach genötigt, in der Hauptverhandlung zur Auffrischung des Gedächtnisses des Zeugen auf seine Bekundungen im Vorverfahren zurückzugreifen, ihm das dort aufgenommene Protokoll vorzuhalten. Dadurch aber verliert nicht nur die Beweisaufnahme in der Hauptverhandlung an Frische und Ursprünglichkeit, sondern es kommt auch gar leicht die materielle Wahrheit nicht heraus. Die Protokolle, welche in der Voruntersuchung von zwei Urkundspersonen, dem Untersuchungsrichter unter Beiziehung eines Protokollführers, aufgenommen worden sind, haben natürlich die Vermutung der Richtigkeit und Vollständigkeit für sich. Aber ist diese Protokollwahrheit nicht eine Illusion? Gibt nicht jedes Protokoll nur die Auffassung wieder, die der vernehmende Richter von der Aussage des Zeugen schließlich gewonnen hat, nachdem die Vernehmung, bei der höchst selten eine klare und zusammenhängende Darstellung des Tatsächlichen von dem Zeugen selbst gegeben wird, nach vielem Hin- und Herfragen glücklich zum Abschlusse gebracht ist. Daß dabei dem Richter, wie jedem anderen Menschen, auch Mißverständnisse unterlaufen können, liegt auf der Hand. Vor allem aber kommen in dem Protokolle all die vielen Imponderabilien nicht zum Ausdrucke, welche den Wert und die Bedeutung einer Aussage erst ausmachen; z. B. das Stocken in der Aussage einerseits, das Herleiern der Aussage andererseits; Bewegungen, die der Zeuge macht, wenn an ihn eine unbequeme Frage gerichtet wird usw. Auf all diese Dinge hat die jetzt ja erfreulicherweise eifrig betriebene Psychologie der Aussage hingewiesen; dem Protokolle können diese, für die Bewertung der Aussage wichtigen Momente nicht einverleibt werden. Dem Protokolle verleiht vielmehr der Richter, der darin die Angaben des Zeugen zusammengedrängt wiedergibt, das Gepräge. Und diese Protokolle bilden vielfach die wirkliche Grundlage der Beweisaufnahme in der Hauptverhandlung. Immer und immer wieder wird der Zeuge in der Hauptverhandlung auf seine früheren, in dem Protokolle niedergelegten Aussagen hingewiesen. Es ist nicht übertrieben, wenn gesagt worden ist, daß dadurch an die Stelle der vom Gesetze vorgeschriebenen Unmittelbarkeit der Beweisaufnahme in der

Hauptverhandlung vielfach eine mündliche Reproduktion des Akteninhaltes tritt, „eine Probe auf das schon im Vorverfahren gelöste Exempel“.

Alle diese Bedenken werden in der Begr. z. E. nicht erwähnt. Es soll einfach der bestehende Zustand aufrechterhalten bleiben; ja, die bisherige Praxis, deren Gesetzmäßigkeit doch zum mindesten zweifelhaft ist, wird in den oben wiedergegebenen Worten der Begr. z. E. über den Zweck des Vorverfahrens eine starke Stütze finden. Warum aber bringt denn der Entwurf den in der Begr. z. E. ausgesprochenen Zweck des Vorverfahrens nicht mit klaren Worten in dem Gesetze selbst zum Ausdruck? Da war die RK. doch wenigstens konsequenter. Sie schlug zu § 188 StPO. vor, „es solle im Gesetze als weitere Aufgabe der Voruntersuchung die Vorbereitung der Hauptverhandlung hervorgehoben werden“. § 188 solle den Zusatz erhalten „Aufgabe der Voruntersuchung ist auch, die Durchführung der Hauptverhandlung vorzubereiten“ (Prot. I. 175, II. 90 und Beschluß 130).

Das Hinweggleiten der Begr. z. E. über alle diese gegen eine Ausdehnung der Voruntersuchung vorgebrachten Bedenken ist um so auffälliger, als es doch auf der Hand liegt, daß diese Bedenken durch die weitgehende Einführung der Berufung noch erheblich verschärft werden, und daß eine eingehende Voruntersuchung neben der Berufung eine unerträgliche Schwerfälligkeit des ganzen Verfahrens herbeiführen muß. Wie wird es mit der Promptheit der Strafjustiz stehen, wenn Voruntersuchung in dem von der Begr. z. E. gewünschten Umfange und dann eine zweimalige Hauptverhandlung in erster und zweiter Instanz stattfindet? Müßte nicht gerade bei Erweiterung der Zulassung der Berufung ein Hauptstreben dahin gehen, das Vorverfahren zu vereinfachen, damit der Beschuldigte sobald als möglich vor seinen Urteilsrichter gebracht wird? Diesen doch wahrlich naheliegenden Gesichtspunkt läßt der Entwurf ganz aus dem Auge. Ja, die Änderungen, welche der Entwurf bei dem Vorverfahren einführen will, werden das Verfahren nur noch schwerfälliger und langsamer machen als bisher.

Die im Entwurfe vorgeschlagenen Änderungen verfolgen das an sich sicherlich anerkennenswerte Bestreben, das Interesse des Beschuldigten im Vorverfahren besser als bisher wahrzunehmen, ihm einen größeren Schutz angedeihen zu lassen. Ob dies durch die Vorschläge wirklich erreicht wird und ob man nicht bei diesem Bestreben andere wichtige Rücksichten außer acht gelassen hat, das soll jetzt im einzelnen geprüft werden.

Als die wichtigste Neuerung erscheint die Einführung der Parteienöffentlichkeit im Vorverfahren. Damit soll dem bisherigen Mangel abgeholfen werden, daß der Beschuldigte im Vorverfahren „von den ihn belastenden Momenten nicht genügend unterrichtet und daß auch dem Verteidiger zur Wahrnehmung der Interessen des Beschuldigten zu wenig Gelegenheit gegeben wird". In der Voruntersuchung soll der Untersuchungsrichter, in dem staatsanwaltschaftlichen Ermittelungsverfahren der vernehmende Richter dem Beschuldigten und seinem Verteidiger die Anwesenheit bei der Vernehmung von Zeugen und Sachverständigen gestatten, soweit nicht eine Gefährdung des Untersuchungszweckes zu befürchten ist. Und es kann ferner dem Verteidiger bei der Vernehmung des Beschuldigten oder eines Mitbeschuldigten die Anwesenheit gestattet werden. Nur dann, wenn ihnen die Anwesenheit gestattet ist, ist auch die Staatsanwaltschaft zur Anwesenheit berechtigt. Die Prozeßbeteiligten dürfen den Zeugen oder Sachverständigen Fragen vorlegen lassen, soweit diese nach dem Ermessen des Richters zur Aufklärung der Sache dienlich sind (§§ 167, 168, 190 des Entwurfs).

Hier ist zunächst darauf aufmerksam zu machen, daß die Parteienöffentlichkeit im staatsanwaltschaftlichen Ermittelungsverfahren überhaupt nur insoweit eingeführt wird, als dabei richterliche Vernehmungen stattfinden. Da in der weitaus größten Zahl aller Vorverfahren richterliche Vernehmungen nicht erfolgen, sondern die erforderlichen Ermittelungen durch die Staatsanwaltschaft selbst oder durch die Behörden des Polizei- und Sicherheitsdienstes angestellt werden, ist der Grundsatz der Parteienöffentlichkeit schon hierdurch sehr erheblich eingeschränkt. Der Entwurf schränkt den Grundsatz aber noch weiter ein; denn die Zulassung des Verteidigers bei der Vernehmung des Beschuldigten oder eines Mitbeschuldigten ist ganz in das freie Ermessen des Richters gestellt, und die Anwesenheit des Beschuldigten und seines Verteidigers bei der

Vernehmung von Zeugen und Sachverständigen kann von dem Richter verweigert werden, soweit eine Gefährdung des Untersuchungszweckes zu befürchten ist, die Anwesenheit des Beschuldigten auch dann, wenn zu befürchten ist, daß der Zeuge in seiner Gegenwart die Wahrheit nicht sagen wird. Gegen die demgemäß ergehenden Entscheidungen des Richters findet nach § 170 Abs. 3 des Entwurfs eine Anfechtung nicht statt. Nur bei antizipierter Beweisaufnahme und bei Einnahme des Augenscheins darf, wie es schon das bisherige Gesetz vorschrieb (§ 191 StPO.), die Anwesenheit nie versagt werden.

Man sieht, die Neuerung erfährt schon im Gesetze selbst eine weitgehende Einschränkung. Wie weit die Praxis sie einschränken wird, steht noch dahin. Einschränkungen durch die Praxis sind möglich einmal dadurch, daß der Richter dem sehr dehnbaren Begriff „Befürchtung einer Gefährdung des Untersuchungszwecks" eine weite Ausdehnung gibt, und sodann dadurch, daß der Staatsanwalt in weniger Fällen als bisher Voruntersuchung beantragt oder im staatsanwaltschaftlichen Ermittelungsverfahren häufiger als bisher die Vernehmungen selbst vornimmt oder durch seine Hilfskräfte vornehmen läßt.

Und nun zu dem Grundsatze der Parteienöffentlichkeit selbst.

Was zunächst den Vorschlag betrifft, Staatsanwalt und Verteidiger zu der richterlichen Vernehmung des Beschuldigten zuzulassen, so dürfte damit der Ermittelung der materiellen Wahrheit im allgemeinen wenig gedient sein. Der Beschuldigte wird sich weit unbefangener geben, wenn er mit dem Richter allein ist, als wenn der Staatsanwalt und Verteidiger dabei sind. Wenn man den Untersuchungsrichter überhaupt beibehalten will, so ist es von der größten Wichtigkeit, daß der Beschuldigte volles Vertrauen zu ihm gewinnt. Dem aber wird es entgegenwirken, wenn er den Untersuchungsrichter von Staatsanwalt und Verteidiger kontrolliert sieht; denn in den Augen des Beschuldigten wird ihre Anwesenheit häufig auf eine Kontrolle des Untersuchungsrichters hinauslaufen. Ich fürchte, daß bei der Neuerung, wenn sie überhaupt praktische Bedeutung gewinnen sollte, manches wahrheitsgemäße Geständnis unterbleiben wird, das bei einer offenen Aussprache zwischen dem Beschuldigten und dem Richter erfolgt wäre.

Noch größere Bedenken habe ich gegen die allgemeine Zulassung von Staatsanwalt, Verteidiger und Beschuldigten bei der Beweisaufnahme im Vorverfahren. Viele Zeugen werden sich scheuen, in Gegenwart des Beschuldigten eine belastende Aussage zu machen. Vor allem aber liegt die Kollusionsgefahr doch recht nahe, die Gefahr, daß der Beschuldigte seine Kenntnis von den Zeugenaussagen und von dem ganzen Gange der Untersuchung dazu benutzt, um schnell Gegenmaßregeln zu treffen, die den Sachverhalt verdunkeln, die Gefahr, daß er durch geheime Machenschaften die Schritte der strafverfolgenden Behörde durchkreuzt. In der Reichsjustizkommission, wo die Frage auch schon erörtert worden ist, hat der Abgeordnete Bähr den treffenden Vergleich gezogen, daß bei der Parteienöffentlichkeit der Richter mit offenen Karten spielt, während die übrigen Spieler — der Beschuldigte und sein Verteidiger, ev. auch die Mitbeschuldigten — ihre Karten verdeckt halten.

Es wäre deshalb gar nicht zu verwundern, wenn der Richter, wenigstens in wichtigeren Sachen, die Befürchtung der Gefährdung des Untersuchungszweckes recht häufig annehmen und deshalb die Parteienöffentlichkeit versagen würde.

Überhaupt wird dem Richter durch die Einräumung der Befugnis, die Parteienöffentlichkeit zu gewähren oder zu verweigern, eine sehr heikle Aufgabe gestellt. Versagt er die Zulassung, so wird der betreffende Verteidiger darin leicht ein persönliches Mißtrauen sehen und sich verletzt fühlen; gewährt er sie, so wird er nicht selten von dem Staatsanwalt allzu großer Vertrauensseligkeit geziehen werden. Und dabei ist zu beachten, daß der Staatsanwalt, wenn er befürchtet, daß ein Richter die Parteienöffentlichkeit zu leicht zuläßt, es in der Hand hat, die ganze Neuerung dadurch hinfällig zu machen, daß er alle wichtigen Ermittelungen selbst vornimmt oder durch die Polizei vornehmen läßt. Dies Mittel kann er selbst in dem Falle obligatorischer Voruntersuchung anwenden, indem er den Antrag auf Eröffnung der Voruntersuchung erst stellt, wenn alle wichtigen Ermittelungen bereits stattgefunden haben; denn der Zeitpunkt, in dem der Staatsanwalt die Voruntersuchung beantragen will, hängt ganz von seinem Ermessen ab.

Auch darauf ist noch hinzuweisen, daß durch die Zulassung der Parteienöffentlichkeit eine erhebliche Verzögerung des Verfahrens herbeigeführt wird. Nach § 170 des Entwurfs sind die Personen, denen die Anwesenheit bei der Untersuchungshandlung gestattet wird, so weit tunlich, rechtzeitig vom Termin zu benachrichtigen. Ist eine dieser Personen an der Teilnahme verhindert, so soll auf ihren Antrag der Termin verlegt werden, sofern dies ohne Nachteil für die Sache geschehen kann. Die Verpflichtung zur Benachrichtigung und zur Vertagung, wenn sie hier auch recht verklausuliert ausgesprochen ist, wird immerhin die Erledigung des Vorverfahrens hinausschieben.

Und praktischen Gebrauch von der Parteienöffentlichkeit werden doch nur wenige Beschuldigte machen können. Die meisten haben keine Zeit dazu, selbst zu allen Vernehmungsterminen zu erscheinen, und auch dem Verteidiger wird es wegen seiner sonstigen Berufstätigkeit dazu häufig an Zeit fehlen, es sei denn, daß er dafür reichliche Bezahlung erhält. Und damit läuft die ganze Sache auf eine Begünstigung der Reichen hinaus, die, wenn sie in ein Strafverfahren verwickelt werden, es sich leisten können, einen oder gar mehrere Verteidiger mit hohen Honoraren zu nehmen.

Statt der allgemeinen, aber durch das Ermessen des Richters beschränkten Zulassung der Parteien-Öffentlichkeit würde es nach meiner Meinung zum Schutze der großen Masse der Beschuldigten mehr dienen, wenn man die bisherigen Fälle, in denen der Beschuldigte und sein Verteidiger ein Recht auf Anwesenheit bei den Untersuchungshandlungen hatte (§ 191 StPO.), etwas ausdehnen würde. Insbesondere erscheint es mir angezeigt, ein Recht auf Anwesenheit dann zu geben, wenn im Vorverfahren ein Zeuge eidlich vernommen wird. Bei der Bedeutung, welche eine eidliche Vernehmung im Vorverfahren auch für die Hauptverhandlung hat, dürfte es geboten sein, hier den Beteiligten die Möglichkeit zu geben, für eine erschöpfende Fragestellung und für vollständige, zuverlässige Protokollierung zu sorgen.

Weiter schlägt der Entwurf eine wesentliche Erweiterung der Rechte des Verteidigers im Vorverfahren vor. Dadurch soll seine Stellung gehoben und ihm eine ersprießliche Wirksamkeit schon im Vorverfahren ermöglicht werden.

Zunächst wird dem Verteidiger im § 147 ein Recht auf Einsicht in die gerichtlichen Akten, einschließlich der ihnen auf Grund richterlicher Anordnung beigefügten anderen Akten, sowie auf Einsicht in die in amtlicher Verwahrung befindlichen Beweisstücke gegeben. Nur die Einsicht in einzelne Aktenstücke kann dem Verteidiger, solange die Eröffnung des Hauptverfahrens noch nicht beantragt ist, versagt werden, soweit davon eine Gefährdung des Untersuchungszwecks zu befürchten ist. Gegen die Versagung steht dem Verteidiger die Beschwerde zu.

Sodann wird im § 148 der mündliche Verkehr des Verteidigers mit dem verhafteten Beschuldigten grundsätzlich von jeder Überwachung befreit, und auch der schriftliche Verkehr soll, abgesehen von einer Vorschrift, die lediglich die Kontrolle darüber bezweckt, ob eine Mitteilung tatsächlich vom Verteidiger ausgeht, keiner Beschränkung mehr unterliegen. Nur wenn Tatsachen vorliegen, welche die Annahme rechtfertigen, daß der Beschuldigte den Verkehr mit dem Verteidiger mißbraucht, um durch Vernichtung von Spuren der Tat oder durch Beeinflussung von Zeugen oder Mitschuldigen die Ermittelung der Wahrheit zu erschweren, so kann der Richter anordnen, daß schriftliche Mitteilungen zwischen dem Beschuldigten und dem Verteidiger, deren Einsicht ihm nicht ermöglicht wird, zurückzuweisen sind und daß Unterredungen mit dem Verteidiger nur in seiner Gegenwart stattfinden dürfen.

Endlich ist dafür gesorgt, daß der Verteidiger über den Gang des Verfahrens unterrichtet bleibt; er erhält selbständige Benachrichtigungen, und die wichtigeren, dem Beschuldigten zugehenden Schriftstücke werden auch ihm mitgeteilt.

Durch diese Neuerungen sind die Schranken, die bisher den Verteidiger in seiner Tätigkeit im Vorverfahren gehemmt haben, beseitigt, was nur zu begrüßen ist. Aber gerade bei dieser Erweiterung der Befugnisse des Verteidigers wird der Unterschied in der ganzen Lage eines Beschuldigten, der einen Verteidiger zur Seite hat, gegenüber einem Beschuldigten, der sich die Hilfe eines Verteidigers nicht leisten kann, um so schärfer hervortreten. Ob man deshalb nicht im Interesse des Beschuldigten die Fälle, in denen ihm ein Verteidiger von Amts wegen bestellt wird, erweitern und im Strafprozesse ein Armenrecht in ähnlicher Weise einführen soll, wie wir es im Zivilprozesse haben, das ist eine Frage, die recht wohl erwogen sein will. Denn, ich wiederhole es hier nochmals, es ist für mich außer allem Zweifel, daß dem Schutze des Beschuldigten die Bestellung eines Verteidigers in viel besserer Weise dienen würde, als die ganze Voruntersuchung. Und ich glaube, es würde auch für die Staatskasse billiger sein, einen Verteidiger für den Beschuldigten zu bezahlen, als eine kostspielige Voruntersuchung statt des einfachen staatsanwaltschaftlichen Ermittelungsverfahrens zu gewähren.

Jedenfalls ist es zu billigen, daß nach dem Entwurfe der Verteidiger in dem Falle der notwendigen Verteidigung früher als bisher bestellt wird, nämlich schon alsbald nach Eröffnung der Voruntersuchung (§ 139 Abs. 1 des Entwurfs), und daß auch sonst schon vor der Erhebung der öffentlichen Klage und für einen einzelnen bestimmten Teil des Verfahrens (z. B. eine antizipierte Beweisaufnahme) ein Verteidiger bestellt werden kann (§ 140). Die notwendige Verteidigung ist ferner ausgedehnt bei Landgerichtssachen auf die Jugendlichen bis zum 18. Lebensjahr (§ 369; bisher nur bis zum 16. Jahr) und in Sachen jeder Art, wenn der Beschuldigte infolge körperlicher oder geistiger Gebrechen nicht befähigt erscheint, sich selbst zu verteidigen (§ 140 Abs. 2; bisher nur bei Tauben und Stummen in Landgerichtssachen). Dagegen trägt der Entwurf leider der Forderung keine Rechnung, daß einem jeden wegen Vergehen oder Verbrechen Verhafteten auf seinen Antrag von Amts wegen ein Verteidiger zu bestellen sei.

Eine weitere Neuerung des Entwurfs besteht darin, daß am Schlusse des Vorverfahrens dem Beschuldigten alle gegen ihn vorliegenden Verdachtsgründe mündlich mitgeteilt werden sollen; hat eine Voruntersuchung stattgefunden, so hat dies der Untersuchungsrichter zu tun, sonst soll es in den vor dem Landgerichte zu verhandelnden Sachen dem Staatsanwalt obliegen; in den zahlreichen vor den Amtsgerichten zu verhandelnden Sachen dagegen unterbleibt es. Die Mitteilung soll ferner unterbleiben, wenn sie bereits früher erfolgt ist und seitdem neue belastende Umstände nicht hervorgetreten sind, sowie, wenn die Tat vom Beschuldigten eingestanden ist, oder wenn der Beschuldigte auf Ladung nicht erscheint. Durch diese Bestimmungen soll Vorsorge getroffen werden, daß der Beschuldigte rechtzeitig die ihn belastenden Momente erfährt, um seine Verteidigung in der Hauptverhandlung genügend vorbereiten zu können. Dieser Zweck ist sicherlich zu billigen, aber gegen die zu seiner Erreichung im Entwurfe gemachten Vorschläge bestehen eine Reihe von Bedenken.

Hat eine Voruntersuchung stattgefunden, so pflegten schon bisher wohl die meisten Untersuchungsrichter, wenigstens in den einigermaßen verwickelten Fällen, ein Schlußverhör mit dem Angeschuldigten anzustellen. Dieses Schlußverhör würde nach dem Entwurf eine erhöhte Bedeutung gewinnen, da nach § 167 auch der Verteidiger und der Staatsanwalt ihm beiwohnen können. Ein Bedenken gegen die Anwesenheit des Verteidigers dürfte sich in diesem Stadium des Verfahrens, wo die Voruntersuchung zum Abschlusse reif ist, kaum jemals ergeben, und es wäre deshalb gerechtfertigt, statt der Bestimmung im § 167 dem Verteidiger ein Recht auf Anwesenheit bei der Schlußverhandlung zu gewähren. Es würde sich ferner fragen, ob die Bestimmung des Entwurfs gerechtfertigt ist, daß die Schlußverhandlung wegfallen soll, wenn schon früher der Untersuchungsrichter dem Angeschuldigten die gegen ihn vorliegenden Verdachtsgründe mitgeteilt hat und seitdem neue belastende Momente nicht hervorgetreten sind. Ich möchte diese Ausnahme streichen; denn das Schlußverhör soll doch dem Angeschuldigten die Möglichkeit geben, seinerseits noch Beweisanträge zu stellen. Als einziger Fall, wo das Schlußverhör fortfallen könnte, bleibt dann das Geständnis des Angeschuldigten übrig. Bei Anwesenheit des Verteidigers aber würde schon in der Schlußverhandlung Gelegenheit geboten sein, Anträge und Einwendungen gegen eine Erhebung der Anklage geltend zu machen, und es würde sich deshalb fragen, ob für diesen letzteren Zweck die Anberaumung eines Vortermins, wie sie nach Mitteilung der Anklageschrift im § 203 Abs. 4 und § 207 Abs. 1 des Entwurfs vorgesehen ist, noch nötig wäre.

Umgekehrt würde in denjenigen Sachen, in denen keine Voruntersuchung stattgefunden hat, ein Vortermin vor dem Gerichte dem Interesse des Beschuldigten wohl besser entsprechen, als die im § 202 des Entwurfs vorgesehene Schlußverhandlung vor dem Staatsanwalte.

Zunächst werden diejenigen, welche an dem Anklageprinzipe festhalten und es nach Möglichkeit durchführen wollen, schwerlich der Ansicht sein können, daß der Staatsanwalt die geeignete Persönlichkeit sei, um den Beschuldigten über die gegen ihn vorliegenden Verdachtsmomente aufzuklären. Und dies ist doch der in der Begr. z. E. ausgesprochene Zweck der im § 202 vorgeschriebenen Mitteilung: dem Beschuldigten soll dadurch die Möglichkeit gegeben werden, seine Verteidigung für die Hauptverhandlung genügend vorzubereiten.

Etwas anders würde die Sache liegen, wenn man als Zweck ansehen würde, dem Staatsanwalte die Möglichkeit zu gewähren, seinerseits sich noch Aufklärung zu verschaffen, ob er Anklage erheben will oder nicht. Unzweifelhaft ist es für diesen Zweck häufig erwünscht, daß der Staatsanwalt den Beschuldigten in einem Termine vor sich hat und den persönlichen Eindruck des Beschuldigten auf sich wirken läßt. Aber einen solchen Termin kann der Staatsanwalt jederzeit im Laufe des Ermittelungsverfahrens anberaumen. Es mag hierbei darauf hingewiesen werden, daß die Begr. z. E. in gleicher Weise, wie es die RK. getan hat, davon ausgeht, daß in dem Ermittelungsverfahren die Anstellung von Ermittelungen durch den Staatsanwalt selbst die Regel bilden soll. Ob dieser in der Begr. z. E. ausgesprochene Satz in der Bestimmung des § 162 Abs. 2 zum klaren Ausdruck gekommen ist, erscheint mir allerdings zweifelhaft. Jedenfalls hat der Entwurf dem Staatsanwalte nicht solche Befugnisse gegeben, wie sie die RK. in ihrem Beschlusse vorgeschlagen hatte, um ein Erscheinen des Beschuldigten und der Zeugen sicherzustellen und notfalls zwangsweise herbeizuführen. Doch das nur nebenbei. An dieser Stelle soll nur nochmals betont werden, daß der im § 202 vorgeschriebene Schlußtermin nach der Begr. z. E. nicht den Zweck hat, als Informationsmittel für den Staatsanwalt zu dienen.

Und nun stelle man sich einmal vor, wie die Bestimmung des § 202 voraussichtlich in der Praxis gehandhabt werden würde. Der Staatsanwalt, welcher ja die Ergebnisse des Ermittelungsverfahrens schon zum Zwecke der Abfassung der Anklageschrift sich zusammenstellen muß, wird, schon der Zeitersparnis halber, regelmäßig die Anklageschrift entwerfen, ehe er den Beschuldigten zu dem Schlußtermine ladet. Und es liegt doch gar zu nahe, daß er dann in dem Termine, wenn der Beschuldigte erscheint — wozu dieser ja nach § 202 gar nicht verpflichtet sein soll —, sich darauf beschränken wird, dem Beschuldigten die Anklageschrift vorzuhalten. Dann aber würde der Termin regelmäßig zu einer Formalität herabsinken, die dem Staatsanwalte wertvolle Zeit kostet und dem Beschuldigten wenig nützt, da er das, was der Staatsanwalt ihm mitteilt, in der Anklageschrift finden kann.

Dazu kommt noch ein weiteres: wenn der Beschuldigte aus der Mitteilung der gegen ihn vorliegenden Belastungsmomente wirklich den Vorteil ziehen soll, daß er infolgedessen seine Verteidigung für die Hauptverhandlung besser vorbereiten kann, so ist es für ihn von dem größten Werte, daß auch sein Verteidiger die Mitteilung mit anhört. Nach dem Entwurfe aber ist die Anwesenheit des Verteidigers in dem vor dem Staatsanwalte anzuberaumenden Schlußtermine ausgeschlossen.

Nun zu dem Vortermine, den ich in Landgerichtssachen an die Stelle des im Entwurfe vor dem Staatsanwalte bestimmten Termins setzen möchte.

Auch der Entwurf kennt einen Vortermin. Wie schon die RK. getan, so verwirft auch der Entwurf den bisherigen Eröffnungsbeschluß. Die Gründe dafür sind so bekannt und einleuchtend, daß jedes Wort darüber hier überflüssig sein wird. An die Stelle des Eröffnungsbeschlusses will der Entwurf in gewissen Fällen den Vortermin treten lassen. Der Entwurf bestimmt:

1. In Sachen, die vor dem Reichsgericht oder den Schwurgerichten zu verhandeln sind, soll der Angeschuldigte, der auf dieses Recht bei Mitteilung der Anklageschrift hinzuweisen ist, zur mündlichen Geltendmachung seiner Einwendungen und Anträge die Anberaumung eines Vortermins verlangen können (§ 203 Abs. 4).

2. In den zu 1 erwähnten und ferner in den vor den Landgerichten zu verhandelnden Sachen kann ein Vortermin stattfinden, wenn der Vorsitzende oder das Gericht der Ansicht ist, daß durch die Verhandlung in dem Termine die Hauptverhandlung abgewendet werden kann (§ 207 Abs. 1).

Die Prozeßbeteiligten und der Verteidiger sind von dem Vortermine zu benachrichtigen, der in Haft befindliche Angeschuldigte ist vorzuführen. Das Gericht beschließt in nichtöffentlicher Sitzung nach dem Vortrag eines Berichterstatters und nach Anhörung der Beteiligten, soweit sie erschienen sind (§ 207 Abs. 2).

Diese Regelung erscheint mir verfehlt.

In den Schwurgerichtssachen — von den wenigen Strafsachen, die vor dem Reichsgericht zu verhandeln sind, sehe ich hier ab — ist nach dem Entwurfe die Voruntersuchung obligatorisch, und das Schlußverhör vor dem Untersuchungsrichter genügt, wie ich oben ausgeführt habe, bei geeigneter Ausgestaltung vollkommen, um dem Beschuldigten, der ja immer einen Verteidiger zur Seite hat, neben der Möglichkeit, seine Verteidigung für die Hauptverhandlung geeignet vorzubereiten, auch die Möglichkeit zur Geltendmachung von Einwendungen und Anträgen zu geben. Es ist ferner zu beachten, daß alles Tatsächliche in der Anklageschrift enthalten ist, die ja gerade bei Schwurgerichtssachen besonders eingehend und sorgfältig bearbeitet wird, und daß Einwendungen rechtlicher Art dem Gerichte aus dem Protokolle über die Schlußverhandlung vor dem Untersuchungsrichter hinreichend bekannt sind, im übrigen auch von dem Verteidiger regelmäßig in einem Schriftsatze auf die Anklageschrift hin niedergelegt werden. Was für einen Zweck soll da noch ein Vortermin in der vom Entwurfe vorgeschlagenen Form in Schwurgerichtssachen haben? Eine Häufung von Terminen aber, die nicht unbedingt erforderlich sind, ist schon wegen der dadurch herbeigeführten Verzögerung in der Erledigung der Sache zu vermeiden.

Anders würde die Sache liegen, wenn man den Vortermin so gestalten würde, daß in ihm der Staatsanwalt einen prima-facie-Beweis gegen den Beschuldigten zu erbringen hätte, wenn also vor allem in dem Vortermine Beweisaufnahmen stattfinden würden. Dann könnte man mit Recht davon sprechen, daß der Vortermin einen gewissen Ausgleich für das Fehlen der Berufung in Schwurgerichtssachen bilden würde. Ich habe diese Gestaltung in meinem Frankfurter Generalreferate vorgeschlagen und dort das Nähere ausgeführt. Die Begr. z. E. schließt sich zwar der Tendenz an, durch den Vortermin einen Ersatz für die fehlende Berufung zu gewähren, der Entwurf gewährt aber nicht die dafür allein geeigneten Mittel.

Was sodann den Vortermin in Landgerichtssachen betrifft, so kann nach dem Entwurfe der Beschuldigte hier die Anberaumung eines Vortermins überhaupt nicht herbeiführen. Und ob die dem Gerichte gegebene Befugnis zu einem Vortermine von großem praktischen Wert sein wird, möchte ich bezweifeln; nur wenn das Gericht oder der Vorsitzende der Ansicht ist, daß durch die Verhandlung in dem Termine die Hauptverhandlung abgewendet werden kann, soll der Vortermin stattfinden. Ich kann mir nicht recht vorstellen, daß die Fälle, in denen das Gericht seine diesbezügliche Entscheidung nicht auch ohne besonderen Vortermin zu treffen in der Lage wäre, eine irgendwie in Betracht kommende Ziffer erreichen werden.

Und doch glaube ich, daß gerade in Nichtschwurgerichtssachen ein Vortermin nicht selten wertvoll sein könnte, und zwar nicht nur für den Beschuldigten, sondern auch für das Gericht. Der Beschuldigte kann, nachdem er durch die Anklageschrift die von der Staatsanwaltschaft gegen ihn vorgebrachten Belastungsmomente kennen gelernt hat, Mißverständnisse, die nach seiner Meinung dabei untergelaufen sind, zur Sprache bringen und auch sonst Aufklärungen vom Staatsanwalte verlangen und seinerseits geben. Er kann seine Einwendungen und Anträge, zu deren schriftlicher Geltendmachung er, falls er keinen Verteidiger hat, nicht selten außerstande sein wird, mündlich vorbringen und erläutern. Und für das Gericht kann es von Wert sein, daß durch eine im Vortermine erfolgende Klarstellung der Behauptungen des Staatsanwalts einerseits und des Beschuldigten anderseits besser als bisher dafür gesorgt wird, daß in der Hauptverhandlung das erforderliche Beweismaterial wirklich parat und zur Stelle ist. Der Vorsitzende endlich erhält durch den Vortermin die in verwickelten Sachen nicht selten wünschenswerte Vorbereitung zur zweckentsprechenden Leitung der Hauptverhandlung.

Jedem Praktiker dürften aus seiner eigenen Erfahrung Fälle in Erinnerung sein, in denen durch einen Vortermin die Hauptverhandlung entweder ganz hätte abgewendet oder doch wesentlich hätte vereinfacht werden können; vor allem Fälle, in denen sich durch einen Vortermin die unleidlichen Vertagungen der Hauptverhandlung hätten vermeiden lassen. Es erscheint mir deshalb richtig, dem Gerichte ganz allgemein die

Befugnis zu geben, einen Vortermin da anzuberaumen, wo es dies für nötig hält, und zwar sowohl von Amts wegen wie auf Antrag des Beschuldigten. Ich glaube allerdings nicht, daß von dieser Befugnis ein allzu häufiger Gebrauch gemacht werden wird. Es wäre auch sicherlich unerwünscht, wenn unnütze Vortermine anberaumt würden, da dadurch die Erledigung des Verfahrens verzögert würde. Der Vortermin sollte immer nur eine Ausnahme bilden und für solche Fälle bestimmt sein, wo die Sachlage besonders verwickelt ist, wo die Anklageschrift kein ganz klares Bild gewährt, wo durch die Einwendungen des Beschuldigten besondere Bedenken angeregt werden, wo die Anträge des Beschuldigten es zweckmäßig erscheinen lassen, mit ihm die Sache durchzusprechen, um in der Hauptverhandlung alles parat zu haben usw. In der Regel dürfte die Anklageschrift sowohl für das Gericht, wie für den Beschuldigten ausreichen.

Ich sehe auch keinen stichhaltigen Grund, diese Befugnis auf landgerichtliche Sachen zu beschränken. Auch in den vor den Amtsgerichten zu verhandelnden Sachen können Fälle vorkommen, wo es dem Amtsrichter nützlich erscheint, ehe er die Sache zur Hauptverhandlung vor das Schöffengericht bringt, einen Vortermin stattfinden zu lassen. Und solche Fälle werden, je mehr man die Zuständigkeit der Amtsgerichte erweitert, um so häufiger sein.

Bei dieser Gelegenheit möchte ich überhaupt die Frage anregen, ob die recht verschiedenartige Behandlung, welche in dem Entwurfe die amtsgerichtlichen Sachen gegenüber den landgerichtlichen Sachen im Vor- und Zwischenverfahren erfahren, bei der Ausdehnung der amtsgerichtlichen Zuständigkeit innerlich berechtigt ist? Ist es z. B. gerechtfertigt, für die Anklageschrift in den Amtsgerichtssachen andere Erfordernisse aufzustellen als für andere Sachen? Die Anklageschrift sollte doch in allen Sachen genügend spezialisiert sein; sie sollte insbesondere in allen Sachen genau die Beweissätze unter spezialisierter Angabe der Beweismittel enthalten. Wie das im Zivilprozesse möglich ist, so ist es auch für den Strafprozeß zu fordern. Es ist nur als eine der vielen ungünstigen Wirkungen unseres Aktenwesens zu erklären, wenn am Schlusse einer Anklage die Namen von einem Dutzend Zeugen angeführt werden ohne Angabe, über welche Anklagebehauptungen die einzelnen Zeugen etwas bekunden sollen. Der Richter kann sich bei fleißigem Studium der dickleibigen Akten die erforderlichen Notizen herausziehen; der Angeklagte weiß damit nichts anzufangen. Der Entwurf verzichtet darauf, hier die bessernde Hand anzulegen. Die Änderungen, welche er hinsichtlich der Anklageschrift vorschlägt (§§ 194 Abs. 2, 203), treffen nicht den Kernpunkt der Sache.

Hiermit dürften die wesentlichen Neuerungen, die der Entwurf auf dem Gebiete des Vorverfahrens bringt, zur Sprache gelangt sein. Mit der Tendenz der Neuerungen, wie sie in der Begr. z. E. angegeben wird, kann man sich im allgemeinen einverstanden erklären. Aber die Verwirklichung, welche die guten Absichten durch die im Entwurfe vorgeschlagenen Gesetzesbestimmungen gefunden haben, muß zu recht vielen Bedenken Anlaß geben. Und gar manches, was in dem bisherigen Vorverfahren dringend einer Verbesserung bedarf, ist im Entwurf unverändert geblieben. Die Devise für das Vorverfahren der Zukunft läßt sich in die kurzen Sätze zusammenfassen: Schutz des möglicherweise unschuldig Beschuldigten; zugleich aber Beschleunigung in der Zuführung des Beschuldigten vor seinen Urteilsrichter bei Vermeidung alles dessen, was der Hauptverhandlung, in der über die Schuld des Beschuldigten zu entscheiden ist, ihre Selbständigkeit nehmen könnte!

In Anknüpfung an das Vorverfahren soll nun noch auf das wichtigste Zwangsmittel eingegangen werden, das im Vorverfahren zur Anwendung kommt: die Verhaftung.

Auch hier wird in der Begr. z. E. anerkannt, daß das bisherige Verfahren zu schweren Mißständen Anlaß gegeben hat, und der Entwurf schlägt deshalb eine ganze Reihe von Veränderungen vor. Ob von diesen Abänderungen eine wirkliche Abhilfe der Mißstände zu erwarten ist, das soll jetzt geprüft werden.

Der Entwurf behält als Grund für eine Verhaftung neben der Fluchtgefahr die Verdunklungsgefahr bei und schränkt die Kollusionshaft nur insofern ein, als 1. bei der Gefahr der Vernichtung von Spuren der Tat oder der Beeinflussung von Zeugen oder Mitschuldigen die dadurch herbeigeführte Erschwerung der

Wahrheitsermittelung zur Voraussetzung für die Verhängung der Haft gemacht wird; 2. der Kreis der geringfügigen Delikte, bei denen schon nach dem bestehenden Gesetze eine Verhaftung wegen Verdunklungsgefahr nicht eintreten soll, etwas erweitert wird.

Bisher war die Kollusionshaft ausgeschlossen bei den nur mit Haft oder Geldstrafe bedrohten Handlungen, in Zukunft soll sie ausgeschlossen sein bei strafbaren Handlungen, die mit keiner schwereren Strafe als Gefängnis bis zu drei Monaten oder Geldstrafe bis zu 3000 Mark, allein oder in Verbindung miteinander oder in Verbindung mit Nebenstrafen, bedroht sind (§ 111 Abs. 1). Es soll ferner Untersuchungshaft überhaupt nicht verhängt werden, wenn nach Lage der Sache anzunehmen ist, daß auf keine schwerere Strafe als Gefängnis von einem Monat oder Haft oder 3000 Mark Geldstrafe, allein oder in Verbindung miteinander oder in Verbindung mit Nebenstrafen, zu erkennen sein wird (§ 111 Abs. 2); doch werden hiervon die Übertretungen des § 361 No. 3—8 RStGB. ausgenommen (§ 111 Abs. 3).

Bei Fluchtverdacht soll auch wegen dieser in abstracto oder in concreto geringfügigen Delikte die Haft verhängt werden dürfen, wenn festgestellt ist, daß der Verdächtige sich dem Verfahren durch die Flucht bereits entzogen oder Anstalten hierzu getroffen hat oder im Inlande keinen dauernden Aufenthalt hat oder unter Polizeiaufsicht steht, oder wenn ein Ausweis über seine Person nicht zu erlangen ist. Allgemein sollen bei den Verhaftungen wegen Fluchtgefahr in dem Haftbefehl die Tatsachen angegeben werden, welche die Gefahr der Flucht begründen, während bisher eine Angabe der die Haft begründenden Tatsachen nur bei Kollusionshaft vorgeschrieben war. Weiter soll die in dem bisherigen Gesetze im Falle des Vorliegens eines Verbrechens aufgestellte Vermutung für die Fluchtgefahr in Wegfall kommen, dafür aber wird eine andere Vermutung eingeführt: es soll nämlich zur Begründung der Fluchtgefahr die Feststellung weiterer Tatsachen nicht erforderlich sein, wenn nach den Umständen des Falles anzunehmen ist, daß wegen der Tat auf Todesstrafe, Zuchthaus oder eine die Dauer eines Jahres übersteigende Freiheitsstrafe anderer Art zu erkennen sein wird (§ 110 Abs. 2).

Überblicken wir diese Anderungen, so glaube ich zwar, daß dadurch die Zahl der Verhaftungen wegen Fluchtgefahr etwas herabgemindert werden wird, daß dagegen hinsichtlich der Kollusionshaft der bisherige Zustand praktisch ziemlich unverändert bleiben dürfte.

Auch heute schon werden Verhaftungen wegen Kollusionsgefahr bei den im Entwurfe als geringfügig bezeichneten Delikten nur selten vorkommen, und das in dem Entwurfe für die Verhängung der Kollusionshaft neu aufgestellte Erfordernis einer Erschwerung der Wahrheitsermittelung dürfte wohl in allen Fällen unschwer darzutun sein. Das schon vielfach erhobene Verlangen, die Kollusionshaft auf solche Fälle einzuschränken, in denen der Beschuldigte tatsächlich in einer die Wahrheitsermittelung hindernden Art auf Zeugen oder Mitschuldige eingewirkt hat, in denen er es tatsächlich unternommen hat, die Untersuchung zu vereiteln, hat in dem Entwurfe keine Berücksichtigung gefunden. Nach meiner persönlichen Ansicht, die ich in meinem Frankfurter Generalreferate des Näheren ausgeführt habe, würde es sich empfehlen, die Kollusionshaft überhaupt zu beseitigen.

Dagegen habe ich bezüglich der Verhaftung wegen Fluchtgefahr große Bedenken, ob man unter Berücksichtigung der heutigen Verkehrsverhältnisse, die es einem Verdächtigen so sehr erleichtern, sich dem Arme der strafenden Gerechtigkeit zu entziehen, weiter in der Einschränkung gehen kann, als es der Entwurf tut. Allzu große Änderungen wird in der Praxis der Entwurf auch hier nicht bringen. Die Haftbefehle werden etwas ausführlicher abgefaßt werden müssen, weil sie Tatsachen angeben sollen, und weil durch den Fortfall der bisherigen Vermutung der Fluchtgefahr bei einem jeden Verbrechen in Zukunft die Notwendigkeit besteht, auf die Individualität des Einzelfalles näher einzugehen. Dadurch wird leichtfertigen, fehlerhaften Haftbefehlen sicherlich vorgebeugt werden, aber allzu groß sollte man auch hier die Hoffnung nicht spannen: die Begründung der Fluchtgefahr mit der zu erwartenden hohen Strafe, wie sie in Zukunft wohl die Regel bilden wird, kann auch zu einer schematischen werden. Und tatsächlich werden zu der Zeit des Erlasses des Haftbefehls die Unterlagen für die Bemessung der zu erwartenden Strafe häufig so unsichere sein, daß ein Ausspruch hierüber nicht auf eine genaue Wage gelegt werden kann.

Ich sehe überhaupt den eigentlich wesentlichen Schutz gegen eine ungerechtfertigte Verhaftung und in gleicher Weise auch gegen eine ungerechtfertigt lange Dauer der Untersuchungshaft nur in der Gestaltung des Verfahrens, das dem Verhafteten durch das Gesetz zur Verfügung gestellt wird, falls er sich beschwert fühlt.

Eine gesetzliche Begrenzung der Dauer der Untersuchungshaft hat mancherlei Bedenken. Die Dauer der Ermittelungen ist von so vielen und unabwendbaren Zufälligkeiten abhängig, daß sie fast unberechenbar erscheint. Auch ist darauf hinzuweisen, daß die Frage der Zeitdauer der Verhaftung anders zu beurteilen ist bei Verhaftung wegen Fluchtgefahr als bei der Kollusionshaft. Die Kollusionsgefahr wird naturgemäß um so geringer, je mehr die Ermittelungen vorgeschritten sind; die Fluchtgefahr dagegen wächst häufig mit der Dauer des Vorverfahrens. Gegen eine zeitliche Beschränkung der Haftdauer bestehen deshalb geringere Bedenken im Falle der Kollusionshaft — falls diese überhaupt beibehalten wird — als im Falle der Verhaftung wegen Fluchtgefahr.

Der Entwurf behält bei den vor Erhebung der öffentlichen Klage erlassenen Haftbefehlen die bisherige Maximalfrist der Haft von zwei Wochen bei Übertretungen und von vier Wochen bei Vergehen und Verbrechen bei; er läßt nur die bisherige erste Frist von einer Woche, die aber regelmäßig ganz formularmäßig verlängert wurde, in Wegfall kommen und erstreckt die Maximalfrist bei Übertretungen aus § 361 No. 3—8 RStGB. auf vier Wochen (§ 126).

Der Entwurf führt sodann für die Dauer der Haft in der Voruntersuchung eine Kontrolle durch das Gericht ein, in dem er im § 127 bestimmt: „Hat die Untersuchungshaft während einer Voruntersuchung seit deren Eröffnung oder, wenn in deren Verlauf eine Einwendung oder Beschwerde des Angeschuldigten gegen den Haftbefehl zurückgewiesen wird, seit seiner Zurückweisung zwei Monate gedauert, so hat der Untersuchungsrichter eine Entscheidung des Gerichts über die Fortdauer der Untersuchungshaft herbeizuführen. Wird die Fortdauer der Untersuchungshaft angeordnet, so ist nach dem

Ablaufe von weiteren zwei Monaten die Entscheidung von neuem einzuholen."

Das sind gegenüber dem bisherigen Zustande zweifellos Verbesserungen. Wenn man überhaupt die Dauer der Untersuchungshaft im Gesetze irgendwelchen zeitlichen Beschränkungen unterwirft, so ist es nicht gerechtfertigt, den Untersuchungsrichter davon auszunehmen, der doch eine Voruntersuchung übermäßig lange hinziehen kann, ohne daß dem Beschuldigten ein Rechtsbehelf dagegen zusteht. Ich halte es, wenn einmal die Voruntersuchung noch beibehalten werden soll, für einen entschiedenen Vorteil, daß der Untersuchungsrichter wenigstens im Falle der Verhaftung des Beschuldigten einer fortlaufenden Kontrolle durch das Gericht unterworfen wird. Es könnte sich nur fragen, ob die Kontrolle nicht in kürzeren Zwischenräumen als von zwei zu zwei Monaten stattfinden sollte.

Daß das bisher dem Beschuldigten gegen eine ungerechtfertigte Verhaftung wie gegen zu lange Dauer der Untersuchungshaft allein zustehende Recht der Beschwerde nicht genügt, erkennt die Begr. z. E. ausdrücklich an. Es wird hier ausgeführt: „Ein besonderer Rechtsbehelf gegen die Anordnung der Untersuchungshaft ist dem Beschuldigten nicht eingeräumt, so daß dieser auf das im schriftlichen Verfahren zu erledigende Rechtsmittel der Beschwerde angewiesen ist." „Dies kann dazu führen, daß die Tatsachen, die er für die Aufhebung des Haftbefehls anführt, als nicht stichhaltig angesehen werden, während das Gericht sie als durchgreifend betrachtet haben würde, wenn es von den Anführungen des Beschuldigten nicht nur auf schriftlichem Wege Kenntnis erlangt, sondern ihn gesehen und gehört hätte."

Der Entwurf will deshalb im § 116 ein besonderes Einwendungsverfahren einführen. § 116 lautet: „Ist der Richter, der den Verhafteten vernimmt, nach § 125 Abs. 1 zur Entscheidung berufen, so hat er über Einwendungen, die gegen die Verhaftung erhoben werden, sogleich zu beschließen und, wenn sie zurückgewiesen werden, dem Verhafteten zu eröffnen, daß ihm das Recht der Beschwerde zusteht. Erfolgt die Vernehmung durch einen anderen Richter, so ist der Verhaftete zu befragen, ob er Einwendungen gegen den Haftbefehl zu erheben habe; erhebt er Einwendungen, so ist er darauf hinzuweisen, daß er verlangen kann, dem zur Entscheidung berufenen Richter zugeführt zu werden. Wird der Verhaftete auf sein Verlangen dem zur Entscheidung berufenen Richter zugeführt, so ist über die Einwendungen in nicht öffentlicher Sitzung nach Anhörung des Verhafteten zu beschließen. Die übrigen Prozeßbeteiligten und der Verteidiger sind vom Termine zu benachrichtigen; ihres Erscheinens bedarf es nicht. Werden die Einwendungen zurückgewiesen, so ist der Verhaftete darauf hinzuweisen, daß ihm das Recht der Beschwerde zusteht."

Man kann dem hier zum Ausdrucke gekommenen Gedanken nur durchaus zustimmen, daß dem Verhafteten die Möglichkeit verschafft werden soll, dem Gerichte, das zur Aufhebung der Haft befugt ist, mündlich vorzutragen, was er gegen die Anordnung der Haft vorzubringen hat. Ich bin auch ganz damit einverstanden, daß das Verfahren in den regelmäßigen Fällen vor den leichter zugänglichen Amtsrichter gelegt wird und nicht vor das Beschwerdegericht. Dagegen habe ich erhebliche Bedenken, ob das vorgeschlagene Verfahren wirklich zu einem genügenden Schutze des Verhafteten führt, wobei auch zu beachten ist, daß sich das Verfahren nur auf die Anordnung der Untersuchungshaft, nicht aber auf deren weitere Fortdauer bezieht. Wenn der Verhaftete sich durch die Fortdauer der Untersuchungshaft beschwert fühlt, so ist er nach wie vor auf die schriftliche Beschwerde angewiesen.

Soll der Beschuldigte in den Stand gesetzt werden, seine Einwendungen gegen die Verhaftung oder gegen die Fortdauer der Haft in erfolgversprechender Weise geltend zu machen, soll ihm also ein wirklicher Schutz gegen ungerechtfertigte Verhaftung oder gegen ungerechtfertigte Dauer der Haft geboten werden, so halte ich es in erster Linie für notwendig, daß ihm — von Übertretungssachen abgesehen — auf seinen Antrag alsbald ein Offizialverteidiger bestellt wird. Nur wenn der Verhaftete einen erfahrenen Rechtskundigen zur Seite hat, kann die ungünstige Lage, in welche er hinsichtlich seiner Verteidigung und der Herbeischaffung der Entlastungsbeweise durch seine Ausschließung von der Außenwelt gebracht ist, einigermaßen ausgeglichen werden; nur dann ist auch der wenig gebildete, ungewandte und unvermögende Beschuldigte imstande, bei dem Gerichte dasjenige in geeigneter Weise vorzubringen, was er für die Aufhebung seiner Verhaftung geltend zu machen hat. Ich bleibe bei meiner in meinem Frankfurter Generalreferate näher begründeten Ansicht, daß einem jeden wegen Verbrechen oder Vergehen Verhafteten auf seinen Antrag sofort ein Verteidiger bestellt werden muß. Geschieht dies, so wird man das ganze Verfahren anders und zweckmäßiger gestalten können, als es der Entwurf tut.

Der Entwurf, welcher besonderen Wert darauf legt, daß der Festgenommene und der Verhaftete möglichst schnell vor einen Richter gebracht wird, begünstigt durch verschiedene Bestimmungen die Vernehmung des Verhafteten durch den nächsten Amtsrichter, auch wenn dieser zur Aufhebung der Verhaftung nach § 125 Abs. 1 nicht zuständig ist. Demgemäß werden in § 116 zwei Fälle unterschieden: erfolgt die erste Vernehmung, für die im § 109 des Entwurfs eingehendere Bestimmungen als bisher (§ 136 StPO.) gegeben sind, vor dem zur Aufhebung des Haftbefehls berechtigten Richter — das ist der Amtsrichter, der den Haftbefehl erlassen hat, oder der Untersuchungsrichter —, so wird das Einwendungsverfahren mit der ersten Vernehmung verbunden; andernfalls soll der Verhaftete, wenn er bei seiner ersten Vernehmung Einwendungen gegen den Haftbefehl erhebt, auf sein Recht hingewiesen werden, dem zur Aufhebung des Haftbefehls zuständigen Richter zugeführt zu werden, und nach seiner Zuführung erfolgt in einem neuen Termine die Verhandlung und Entscheidung über die Einwendungen. Während in ersterem Falle die Zulassung von Verteidiger und Staatsanwalt im Termine nach dem oben besprochenen § 167 des Entwurfs von dem freien Ermessen des Richters abhängt, haben im zweiten Falle Verteidiger und Staatsanwalt ein Recht auf Anwesenheit im Termin.

Diese ungleiche Behandlung in den beiden Fällen ist recht bedenklich. Der innere Grund dafür liegt darin, daß man berechtigterweise nicht in allen Fällen Staatsanwalt und Verteidiger bei der ersten Vernehmung zulassen will. Daraus ergibt sich aber nach meiner Meinung, daß es überhaupt nicht richtig ist, das Einwendungsverfahren mit dem ersten Termine zu verbinden.

Gegen diese Verbindung spricht aber auch weiter folgendes: das Material, das zu einer zutreffenden Entscheidung über die

Verhaftung notwendig ist, kann in den meisten Fällen gar nicht schon in dem ersten Vernehmungstermin dem Richter vorgelegt werden. Hinsichtlich der Frage, ob Fluchtverdacht oder Kollusionsgefahr vorhanden ist, mag das noch eher möglich sein, als bezüglich des Tatverdachtes. In letzterer Richtung werden in vielen Fällen, wenn der Beschuldigte nicht die Tat einräumt oder die Sache sehr einfach liegt, die Akten noch unvollständig und lückenhaft sein. Es liegt deshalb auch im Interesse des Beschuldigten, daß der Termin, in dem über seine Einwendungen gegen die Verhaftung entschieden wird, nicht eher stattfindet, als bis das zur Entscheidung notwendige Material beschafft werden kann.

Wenn ein Beschuldigter einmal verhaftet ist, so halte ich es für gar nicht so schlimm, wenn er bis zur Entscheidung über seine Verhaftung ein paar Tage länger sitzt; viel schlimmer ist es, wenn die Entscheidung auf Grund ungenügender Informationen des Richters erfolgt. Ist doch, wie die Dinge heute liegen, der Richter nicht selten gezwungen, über die Verhaftung an der Hand eines noch lückenhaften Materials zu entscheiden; daß dann seine Entscheidung oberflächlich, schablonenhaft erfolgt, liegt in der Natur der Verhältnisse.

Will man hier in wirksamer Weise bessern, so sehe ich keine andere Möglichkeit, als die Befugnis des Staatsanwalts zur vorläufigen Festnahme zu erweitern und dem Staatsanwalte einen gewissen Zeitraum für die erforderlichen Ermittelungen zu lassen.

Man könnte das Verfahren folgendermaßen regeln: Dem Staatsanwalte wird allgemein die Befugnis gegeben, einen Verdächtigen beim Vorliegen der Voraussetzungen eines Haftbefehls zunächst festnehmen und diese Verwahrung drei oder fünf Tage — bei schwereren Fällen kann man vielleicht bis zu einer Woche gehen — auf seine Verantwortung hin fortdauern zu lassen. Erhebt der Verdächtige innerhalb dieser Frist keine Einwendungen, so kann der Richter ohne viel Bedenken den Haftbefehl erlassen. Werden Einwendungen erhoben, so setzt der Richter auf Antrag des Staatsanwalts Termin an, und zwar auf den nächsten Werktag nach Ablauf der Frist, unter gleichzeitiger Bestellung eines Verteidigers. In dem Termine hat dann der Staatsanwalt, der inzwischen Zeit zu Ermittelungen gehabt hat, das Belastungsmaterial vorzubringen, und nun entscheidet der Richter auf Grund mündlicher Verhandlung über die Verhaftung. Wird die Sache so geregelt, so tritt an die Stelle der jetzt zwischen Staatsanwalt und Richter geteilten Verantwortlichkeit die alleinige Verantwortung des Staatsanwalts für die Festnahme und die Verwahrung, und die alleinige Verantwortung des Richters für den Haftbefehl. Heute verläßt sich der eine auf den andern, und keiner von beiden ist in der Lage, die volle Verantwortung zu tragen.

Ich glaube, das von mir vorgeschlagene Verfahren würde einen besseren Schutz der Beschuldigten herbeiführen, als alle Vorschläge des Entwurfs. Zugleich aber würde dadurch die Promptheit der Strafjustiz gefördert; die strafverfolgende Behörde könnte mit dem ersten Angriffe schnell, energisch und ohne Verzögerung vorgehen. Für das letztere Ziel wäre allerdings die Ausstattung der Staatsanwaltschaft mit einer geschulten Kriminalpolizei eine unerläßliche Voraussetzung.

Und was den Schutz des Verhafteten gegen eine ungerechtfertigte Fortdauer der Untersuchungshaft betrifft, so müßte dem Verteidiger — aber auch nur ihm, und nicht dem Beschuldigten — jederzeit das Recht zustehen, die Aufhebung der Haft zu beantragen und, falls die Staatsanwaltschaft — oder bei Beibehaltung der Voruntersuchung der Untersuchungsrichter — darauf nicht eingeht, sich an das Beschwerdegericht zu wenden, das dann wiederum auf Grund mündlicher Verhandlung zu entscheiden hätte.

Es würde zu weit führen, hier noch näher darauf einzugehen, wie ich mir das Haftverfahren der Zukunft denke. Ich verweise diesbezüglich auf mein Frankfurter Generalreferat. Das vom Entwurfe vorgeschlagene Verfahren wird eine durchgreifende Änderung nicht bringen. Trotz der anzuerkennenden Verbesserungen in Einzelheiten, die bei Annahme des Entwurfs eingeführt würden, dürften die Klagen über Mißbrauch der Untersuchungshaft damit nicht verstummen.

IV. Das Verfahren gegen Jugendliche.

„Die Eigenart der Personen, die sich in körperlicher und geistiger Beziehung noch im Stadium der Entwickelung befinden, wird im jetzigen Strafverfahren nur in geringem Maße berücksichtigt." „Hierbei ist dem Umstande keine Rechnung getragen, daß Straftaten Jugendlicher sehr oft auf mangelhafte Erziehung zurückzuführen sind und daß, wo ein solcher Mangel zutage tritt, durch staatliche Einwirkung auf die Erziehung dem Interesse der Allgemeinheit vielfach besser gedient wird, als durch Bestrafung. Unter allen Umständen erscheint es da, wo Verfehlungen harmloser Art in Frage stehen, die im Wege der häuslichen Zucht oder der Schulzucht ausreichend geahndet werden können, als eine grundlose Härte, den Jugendlichen einer gerichtlichen Bestrafung zu unterwerfen, die ihn für sein späteres Leben mit einem Makel behaftet, sein Fortkommen erschwert und sein Ehrgefühl abstumpft. Dazu kommt, daß durch die Vollziehung der Strafen ein günstiger Einfluß auf das Gemüt Jugendlicher in vielen Fällen nicht erzielt wird."

Das ist die Charakteristik, welche die Begr. z. E. von der bisherigen strafrechtlichen Behandlung Jugendlicher gibt. Wahrlich Anlaß genug, sie von Grund auf zu ändern! Und in der Tat bezweckt das auch der Entwurf. Wer die Begr. z. E. liest, wird es mit Freude begrüßen, daß moderne Ideen, die in anderen Ländern sich schon erfolgreich erwiesen haben, nunmehr auch bei uns ihren Einzug halten sollen. Er wird dankbar anerkennen, daß dieser Abschnitt aus einem warmen Herzen heraus bearbeitet ist. So hat auch die Tagespresse, in welcher die vorgeschlagene Gestaltung des Verfahrens gegen Jugendliche vielfach eingehend zur Darstellung gebracht worden ist, diesem Teile des Entwurfes reichen Beifall gezollt. Bei nüchterner kritischer Betrachtung wird freilich manches in anderem Lichte erscheinen.

Da ich wohl voraussetzen kann, daß die hier vorgeschlagenen Neuerungen allgemein bekannt sind, will ich, ohne sie hier im einzelnen aufzuführen, gleich zu ihrer kritischen Besprechung übergehen.

Was der Entwurf erstrebt, läßt sich in drei kurzen Sätzen zusammenfassen:

1. Ein Strafverfahren gegen einen Jugendlichen soll soweit möglich vermieden werden, damit er vor dem Schaden bewahrt bleibe, den jede Berührung mit der Strafjustiz für ihn haben kann.

2. Soweit ein Strafverfahren unvermeidlich ist, soll es so ausgestattet werden, wie es die besondere Schutzbedürftigkeit von Jugendlichen erheischt.

3. Eine eigentliche Bestrafung Jugendlicher soll möglichst auf solche Fälle beschränkt bleiben, in denen erzieherische Maßregeln keinen Erfolg versprechen.

Am besten ist dabei dem Entwurfe die Erreichung des zweiten Zieles gelungen. In dieser Richtung wird insbesondere folgendes vorgeschlagen.

In dem Strafverfahren gegen einen Jugendlichen ist stets ein Verteidiger oder wenigstens ein Beistand zu bestellen. Als Beistand ist regelmäßig der gesetzliche Vertreter des Jugendlichen zuzuziehen, sonst ist ein besonderer Beistand zu bestellen, wobei in erster Linie Mitglieder von Fürsorgevereinen oder andere geeignete Personen, die zur Übernahme des Amtes bereit sind, in Betracht kommen. Auch Frauen sind wählbar. Die Wahl des Beistandes soll so zeitig erfolgen, daß er vor der Hauptverhandlung Erkundigungen über den Jugendlichen einziehen kann. Es soll ferner die Vollziehung der Untersuchungshaft gegen einen Jugendlichen unterbleiben, wenn der Zweck durch andere Maßnahmen, insbesondere durch die Unterbringung des Jugendlichen in einer Erziehungsanstalt, erreicht werden kann. Die Hauptverhandlung gegen einen Jugendlichen soll von den Verhandlungen gegen Erwachsene derart gesondert werden, daß eine Berührung mit erwachsenen Angeklagten vermieden wird; zu dem Zwecke sollen zusammenhängende Strafsachen, bei denen Jugendliche und Erwachsene beteiligt sind, soweit möglich getrennt werden. Dem Gericht wird endlich die Befugnis gegeben, in der Hauptverhandlung gegen einen

Jugendlichen ohne jede Einschränkung die Öffentlichkeit auszuschließen.

All das sind Neuerungen, die schon vielfach, insbesondere auf unserer Posener Landesversammlung, gefordert worden sind und deren gesetzliche Einführung freudig zu begrüßen ist.

Auch gegen die Erweiterung der Zuständigkeit des Amtsgerichts bei der Aburteilung strafbarer Handlungen Jugendlicher habe ich von meinem oben Seite 26 vertretenen Standpunkte aus nichts einzuwenden. Der Staatsanwalt soll nicht nur wegen aller Vergehen und wegen der sonst zur Zuständigkeit der Strafkammern gehörigen Verbrechen die Anklage vor dem Amtsgerichte erheben können, sondern auch wegen der sonst zur Zuständigkeit der Schwurgerichte gehörigen Verbrechen des Raubes, der Brandstiftung und der Eisenbahntransportgefährdung. Man wird dem um so mehr zustimmen können, wenn durch Bildung besonderer Jugendabteilungen bei den Amtsgerichten (Jugendgerichten) eine besondere Gewähr für eine sachgemäße Beurteilung geboten wird.

Nach dem Entwurfe kann die Landesjustizverwaltung bestimmen, daß bei einzelnen Amtsgerichten für die Verhandlung von Strafsachen gegen Jugendliche besondere Abteilungen gebildet werden, für die besondere Schöffen aus dem Kreise der Lehrer, Lehrherren, der Mitglieder von Fürsorgevereinen oder sonstiger Personen, die auf dem Gebiete der Jugenderziehung besondere Erfahrungen besitzen, zu wählen sind. In der Begr. z. E. wird weiter zutreffend hervorgehoben, daß auch die Wahl eines besonders qualifizierten Vorsitzenden von wesentlicher Bedeutung ist, doch hat dies in dem vorgeschlagenen Gesetz keinen Ausdruck gefunden. Es bleibt danach Sache der Justizverwaltung, zum Vorsitzenden einen Amtsrichter zu berufen, der durch seine Persönlichkeit und seine Erfahrungen zu einer solchen Stellung geeignet erscheint, wobei vor allem zu berücksichtigen ist, daß die Verbindung des Amtes des Vorsitzenden des Jugendgerichts mit dem Amte des Vormundschaftsrichters für das im Entwurfe vorgesehene Ineinandergreifen strafgerichtlicher und vormundschaftsgerichtlicher Tätigkeit von wesentlicher Bedeutung ist.

Hier ist zu bedauern, daß der Entwurf nicht zwingende Vorschriften bezüglich der Einrichtung der Jugendgerichte und der Verbindung des Amtes des Jugendrichters mit dem des Vormundschaftsrichters enthält. Der in der Begr. z. E. dafür, daß die ganze Sache dem Belieben der Landesjustizverwaltung überlassen ist, angeführte Grund ist nicht stichhaltig: die Behauptung, daß solche Organisationen nur in größeren Verhältnissen eine zweckentsprechende Wirksamkeit entfalten können, ist keineswegs überzeugend; gerade in kleineren Orten kennen Richter und Schöffen die einschlägigen Verhältnisse besser und können leichter darauf eine Einwirkung ausüben. Auch der Umstand, daß in einigen Bundesstaaten (Württemberg, Mecklenburg und den Hansestädten) die vormundschaftsgerichtlichen Funktionen nicht einem Richter, sondern den Kommunalbehörden obliegen, bietet keine unüberwindlichen Schwierigkeiten. Jedenfalls kann dieser Umstand es nicht rechtfertigen, daß in Zukunft die allergrößte Buntscheckigkeit in der Gerichtsorganisation in Deutschland zugelassen werden soll, daß in dem einen Bundesstaate überhaupt keine Jugendgerichte geschaffen werden, in dem anderen Bundesstaate Jugendgerichte nur bei einzelnen Amtsgerichten, daß bei dem einen Amtsgerichte der Vorsitz im Jugendgerichte dem Vormundschaftsrichter anvertraut wird, bei dem anderen Vormundschaftsrichter und Jugendrichter getrennte Ämter sind.

Aber auch das ist ein Fehler in dem Entwurfe, daß er von der Bildung besonderer Jugendgerichte bei den Landgerichten überhaupt absieht. Auch hier ist der in der Begr. z. E. angeführte Grund nicht stichhaltig, daß „die Zahl der vor dem Landgerichte zu verhandelnden Sachen der fraglichen Art nach der Erweiterung der amtsgerichtlichen Zuständigkeit für die Straftaten Jugendlicher auch in großen Städten zu gering sein wird, um die Bildung einer besonderen Kammer zu rechtfertigen." Allerdings wird die Zahl der in erster Instanz vor den Landgerichten zu verhandelnden Strafsachen gegen Jugendliche schon nach dem Entwurfe nur eine kleine sein; nach meinem oben Seite 26 gemachten Vorschlage würden überhaupt alle Strafsachen gegen Jugendliche erster Instanz vor dem Jugendgerichte beim Amtsgericht verhandelt werden. Aber es bleiben doch den Landgerichten die Berufungen gegen die Urteile der Jugendgerichte, und so wird es der Kammer, von der die Jugendlichen abzuurteilen sind, an Beschäftigung nicht fehlen.

Es ist gar nicht nötig, daß sie allzu häufig Sitzungen abhält, und die Richter der Kammer werden auch anderweitig tätig sein können, insbesondere zweckmäßigerweise bei der Entscheidung von Beschwerden in Vormundschaftssachen. Die Notwendigkeit aber, auch in der Berufungsinstanz Schöffen zuzuziehen (vgl. oben Seite 25), tritt gerade im Verfahren gegen Jugendliche besonders klar hervor. Wenn man mit der Begr. z. E. davon ausgeht, daß „ein Gericht, das sich unausgesetzt mit der Beurteilung von Straftaten Jugendlicher zu befassen hat, wertvolle Erfahrungen auf diesem Gebiet gewinnen wird, die der Rechtspflege zugute kommen“, so erscheint die Bildung von Jugendgerichten auch bei den Landgerichten unbedingt erforderlich.

Ob der Kreis, aus dem die Schöffen für die Jugendgerichte zu entnehmen sind, nicht erweitert werden sollte, ist mir zweifelhaft. So würde ich unter den Personenkreisen, die als für das Amt besonders befähigt aufgeführt werden, gern die Ärzte aufgenommen sehen. Wichtig erscheint mir auch gerade hier, daß die Zahl der Sitzungstage der Schöffen, wie ich dies bereits oben (Seite 24) allgemein vorgeschlagen habe, vermehrt wird. Für die Tätigkeit der Schöffen ist es bei den Jugendgerichten von besonderer Bedeutung, daß sie genügend Gelegenheit haben, Erfahrungen zu sammeln und daß eine gewisse Stetigkeit in der Besetzung des Gerichtes und damit in der Rechtsprechung vorhanden ist.

Viel mehr habe ich an den Vorschlägen des Entwurfs auszusetzen, durch welche die oben unter 1 und 3 angestrebten Ziele erreicht werden sollen. Die Mängel des Entwurfs sind hier zum großen Teil darauf zurückzuführen, daß er eine durchaus verständliche Scheu hat, in das materielle Recht einzugreifen; und doch kann er, wie wir noch sehen werden, trotz aller Vorsicht dies nicht ganz vermeiden.

Was zunächst die erstrebte Einschränkung der Strafverfahren gegen Jugendliche betrifft, so wird zu diesem Zwecke der Staatsanwaltschaft ganz freies Ermessen gegeben, ob Strafverfolgung gegen einen Jugendlichen eintreten soll oder nicht. Die Staatsanwaltschaft kann von der Erhebung der öffentlichen Klage gegen einen Jugendlichen absehen, wenn dessen Bestrafung nicht im öffentlichen Interesse liegt. Macht sie von dieser Befugnis Gebrauch, so hat sie die Akten der Vormundschaftsbehörde vorzulegen. Doch wird davon eine Ausnahme im Falle des oben ausführlich besprochenen § 154 gemacht. Bei den in diesem Paragraphen angeführten geringfügigen Straftaten hat die Staatsanwaltschaft, wenn sie von der Erhebung der öffentlichen Klage gegen einen Jugendlichen absieht, nur dann die Akten der Vormundschaftsbehörde vorzulegen, wenn ihr die Anordnung von Erziehungs- und Besserungsmaßregeln geboten erscheint.

Aus meinen früheren Ausführungen ergibt sich ohne weiteres, daß ich dieser Ausnahme nicht zustimmen kann, da ich, wenn und insoweit der Staatsanwaltschaft die freie Entscheidung über die Strafverfolgung gegeben wird, immer ein Korrektiv gegen diese große Machtbefugnis für notwendig halte. Als das richtige Korrektiv sehe ich dabei im allgemeinen die Zulassung der subsidiären Privatklage des Verletzten an. Doch kann davon bei strafbaren Handlungen Jugendlicher nicht die Rede sein, da man sicherlich den Jugendlichen nicht der Verfolgungssucht des Verletzten preisgeben kann. Die Frage ist ja bei den Jugendlichen überhaupt weniger die, ob die Strafverfolgung im öffentlichen Interesse liegt, als, ob die Nichtverfolgung im Interesse des Jugendlichen erwünscht und erforderlich ist. Dabei hat natürlich der Verletzte nicht mitzusprechen. Wohl aber erscheint es angemessen, die Entscheidung hierüber gemeinsam dem Staatsanwalte, als dem Vertreter der öffentlichen Interessen, und dem Vormundschaftsrichter, als dem geeigneten Vertreter der Interessen des Jugendlichen, zu überlassen. Dabei will ich keineswegs verkennen, daß ein erhebliches öffentliches Interesse auch darin gefunden werden kann, daß ein straffälliger Jugendlicher nicht durch unnötige Berührung mit dem Strafgerichte Schaden leidet. Nur dürfte es bezweifelt werden, ob die Staatsanwaltschaft die geeignete Behörde ist, um darüber allein zu befinden. Ist der Staatsanwalt verpflichtet, falls er öffentliche Klage nicht erheben will, die Sache an den Vormundschaftsrichter abzugeben, so liegt hierin ein angemessenes Korrektiv gegen die Machtbefugnisse der Staatsanwaltschaft.

Geht man von diesem Standpunkte aus, so ist eine scharfe Abgrenzung der Befugnisse des Staatsanwalts und des Vormundschaftsrichters erforderlich. Eine solche aber gibt der Entwurf nicht.

Die Regelung, die das Verhältnis zwischen Staatsanwalt und Vormundschaftsrichter in dem Entwurfe gefunden hat, ist kurz folgende:

1. Hält der Staatsanwalt Erziehungsmaßregeln und nicht Bestrafung für angebracht, so überweist er die Sache dem Vormundschaftsgerichte. Dieses kann, wenn es seinerseits Strafmaßregeln für zweckdienlich erachtet, sie nicht verhängen, auch nicht die Sache zu diesem Zwecke vor das Jugendgericht bringen. Dagegen steht dem Staatsanwalte gegen die von dem Vormundschaftsgerichte verhängten Erziehungsmaßregeln die Beschwerde zu.

2. Hält der Staatsanwalt Strafe für angebracht und bringt die Sache vor das Amtsgericht, so kann dieses, unter Einstellung des Verfahrens, Erziehungsmaßregeln anordnen, ohne daß dagegen irgendein Rechtsmittel zulässig ist. Auch der Staatsanwalt hat keine Beschwerde.

3. Will das Amtsgericht, vor das die Sache durch den Staatsanwalt gebracht ist, nicht strafen, so kann es auch unter Einstellung des Verfahrens die Sache an das Vormundschaftsgericht überweisen. Dieses hat dann die Sache von neuem zu prüfen und kann dabei auch die Schuldfrage verneinen und von jeder Maßregel absehen. Ob die Staatsanwaltschaft dagegen Rechtsmittel hat, wie es die Begr. z. E. annimmt, ist mir nach dem Wortlaute der Bestimmungen des Entwurfs nicht unzweifelhaft. Denn der in dem § 375 Abs. 1 angezogene § 366 bezieht sich nach der Begr. z. E. auf Entscheidungen des Vormundschaftsrichters über die Art der Erziehungsmaßregeln, die der Vormundschaftsrichter nach dem Abs. 1 des § 366 anordnen muß. Gegen diese sollen nach Abs. 3 des § 366 dem Staatsanwalte Rechtsmittel zustehen.

Man wird nicht sagen können, daß diese Regelung eine klare und noch weniger, daß sie eine befriedigende ist: bald werden dem Staatsanwalte, bald dem Gerichte weitgehende Befugnisse gegeben. Vor allem aber macht diese Regelung fortgesetzt Ermittelungen verschiedener Behörden nebeneinander oder nacheinander erforderlich: erst Ermittelungen des Staatsanwaltes, die sich auch auf die persönlichen und Familienverhältnisse des Jugendlichen erstrecken müssen, da diese für die Entscheidung, ob eine öffentliche Klage erhoben werden soll, Bedeutung haben; dann die gleichen Ermittelungen von seiten des Vormundschaftsgerichtes oder des Amtsgerichtes. Das muß, von sonstigen dadurch hervorgerufenen Übelständen abgesehen, eine erhebliche Verzögerung des Verfahrens herbeiführen, während es doch einleuchtend ist, daß gerade das Verfahren gegen Jugendliche besonderer Beschleunigung bedarf. Wie die Sache einfacher zu gestalten sein dürfte, werde ich am Schlusse darlegen. Zuvor sollen noch einige andere Punkte erörtert werden.

Wenn der Staatsanwalt seine Aufgabe im Verfahren gegen Jugendliche voll erfüllen will, so muß er in ähnlicher Weise, wie es vom Jugendrichter verlangt wird, nicht nur von Interesse für die Eigenart des Jugendlichen erfüllt sein, sondern auch praktische Erfahrungen in der Beurteilung und Behandlung Jugendlicher besitzen. Ob diese Voraussetzungen bei jedem Staatsanwalte vorhanden sind, ist, auch wenn er sonst noch so tüchtig sein mag, wohl zu bezweifeln. Kenntnis der Kinderpsyche ist ein Kapitel für sich, und Spezialisten auf dem Gebiete des Jugendstrafrechts werden unter den Staatsanwälten nicht allzu zahlreich sein. Ich habe deshalb vor bald siebzehn Jahren in einer Schrift über die Behandlung der verwahrlosten und verbrecherischen Jugend (Berlin, Liebmann 1892) die Bestellung von besonderen Jugendanwälten vorgeschlagen, denen der Schutz und gleichzeitig die kriminelle Behandlung Jugendlicher obliegen sollte. Es würde natürlich keineswegs überall notwendig sein, einen besonderen Beamten mit der ausschließlichen Funktion eines Jugendanwaltes anzustellen; es könnte, insbesondere in kleineren Bezirken, bereits vorhandenen Beamten die Funktion im Nebenamte übertragen werden. Die Hauptsache wäre nur, daß ein Beamter, der auf dem Gebiete der Jugenderziehung besondere Erfahrungen besitzt, die Aufgabe des Staatsanwalts gegenüber Jugendlichen wahrnimmt und sich darin zum Spezialisten ausbildet.

Wenn ein solcher Jugendanwalt vorhanden ist, so werden sich vor allem die erforderlichen Ermittelungen im Verfahren gegen Jugendliche viel leichter gestalten lassen. Daß die regelmäßigen Hilfskräfte der Staatsanwaltschaft, die Beamten des Polizei- und Sicherheitsdienstes, dazu meistens nicht geeignet sind, liegt auf der Hand. Und ob es gerade dem Staatsanwalte immer möglich sein wird, eine Verbindung mit den der Jugendfürsorge gewidmeten Vereinen herzustellen, auf Grund welcher diese ihre wertvollen Kräfte dem Staatsanwalte zu seinen Ermittelungen zur Verfügung stellen, erscheint mir keineswegs sicher. Einem Jugendanwalte würde dies entschieden leichter werden, und es würde sich auch leichter eine enge Verbindung zwischen diesem Beamten und dem Jugendrichter herstellen lassen, die dazu führen könnte, daß beide gemeinschaftlich die für sie erforderlichen Ermittelungen über die Verhältnisse des Jugendlichen anstellen, und daß so ein Ineinandergreifen der beiderseitigen Ermittelungen stattfände.

Und nun zu dem oben angegebenen dritten Ziele: bei Jugendlichen, soweit tunlich, statt Strafe Erziehungsmaßregeln!

Dieses Ziel ist ohne Eingriff in das materielle Recht nicht zu erreichen, und da der Entwurf sich davor scheut, so versagt er gerade hier. Übrigens greift auch der Entwurf in das materielle Recht ein, nur wählt er dazu einen Umweg: Statt dem Jugendgerichte die Befugnis zu geben, zwischen Strafen und Erziehungsmaßregeln zu wählen, bestimmt er, daß das Amtsgericht, wenn es nach Lage des Falles Erziehungs- und Besserungsmaßregeln für ausreichend erachtet, das Strafverfahren einstellen und dann — in welcher Eigenschaft? — selbst Erziehungs- und Besserungsmaßregeln anordnen kann, die durch seinen Vorsitzenden auch sofort zu vollziehen sind. Für die Notwendigkeit, das materielle und prozessuale Recht bezüglich straffälliger Jugendlicher zusammen zu reformieren, kann nichts einen besseren Beweis geben, als gerade diese Bestimmung des Entwurfs. Da nun das materielle Recht in der Tat nicht in die StPO. gehört, und da eine allgemeine Reform unseres RStGB. sich nicht so bald erwarten läßt, so ist die Notwendigkeit eines Spezialgesetzes für jugendliche Übeltäter klar gegeben.

In einem solchen Spezialgesetze wären dann aber noch eine ganze Anzahl Punkte zu regeln, die reformbedürftig sind.

Das Wichtigste ist: die Heraufrückung des Alters der Strafmündigkeit vom zwölften auf das vierzehnte Lebensjahr. Das ist eine Forderung, über die jetzt wohl alle einig sind, die sich mit dem Jugendstrafrecht befaßt haben. Der Entwurf ändert hier nichts Wesentliches. Auch nach dem Entwurfe würde es möglich bleiben, daß trotz der darin der Staatsanwaltschaft und dem Amtsgerichte gegebenen Machtbefugnis Schulkinder in das Gefängnis gesandt werden. Andrerseits könnte die unbefriedigende Unterscheidung des heutigen RStGB., ob der Jugendliche die zur Erkenntnis der Strafbarkeit seiner Handlung erforderliche Einsicht besessen hat oder nicht, ganz in Wegfall kommen. Wo Staatsanwalt und Jugendgericht der Ansicht sind, daß es dem jugendlichen Übeltäter bei der Tat an der erforderlichen geistigen und sittlichen Reife gefehlt hat, da könnten sie auf Grund ihrer erweiterten Machtbefugnisse auch ohne solche Unterscheidung von seiner Bestrafung Abstand nehmen.

Auch der Kreis der Maßnahmen, die gegen einen jugendlichen Übeltäter ergriffen werden können, müßte erweitert werden. Neben den im Entwurfe zugelassenen Erziehungsmaßregeln: Ausspruch einer Mahnung, Überantwortung an die Zucht des gesetzlichen Vertreters, der Schulbehörde, oder der für die Zwangserziehung zuständigen Erziehungsbehörde, wäre die bedingte Verurteilung, verbunden mit der Stellung des Jugendlichen unter die Aufsicht eines Fürsorgers während einer bestimmten Bewährungsfrist, einzuführen. Gerade diese Maßregel hat sich in den Ländern, die sich bereits eines ausgebildeten Jugendstrafrechts erfreuen, glänzend bewährt. Der Entwurf enthält einen Anklang daran in der dem Vormundschaftsrichter im § 366 Abs. 2 gegebenen Befugnis, sich die Auswahl unter den Erziehungsmaßregeln vorzubehalten und zunächst den Jugendlichen für eine bestimmte Frist der Aufsicht eines Jugendfürsorgers zu unterstellen. Ferner wäre die reichsgesetzliche Regelung der Zwangs-(Fürsorge-)Erziehung ins Auge zu fassen, wobei gleichzeitig manche Mängel der diesbezüglichen bisherigen Landesgesetze beseitigt werden könnten. Nach dem Entwurfe muß das Amtsgericht, falls es Zwangserziehung für angezeigt hält, die Überweisung des Jugendlichen an die Vormundschaftsbehörde aussprechen. Das ist, solange die bisherigen landesgesetzlichen Bestimmungen über Zwangs-(Fürsorge-)Erziehung gelten, natürlich nicht zu umgehen; dadurch aber entstehen Weitläufigkeiten, und es geht viel kostbare Zeit verloren. Deshalb wäre eine anderweitige Regelung der Zwangs-(Fürsorge-)

Erziehung sehr erwünscht, die es dem Jugendgerichte ermöglichen würde, auch seinerseits auf Zwangs-(Fürsorge-)Erziehung zu erkennen.

Bei den gegen einen Jugendlichen zu verhängenden Straf- und Erziehungsmaßregeln wäre es zu überlegen, ob man nicht eine Zwischenstufe mit dem vollendeten 16. Lebensjahre bilden sollte, dergestalt, daß gewisse Maßnahmen nur bis zum vollendeten 16. Lebensjahre für zulässig erklärt würden. Eine solche Zwischenstufe kennt z. B. das neue französische Gesetz vom 12. April 1906: „sur la majorité pénale". Auch das englische Recht knüpft bei der Behandlung jugendlicher Übeltäter wichtige Bestimmungen an die Grenze des vollendeten 16. Lebensjahres. Und die amerikanischen Gesetze beschränken die Zuständigkeit des Jugendrichters überhaupt auf Personen unter 16 Jahren. Es ist mir recht zweifelhaft, ob der völligen Gleichstellung von Jugendlichen im Alter von 14 bis 16 Jahren, und im Alter von 16 bis 18 Jahren, wie sie der Entwurf in das Auge faßt, nicht Bedenken entgegenstehen. Nach unseren heutigen Verhältnissen dürfte regelmäßig ein Jugendlicher über 16 Jahren in seiner geistigen und sittlichen Reife und Entwickelung schon weit vorgeschritten und die Aussicht auf seine Erziehungsfähigkeit nur noch eine beschränkte sein.

Nebenbei sei hier auf eine eigentümliche Bestimmung des Begriffes „Jugendlicher" in der Begr. z. E. hingewiesen. In der Begründung zu § 364 wird ausgeführt, daß die Vorschriften über das Verfahren gegen Jugendliche nur dann Platz greifen sollen, „wenn der Verdächtige das 18. Lebensjahr in dem Zeitpunkte noch nicht vollendet hat, in dem die Behörden sich mit der Sache befassen". Dabei heißt es weiter: „Diese Art der Begrenzung ist durch den Zweck der Vorschriften geboten. Denn sowohl für die Frage, ob an die Stelle der Strafe Erziehungsmaßregeln treten können, wie für die Frage der besonderen Schutzbedürftigkeit kann es nur darauf ankommen, ob der Verdächtige in dem Zeitpunkt, in dem die Erziehung einsetzen oder der Schutz gewährt werden soll, noch erziehungsfähig und schutzbedürftig ist." Hiergegen ist zunächst zu bemerken, daß es mir recht bedenklich erscheint, die Altersgrenze in der StPO. anders zu ziehen, als es im materiellen Rechte geschehen ist. Nach dem RStGB. ist für die in §§ 56, 57 bei strafbaren Handlungen Jugendlicher getroffenen besonderen Bestimmungen lediglich maßgebend, daß der Beschuldigte zur Zeit der Tat das 18. Lebensjahr noch nicht vollendet hat, mag seine Verurteilung auch erst geraume Zeit nach dem vollendeten 18. Lebensjahre erfolgen; während nach der Begr. z. E., für die prozessuale Behandlung Jugendlicher, die aber auch materiellrechtliche Bedeutung hat, das Alter in dem Zeitpunkte entscheidend sein soll, in dem sich die Behörden (welche?) mit der Sache befassen. Weiter ist die nach der Begr. z. E. beabsichtigte Einschränkung des Begriffes „Jugendlicher" in dem Wortlaute des vorgeschlagenen § 364 gar nicht zum Ausdrucke gekommen. (Dieses gilt übrigens auch von der Einschränkung, welche die Begr. z. E. der Vorschrift des § 172 Abs. 1 der Novelle zum GVG. betreffend Ausschließung der Öffentlichkeit im Verfahren gegen Jugendliche geben will.) Es würden sich ferner, wenn die Auffassung in der Begr. z. E. maßgebend sein soll, mancherlei Zweifel ergeben; z. B. wie soll es gehalten werden, wenn der Jugendliche zu der Zeit, als sich die staatsanwaltschaftliche Behörde mit der Sache befaßte, noch nicht 18 Jahre alt war, dagegen zu der Zeit, wo die Sache vor das Gericht zur Entscheidung gelangt, das 18. Lebensjahr überschritten hat?

Und nun möchte ich in wenigen Strichen die Gestaltung andeuten, die ich für das Verfahren gegen Jugendliche vorschlagen würde. Vorausgesetzt ist dabei einmal, daß die materiell-rechtlichen Bestimmungen des RStGB. in der schon besprochenen Weise geändert werden, und sodann, daß Jugendgerichte mit dem Vormundschaftsrichter als Vorsitzenden überall als die für alle Straftaten Jugendlicher zuständigen Gerichte erster Instanz eingeführt werden.

Meine Vorschläge gehen dahin:

1. Bei Anzeigen von strafbaren Handlungen Jugendlicher haben sich die staatsanwaltschaftlichen Ermittelungen zu erstrecken auf den Charakter und die bisherige Führung des Jugendlichen sowie die Umgebung, unter deren Einfluß er gestanden hat, und die Art, wie für seine Erziehung gesorgt worden ist. Diese Nachforschungen sollen, soweit möglich, durch Jugendfürsorgevereine und ähnliche Organisationen des freiwilligen Jugendschutzes (vor allem auch Fürsorgeausschüsse)

erfolgen. Dies hat durch Vermittelung des Jugendrichters zu geschehen, welcher dadurch von der ganzen Sachlage Kenntnis erhält und Gelegenheit hat, etwa ihm erwünscht erscheinende weitere Nachforschungen zu veranlassen.

2. Erachtet der Staatsanwalt (Jugendanwalt), obwohl er nach den stattgehabten Ermittelungen den Jugendlichen der strafbaren Handlung für schuldig hält, ein strafrechtliches Einschreiten nicht für angezeigt, so hat er in allen Fällen die Akten dem Vormundschaftsrichter zu übersenden. Ist auch dieser der Ansicht, daß Erziehungs- und Besserungsmaßregeln ausreichen würden, so entscheidet er nach freiem Ermessen, ob und welche Maßregeln zu treffen sind. Der Staatsanwaltschaft steht gegen diese Entscheidung kein Rechtsmittel zu.

3. Hält der Vormundschaftsrichter dagegen eine Bestrafung des Jugendlichen für angezeigt, so bringt er die Sache unter Benachrichtigung der Staatsanwaltschaft vor dem Jugendgerichte zur Entscheidung.

4. Das Jugendgericht hat, sowohl wenn die Staatsanwaltschaft direkt die Anklage vor ihm erhoben hat, wie wenn die Sache von dem Vormundschaftsrichter zu seiner Entscheidung gebracht ist, darüber zu befinden, ob und welche Strafe oder Erziehungsmaßregeln stattfinden sollen. Gegen die Entscheidung findet das allgemeine Rechtsmittel der Berufung Anwendung. Die von dem Jugendgerichte angeordneten Erziehungsmaßregeln werden von dem Vorsitzenden vollzogen und überwacht.

Ich glaube, daß so ein Verfahren geschaffen werden könnte, das in gleicher Weise den Interessen der Strafjustiz wie den besonderen Interessen der Jugendlichen dienen würde. Ich möchte dabei nicht unterlassen, darauf hinzuweisen, daß eine allzu große Humanität gegenüber der erschreckenden Ausdehnung der jugendlichen Kriminalität erhebliche Bedenken mit sich bringen würde, und daß man auch bei Jugendlichen die Interessen des durch die strafbare Handlung Verletzten nicht ganz und gar außer Berücksichtigung lassen darf.

Ein Spezialgesetz über jugendliche Übeltäter müßte aber auch Bestimmungen über den Strafvollzug bei Jugendlichen enthalten. Jeder Sachkenner weiß, daß auf diesem Gebiete gegenwärtig viele Mißstände bestehen. Die Regelung hat auch hier durch das Reich einheitlich für ganz Deutschland zu erfolgen. Der Entwurf enthält nur eine Bestimmung über die Vollziehung der Untersuchungshaft bei Jugendlichen: sie sollen nicht in denselben Räumen mit erwachsenen Gefangenen untergebracht werden. Abgesehen davon, daß dies nur als „Soll“-vorschrift bestimmt wird, ist davon auch noch eine nicht unbedenkliche Ausnahme gemacht, wenn nämlich der körperliche oder geistige Zustand des Jugendlichen vorübergehend eine Zusammenlegung mit erwachsenen Gefangenen erfordert. Solche Jugendliche dürften tatsächlich in die Krankenabteilung gehören.

Ich komme somit zu dem Schlusse, daß der Entwurf für das Verfahren gegen Jugendliche mancherlei Verbesserungen bringt, daß aber die von dem Reichstage am 31. März 1908 beschlossene Resolution, durch die der Reichskanzler ersucht wurde, „mit tunlichster Beschleunigung eine Reform der Vorschriften über das Strafrecht, das Strafverfahren und den Strafvollzug in Beziehung auf jugendliche Personen in die Wege zu leiten“, durch den Entwurf eine ausreichende Berücksichtigung noch nicht finden würde.

Das

schwurgerichtliche Verfahren

und

der Entwurf einer Strafprozeßordnung

Von

Dr. Georg Kleinfeller

Professor der Rechte in Kiel

Berlin 1909.

J. Guttentag, Verlagsbuchhandlung,

G. m. b. H.

Inhalt.

Abkürzungen.

meine Abh. = Kleinfeller, Die Stellung des Schwurgerichtsvorsitzenden in: Schwurgerichte und Schöffengerichte; Beiträge zu ihrer Kenntnis und Beurteilung, herausgegeben von W. Mittermaier und M. Liepmann Bd. 1 Heft 3. 1906.

der Bericht = Reform des Schwurgerichts, Bericht der Unterkommission, erstattet von Kleinfeller. In diesen Beiträgen Bd. 1 Heft 4. 1908.

Heimberger = Heimberger Josef, Fragen der Gerichtsorganisation im künftigen Strafprozeß 1909.

E. = Entwurf.

§§ ohne nähere Bezeichnnug verweisen auf den Entwurf der StPO.

Il en est de l'institution du jury comme de beaucoup d'autres: vieille d'un siècle, elle n'est plus, telle qu'elle a été créée, en harmonie avec nos mœurs et nos idées; elle a besoin d'être transformée et rajeunie.

(Proposition de loi présentée par Peret et cons. No. 415 Chambre d. Dep. S. 6.)

Die Begründung zu dem im Herbst 1908 veröffentlichten Entwurf einer Strafprozeßordnung und Novelle zum Gerichtsverfassungsgesetz erklärt über die allgemeinen Ziele der Reform (S. 143, 144), es müsse „der von der Strafprozeßkommission [1]) vertretenen Auffassung beigetreten werden, daß eine Beseitigung der Mängel des schwurgerichtlichen Verfahrens unter Aufrechterhaltung der besonderen Eigentümlichkeiten des Schwurgerichts nicht möglich ist". Dieser Standpunkt wird jedoch nur insofern näher begründet, als dargelegt wird, daß die scharfe Trennung zwischen Richter- und Geschworenenbank sich nicht beseitigen läßt, ohne das Wesen des Schwurgerichts vollständig zu verändern. Im übrigen begnügt sich die Begründung a. a. O. mit der Bemerkung, daß die Vorschläge zur Verbesserung des schwurgerichtlichen Verfahrens — soweit sie eingreifender Art sind — auf eine Annäherung des Schwurgerichts an das Schöffengericht hinauslaufen und daß die als Mängel des Schwurgerichts bezeichneten Einrichtungen: Fragestellung und Rechtsbelehrung, peremtorisches Ablehnungsrecht und Mangel einer Begründung für den Wahrspruch der Geschworenen Kennzeichen der Schwurgerichte sind, die sich in allen Gesetzen finden und dazu beitragen, den Schwurgerichten ihr besonderes Ansehen zu geben. Nur die Verfassung und

[1]) Protokolle der Kommission für die Reform des Strafprozesses. Herausgegeben vom Reichs-Justizamt (1905) 1 S. 396.

Verfahren gleichmäßig nicht berührende Gewährung von Tagegeldern an Schöffen und Geschworene (GVG. § 118 [7] u. Begr. S. 151), ferner eine ebenso bedeutungslose Verminderung der für den Beginn der Auslosung erforderlichen Zahl von 24 auf 18 (§ 271), endlich eine Erweiterung des jetzigen § 296 StPO. (§ 287 Satz 2) hat Aufnahme gefunden.

Dagegen hat die Begründung die Frage nicht erörtert, ob nicht unter Beibehaltung der Verfassung die Mängel des schwurgerichtlichen Verfahrens fühlbar gemildert werden können, ohne die besonderen Eigentümlichkeiten des schwurgerichtlichen Verfahrens zu zerstören. Diese Frage war um so mehr veranlaßt, als solche Änderungen schon in den Beratungen der Strafprozeß-Kommission (a. a. O. 1 S. 392 zu b und 2 S. 32 XIV) gestreift worden waren und von einzelnen Schriftstellern in der Literatur mit guten Gründen vertreten worden sind. Es fehlt ebenso an äußeren wie an inneren Gründen, eine solche maßvolle Reform zu unterlassen. Einen äußeren Grund könnte man darin suchen, daß die Strafprozeß-Kommission sich auf derartige Vorschläge nicht näher eingelassen habe und deshalb die Reform nach dieser Richtung hin der nötigen Vorarbeiten entbehre. Dieses Argument wird jedoch durch die Begründung selbst entkräftet, welche auf „die zahlreichen, von namhaften Gelehrten und Praktikern neuerdings veröffentlichten Vorschläge zur Verbesserung des schwurgerichtlichen Verfahrens" hinweist und damit anerkennt, daß es an vorbereitenden Arbeiten nicht fehlt; ob die Vorarbeiten aber von einer offiziell eingesetzten Kommission oder von einzelnen geliefert sind, ist ganz unerheblich. Einen inneren Grund scheint die Begründung damit anzudeuten, daß sie von den Vorschlägen bloß spricht, „soweit sie eingreifender Art sind". Man läßt dabei durchblicken, daß die übrigen Vorschläge deshalb, weil sie das Wesen des Schwurgerichts unangetastet lassen, nicht eingreifender Art sind und folglich überhaupt keine Beachtung verdienen. Das ist aber gerade die Frage. Die Umgehung dieser Frage kann nicht selbst einen Grund gegen maßvolle Reformen liefern. Behauptung ist kein Beweis.

Wenn selbst jede einzelne solche Änderung, für sich allein betrachtet, nur geringe Bedeutung in Anspruch nehmen könnte, so machen doch viele „Wenig“ auch ein „Viel“ aus. Man darf sich deshalb nicht damit begnügen, festzustellen, welchen Einfluß die einzelne Änderung auf das Verfahren üben kann, sondern man muß auch die maßvollen Änderungen zusammenfassen und auf ihre Gesamtwirkung prüfen, soweit das in abstracto möglich ist. Zur Gewißheit wird man freilich hier, wie in allen gesetzgeberischen Fragen, nur durch den praktischen Versuch gelangen; aber diese Erwägung ist jedenfalls mehr ein Grund für als gegen die Reform. Übrigens läßt sich an einzelnen der Reformvorschläge zeigen, daß ihre Verwirklichung in die richterliche Tätigkeit der Geschworenen sehr tief einschneidet, trotzdem das Wesen des Schwurgerichts und des schwurgerichtlichen Verfahrens unangetastet bleibt.

Endlich ist zu betonen, daß auch solche einzelne Reformen, die nicht durch den Grundgedanken der Annäherung des Schwurgerichts an das Schöffengericht untereinander zusammenhängen, sondern dieses Ziel absichtlich ablehnen, im Zweck des Schwurgerichts und im Prozeßzweck ihre Verbindungsglieder finden. Durch den Nachweis eines solchen Verbindungsgliedes wird aber zugleich die innere Berechtigung der fraglichen Reformen erwiesen. Nach dieser Richtung sollten zunächst und ohne weiteres zwei allgemeine Erwägungen einleuchten:

1. Trotz Aufrechterhaltung der Trennung und Selbständigkeit von Richterbank und Geschworenenbank muß das Ziel der Reform die Herstellung möglichst zahlreicher geistiger Berührungspunkte und die Erleichterung der geistigen Berührung sein; nicht Annäherung des Schwurgerichts ans Schöffengericht, sondern Annäherung zwischen dem Berufsrichter und den Geschworenen ist also das Ziel.

2. Wenn auch die grundsätzliche Frage, ob Laienrichter oder Berufsrichter, hier nicht aufzuwerfen ist, so muß doch als Richtpunkt für die Reform der Vorzug der Schwurgerichte hervorgehoben werden, daß die Eigenart der Schwurgerichte

zu größter Gründlichkeit nötigt und die Hetze ausschließt, welche in großen Städten durch die Geschäftslast den Berufsrichtern nicht zum Vorteil für die Rechtspflege aufgezwungen wird.

Da alle Reformfragen hier ausscheiden, welche nicht aus der Natur des Schwurgerichts oder des schwurgerichtlichen Verfahrens entspringen, sondern für den ordentlichen Strafprozeß im allgemeinen zu beantworten sind, so spielt hier auch die Frage, ob die Hauptverhandlung von inquisitorischen Elementen zu reinigen sei, keine Rolle; dagegen wird zu zeigen sein, daß eine maßvolle Reform auch mit den inquisitorischen Grundsätzen vereinbar ist, welche der Entwurf aus dem geltenden Rechte übernimmt.

Endlich scheiden hier alle Fragen der Gerichtsverfassung aus, insbesondere die peremtorische Ablehnung, die Aufnahme eines Richter-Geschworenen oder eines sonstigen Juristen in das Geschworenenkollegium, die Mitwirkung des Vorsitzenden oder eines andern Richters bei der Beratung der Geschworenen, der Wegfall der Beisitzer [1]).

Die von der Unterkommission (Bd. 1 Heft 4 S. 24 ff.) eingehaltene Reihenfolge soll auch in den folgenden Ausführungen beobachtet werden. Nur die Organisation des Schwurgerichts in der bisherigen, auch vom Entwurf übernommenen Gestalt bleibt unangetastet und kommt daher lediglich als Voraussetzung, nicht als Gegenstand der Reformvorschläge in Betracht.

I. Das Gesamtbild der Hauptverhandlung.

Ungeachtet der in der Einleitung betonten Beschränkung hinsichtlich der Reformfragen ist es doch notwendig, ein Gesamtbild von der Hauptverhandlung vor dem Schwurgericht zu zeichnen, wie sie sich nach dem Entwurf gestalten soll. Nur auf solcher Grundlage ist es möglich, die einzelnen Änderungen im Zusammenhang mit den übrigen unverändert bleibenden Bestandteilen des Verfahrens zu beurteilen.

---

[1]) Vgl. den Bericht S. 4ff. Über Vorverfahren s. Aschrott hier S. 349ff.

Die Hauptverhandlung beginnt mit dem Aufruf der Sache und mit der unmittelbar darauf vom Vorsitzenden zu treffenden Feststellung, ob der Angeklagte, der Verteidiger, die von der Staatsanwaltschaft geladenen oder vom Angeklagten gestellten oder unmittelbar geladenen Zeugen und Sachverständigen erschienen sowie die andern herbeizuschaffenden Beweismittel zur Stelle sind (§ 229). Hieran schließt sich — „alsbald nach dem Beginn der Hauptverhandlung" — die Bildung der Geschworenenbank (§ 270), wenn die Zahl der erschienenen und nicht nach § 270 auszuscheidenden Geschworenen mindestens achtzehn beträgt; das Verfahren ist hierbei das nämliche wie nach geltendem Rechte (§§ 271 ff.). Da die Bildung der Geschworenenbank wesentlicher Bestandteil der Hauptverhandlung ist, so muß die Geschworenenbank von neuem gebildet werden, wenn die Hauptverhandlung nach einer Unterbrechung von neuem beginnt (§§ 277, 228 Abs. 4); andrerseits bleibt auch die nach geltendem Recht bestehende Möglichkeit der Beibehaltung der für eine Verhandlung gebildeten Geschworenenbank für die folgende Hauptverhandlung unberührt (§ 276).

Nach der Bildung der Geschworenenbank erfolgt die Vereidigung der Geschworenen ebenfalls als Bestandteil der Hauptverhandlung und deshalb in öffentlicher Sitzung sowie in Gegenwart aller zur Hauptverhandlung notwendigen Personen (§ 222) einschließlich der Gegenwart derjenigen Angeklagten, für deren Sachen die Geschworenenbank gebildet wurde (§ 278). Hiernach wird in die Verhandlung der Sache eingetreten (§ 279). Da in der Hauptverhandlung die zur Urteilsfällung berufenen Personen dauernd gegenwärtig sein müssen (§ 222), so fordert § 279 Abs. 2 ausdrücklich auch die dauernde Gegenwart der Geschworenen in der Verhandlung.

Die Verhandlung der Sache beginnt mit der Vernehmung des Angeklagten über seine persönlichen Verhältnisse, sodann folgt die Verlesung der Anklageformel durch den Staatsanwalt, die Vernehmung des Angeklagten zur Sache und die Aufnahme der Beweise (§ 230). Alle Vernehmungen sowie die Erhebung sonstiger Beweise liegen in Gemäßheit der das

Verfahren beherrschenden Inquisitionsmaxime in der Hand des Vorsitzenden (§ 228), vorbehaltlich der ihm durch § 231 zugestandenen Befugnis, die Vernehmung des Angeklagten und die Beweisaufnahme ganz oder zum Teil einem beisitzenden Richter zu übertragen. Am besten wäre es, wenn von dieser Befugnis im schwurgerichtlichen Verfahren gar kein Gebrauch gemacht würde, denn die Teilung der Vernehmungstätigkeit kann recht störend wirken, wenn die Vernehmenden die Sachlage und die Bedeutung vorausgegangener Erhebungen und Erklärungen verschieden beurteilen. Den geschriebenen Akten ist durch diese Gestaltung des Verfahrens in zweifacher Weise ein größerer Einfluß auf das Verfahren ermöglicht als bisher; den Schaden trägt die Unmittelbarkeit: da nur die Anklageformel verlesen wird, muß der Richter den Stoff für die Vernehmung des Angeklagten zur Sache ausschließlich den Akten entnehmen, so lange nicht die spätere unmittelbare Beweisaufnahme Veranlassung zu weiteren Vorhalten gibt. Ferner kann der Vorsitzende schon vor der Hauptverhandlung früh genug die Beisitzer darauf aufmerksam machen, daß er von seiner Übertragungsbefugnis Gebrauch machen werde, und kann also beide Beisitzer veranlassen, die Akten gründlich zu studieren, um sich auf die Leitung eines Teiles der Beweisaufnahme vorzubereiten. Statt eines Richters sind hiernach regelmäßig zwei, vielleicht alle drei Richter, mit genauer Aktenkenntnis ausgerüstet. Bei Beurteilung der Schuldfrage kann dieser Umstand allerdings im schwurgerichtlichen Verfahren nicht gefährlich werden, wohl aber bei der Beurteilung von Beweisanträgen. Ob andererseits auf solchem Wege der Vorteil erreicht wird, den sich die Strafprozeßkommission[1]) davon versprach, daß nämlich die Beisitzer durch die Beteiligung an der Leitung der Beweisaufnahme genötigt werden, ihre Aufmerksamkeit ausschließlich der Verhandlung zuzuwenden, bleibt abzuwarten; so lange kein gesetzliches Verbot besteht, die Beisitzer während der Schwurgerichtsperiode mit andern Sachen zu befassen,

---

[1]) a. a. O. 1 S. 257 ff.

ist der Beisitzer durch die Verhältnisse gezwungen, in der Schwurgerichtsverhandlung andere Arbeiten zu erledigen. Ja selbst ein solches Verbot hindert die Teilung der Aufmerksamkeit nicht, weil der Beisitzer in der Lage sein kann, im Laufe der einen Verhandlung sich durch Aktenstudium auf die Vernehmungen in einer späteren Schwurgerichtssache vorbereiten zu müssen. Die Übertragung der Vernehmungen an einen solchen Beisitzer wird sich dann als weitere Verschlechterung des Verfahrens herausstellen.

Durch die Zulässigkeit der Übertragung der Vernehmung von Angeklagten an einen Beisitzer wird das Verfahren noch in anderer Richtung eines bisherigen Vorzuges beraubt. Diese Befugnis wird nicht leicht benutzt werden, wenn nur ein Angeklagter vorhanden ist, ihre Ausübung kann aber da erfolgen, wo mehrere Angeklagte in einer auch sonst umfangreichen Strafsache vernommen werden müssen. Grundsätzlich hält nun der Entwurf — abweichend von einem Beschlusse der Strafprozeßkommission [1]) — daran fest, daß die Beisitzer nur bei der Vernehmung von Zeugen und Sachverständigen — nicht bei der Vernehmung des Angeklagten — das Recht der unmittelbaren Fragestellung haben (§ 235). Wenn aber der Vorsitzende die Vernehmung eines oder mehrerer Angeklagter einem Beisitzer überläßt, so hört er doch nicht auf, Vorsitzender zu sein; er kann also ergänzende Fragen stellen; die Einheit der Vernehmung des Angeklagten und dessen Schutz gegen ein Kreuzfeuer von Fragen, die von mehr als einer Seite, von verschiedenem Standpunkte aus gestellt werden, ist damit zerstört. Aber auch die Gleichheit unter den Beisitzern ist aufgehoben; der eine könnte den Angeklagten befragen, der andere nicht. Auch die Stellung der Geschworenen wird durch diese Verschiebung gedrückt, denn bis dahin standen sie hinsichtlich des unmittelbaren Fragerechts den Beisitzern gleich, jetzt stehen sie eine Stufe tiefer als derjenige Beisitzer, dem die Vernehmung eines Angeklagten übertragen wurde. Der Grundsatz der Einheitlichkeit der Vernehmung des Angeklagten und die

[1]) a. a. O. 1 S. 260.

Rücksicht auf dessen Lage verbietet auf das entschiedenste, nach dieser Richtung hin die Rechte der Geschworenen zu erweitern; sie sollte aber auch die Übertragung der Vernehmung eines Angeklagten auf einen Beisitzer ausschließen.

Zweck und Gegenstand der Vernehmung des Angeklagten (§ 109 Abs. 2, 3) bedarf hier keiner weiteren Darstellung und entzieht sich dadurch auch der Kritik [1]). Das Gleiche gilt für die Einzelheiten der Vernehmung von Zeugen und Sachverständigen. Nur die Beschränkung der Unmittelbarkeit durch Benutzung früherer Aussagen von Angeklagten, Zeugen und Sachverständigen (§§ 244, 245) sowie die Bedeutung des Verbotes der Verlesung von Protokollen als Ersatz für die unmittelbare Aussage (§ 240) bedarf noch näherer Betrachtung, weil es fraglich ist, ob jene Auswüchse der Inquisitionsmaxime einem Verfahren angemessen sind, in welchem Laien über die Schuldfrage entscheiden sollen und ob nicht die schlichte Wiederholung des jetzigen § 249 StPO. durch § 240 in Verbindung mit der Weglassung einer dem § 251 StPO. entsprechenden Vorschrift zu einer unliebsamen Auslegung Anlaß geben wird.

Die §§ 244, 245 bringen zunächst eine Verschlechterung gegenüber dem geltenden Recht (§§ 252, 253 StPO.). Während jetzt, entsprechend § 248 StPO., nur die Verlesung der früheren Aussage aus dem Protokoll zulässig ist, gestatten die §§ 244, 245, daß dem Zeugen und Sachverständigen, der sich in der Hauptverhandlung von ihm selbst früher bekundeter Tatsachen nicht mehr erinnert oder mit seiner früheren Aussage in Widerspruch gerät, die frühere Aussage vorgehalten werden darf, und ebenso, daß dem Angeklagten, der in der Hauptverhandlung eine früher vor einem Richter zu Protokoll gestandene Tatsache bestreitet oder der sonst seiner früheren Aussage in der Hauptverhandlung widerspricht, die frühere Aussage vorgehalten werde. Daß es sich dabei zunächst um eine freie Wiedergabe des Inhalts der Aussage durch den Vernehmenden handelt, ergibt § 244 Abs.2:

---

[1]) Vgl. meine Abh. S. 159 ff.

„Soweit erforderlich, kann das Gericht anordnen, daß zur Feststellung der von dem Zeugen oder Sachverständigen früher gemachten Aussage das Protokoll über seine Vernehmung verlesen wird" und § 245 Abs. 2: „Soweit erforderlich, kann das Gericht anordnen, daß zur Feststellung der früheren Aussage des Angeklagten das Protokoll über seine Vernehmung verlesen wird." Allerdings hat auch der dem § 248 StPO. entsprechende § 239 über den Urkundenbeweis eine Änderung erfahren; aber § 239 hält an der Verlesung als Regel fest und gestattet nur — „sofern keiner der Prozeßbeteiligten widerspricht" — die mündliche Wiedergabe des Inhalts durch den Vorsitzenden.

Nun handelt es sich im § 244, 245 um nichts anderes als um einen durch die Einsichtnahme und Mitteilung des Protokolls zu führenden Urkundenbeweis über die frühere Aussage; trotzdem wird die mündliche freie Wiedergabe des Protokollinhaltes hier in weiterem Umfange gestattet als nach § 239. Zunächst wird in §§ 244, 245 nicht, wie im § 239, die Verlesung als Regel und die freie Wiedergabe als Ausnahme hingestellt, sondern umgekehrt, die freie Wiedergabe des Protokollinhalts wird zur Regel und die Verlesung zur Ausnahme gemacht, was für die Häufigkeit der Anwendung des einen oder andern Verfahrens nicht gleichgültig ist. Während ferner nach § 239 durch den Widerspruch auch nur eines Prozeßbeteiligten die freie Wiedergabe des Urkundeninhaltes gehindert und die Verlesung notwendig wird, ist in §§ 244, 245 auf den Widerspruch der Prozeßbeteiligten nicht die gleiche Rücksicht genommen, sondern, wenn ein Beteiligter es verlangt, so beschließt das Gericht darüber, ob die Verlesung als erforderlich anzuordnen ist; die freie Wiedergabe aber wird durch solchen Antrag auf Gerichtsbeschluß in keinem Fall gehindert. Warum dieser Unterschied zwischen Vernehmungsprotokollen und andern Urkunden? Die Ausnahme im § 239 wird in der Begründung (S. 290) mit dem Hinweis auf die Umständlichkeit und ermüdende Wirkung der Verlesung umfangreicher Schriftstücke gerechtfertigt; das Verfahren nach § 239 kann auch als ungefährlich betrachtet werden. Zu §§ 244, 245 dagegen schweigt sich die

Begründung aus. Denn es ist weder eine Erläuterung noch eine Rechtfertigung der einschneidenden Änderung, wenn (S. 290 unten) gesagt wird: „Die in den §§ 244, 245 enthaltenen Vorschriften ...... entsprechen den §§ 252, 253 der geltenden StPO., bringen aber stellenweise den Gedanken, der diesen Vorschriften zugrunde liegt, deutlicher zum Ausdruck." Wie gezeigt, ist das gerade Gegenteil der Fall; die mitgeteilte Begründung erklärt sich nur dadurch, daß man bisher schon in der Praxis vielfach so verfahren ist und daß man in der Praxis die Bedeutung des Protokolls als urkundlichen Beweismittels sowie den Zusammenhang der §§ 252, 253 mit § 248 StPO. verkannte, ja auch von § 248 StPO. durch Zulassung der freien „Konstatierung" abwich [1]).

Diese Übung, welche den Unterschied von Konstatierung und Vorlesung als unerheblich erklärt, hängt ebenso eng mit der diskretionären Gewalt des Vorsitzenden wie mit dem Inquisitionsprinzip zusammen. Daraus erklärt es sich, daß die früheren Landesprozeßordnungen regelmäßig keine ausdrücklichen Vorschriften dieser Art enthielten [2]); sie waren gegenstandslos, so lange für den Vorsitzenden der Grundsatz galt, daß er alle seine Kräfte aufzubieten hat, um die Wahrheit gründlich zu erforschen. Die heute geltende Strafprozeßordnung sollte Willkürlichkeit in dieser Richtung abschneiden; weil aber die Praxis sich über die gezogenen Grenzen hinweggesetzt hat, wird nicht das Gebot der Verlesung in schärferer Form wiederholt, sondern es wird abgeschwächt.

Der Prozeßstoff wird den Geschworenen statt in einfacher in dreifacher Gestalt vorgeführt; sie hören zunächst unmittelbar die Aussage des Angeklagten, des Zeugen oder

---

[1]) Hinsichtlich des § 248 StPO. ist die Meinung des Reichsgerichts über die Zulässigkeit von Konstatierungen aus Urkunden geteilt; vgl. die Nachweise bei Löwe, Strafprozeßordnung Bem. 1 c zu § 248. Dagegen ist die Zulassung von freier mündlicher Wiedergabe des Protokollinhaltes feststehende Praxis, so daß nur auf besonderen Antrag die Vorlesung als notwendig erklärt wird, obgleich das Gesetz diese Bedingung nicht erwähnt; vgl. RGRspr. 7 S. 212; 9 S. 123; RGSt. 23 S. 58.

[2]) Eine Ausnahme machten Thüringen (1850) Art. 244 u. Novelle (1854) § 65 sowie Hamburg (1869) §§ 161, 167.

Sachverständigen, dann die vom vernehmenden Richter beliebte freie Wiedergabe der früheren Aussage aus den Protokollen und endlich auf den doch regelmäßig zu stellenden Antrag des Verteidigers die scheinbar wörtliche — aber immerhin nur mittelbare — Wiedergabe der früheren Aussage durch Verlesung des Protokolls; die Verlesung gibt den Wortlaut der früheren Aussage nur scheinbar wieder, weil die Aussagen in der Regel nicht wörtlich protokolliert werden und nicht wörtlich protokolliert werden können [1]). Die zweite Form der Vorführung des Prozeßstoffes wird, äußerlich betrachtet, durch die dritte Form (Verlesung) kontrolliert, der Sache nach ist jedoch die Mitteilung der früheren Aussage in jeder Form der Kontrolle entzogen, denn niemand kann den Geschworenen sagen, durch welches System von Fragen schließlich dasjenige Ergebnis erzielt wurde, welches als Aussage im Protokoll verzeichnet ist. Aber um eine Antwort beurteilen zu können, ist es häufig notwendig, auch die Frage zu kennen, auf welche die Antwort erteilt wurde. Niemand kann den unmittelbaren Zusammenhang mit vorangegangenen und nachfolgenden Äußerungen wiederherstellen, wenn solche Erklärungen im Protokoll als unwesentlich weggelassen oder in anderem Zusammenhang aufgenommen sind. Es gibt kein Mittel, den psychischen Zustand des Zeugen im Augenblick der Aussage festzustellen. Sind dies Gründe, welche stark gegen die Mitteilung der früheren Aussage überhaupt sprechen, so ist es unverantwortlich, die frühere Aussage auch noch in verschiedener Form mitzuteilen; dadurch kann die Wahrheitserforschung nicht gefördert, sondern das Urteil der Geschworenen nur verwirrt werden. Was soll denn der Geschworene zur Grundlage seiner Überzeugung machen, wenn — wie doch vorausgesetzt werden muß — unmittelbare Aussage, Konstatierung und Verlesung inhaltlich voneinander abweichen? Wenn die frühere Aussage unbeeidigt, die spätere beeidigt abgegeben wurde und der Zeuge sich nicht erschüttern läßt, so wird die beeidigte Aussage vorgezogen werden, wozu dann die Verlesung und Konsta-

[1]) Vgl. meine Abh. S. 192.

tierung der unbeeidigten Aussage? Wenn die frühere Aussage beeidigt wurde, so wird der Zeuge durch den drohenden Meineidsprozeß zum Umfallen gebracht werden; verdient aber die unter so starkem psychologischen Zwange erfolgte Änderung der ersten Aussage in der Hauptverhandlung Glauben? Wenn endlich sowohl die frühere als die spätere Aussage unbeeidigt abgegeben werden, fehlt für den Zeugen das zwingende Motiv zur Nachgiebigkeit; hebt dann eine Aussage die andere auf? Die spätere Aussage kann doch ebensogut der Wahrheit mehr entsprechen als die frühere.

Unter der Herrschaft des Résumé konnte der Vorsitzende das Urteil der Geschworenen nach der einen oder andern Richtung leiten. Verwirft man aber das Résumé mit Recht, weil es die Unabhängigkeit des Spruchs der Geschworenen untergräbt und den Wert des Schwurgerichts vernichtet [1]), so leistet man durch das geschilderte Verfahren nichts als daß die Geschworenen dem Inquisitionsprinzip zuliebe, der Unmittelbarkeit zuleide vor unlösbare Widersprüche gestellt werden. Weder der Vorsitzende noch ein anderer Richter darf sich in irgendeinem Zeitpunkte der Hauptverhandlung darüber äußern, daß die frühere oder die spätere Aussage den Vorzug verdiene; er würde damit gegen das Verbot des § 231 Abs. 4 verstoßen: „Die Mitglieder des Gerichts sollen sich einer Kundgebung ihrer Ansicht über die Schuld oder Nichtschuld des Angeklagten enthalten" [2]). Will man mit diesem Verbot Ernst machen, so ist angesichts der famosen sprachwidrigen Unterscheidung zwischen „sollen" und „müssen" vielmehr zu sagen: die Mitglieder des Gerichts m ü s s e n sich ...... enthalten; sonst kann eine Revision auf die Verletzung des Satzes nicht gestützt werden, und der Satz hat nur dekorative Bedeutung.

Diese Betrachtungen zeigen aufs deutlichste, daß die Bestimmungen des Entwurfs über Konstatierung und Verlesung früherer Aussagen ebenso wie die §§ 252, 253 StPO.

---

[1]) Vgl. meine Abh. S. 197 ff.

[2]) § 231 Abs. 4 gilt nicht etwa bloß für die Vernehmung des Angeklagten, sondern, wie der übrige Inhalt des § 231 zeigt, für die ganze Hauptverhandlung.

mit dem Schwurgerichtsprozeß unvereinbar sind. Übrigens sollte man sie für jeden Strafprozeß fallen lassen, weil der Vorsitzende durch die Vornahme einer Konstatierung zum Zeugen über den Akteninhalt wird; eine Person aber, die als Zeuge auftritt und durch ihre Aussage eine Grundlage für das Urteil schafft, ist für den konkreten Fall nicht mehr tauglich zum Richteramt. Das ist der Sinn von § 22 Nr. 5 StPO., und es wäre lediglich Buchstabenjurisprudenz, wenn man sich darauf berufen wollte, daß der Vorsitzende nicht als Zeuge vernommen wird.

Das Prinzip der Unmittelbarkeit ist weiter durch die Weglassung einer dem § 251 StPO. entsprechenden Vorschrift im Entwurf gefährdet. An die Stelle des § 249 StPO. ist § 240 getreten: „Personen, deren Wahrnehmungen zum Beweise dienen sollen, sind, soweit das Gesetz nicht ein anderes bestimmt, in der Verhandlung zu vernehmen; ihre Vernehmung darf insbesondere nicht durch die Verlesung von Protokollen über frühere Vernehmungen oder von schriftlichen Erklärungen dieser Personen ersetzt werden." Der unmittelbare Inhalt des § 251 StPO.: „Die Aussage eines vor der Hauptverhandlung vernommenen Zeugen, welcher erst in der Hauptverhandlung von seinem Rechte, das Zeugnis zu verweigern, Gebrauch macht, darf nicht verlesen werden" wird durch den neuen § 240 gedeckt. Aber während die jetzige ausdrückliche Vorschrift des § 251 StPO. ein Argument gegen die Ersetzung der Aussage des zeugnisweigernden Zeugen durch die Vernehmung des Richters und seines Schreibers lieferte, führt der Wegfall des § 251 StPO. notwendig zu dem entgegengesetzten Ergebnisse. Die Vernehmung des Richters und seines Schreibers über den Inhalt der früher abgegebenen, jetzt verweigerten Aussage wird durch den neuen § 240 gedeckt [1]). Und doch kann ein solcher Ersatz regelmäßig nur auf dem Wege beschafft werden, daß den Ersatzzeugen das Protokoll zur Auffrischung ihres Gedächtnisses vorher in die Hand gegeben wird; es wird also doch der Inhalt des Protokolls, welches nach § 240 nicht verlesen werden darf, zum Verhandlungsstoff gemacht, nur in einer möglichst anfecht-

[1]) Die Begründung schweigt.

baren Form. Zwar hat das Reichsgericht bei Anwendung des § 251 StPO. an der Auslegung festgehalten, daß dem als Zeuge zu vernehmenden Richter die Benutzung seines Protokolls über die frühere Aussage einer ihr Zeugnis in der Hauptverhandlung verweigernden Person zu versagen sei [1]); dagegen hat es für Fälle, in welchen es sich nicht um den Ersatz für ein verweigertes Zeugnis handelte, wiederholt ausgesprochen, daß dem zu vernehmenden Beamten die Benutzung des von ihm früher aufgenommenen Protokolls gestattet sei [2]). Nach Beseitigung des § 251 StPO. aber würde der letzte Grundsatz auch auf Beamte anzuwenden sein, deren Vernehmung zum Ersatz für eine verweigerte Zeugenaussage dienen soll, weil dann durch die Benutzung kein Gesetz umgangen wird.

Endlich ist für die Beurteilung des Wesens der Hauptverhandlung die Art und Weise besonders wichtig, wie der Umfang der Beweisaufnahme bestimmt werden soll, und damit hängt die schon berührte Frage nach der diskretionären Gewalt des Vorsitzenden zusammen.

Für den Umfang der Beweisaufnahme hat § 244 StPO., abgesehen von schöffengerichtlichen Sachen, durch das Gebot der Aufnahme aller zur Hauptverhandlung herbeigeschafften Beweise eine untere Grenze gesetzlich festgelegt. Darüber hinausgehende Anträge dürfen nur durch Gerichtsbeschluß und niemals wegen Verspätung abgelehnt werden (§§ 243, 245 StPO.); eine Ausdehnung der Beweisaufnahme über jenen gesetzlichen Umfang hinaus kann nach dem Gesetze durch Gerichtsbeschluß (§ 243 Abs. 3 StPO.) nach der Praxis — auch durch den Vorsitzenden kraft seiner angeblichen diskretionären Gewalt [3]) — angeordnet werden. Auch in diesen Punkten weist der Entwurf Rückschritte auf.

Die gesetzliche untere Grenze zugunsten der beigeschafften Beweismittel hat § 232 Abs. 3 nur für Reichsgericht und Schwurgericht festgehalten [4]); dagegen kann in der Ver-

[1]) RGStS. 8 S. 122; 35 S. 5; 39 S. 434.

[2]) RGRspr. 8 S. 722; 9 S. 475; RGStS. 35 S. 7.

[3]) Vgl. Löwe StPO. Bem. 4 zu § 243; dagegen meine Abh. S. 165ff.

[4]) Über einen Fall, der die Notwendigkeit dieser gesetzlichen Grenze beweist, vgl. Weißler in J. W. 38 (1909) S. 101 ff.

handlung vor der Strafkammer [1]) die Aufnahme eines beigeschafften Beweismittels, wenn auch nur einstimmig, abgelehnt werden. Der Satz des § 245 StPO., daß Beweisaufnahmen nicht wegen Verspätung des Antrages abgelehnt werden dürfen, ist zwar nicht ausdrücklich in den Entwurf aufgenommen, ist aber aus dem übrigen Inhalt des § 232 abzuleiten; einerseits verlangt § 232 Abs. 1, daß die Beweisaufnahme auf alle Tatsachen erstreckt werde, die nach dem Ermessen des Gerichts für die Entscheidung von Bedeutung sind, andererseits darf ein Beweisantrag nur aus einem der im § 232 Abs. 2 alternativ genannten Gründe abgelehnt werden, und unter diesen Gründen ist die Verspätung nicht aufgeführt. Eine nähere Betrachtung dieser Ablehnungsgründe ist für die Würdigung der Frage von Interesse, ob den Geschworenen ein Einfluß auf die Bestimmung des Umfanges der Beweisaufnahme einzuräumen sei und zeigt zugleich, daß die der Ablehnung von Beweisanträgen gesteckten Grenzen ziemlich flüssige sind.

Erster Ablehnungsgrund ist: „wenn die unter Beweis gestellten Tatsachen für die Entscheidung nicht von Bedeutung sind". Wie sich aus Abs. 1 ergibt, ist unter „Bedeutung" nicht bloß die rechtliche Bedeutung zu verstehen; denn „für die Entscheidung" ist jeder Umstand von Bedeutung, der die Überzeugung beeinflussen kann. Es ist daher insoweit richtig, wenn die Begründung (S. 286) auf das pflichtmäßige Ermessen des Richters verweist. Aber die Frage, ob eine Tatsache für die Entscheidung von Bedeutung sei, ist nicht immer eine Ermessensfrage, sondern kann auch eine Rechtsfrage sein, denn je nachdem eine Tatsache Tatbestandsmerkmal ist oder nicht, sind die zur Feststellung der Tatsache dienenden Umstände für die Entscheidung von Bedeutung oder nicht von Bedeutung; ebenso kann die Auslegung eines bestimmten Merkmals eine Tatsache als be-

---

[1]) Der E. spricht ebenso wie die StPO. §§ 207, 244 Abs. 2 bewußt immer vom Landgericht als von einem Gegensatz zum Schwurgericht, obgleich doch das Schwurgericht ein Teil der landgerichtlichen Organisation ist; vgl. §§ 181, 201, 225, 232 Abs. 3, 251, 315 Entw. mit § 79 GVG.

deutungslos oder als bedeutsam (= erheblich) erscheinen lassen.

Der zweite Ablehnungsgrund: wenn die Tatsache „offenkundig" ist, trifft auch zu, wenn das Gegenteil der Tatsache, für welche Beweis angeboten wird, offenkundig ist; ist es z. B. offenkundig, daß eine bestimmte Person lebt, so hat es keinen Sinn, einen Beweis darüber aufzunehmen, daß sie gestorben sei. Da der Zweck der Erwähnung der Offenkundigkeit als eines Ablehnungsgrundes nur der sein kann, überflüssige Beweise abzuschneiden, so entspricht die ausdehnende Auslegung dem Sinne des § 232. Der Begriff „Offenkundigkeit" bedarf hier keiner Erläuterung, insoweit es sich dabei nur darum handelt, daß der Begriff im allgemeinen sowohl die Allgemeinkundigkeit als die Gerichtskundigkeit umfaßt. Eine Schwierigkeit entsteht aber daraus, daß zum Gericht auch die Geschworenen gehören. Würden die Berufsrichter eine Tatsache, die ihnen aus ihrer amtlichen Tätigkeit bekannt, die aber nicht allgemeinkundig ist, als offenkundig behandeln, so würde damit und durch die darauf gestützte Ablehnung des Beweisantrages die Überzeugung der Berufsrichter an die Stelle der Überzeugung der Geschworenen gesetzt; daraus ergäbe sich ein Widerspruch mit der Aufgabe der Geschworenen. Es geht auch nicht an, daß die Berufsrichter b e z e u g e n, die Tatsache sei bei Gericht offenkundig, denn der Richter darf nicht zum Zeugen werden oder er muß den Richterstuhl verlassen (s. ob. S. 17). In der Regel kann also nur die Allgemeinkundigkeit nicht die bloße Gerichtskundigkeit die Ablehnung eines Beweisantrages rechtfertigen; eine Ausnahme zugunsten der Gerichtskundigkeit ist nur insoweit zuzulassen, als es sich um die Feststellung von Tatsachen handelt, die ausschließlich der Kognition der drei Berufsrichter unterliegen, z. B. Voraussetzungen des Zeugnisverweigerungsrechtes, der Eidesfähigkeit. Nun ist aber auch die Allgemeinkundigkeit ein relativer Begriff und setzt keineswegs voraus, daß die Tatsache jedermann ohne Unterschied bekannt ist; die Tatsache kann am Schwurgerichtsort allgemeinkundig und doch in den übrigen Teilen des Schwurgerichtsbezirks nur wenig oder gar nicht bekannt sein; oder sie ist nur in gewissen Kreisen der Bevölkerung allgemein bekannt, in andern Schichten der Bevölkerung nicht. Die Geschworenen kommen nun aus dem ganzen Landgerichtsbezirk, vielleicht aus verschiedenen Teilen eines Oberlandesgerichtsbezirks (§ 99 GVG.) zusammen, und sie gehören den verschiedensten Schichten der Bevölkerung an. Dadurch verengert sich der Begriff der offenkundigen Tatsachen für das Schwurgericht auf solche Tatsachen, die jeder Erwachsene im Schwurgerichtsbezirk kennt. Es erscheint fast als unmöglich, Offenkundigkeit anzunehmen, ohne daß die Geschworenen befragt werden, ob ihnen die unter Beweis gestellte Tatsache bekannt ist. Dann aber werden die Geschworenen selbst als Zeugen aufgerufen, was ebenso unzulässig ist wie die Ablegung eines Zeugnisses durch den Berufsrichter.

Dritter Ablehnungsgrund ist der Umstand, daß die Tatsachen, für welche Beweis angeboten wird, „bereits zugunsten des Angeklagten bewiesen sind". Hier sollen wieder die Berufsrichter darüber urteilen, ob die Geschworenen etwas als erwiesen anzusehen haben oder nicht. Nach dem Schlußsatze des § 232 Abs. 2 müssen „die Gründe, aus denen eine dieser Voraussetzungen für vorliegend erachtet wird, in dem Beschluß des Gerichts" angegeben werden; nach § 231 Abs. 4 aber sollen die Mitglieder des Gerichts sich einer Kundgebung ihrer Ansicht über die Schuld oder Nichtschuld des Angeklagten enthalten. Es kann nicht ausbleiben, daß eine Tatsache, welche das Gericht als zugunsten des Angeklagten festgestellt erklärt, von entscheidender Bedeutung ist, und aus der Begründung des Ablehnungsbeschlusses die Überzeugung der Richter von der Nichtschuld des Angeklagten in dem einen Punkte folgt, z. B. das Gericht lehnt weitere Beweise darüber, daß Notwehr vorliegt, ab, weil die Notwehrtatsachen zugunsten des Angeklagten schon bewiesen seien. Will man auch § 231 Abs. 4 nur als Verbot für das einzelne Mitglied des Gerichts gelten lassen, so wird doch der Widerspruch mit § 232 Abs. 2 nicht beseitigt. Der dritte Ablehnungsgrund hat seine Spitze darin, daß der Beweis des Gegenteils ausgeschlossen wird; wie verträgt sich dieser Satz mit dem Streben nach Wahrheit? Wie verträgt er sich mit der Gleichberechtigung von Kläger und Angeklagten, denn per argumentum e contrario folgt, daß der Beweis des Gegenteils nicht ausgeschlossen ist, wenn die Berufsrichter geneigt sind, eine Tatsache als zuungunsten des Angeklagten bewiesen anzusehen; dann darf der Beweis des Gegenteils auch nicht als bedeutungslos abgelehnt werden. Der Kläger kann alsdann sehr wohl trotz Voruntersuchung durch eine Beweisführung des Verteidigers überrascht werden, da eine Ablehnung des Beweisantrages wegen Verspätung ausgeschlossen ist. Der dritte Ablehnungsgrund erscheint hiernach als unhaltbar.

Vierter Ablehnungsgrund ist es, „wenn das im Beweisantrage bezeichnete Beweismittel unerreichbar ist". Absolute Unerreichbarkeit wird man annehmen müssen, wenn die Auskunftsperson gestorben ist oder der Antragsteller den Aufenthaltsort des Zeugen, den Ort, wo das Augenscheinsobjekt liegt, nicht bezeichnen kann. Es wird jedoch Unerreichbarkeit auch dann anzunehmen sein, wenn der Ort nur sehr ungenau bezeichnet wird, z. B. mit Afrika oder Brasilien. Das Wort „unerreichbar" ist nicht so absolut zu verstehen, wie es lautet, sondern dem vernünftigen Ermessen des Richters ist hier ein Spielraum gelassen. Die Begründung (S. 288) nimmt an, daß Unerreichbarkeit vorliege, wenn sich die Lücken in den Angaben des Antragstellers „nicht ohne unverhältnismäßige Weiterungen" ausfüllen lassen.

Sehr allgemein und deshalb nicht ungefährlich lautet der letzte Ablehnungsgrund: „wenn das in dem Beweisantrage bezeichnete Beweismittel ungeeignet ist." Die Begründung (S. 288) versteht darunter den Fall, daß das Beweismittel „nach seiner Beschaffenheit nicht dazu taugt, für die im Antrage bezeichnete Tatsache Beweis zu erbringen". Als Beispiele kämen etwa Zeugen in Betracht, die dem Gericht als taub bekannt sind und über Wahrnehmungen aussagen sollen, welche man nur mit dem Gehörsinn machen kann, oder ein Zeuge, der als Blinder bekannt, über eine Wahrnehmung aussagen soll, die man nur mit dem Gesichtssinn machen kann. Wer kann aber im voraus wissen, ob der Taube nicht mit dem Geruchssinne oder der Blinde mit dem Tastsinne etwas wahrgenommen hat, das als Indiz für die Geschworenen von Interesse ist? Zweifelhafte Fälle sind: Kinder, Geisteskranke, der wegen Meineides Verurteilte; es kann von der Würdigung der gesamten Beweisaufnahme abhängen, ob man sich von der Aufnahme des beantragten Beweises irgendeinen Erfolg versprechen darf, ob also das Beweismittel im konkreten Falle tauglich oder untauglich ist. Trotzdem ist den Berufsrichtern die Entscheidung überlassen.

Bei diesem letzten Ablehnungsgrund tritt überdies noch ein Bedenken besonders stark hervor, das gegen den § 232 Abs. 2 überhaupt spricht. Die Zeugen sind niemals nur über einzelne bestimmte Tatsachen, sondern über ihr Wissen von der Sache zu vernehmen; ebenso sind Urkunden und Augenscheinsobjekte nicht lediglich nach der einzelnen vom Antragsteller bezeichneten Tatsache zu durchforschen. Durch die Forderung, daß der Beweisantrag eine bestimmte Tatsache bezeichnen müsse, welche nach § 232 Abs. 2 zu prüfen ist, wird daher ein zivilprozessualer, nur der formalen Beweislast entsprechender Gesichtspunkt in den Strafprozeß hineingetragen, wenn man sie in der Weise auslegt, daß dem Beweismittel von vornherein der Wert abzusprechen sei, falls die vom Antragsteller bezeichnete Tatsache ungeeignet ist oder das Beweismittel ungeeignet ist, gerade diese Tatsache zu beweisen. Die Forderung, daß der Beweisantrag die zu beweisende Tatsache bezeichnen soll, entspringt dem Bedürfnisse, frivole Beweisanträge auszuschließen. Nun ist wohl der Schluß gerechtfertigt: wenn der Antragsteller eine Tatsache beweisen will, deren Gegenteil feststeht, oder die bedeutungslos ist, so fehlt es an einem Bedürfnis zur Beweisaufnahme und ist die Abweisung des Antrages gerechtfertigt, denn die neue Tatsache steht bereits fest oder sie ist gleichgültig und für die übrigen erheblichen Tatsachen ist auch genügendes Beweismaterial gesammelt, der Antrag ist folglich gegenstandslos. Wenn aber der Mangel nicht der Tatsache sondern dem Beweismittel anhaftet und der Mangel beschränkt sich auf einzelne Eigenschaften des Beweismittels, so kann man über den Wert des Beweismittels kein bestimmtes Urteil fällen, solange nicht der Versuch gemacht ist, es auszuschöpfen. Der Beweis ist daher noch nicht deshalb gegenstandslos, weil das Beweismittel in einer einzigen Beziehung als wertlos, „ungeeignet" erscheint. Der Richter muß sich vielmehr durch die Erhebung überzeugen, daß es in jeder Beziehung „ungeeignet" ist. Deshalb muß dieser Ablehnungsgrund im § 232 gestrichen werden.

Die Frage nach dem Umfang der Beweisaufnahme führt zu der Frage nach dem Subjekt der Beweisanordnung. Die StPO. sagt im § 243 Abs. 3: „Das Gericht kann auf Antrag und von Amts wegen die Ladung von Zeugen und Sachverständigen sowie die Herbeischaffung andrer Beweismittel anordnen." Nach der Technik der StPO., welche den Geschäftskreis des Gerichts und des Vorsitzenden stets auseinanderhält, bedeutet dieser Satz zugleich: der Vorsitzende kann die Beischaffung von Beweismitteln nicht anordnen. Daß aus § 243 Abs. 2: „Es bedarf eines Gerichtsbeschlusses, wenn ein Beweisantrag abgelehnt werden soll, oder wenn die Vornahme einer Beweishandlung eine Aussetzung der Hauptverhandlung erforderlich macht" nichts zugunsten der Befugnis des Vorsitzenden folgt, ist mit Händen zu greifen und ist auch wiederholt nachgewiesen worden[1]). Die erste Alternative des Abs. 2 würde ein argumentum a contrario erlauben, wenn Abs. 3 nicht folgen würde; aus der zweiten Alternative des Abs. 2 aber kann ein argumentum a contrario überhaupt nicht abgeleitet werden, weil Vornahme einer Beweishandlung sich zur Aufnahme eines Beweises wie der Teil zum Ganzen verhält; Vornahme einer Beweishandlung ist nicht die Vernehmung des Zeugen als Ganzes, sondern z. B. die Beeidigung, die Stellung einer Frage, über welche die Auskunft verweigert wird. Der andere Fall, wenn die Aufnahme eines Beweises d. h. die Benützung eines Beweismittels eine Aussetzung der Verhandlung nötig macht, wird durch Abs. 3 gedeckt, ist also nicht durch Abs. 2 ge-

[1]) Vgl. meine Abh. S. 165 ff. bes. 167 Anm. 2.

troffen. Folglich kann der logisch Denkende aus Abs. 2 nicht den Satz ableiten: wenn die Aufnahme eines Beweises keine Aussetzung nötig macht, ist zur Anordnung der Beweisaufnahme der Vorsitzende zuständig. Nur die in der Praxis herrschende Neigung, in jedes neue Gesetz möglichst viel aus dem früheren Rechte herüberzuretten, erklärt die Erhaltung dieser diskretionären Gewalt contra legem.

Der Entwurf bringt auch in dieser Beziehung wieder das ältere Recht zur Geltung. Zwar wird der schöne Satz, daß der Vorsitzende seine ganze Kraft zur Erforschung der Wahrheit einzusetzen habe, nicht wiederholt; dieser Satz und ähnliche Sätze waren nicht mehr als eine aus dem französischen Gesetz übernommene konventionelle Redensart, denn der Vorsitzende hat auch ohne diskretionäre Gewalt unter der Herrschaft der Untersuchungsmaxime seine ganze Kraft für die Wahrheitserforschung einzusetzen; das ist seine Amtspflicht. Auch wenn das Gericht die Beweise anzuordnen hat, ist der Vorsitzende das treibende Element; von ihm muß die Initiative ausgehen, er hat seine Beisitzer zu informieren, wenn sie, durch andere Arbeit abgezogen, der Verhandlung nicht folgen konnten, er hat bei der Beratung als der am besten Informierte darauf hinzuwirken, daß der notwendige Beweis angeordnet, der überflüssige Beweis abgelehnt wird. So betrachtet ist das, was die Praxis geübt hat und was der Entwurf offenbar begünstigt, keineswegs unzweckmäßig oder schädlich. Der Entwurf verdient dafür, daß er den § 243 Abs. 3 der StPO. nicht wiederholt hat, keinen Tadel. Dagegen wäre zu wünschen, daß das Gesetz deutlich ausspricht, was man aus dem Entwurf erst durch Auslegung herausholen muß.

Wenn § 232 sagt: „Die Beweisaufnahme ist auf alle Tatsachen zu erstrecken, die *nach dem Ermessen des Gerichts* für die Entscheidung von Bedeutung sind," so darf man daraus nicht schließen, daß die Anordnung einer Beweisaufnahme über die Grenzen des gesetzlichen Umfangs hinaus (s. ob. S. 18) immer einen förmlichen Gerichtsbeschluß voraussetze. Die Fassung hat eine ähnliche

Bedeutung wie diejenige des § 136 Abs. 4 ZPO.[1]). Der Vorsitzende kann sich in einfachen Fällen durch eine Frage nach rechts und links vergewissern, daß die Mehrheit der Tatsache Bedeutung für die Entscheidung beimißt; dann ordnet er — nicht ein Gerichtsbeschluß — die Beweisaufnahme an. Nur in zweifelhaften Fällen macht die Fassung eine Beratung und einen Gerichtsbeschluß notwendig. § 232 kann auch so ausgelegt werden, daß der Vorsitzende befugt ist, ohne einen Beisitzer zu fragen, den Beweis anzuordnen, daß aber gegen die Anordnung des Vorsitzenden Widerspruch erhoben werden darf und dadurch Gerichtsbeschluß notwendig wird; alsdann gerät der Vorsitzende in Gefahr, im Kollegium keine Stütze zu finden. Der erste Weg empfiehlt sich also nur als der vorsichtigere. Daß die Ablehnung von Beweisanträgen nur dem Kollegium — nicht dem Vorsitzenden — zusteht, ergibt sich aus § 232 Abs. 2 a. E., der das Gebot der Begründung des ablehnenden Gerichtsbeschlusses ausspricht.

Diese Ordnung ist zweckmäßig, besonders solange keine Bürgschaft dafür geschaffen wird, daß die Beisitzer ihre Zeit während der Hauptverhandlung nicht für andere Arbeiten benützen dürfen und müssen. Zugleich verliert dadurch die Befugnis des Vorsitzenden die Eigenschaft einer diskretionären Gewalt, denn deren Wesen besteht sowohl nach englischem als nach französischem Rechte darin, daß der Vorsitzende Ausnahmen von Rechtssätzen nach seinem Ermessen machen darf; nach dem Entwurf aber erscheint der Vorsitzende als zuständig für die Anordnung der Beweisaufnahme.

Der Gang der Hauptverhandlung nach der Beweisaufnahme soll dem Entwurf zufolge die nämliche Ordnung aufweisen wie nach dem geltenden Rechte: Fragestellung an die Geschworenen (§§ 280 ff.), Vorträge und Anträge des Staatsanwalts, Verteidigers und Angeklagten zur Schuld-

---

[1]) „Er schließt die Verhandlung, wenn nach Ansicht des Gerichts die Sache vollständig erörtert ist. . . . . . .“ Der Unterschied liegt darin, daß jeder Beisitzer den Schluß der Verhandlung hindern kann, indem er noch eine Aufklärung verlangt (§ 139 Abs. 3 ZPO.); nach § 232 E. aber wird die Beweisaufnahme nötig, wenn zwei Richter der Tatsache Bedeutung für die Entscheidung beimessen.

frage (§ 288), die Rechtsbelehrung durch den Vorsitzenden (§§ 289, 293), die Beratung der Geschworenen (§§ 290 ff.), Kundgabe des Spruchs durch den Obmann (§ 295), Berichtigungsverfahren (§§ 296, 297), Verlesung des Spruchs in Gegenwart des Angeklagten (§ 298 Abs. 1), Vorträge und Anträge über die aus dem Spruch zu ziehenden rechtlichen Folgerungen, insbesondere über die Straffrage (§ 298 Abs. 2), Beratung der Berufsrichter und Verkündung des Urteils (§§ 299, 300). Die Einzelheiten, in welchen der Entwurf vom geltenden Rechte abweicht, sind im Zusammenhang der folgenden Erörterungen zu erwähnen.

II. Die Einleitung der Hauptverhandlung.

Gegenwärtig werden die Geschworenen auf die Vorgänge der Hauptverhandlung regelmäßig nur durch Verlesung des Eröffnungsbeschlusses vorbereitet; ausnahmsweise teilt der Vorsitzende in umfangreicheren Sachen seinen Verhandlungsplan mit; im Zusammenhang damit oder auch später kann den Geschworenen die Situation am Ort der Tat durch Vorlage einer vervielfältigten Zeichnung veranschaulicht werden[1]). Die Verlesung des Eröffnungsbeschlusses, meist rasch und mechanisch, d. h. ohne die erforderliche Betonung vollzogen, geht leicht wirkungslos und spurlos am Sinn der Geschworenen vorüber, so daß die Verlesung des Schriftstückes, welches Gegenstand und Grenzen der Hauptverhandlung bestimmt, ihren Zweck verfehlt; diesem Übelstand haben die Vorsitzenden dadurch abzuhelfen gesucht, daß sie an die Verlesung eine Erläuterung in der Form der Bekanntgabe des Inhaltes anderer Schriftstücke anschlossen, z. B. durch wörtliche Mitteilung des früher in der anhängigen Sache ergangenen Urteils und des dieses Urteil aufhebenden Revisionsurteils[2]). Durch solche Erläuterungen kann den Geschworenen auch

---

[1]) RG. in Goltd. Arch. 42 (1894) S. 247.

[2]) RG. Rspr. 1 S. 269 ff., 6 S. 223. RGSt. 32 S. 318 ff. hat jedoch mit Recht einen Vortrag aus den Akten über die Ergebnisse des Vorverfahrens als unzulässig beanstandet, weil er gegen die Grundsätze der Unmittelbarkeit verstößt.

in freier Rede ein näherer Fingerzeig in Beziehung auf Gegenstand und Richtung der Beweisaufnahme gegeben werden.

Der Entwurf hat den Eröffnungsbeschluß als eine in jedem Falle erforderliche förmliche Entscheidung des Gerichts gestrichen (§§ 204 ff.) und schreibt nur vor, daß nach Vernehmung des Angeklagten über seine persönlichen Verhältnisse „die Anklageformel von dem Beamten der Staatsanwaltschaft verlesen" werden muß (§ 230 Abs. 1 a. E.). Daran soll sich unmittelbar die Vernehmung des Angeklagten zur Sache anschließen (§ 130 Abs. 2 mit § 109 Abs. 2 u. 3). Die Verlesung der Anklageformel hat die gleiche rechtliche Bedeutung wie jetzt die Verlesung des Eröffnungsbeschlusses, denn § 257 sagt — inhaltlich mit § 263 StPO. übereinstimmend: „Gegenstand des Urteils ist die in der Anklageformel bezeichnete Tat, wie sie sich nach dem Ergebnisse der Verhandlung darstellt". Aber die Verlesung der Anklageformel, in welcher nach § 194 Abs. 2 „die dem Angeschuldigten zur Last gelegte Tat unter Hervorhebung des Ortes, der Zeit und der Tatsachen, in denen die gesetzlichen Merkmale der strafbaren Handlung gefunden werden, sowie das anzuwendende Strafgesetz anzugeben" ist, wird ebenso häufig spurlos an den Geschworenen vorübergehen wie jetzt die Verlesung des Eröffnungsbeschlusses. Eine Erläuterung durch Verlesung anderer Schriftstücke ist so wenig wie jetzt ausgeschlossen (§ 239 s. ob. S. 27). Eine weitere Erläuterung würde, wie jetzt, die Vernehmung des Angeklagten geben, da der Vorsitzende dem Angeklagten in den Verdachtsgründen mittelbar oder unmittelbar die Tatsachen vorhalten muß, in welchen die Anklage die Verwirklichung der Tatbestandsmerkmale sieht und dadurch ins Licht gerückt wird, was rechtlich erheblich und Gegenstand des Beweises ist.

Faßt man aber als das Ziel einer Reform des Schwurgerichts ins Auge, daß sowohl das Interesse der Geschworenen an den Einzelheiten der Verhandlung durch ihre Heranziehung zur Bestimmung des Umfangs der Beweisaufnahme und zur Beurteilung der Straffrage als auch ihr Verständnis für die Einzelheiten durch Anbahnung eines möglichst regen geistigen Verkehrs zwischen dem Vorsitzenden und den

Geschworenen gehoben werden muß, so ist es unerläßlich, dieses Ziel vom ersten Anfang der Hauptverhandlung an zu verfolgen. Diese Erwägung führt zu folgenden Forderungen:

1. Organisierung der Geschworenen durch Wahl eines Obmanns unmittelbar nach der Beeidigung[1]).

2. Mitteilung einer Abschrift der Anklageformel sowie einer Abschrift der dort bezeichneten Strafgesetze.

3. Erteilung einer Rechtsbelehrung durch den Vorsitzenden im Anschluß an die Verlesung der Anklageformel.[2])

4. Feststellung des Plans der Verhandlung durch den Vorsitzenden nach vorgängiger Äußerung der Parteivertreter über die von ihnen zu beweisenden Tatsachen und über ihre Beweismittel[2]).

1. Zur Begründung der ersten Forderung bemerkt Oetker a. a. O.: „Die Geschworenen müssen in die Lage gesetzt sein, nicht nur als einzelne, sondern auch als Kollegium zur Beweiserhebung und zur Fragestellung Anregungen zu geben und Anträge zu stellen. Der Mangel einer Organisation bis zur Spruchberatung macht den Geschworenen klärenden Meinungsaustausch unmöglich und hindert sie an gemeinsamem und voll wirksamem Gebrauch der ihnen zukommenden Befugnisse." Man könnte hier einwenden, es bleibe abzuwarten, ob die Geschworenen überhaupt Veranlassung nehmen, vor der Entscheidung über die Schuldfrage zusammenzutreten; bis dahin könne man sich diese Unterbrechung der Hauptverhandlung sparen. Dieser Einwand ist jedoch zu verwerfen. Wenn es vor der Beratung über die Schuldfrage dazu kommt, daß die Geschworenen z. B. über eine Beweisfrage beraten wollen, ebenso, wenn es nicht dazu kommt, sondern die Geschworenen sich erst nach Feststellung der Fragen zur Beratung zurückziehen, ist es für sie immer besser, unmittelbar in die Beratung über die Sache eintreten zu können, als sich vorher durch die Formalien der Wahl eines Obmanns zu zerstreuen. Dazu kommt, daß die Ge-

---

[1]) Vgl. Oetker im Arch. f. Rechts- u. Wirtschaftsphilosophie 2 S. 236.

[2]) Vgl. den Bericht S. 24 ff. (1 S. 282 ff.) u. S. 39 (1 S. 297); Heimberger S. 10.

schworenen, solange sie keinen Obmann haben, sich nur als zwölf einzelne Urteiler, nicht aber als einheitliches Kollegium betrachten werden, während die Wahl des Obmannes am Anfang der Verhandlung ihnen sofort das Bewußtsein der Zusammengehörigkeit zu einem den Berufsrichtern selbständig gegenüberstehenden Kollegium verleiht. Jene werden sich viel schwerer zu gemeinsamer Tätigkeit aufraffen als diese. Endlich ist noch zu betonen, daß der bisherige Zustand nur geschichtlich aus der ursprünglichen Eigenschaft der englischen Jury als einer Beweis-Jury erklärlich ist; solange die Geschworenen Zeugen waren, bestand gar kein Anlaß, sie als Kollegium zu organisieren, wie ja auch die Forderung der Einstimmigkeit sich aus jener ursprünglichen Natur des Geschworeneninstituts erklärt. Die Entwicklung der Urteils-Jury forderte kollegiale Organisation, der Gedanke der Urteils-Jury wird erst dann vollständig ausgeführt sein, wenn die Geschworenen, ebenso wie die Berufsrichter, schon bei Beginn der Verhandlung als Kollegium organisiert werden. Jeder Schein einer Annäherung des Schwurgerichts an das Schöffengericht, an eine Untergrabung der Selbständigkeit der Geschworenen wird dadurch vermieden.

2. Die Mitteilung einer Abschrift der Anklageformel würde es dem Geschworenen nicht nur erleichtern, der Verlesung zu folgen, sondern würde ihm auch während der Verhandlung und während etwaiger Beratungen feste Anhaltspunkte geben. Ähnliche Dienste könnte auch die Abschrift der Paragraphen des materiellen Strafgesetzes leisten; sie wäre jedenfalls leichter zu handhaben wie ein ganzes StGB. Wenn auch nicht immer alle Geschworenen von solchen Abschriften Vorteil haben, so werden doch regelmäßig in jedem Schwurgericht einige Geschworene sein, welche die Abschriften nicht nur für ihre eigene Erkenntnis zu verwerten wissen, sondern auch die gemeinsame Beratung dadurch fördern, daß sie andere an der Hand der Abschrift besser aufzuklären vermögen. Die Maßregel schließt endlich nicht aus, daß im Beratungszimmer der Geschworenen einige Exemplare des StGB. und der StPO. für diejenigen aufliegen, welche sich darin zurechtfinden können. Einer besonderen

Vorschrift bedarf es nach dieser Richtung nicht, da nach § 1 GVG. auch die Geschworenen dem Gesetz unterworfene Richter sind, ihnen daher die Benutzung von Gesetzbüchern schon heute nicht versagt werden darf[1]). Daß die Geschworenen möglicherweise trotz der Benutzung des Gesetzes zu einer verkehrten Entscheidung gelangen, ist kein Grund, ihnen dieses Hilfsmittel zu versagen, denn das Gleiche passiert ja auch Berufsrichtern und andern gelehrten Juristen. Da die Beteiligten sowie die Geschworenen selbst nur ein Recht auf Rechtsbelehrung haben, läßt sich ohne ausdrückliche Vorschrift ein Recht darauf, daß den Geschworenen Bücher zur Verfügung gestellt werden, allerdings nicht ableiten; aber andrerseits kann man den Geschworenen auch nicht verbieten, Gesetzbücher zu benutzen, die sie selbst mitbringen.

3. Bei Erteilung einer Rechtsbelehrung im Anschluß an die Verlesung der Anklageformel würde der Vorsitzende ebenso wie bei seinem Schlußvortrag die doppelte Aufgabe haben, die Geschworenen über formelles (Prozeß-) und materielles Recht zu belehren. Auf dem Gebiete des Prozeßrechts hätte er den Geschworenen auseinanderzusetzen, welche Rechte sie während der Verhandlung ausüben können, daß ihrem Rechte, Beratung zu verlangen (vgl. unt. III), die Pflicht entspricht, der Verhandlung mit Aufmerksamkeit zu folgen und daß jedes Bedenken sowie jeder Wunsch dem Vorsitzenden gegenüber zu äußern ist, nicht dagegen zum Anlaß von Privatgesprächen während der Verhandlung werden darf. Ferner erstreckt sich die Belehrung über das Prozeßrecht darauf, welche Bedeutung die Aussagen des Angeklagten haben, daß auch sie für die Bildung einer Überzeugung zu verwerten sind, daß andererseits ein Geständnis des Angeklagten keine bindende Kraft hat, sondern an den übrigen Beweisergebnissen auf seine Wahrheit geprüft werden muß, daß ebenso nicht beeidigte Zeugenaussagen nicht ohne weiteres unbeachtlich sind. In der Belehrung über das materielle Recht aber wäre darzulegen, daß die Geschworenen

[1]) RG. Rspr. 8 S. 34, 301, 721; das RG. erklärte in den zwei letzten Entscheidungen sogar für zulässig, den Geschworenen einen Kommentar mitzugeben; dagegen vgl. die erste Entscheidung.

ihr Augenmerk auf alle Umstände zu richten haben, aus welchen auf Vorsatz oder Fahrlässigkeit oder auf einen Schuldausschließungsgrund zu schließen ist, ferner auf Umstände, welche die Rechtswidrigkeit oder die Strafbarkeit ausschließen, auf die Verursachung des Erfolges durch das Verhalten des Angeklagten; endlich welchen Inhalt die einzelnen Merkmale des Tatbestandes, der Strafminderungs-, Straferhöhungs-, Schuld- und Strafausschließungsgründe haben. Diese Belehrung ermöglicht die Unterscheidung der wesentlichen Umstände von unwesentlichen, erleichtert die Verfolgung der Beweisaufnahme und den Gebrauch des Fragerechts sowie eventuell die Benutzung des Rechtes, Beweisanträge zu stellen oder fremde Beweisanträge zu verstehen und zu würdigen.

Die einleitende Rechtsbelehrung wird einerseits das Interesse des Geschworenen wecken und ihm die Sichtung des Beweisstoffes erleichtern, andererseits auch dem Vorsitzenden die Aufgabe der Schlußbelehrung vereinfachen, weil er an früher in der einleitenden Rechtsbelehrung Gesagtes anknüpfen kann. Die Schlußbelehrung wird auch leichter verstanden werden, nachdem der Vorsitzende sich selbst vorgearbeitet hat.

Die einleitende Rechtsbelehrung muß ebenso wie die Schlußbelehrung jeder Erörterung entzogen bleiben, schließt dagegen Fragen und Anträge der Geschworenen auf weitere Belehrung nicht aus. Kann schon jetzt der Vorsitzende im Laufe der Hauptverhandlung einzelne rechtlich belehrende Bemerkungen einfließen lassen, so wird die einleitende Belehrung auch solche Zwischenbemerkungen zur Ergänzung oder zur Erinnerung an Gesagtes keineswegs ausschließen, insbesondere kann sie die Geschworenen anregen, ihrerseits durch Fragen weitere gelegentliche Äußerungen des Vorsitzenden zu veranlassen.

Endlich fällt dem Vorsitzenden die Aufgabe zu, auf Grund der einleitenden Rechtsbelehrung den Geschworenen zu sagen, welche Tatsachen bewiesen werden müssen und welche Tatsachen nur individualisierende Bedeutung haben, so daß ihr Beweis durch Feststellung anderer Tatsachen ersetzt werden kann, ohne an dem historischen Vorgang als Ganzem etwas zu ändern, ohne daß also der Gegenstand der Hauptverhandlung mit einem anderen vertauscht wird.

4. Entsprechend der das deutsche Strafverfahren auch in der Hauptverhandlung beherrschenden Untersuchungsmaxime[1]) muß der Vorsitzende sich einen Plan für die Vorführung der Beweise in der Hauptverhandlung entwerfen. Daß er diesen Plan den Geschworenen mitteilt, ist jedenfalls nicht verboten und ist nicht bloß in umfangreichen Sachen zweckmäßig, denn diese Mitteilung zeigt den Geschworenen noch einmal kurz das Verhältnis der erheblichen Tatsachen zueinander und hilft ihre Wahrnehmungen ordnen. Die Schwurgerichtssachen sind sämtlich keine leichten Fälle und für die überwiegende Mehrzahl der Geschworenen sind sie durchweg schwierig. Andrerseits besteht gar kein Grund, ein Geheimnis aus dem Verhandlungsplane zu machen; die Gefahr einer Durchkreuzung oder Vereitelung des Planes besteht nicht. Es fragt sich nur, ob die Beteiligten vorher oder nachher mit ihren Beweisanträgen gehört werden sollen. Die Kommission der JKV. hat die zweite Alternative gewählt, obwohl damit der Übelstand verbunden ist, daß der Vorsitzende, nachdem er seinen Plan vorgetragen hat, wieder ändern muß, falls bei der nachträglichen Anhörung der Parteien eine neue Tatsache vorgebracht und ein neuer Beweisantrag gestellt wird. Für den Vorsitzenden mag diese nachträgliche Änderung eine geringe Belästigung sein, gegenüber den Geschworenen wird die Erreichung des Zwecks, den die Mitteilung des Planes verfolgt, eher vereitelt als gefördert, wenn ohne Not unmittelbar nach der Vorführung des Planes wieder geändert wird. Im Laufe der Hauptverhandlung können allerdings auch Überraschungen vorkommen, die hierdurch verursachten Störungen und Änderungen sind unvermeidlich. Es ist daher allein zweckmäßig, wenn der Vorsitzende nach Erteilung der einleitenden Rechtsbelehrung

[1]) Bei der gänzlichen Aussichtslosigkeit des Unternehmens, meine bessere Überzeugung (mit Erfolg) zur Geltung zu bringen, stelle ich mich hier auf den Standpunkt des Entwurfs. Vgl. dagegen meine Abh. S. 193 ff.

zunächst den Ankläger und den Angeklagten fragt, ob er neue Tatsachen und Beweismittel vorbringen wolle und dieses Vorbringen bei Aufstellung seines Planes berücksichtigt.

III. Mitwirkung der Geschworenen bei der Beweisaufnahme.

Nach geltendem Rechte (§ 239 StPO.) und nach dem Entwurfe (§ 279 Abs. 3) ist die aktive Mitwirkung der Geschworenen bei der Beweisaufnahme auf die Stellung von Fragen an Zeugen und Sachverständige beschränkt.

Der Augenschein in der Hauptverhandlung ist im Entwurf ebenso wie in der StPO. fast übergangen. Die §§ 92 und 93 StPO. sowie die dem § 92 entsprechende Bestimmung des Entwurfs (§ 79) gelten auch für die Hauptverhandlung. Daß Augenscheinsgegenstände den Geschworenen zur unmittelbaren Besichtigung vorgelegt werden müssen, ist nicht einmal aus § 302 StPO. mit Sicherheit zu folgern (vgl. § 290 Abs. 1); die Notwendigkeit ergibt sich aus der Urteilsaufgabe der Geschworenen. Jeder Anhalt fehlt für die Begründung eines formellen Rechtes der Geschworenen, Bemerkungen über das Augenscheinsobjekt zu machen, Fragen in Beziehung hierauf an den Vorsitzenden zu stellen.[1]) Die Ausfüllung dieser Lücke ist dem Ermessen der Schwurgerichtsvorsitzenden überlassen. Nur durch eine ausdrückliche Vorschrift aber wird jeder Vorsitzende veranlaßt, die Geschworenen auf ihr Recht hinzuweisen, und erst diese Belehrung wird viele Geschworene bewegen, aus ihrer Passivität herauszutreten.

Wie hinsichtlich des Augenscheins bedürfen die Geschworenen auch bei der Aufnahme eines jeden anderen Beweises der Anregung. Daraus ergibt sich als die erste Forderung: Nach der Benutzung jedes einzelnen Beweismittels sind die

---

[1]) Bei dieser Gelegenheit mag erwähnt werden, daß auch das Gebot der Befragung des Angeklagten über die einzelnen Beweismittel (§ 256 StPO.) die Augenscheinsgegenstände nicht nennt, der Entwurf aber im § 231 Abs. 3 diese Lücke ausgefüllt hat, indem er verlangt, daß dem Angeklagten nach Benützung eines jeden Beweismittels Gelegenheit zur Äußerung gegeben werde.

Geschworenen zu fragen, ob sie in Beziehung auf dieses Beweismittel weitere Aufklärung wünschen. Dieser Forderung wird, wenigstens beim Zeugen- und Sachverständigenbeweis, heute schon durch die Praxis der Schwurgerichtsvorsitzenden genügt.

Wichtiger ist die Ausdehnung der Befugnisse der Geschworenen in den folgenden Punkten[1]):

1. Vor der Entscheidung des Gerichts über einen Beweis-Antrag sind die Geschworenen zu hören.

2. Verlangen die Geschworenen mit Stimmenmehrheit die Erhebung eines Beweises, so muß die Erhebung angeordnet werden, es sei denn das Beweismittel unerreichbar.

3. Die Geschworenen sind nach der Vernehmung des Angeklagten jederzeit befugt, sich zu Besprechungen in das Beratungszimmer zurückzuziehen, wenn ein Antrag hierauf von drei Geschworenen unterstützt wird. Der Vorsitzende kann auch von Amts wegen die Beratung der Geschworenen über eine bestimmte Frage veranlassen.

1. Bei der Betrachtung des § 232 (S.19ff.) hat sich gezeigt wie die im Entwurfe beabsichtigte neue Regelung der Grenzen, innerhalb deren Beweisanträge abgelehnt werden dürfen, das Bedürfnis nach der Anteilnahme der Geschworenen an der Entscheidung über Beweisanträge ganz besonders hervortreten lassen. Jedenfalls greifen die drei Fragen, ob eine Tatsache für die Entscheidung von Bedeutung ist, ob eine Tatsache offenkundig oder ob sie zugunsten des Angeklagten erwiesen ist, in die Zuständigkeit der Geschworenen ein; bei der ersten dieser drei Fragen ist allerdings vom Standpunkte des geltenden Rechtes und des Entwurfes eine Einschränkung hinsichtlich solcher Tatsachen zu machen, welche nur für die Strafzumessung von Bedeutung sind und nicht Gegenstand einer Nebenfrage (§§ 295, 297 StPO.; § 285, 286) werden können. Aber, wenn die Reform den Geschworenen einen weitergehenden Einfluß auf die Strafzumessung einräumen würde, wie hier (VIII) befürwortet werden soll, so entfiele

[1]) Vgl. den Bericht S. 25 ff. u. 39 und Heimberger S. 11. Die von den Beschlüssen der Unterkommission abweichende Fassung wird durch die Ausführungen im Text begründet.

29*

insoweit auch diese Einschränkung. Es erscheint daher als unerläßlich, daß die Geschworenen vor der Entscheidung des Gerichts über einen Beweisantrag gehört werden. Die Beschränkung des Gehörs auf die drei genannten Fälle wäre unzweckmäßig, weil die Anhörung der Geschworenen doch erfolgen müßte, ehe die Richter sich zur Beratung zurückziehen und in diesem Zeitpunkt nicht mit absoluter Sicherheit gesagt werden kann, welcher Ablehnungsgrund bei der Entscheidung eine Rolle spielen wird, nachträgliche Unterbrechung der Beratung aber störend und verzögerlich wirken würde. Übrigens ist es, wenn auch nicht unerläßlich, so doch nicht überflüssig, die Geschworenen auch darüber zu hören, ob sie ein Beweismittel für unerreichbar halten; die Ungeeignetheit ist überhaupt nicht als Verwerfungsgrund anzuerkennen.

2. Sowohl aus Anlaß dieser Befragung wie aus eigener Initiative können die Geschworenen sich mit Stimmenmehrheit für die Erhebung eines Beweises aussprechen. Nur ein folgerichtiger Ausbau der Geschworenen-Aufgabe ist es, wenn man den Mehrheitsbeschluß der Geschworenen für das Gericht als bindend erklärt. Es ist durch nichts gerechtfertigt, dem zur Würdigung des Beweisergebnisses ausschließlich berufenen Organ die Entscheidung über den Umfang der Beweisaufnahme zu versagen. Die Nichtberücksichtigung der Geschworenen bei dieser Frage wird sich in vielen Fällen im Spruch über die Hauptsache rächen.

Es liegt nahe, eine Ausnahme hinsichtlich der Rechtsfragen zu machen derart, daß das Gericht die von der Mehrheit der Geschworenen gewünschte Beweisaufnahme aus Rechtsgründen, d. h. wegen rechtlicher Unerheblichkeit der Tatsache abweisen darf. Eine Ergänzung oder Wiederholung der Rechtsbelehrung kann bei dieser Gelegenheit nötig werden, aber eine Ausnahme der bezeichneten Art ist verwerflich; gerade in einem solchen Falle besteht die Gefahr, daß die Geschworenen ihre abweichende Ansicht im Spruch zur Geltung bringen würden. Man kann auch niemals voraussagen, ob nicht ein Beweismittel bei der Aufnahme des Beweises doch Licht über eine erhebliche Tatsache verbreitet, an die vorher vielleicht niemand dachte. Kann hierdurch ein Nachteil in der Hauptsache nicht entstehen, wenn die Geschworenen zu Unrecht die Erheblichkeit bejahen, so muß doch das Gericht den Beweis anordnen dürfen, wenn die Geschworenen irrigerweise die Erheblichkeit der Tatsache verneinen, weil sonst die Wahrheitserforschung leiden würde.

Nur wenn das Gericht von der Unerreichbarkeit des Beweismittels überzeugt ist, erscheint die Ablehnung des Antrages der Geschworenen als gerechtfertigt, denn die Unerreichbarkeit ist eine technische Frage der prozessualen und Verkehrsmöglichkeiten, über die das letzte Urteil den Juristen vorbehalten sein muß.

3. Diese Beteiligung der Geschworenen an der Bestimmung des Umfangs der Beweisaufnahme setzt die Möglichkeit gemeinsamer geheimer Beratung voraus. Darf der Vorsitzende im Interesse der Ruhe und Würde der Verhandlung nicht dulden, daß die Geschworenen während der Verhandlung sich besprechen und ihre Aufmerksamkeit teilen, so muß das Gesetz den Geschworenen den anderen Weg des Meinungsaustausches eröffnen. Die Beratung kann auch zu anderen Zwecken als zur Aussprache über Beweisanträge, insbesondere behufs Stellung gemeinsamer Anträge über Ergänzung und Fassung der Fragen verlangt werden. Nur die Unterbrechung der Aufnahme eines einzelnen Beweismittels wird in der Regel nicht zu gestatten sein; es muß dem pflichtmäßigen Ermessen des Vorsitzenden überlassen bleiben, nötigenfalls einen geeigneten Zeitpunkt für die Beratung zu bestimmen, die doch immer eine Unterbrechung der Verhandlung bedeutet. Jedenfalls besteht kein Grund, vor Abschluß der Vernehmung des Angeklagten eine solche Beratung der Geschworenen herbeizuführen.

Schließlich ist noch zu erwägen, ob nicht der Vorsitzende die Geschworenen aus Anlaß der Anhörung über einen Beweisantrag aus eigener Initiative ins Beratungszimmer schicken darf. Diese Maßregel kann zweckmäßig sein, wenn die Meinungen der Geschworenen sehr auseinandergehen und der Klärung bedürfen; z. B. ein Teil der Geschworenen ist für die Erhebung des ganzen beantragten Beweises, ein Teil für die Ablehnung des ganzen Antrages, wieder andere sind für Ablehnung dieses oder jenes Teiles des Antrages, oder es treten verschiedene Meinungen über die Bedeutung der zu beweisenden Tatsache für die Entscheidung hervor.

IV. Vorbereitung des Spruchs durch Fragestellung.

Der Entwurf (§§ 280 ff.) weicht vom geltenden Rechte (§§ 290 ff. StPO.) nicht wesentlich ab. Die Zweckmäßigkeit der Beibehaltung des Systems der Fragestellung kann nicht bestritten werden. Die französische Scheidung in Tat- und Rechtsfrage wird niemand mehr befürworten wollen. Die Teilung der Urteilsaufgabe in Schuld- und Straffrage ist nur ein Name, denn Schuld- und Straffrage lassen sich ebensowenig trennen wie Tat- und Rechtsfrage; in Wahrheit haben die Geschworenen neben der Schuldfrage einen kasuistisch abgegrenzten Teil der Straffrage zu entscheiden, nämlich: besondere Strafminderungs- und Straferhöhungsgründe, mildernde Umstände und Umstände, welche die Strafbarkeit wieder aufheben; die Richter aber entscheiden in dem Rest der Straffrage zugleich über den Grad der Schuld, also auch über ein Stück der Schuldfrage. Scheidet man hier die Ausdehnung des zweiten Teils der Geschworenen-Aufgabe vorläufig aus (VIII), so bleiben vier Probleme zu erörtern:

1. Die Vereinfachung der Fragestellung[1]);
2. das System der Teilung durch Zusatzfragen[2]);
3. das Spezial-Verdikt[3]);
4. die Beteiligung der Geschworenen an der Feststellung der Fragen[4]).

1. Ihrer prozeßrechtlichen Natur nach ist die Stellung der Fragen an die Geschworenen eine prozeßleitende Anordnung, worin den Geschworenen für die Beratung der Leitfaden an die Hand gegeben wird, den sich jedes Gericht sonst von Fall

[1]) Vgl. Bericht S. 28

[2]) Vgl. meine Abh. S. 205 ff. Rittler in Schwurgerichte und Schöffengerichte 1 S. 484 ff. bes. 527 ff.

[3]) Kronecker ebenda S. 346 ff.

[4]) Oetker im Gerichtssaal 68 S. 104 ff.; Kahl ebenda S. 18 ff. Kronecker ebenda S. 342.

zu Fall in weniger förmlicher Weise herstellt. Jeder einzelne Richter muß sich vor der Entscheidung die Fragen formulieren, auf welche es ankommt, und muß sie in ein logisches Verhältnis zueinander bringen. Die nämliche Aufgabe hat jedes Kollegium und daran, daß die Aufgabe nicht leicht genommen werden darf, erinnert § 196 Abs. 2 GVG.; wenn auch schriftliche Feststellung hier nicht ausdrücklich vorgeschrieben ist, so kann das Gericht doch diese Form wählen. Der Zweck ist ja, Ordnung in die Beratung zu bringen, den Stoff zu erschöpfen und das Erhebliche vom Unerheblichen zu sondern. Den gleichen Zweck verfolgt die Feststellung der Fragen an die Geschworenen, nur besorgt diese technische Vorbereitung der Vorsitzende oder das Gericht, nicht das zur Entscheidung berufene Geschworenenkollegium selbst, weil man diesem die nötigen Fähigkeiten nicht zutraut, ihm jedenfalls die Übung fehlt und endlich das Kollegium auch für diese Aufgabe zu groß ist. Aus dieser Betrachtung ergibt sich zugleich, daß Vorsitzender und Gericht nach ihrer sonstigen Stellung im Verfahren diejenigen Subjekte sind, von welchen die Fragen festgestellt werden müssen. Eine Übertragung der Aufgabe auf die Parteien wäre eine Überspannung der Verhandlungsform und würde das Verfahren nicht vereinfachen.[1])

Soll nun die Fragestellung ihren Zweck erreichen, so muß sie vor allem scharf und klar sein. Dieses Ziel strebt die StPO. und der Entwurf bei den Haupt- und Hilfsfragen mit dem Gebot der Bezeichnung der gesetzlichen Merkmale (Spezialisierung) und dem Gebot der Hervorhebung der zur Unterscheidung von gleichartigen Handlungen erforderlichen Umstände (Individualisierung oder Konkretisierung) an. Die Erfüllung dieser Forderungen kann aber in besonderen Fällen das Gegenteil des Gewollten: Verwirrung statt Klarheit erzielen. Wird eine Frage wegen Versuchs gestellt, so muß der Wortlaut von zwei Paragraphen des StGB. in die Frage aufgenommen werden; eine Frage wegen Teilnahme am Versuch nötigt zur Aufnahme der Merkmale von drei Para-

[1]) Vgl. meine Abh. S. 209 und Kronecker a. a. O.

graphen des StGB.; diese Häufung von Stoff in einer Frage ist mit Übersichtlichkeit unvereinbar und erschwert die Verständlichkeit. Von diesem Gedanken aus kam v. Liszt in der Schwurgerichtskommission (S. 38 Anm. 1) zu dem Vorschlage, die gesetzlichen Merkmale des Verbrechens in der Fragestellung durch einen zusammenfassenden populären Ausdruck wie Versuch, Teilnahme, Diebstahl zu ersetzen und diese Form der Fragestellung durch eine dem Fragebogen beigegebene Abschrift der anzuwendenden Paragraphen zu ersetzen.

Dagegen ist geltend zu machen, daß die Aufnahme der Merkmale in die Fragen die einzige Gewähr für die Würdigung aller Merkmale in der Beratung bietet; die erwähnte Vereinfachung dagegen zerreißt die Frage in zwei oder mehrere ungleichartige Teile: eine Frage und eine oder mehrere Definitionen; die Geschworenen müssen sich das bei dem jetzigen System in der Frage selbst geordnete Verhältnis der Teile zueinander erst bei der Beratung auf Grund der Rechtsbelehrung vergegenwärtigen und konstruieren. Es besteht die Gefahr, daß ihnen diese Arbeit mißlingt, oder daß sie sich dieser Aufgabe überhaupt entschlagen und die Tat ohne weiteres unter den bequemeren populären Ausdruck subsumieren, folglich das Vorhandensein der gesetzlichen Merkmale überhaupt nicht prüfen. Daraus ergibt sich aber die weitere Gefahr, daß ohne die ausdrückliche Feststellung der Merkmale § 2 StGB. durchbrochen und eine nicht subsumierbare Handlung doch unter den allgemeinen populären Begriff subsumiert, also eine nicht strafbare Handlung der Bestrafung unterworfen werde.

2. Das System der Teilung durch Zusatz (Kontroll-) - fragen ist im österreichischen Rechte heimisch (österr. StPO. § 323 Abs. 3 a. E.) [1]) und in eigenartiger Weise vom italienischen Entwurf (1905) ausgebaut worden [2]). Über das

---

[1]) § 323 a. E. lautet: „Für den Fall der Bejahung einer Frage kann die Stellung von Zusatzfragen zu dem Zwecke verlangt werden, um ein in die Frage aufgenommenes gesetzliches Merkmal auf das ihm entsprechende tatsächliche Verhältnis zurückzuführen.“

[2]) Der italienische Entwurf schlägt die folgenden Bestimmungen vor:

österreichische Recht bemerkt Rittler a. a. O. (Anm. 2 S. 38), es sei im Wege der Kontrollfragen nur möglich, eine irrige Subsumtion von Tatsachen unter das Gesetz aufzudecken, nicht aber eine irrige Nichtsubsumtion, d. h. die Ablehnung eines gesetzlichen Merkmales trotz Feststellung der dieses ausmachenden Tatumstände, denn Kontrollfragen können nach der österr. StPO. nicht für den Fall der Verneinung einer Frage gestellt werden. Abstrakt betrachtet erklärt er auch für den Fall der Verneinung Kontrollfragen als möglich. Eine solche müßte aber in der Fassung gestellt werden, ob die Geschworenen die zu kontrollierende Frage

---

Art. 486. La questione sul fatto principale contiene la domanda sulla colpevolezza dell' accusato, l' enunciazione del fatto indicato nella sentenza d' invio o nella richiesta del decreto di citazione e l' enunciazione degli elementi costitutivi del reato.

Il presidente, ad istanza delle parti o d' ufficio, avuto riguardo alla natura della causa, può dividere la questione sul fatto principale nelle seguenti questioni:

1° se esiste il fatto materiale;

2° se il fatto medesimo sia stato commesso dall' accusato;

3° se l'accusato sia colpevole del fatto indicato nel numero 1°, enunciandovisi l' elemento morale costitutivo del reato.

Le questioni subordinate contengono la domanda sulla colpevolezza dell' accusato e l'enunciazione del fatto e degli elementi costitutivi del reato e possono essere divise a norma del' articolo presente.

Art. 488. Quando i giurati debbano pronunziare su causa che esclude l'imputabilità, la questione sul fatto principale è divisa nelle seguenti questioni:

1° se esista il fatto materiale;

2° se il fatto medesimo sia stato commesso dall' accusato;

3° se sia stato commesso col concorso della causa che esclude l'imputabilità, enunciandovisi gli elementi costitutivi della medesima;

4° se non sussistendo la causa, l' accusato sia colpevole del fatto indicato nel numero 1°, enunciandovisi l' elemento morale costitutivo del reato.

Nach Art. 495 hat der Präsident beim Schluß der Verhandlung, ohne in eine Würdigung der Beweise einzutreten, die Fragen durch Erläuterung der in diese aufgenommenen Rechtsbegriffe und des Beweisrechts zu erklären; daraus folgt, daß bei der Teilung nicht an eine Scheidung von Tat- und Rechtsfrage gedacht ist. Unter dem elemento morale costitutivo del reato ist die Schuldart zu verstehen.

„einzig aus dem Grunde verneinten, weil sie das in letzterer angegebene Verhältnis zwischen Tatsache und Recht nicht für zutreffend erachteten"; denn sonst wäre mit der Feststellung, die Geschworenen seien der Ansicht, die bezeichneten Tatsachen stellen das gesetzliche Merkmal nicht her, noch nicht die Ursächlichkeit des Irrtums für die Verneinung der zu kontrollierenden Frage erwiesen, da ja die Verneinung dieser Frage aus verschiedenen Gründen erfolgen kann.

Das System der Kontrollfragen stellt einen Mittelweg zwischen der älteren Art der Fragestellung, welche eine nähere Darstellung des Vorgangs der strafbaren Handlung in sich aufnahm [1]), und der neueren Art dar, welche sich neben der Spezialisierung durch Angabe der gesetzlichen Merkmale mit kurzer Individualisierung begnügt. Die Kontrollfragen ermöglichen es, eine unmittelbare und klare Beziehung zwischen bestimmten Tatsachen und dem gesetz-

[1]) Vgl. Bayr. Ges. v. 10. 11. 1848, die Abänderung des zweiten Teils des StGB. v. Jahre 1813 betr. Art. 173: „Die Hauptfrage wird dahin gerichtet, ob sich der Angeklagte des Verbrechens, welches den Gegenstand der Anklage bildet, schuldig gemacht habe. Hierbei sind alle wesentlichen tatsächlichen Beziehungen, wie solche in der Anklageschrift enthalten sind oder sich bei der Verhandlung herausgestellt haben, in die Frage mitaufzunehmen." Art. 176 „Tatumstände, welche bloß auf Ausmessung der Strafe innerhalb des höchsten und niedrigsten Strafmaßes Einfluß haben, werden bei der Fragestellung nicht besonders hervorgehoben." Preuß. Ges. v. 3. 5. 1852 Art. 82: „Bei Bezeichnung der wesentlichen Merkmale einer strafbaren Handlung sind, insoweit es geschehen kann, Rechtsbegriffe, welche nicht eine allgemein bekannte und in dem gegebenen Falle unbestrittene Bedeutung haben, durch solche gleichbedeutende Ausdrücke zu ersetzen, zu deren Verständnis Rechtskenntnisse nicht erforderlich sind." Ähnlich Sächs. Ges. v. 1. 10. 1868 § 66 Abs. 2. Vgl. v. Bar, Recht und Beweis im Geschworenengericht (1865) S. 169 ff.; Meyer, Hugo, Tat- u. Rechtsfrage im Geschworenengericht S. 246 ff. Neuerdings Goldschmidt in DJZ. 7 (1902) S. 72 ff., der einen Beschluß der damals tagenden Reichstagskommission bekämpft, wonach in die Hauptfrage — unter Weglassung der gesetzlichen Merkmale — alle Tatsachen aufgenommen werden sollten, welche die wesentlichen Merkmale der dem Angeklagten zur Last gelegten strafbaren Handlung bilden. Goldschmidt selbst empfahl a. a. O. S. 73 Zusatzfragen nach österreichischem Muster.

lichen Merkmale herzustellen, z. B. zwischen dem Merkmal „mit Überlegung ausgeführt“ und einem bestimmten Tun oder Unterlassen des Täters, zwischen dem Merkmal „öffentlich“ und bestimmten Eigenschaften der individuell bezeichneten Urkunde. Die Beurteilung der Rechtsfrage wird dadurch den Geschworenen nicht entzogen, sondern erleichtert; zugleich wird eine Nachprüfung der von den Geschworenen vorgenommenen Rechtsanwendung ermöglicht. Gerade dieser Umstand, welcher den Ausdruck „Kontrollfrage“ erklärt, empfiehlt die Einrichtung; jedoch ist von ihr nur maßvoll Gebrauch zu machen, um die Zahl der Fragen nicht zu sehr zu steigern und die Gefahr der Unübersichtlichkeit zu vermeiden.

Unter dieser Bedingung kann aber in zweifacher Richtung über das österreichische Gesetz hinausgegangen werden: einmal durch Zulassung der bereits erwähnten Stellung von Kontrollfragen für den Fall der Verneinung einer vorausgegangenen Frage, mag diese Haupt-, Hilfs- oder Nebenfrage sein, jedoch so, daß nur für den Fall der Bejahung oder nur für den Fall der Verneinung eine Unterfrage gestellt wird. Wollte man die Unterfrage sowohl für den Fall der Verneinung als für den der Bejahung der nämlichen vorangegangenen Frage zulassen, so würde Verwirrung kaum zu vermeiden sein. Es hat also das Ermessen des Richters zu entscheiden, ob die eine oder die andere Alternative vorzuziehen sei. Sodann ist auch durch die Anordnung der Fragenteilung über das österreichische Recht hinauszugehen.

Das geltende Recht kennt keine besondere Frage über Schuldausschließungsgründe [1]) und verzichtet deshalb hinsichtlich dieser auf die Bezeichnung der gesetzlichen Merkmale des die Schuld ausschließenden Tatbestandes (§§ 52 ff., 59 StGB.). Darin liegt eine Inkonsequenz, denn man verzichtet damit auf die Gewißheit, daß den Geschworenen im Augenblick der Beratung diese gesetzlichen Merkmale z. B. der Notwehr gegenwärtig waren. Der Grund hierfür liegt

---

[1]) Zur Geschichte vgl. Hahn, Materialien z. StPO. 1 S. 463 ff. 927 ff.

offenbar darin, daß man die Geschworenen nicht durch Vorlegung einzelner Fragen über bestimmte Schuldausschließungsgründe davon abhalten will, noch andere Schuldausschließungsgründe zu prüfen. Einerseits ist aber der Gefahr eines Irrtums der Geschworenen über die Pflicht, alle Schuldausschließungsgründe zu berücksichtigen, durch die Rechtsbelehrung zu begegnen; andrerseits pflegen doch nicht in einem einzelnen Falle sämtliche Möglichkeiten der Schuldausschließung zusammenzutreffen, sondern die Umstände des konkreten Falles deuten jeweils auf eine solche Möglichkeit hin. Auf dieser Erwägung beruht sichtlich Art. 488 des italienischen Entwurfes. Im System des deutschen Rechtes wäre die Teilung zum Zwecke der Hervorhebung eines Schuldausschließungsgrundes so zu gestalten: Hauptfrage: Ist der Angeklagte — vorbehaltlich der Frage 2 und 3 — schuldig. : . ? Die Unterfrage aber: Hat der Angeklagte durch die in Frage 1 bezeichnete Tat eine Verteidigungshandlung ausgeführt, welche erforderlich war, um den zur Zeit der Tat gegenwärtigen mittels eines Messers verübten rechtswidrigen Angriff des X. von sich abzuwenden? Weitere Schwierigkeiten verursacht gerade bei diesem Schuldausschließungsgrunde die Frage nach der straflosen Überschreitung der Notwehr; es wird eine weitere Unterfrage nötig: Für den Fall der Verneinung von Frage 2: ist der Angeklagte in Bestürzung, Furcht oder Schrecken über die Grenzen der Verteidigung hinausgegangen dadurch, daß er .... Allerdings kann die zweite Frage nicht bloß deshalb verneint werden, weil die Geschworenen annehmen, die Handlung habe das erforderliche Maß der Verteidigung überschritten, sondern auch deshalb, weil sie ein anderes gesetzliches Merkmal der Notwehr verneinen. Trotzdem ist es nicht unlogisch, die Frage 3 zu stellen, denn deren Verneinung ist logisch auch möglich und notwendig, wenn die Geschworenen z. B. das Merkmal des Angriffs oder der Rechtswidrigkeit des Angriffs verneinen; dann liegt keine Verteidigung vor, und folglich ist zu verneinen, daß der Täter über die Grenzen der Verteidigung hinausgegangen sei. Gerade die Schwierigkeit der Fragestellung beweist deren Notwendigkeit, wie im allgemeinen, so auch hier. Das Ergebnis ist ebenso wie nach geltendem Recht im Falle des § 298 StPO. (Jugendliche und Taubstumme) rein logisch durch das Gericht festzustellen. Eine Gesamtfrage, welche die Feststellung des Ergebnisses den Geschworenen überläßt, wie in der württembergischen StPO. (1868) § 366, erzeugt die Gefahr innerlich unhaltbarer Sprüche[1]).

Eine andere Teilung durch Vermittlung von Unterfragen veranlaßt die oben S. 39 ff. erwähnte Häufung von Tatbeständen (Versuch, Teilnahme und Deliktsart). Der Gedanke von v. Liszt, die Fragestellung durch Benutzung eines populären Ausdrucks wie Versuch und Teilnahme zu vereinfachen, verliert alles Gefährliche, sobald man die gesetzlichen Merkmale in Unterfragen aufnimmt, wobei in der voranzustellenden Frage wieder ein Vorbehalt für die Beantwortung der Unterfrage aufzunehmen ist. Zum Beispiel Hauptfrage: Ist der Angeklagte — vorbehaltlich der Frage 2 — schuldig des Versuchs, den X., einen Menschen, vorsätzlich zu töten usw.? Unterfrage: Für den Fall der Bejahung von Frage 1: Hat der Angeklagte den Entschluß, den X. zu töten, durch Handlungen betätigt usw. (mit Einschluß der Individualisierung)? Wird der Fall durch die Teilnahme kompliziert, so ist hinsichtlich dieser eine weitere Unterfrage zu stellen. Hinsichtlich dieser allgemeinen Fragen wird man die Unterfrage für den Fall der Verneinung der Hauptfrage besser nicht zulassen, weil sonst Verwirrung sehr nahe liegt.

Dagegen darf man nicht Mangel an Übersichtlichkeit einwenden; denn die Übersichtlichkeit fehlt bei dem gegenwärtigen System der Ineinanderschachtelung der Merkmale dreier Begriffe in viel höherem Grade. Wenn man den Geschworenen nicht zutraut, bei einem System von Unterfragen zu einem richtigen Spruch zu gelangen, so kann man ihnen noch viel weniger zutrauen, daß sie beim gegenwärtigen System das Richtige treffen. Daran würde auch die von Ötker[2]) vertretene Zuziehung eines Richtergeschworenen nichts ändern. Der Zeitaufwand aber, den eine umfang-

[1]) Kronecker a. a. O. S. 350 ff.

[2]) Vgl. den Bericht S. 9 ff. 28, 29, 37 und Oetker im Arch. f. Rechtsphilosophie 2. S. 231 ff.

reichere Fragestellung erfordert, kann durch die damit erzielte Erleichterung und Abkürzung der Geschworenenberatung wieder wett gemacht werden. Endlich ist zu betonen, daß die schriftlich vorliegenden Fragen an die Geschworenen ein Mißverständnis viel eher verhüten werden als die mündliche Fragestellung im Schöffengericht; gerade diese Form der Fragenstellung gibt den Geschworenen ein Übergewicht über die Schöffen.

3. Die Herbeiführung eines Spezialverdikts der Geschworenen, d. h. einer Erklärung, die sich hinsichtlich einzelner Punkte auf tatsächliche Feststellungen beschränkt und die Rechtsanwendung insoweit ganz dem gelehrten Richter überläßt [1]), ist schon deshalb nicht rätlich, weil diese

[1]) Von den englischen Entwürfen enthält derjenige vom 14. Mai 1878 Bill 178 die ausführlichsten Bestimmungen über Spezial-Verdikt. Sect. 377: The jury may in their discretion find either that the defendant is guilty, or that he is not guilty, or they may find a special verdict, which shall be drawn up in the manner herein after provided for. Sect. 409: If the jury wish to find a special verdict the court shall put such questions to them as it thinks necessary to enable itself to raise for the consideration of the Court of Appeal the questions of law which the jury do not wish to decide by their verdict. A special entry shall be made in the record of such questions and of the answers thereto given by the jury, and the court shall also draw up such a statement of the circumstances of the case as will enable the Court of Appeal to understand the object and effect of the said questions and answers, and in the same form as a case reserved for the opinion of the Court of Appeal — — — The subsequent proceedings upon such a verdict shall be the same as upon a case reserved for the opinion of the Court of Appeal, provided that the court before which the trial is had shall not pass judgement upon the defendant until the Court of Appeal has given its decision.

Die beiden Entwürfe des Jahres 1879 (Fassung vom 3. April und — nach den Kommissionsbeschlüssen — vom 12. Mai 1879; Bill 117 und 170) enthalten nur in sect 539 al. 3—5 unter dem Titel Reserving questions of law übereinstimmend den Satz: If the decision of the question may in the opinion of the Court depend on any question of fact or facts, the Court may in its discretion ask the jury questions as to such facts separately, and the Court shall make a note of such questions and the findings thereon. — Either the prosecutor or the accused may during the trial apply the Court to reserve any such question as aforesaid, and the Court, if it refuses so to reserve it, shall

Einrichtung selbst in ihrer Heimat — in England — fast außer Gebrauch gekommen ist. Dort ein Überrest der ursprünglichen Beschränkung der Geschworenen auf ein Zeugnis, würde die Einrichtung im Deutschen Reich, wo jener historische Zusammenhang fehlt, ganz unverständlich sein und eine ähnliche traurige Existenz genießen wie die verkümmerte Erscheinung des Kreuzverhörs. Das Spezialverdikt ist auch als ein Rückfall in die längst als undurchführbar erkannte Unterscheidung von Tat- und Rechtsfrage verwerflich. Überläßt man den Geschworenen die Wahl dieser Alternative, so erlaubt man ihnen, einen Teil ihrer Verantwortlichkeit abzuwälzen, was nicht empfehlenswert ist, weil die Geschworenen sich dadurch dem Verdacht aussetzen, daß sie sich ihrer Aufgabe nicht gewachsen fühlen oder daß sie einen andern Teil ihrer Aufgabe zu leicht genommen haben. Soll dagegen der Richter allein es in der Hand haben, die Geschworenen auf ein Spezialverdikt zu beschränken, so würde man in der Benutzung dieser Befugnis eine Entrechtung der Geschworenen sehen. In beiden Fällen aber könnte die Einrichtung dem Ansehen der Rechtspflege nur schaden.

4. Daraus, daß man dem Geschworenenkollegium die Aufgabe, sich selbst die Fragen zu stellen und zu ordnen, nicht wie einem andern Organ vollständig überlassen kann, folgt nicht, daß die Geschworenen sich nicht als Kollegium an der Lösung dieser Aufgabe beteiligen könnten. Der Ent-

nevertheless take a note of such objection, unless it considers the application frivolous. — After a question is reserved the trial shall proceed as in other cases. — Al. 7: If the question is reserved a case shall be stated for the opinion of the Court of Appeal.

Da in beiden Entw. Sätze fehlen, welche dem Inhalte von sect. 377 u. 409 des 1. Entw. entsprechen, so ist klar, daß, wie Kronecker a. a. O. S. 347 ff. Anm. 5 betont, die Fällung eines special-verdicts dem Ermessen der Geschworenen entzogen werden sollte. Der Entwurf vom 6. Februar 1880 (Bill 47) aber griff in sect. 357 wieder auf den 1. Entw. zurück: The jury may either find the accused „guilty“ or „not guilty“ or may return a special finding, or may reply seriatim to any questions left to them by the judge as they shall think fit. Die sect. 367 ff., welche von vorbehaltenen Rechtsfragen handeln, erwähnen das special-verdict nicht mehr. (Die angeführten Zeiten bezeichnen die Tage, an welchen das Haus der Gemeinen den Druck angeordnet hat.)

wurf (§ 281) gesteht ebenso wie die StPO. § 291 jedem einzelnen Geschworenen das Recht zu, Mängel in der Fragestellung zu rügen und Anträge auf Abänderung und Ergänzung der Fragen zu stellen. Dieses Recht ist illusorisch, da der Geschworene, so lange er die Auffassung der übrigen Geschworenen nicht kennt, Bedenken trägt, über einen so schwierigen Gegenstand Anträge zu stellen, zumal er nach der herrschenden Auslegung des Imperativs „soll" nicht einmal einen Anspruch auf Mitteilung einer Abschrift des Fragebogens hat, selbst dann nicht, wenn die Verhandlung behufs Prüfung der Fragen auf kurze Zeit unterbrochen wird (§ 290 StPO.). Die erste Voraussetzung für die erfolgreiche Ausübung des Antragsrechtes ist ein zwingendes Gebot der Mitteilung einer Abschrift des Fragebogens, die zweite Voraussetzung der Meinungsaustausch unter den Geschworenen selbst in Form einer Beratung. Diese würde zugleich dem Verständnis der nachfolgenden Rechtsbelehrung vorarbeiten. Läßt man zu, daß die Geschworenen auf Grund ihrer Beratung über die festgestellten Fragen eine Änderung oder Ergänzung der Fragen veranlassen, so ist es nur folgerichtig, auch vor der Feststellung eine Beratung der Geschworenen über die Fragen zuzulassen. Die augenblickliche Verzögerung, die dadurch eintritt, kann eine später eintretende Verzögerung verhüten, ist also kein Grund, die Neuerung abzulehnen. Im Gegenteil, die vorgängige Beratung der Geschworenen sollte in jedem Falle obligatorisch sein, damit sie ihre Bedenken möglichst früh geltend machen.

V. Schlußvortrag des Vorsitzenden.

Über die Unentbehrlichkeit und die Mängel dieser Einrichtung bedarf es hier keiner Auseinandersetzung mehr [1]). Die durch einleitende Rechtsbelehrung und durch Beratung über die Fragestellung vorbereiteten Geschworenen werden viel besser befähigt sein, dem Schlußvortrag mit Verständnis zu folgen, als dies heute der Fall ist. Der Schlußvortrag ist trotz der einleitenden Rechtsbelehrung nicht bloß Wieder-

[1]) Vgl. meine Abh. S. 201 ff.

holung, und soweit er Wiederholung ist, keineswegs überflüssig. Die Ergebnisse der Hauptverhandlung, welche hypothetisch zu berücksichtigen sind, und die festgestellten Fragen geben dem Schlußvortrag neuen Stoff.

Er ist nach der StPO. nicht bindend und soll es nach dem Entwurfe nicht sein. Theoretisch ist dies auch richtig, denn er ist nicht Gesetz, sondern nur Gesetzesauslegung eines einzelnen Juristen. So lange man daran festhält, ist auch eine stenographische Niederschrift oder sonstige schriftliche Feststellung des Inhaltes nicht nötig. Ohne diese aber muß man auf die Anfechtung des Urteils wegen fehlerhafter Rechtsbelehrung verzichten. Vgl. noch X. Abschnitt.

Das Resumé wird im Entw. § 289 noch feierlicher und gründlicher verdammt als in der StPO. § 300, indem der Vorsitzende angewiesen wird, seine Ansicht über Schuld oder Nichtschuld auch nicht in anderer Weise als durch Würdigung der Beweise auszudrücken. Die Verschärfung des Verbotes ist nur zu billigen [1]). Verschwinden wird jedoch das Verraten der eigenen Ansicht des Vorsitzenden über Schuld oder Nichtschuld erst mit der Untersuchungsform. Die Stellung, welche das Gesetz und der Entwurf dem Vorsitzenden anweisen, nötigen ihn, bei der Beweisaufnahme herauszutreten; es gibt auch stillschweigende Meinungsäußerungen.

VI. Beratung der Geschworenen [2]).

Der Entwurf § 290 und die StPO. § 302 erlauben übereinstimmend, daß den Geschworenen diejenigen Gegenstände ins Beratungszimmer mitgegeben werden, welche ihnen in der Verhandlung „zur Besichtigung vorgelegt" worden waren. Dazu gehören zweifellos Protokolle und andere verlesene Urkunden nicht. Durch die Beschränkung wird zur halben Durchführung der Unmittelbarkeit eine weitere Halbheit hinzugefügt. Führt man Tatsachen aus der Voruntersuchung, weil schriftlich festgestellt, in die Hauptverhandlung ein, so ist

[1]) Die Gründe gegen das Résumé brauchen daher an dieser Stelle nicht wiederholt zu werden; vgl. meine Abh. S. 197 ff.

[2]) Vgl. den Bericht S. 30; Löwenstein DJZ. 14 (1909) S. 371.

es allein richtig, den mittelbaren Stoff in seiner schriftlichen Form den Geschworenen vollständig zugänglich zu machen; die Verweisung auf die Erinnerung ist verfehlt, weil ungründlich, wo eine schriftliche Feststellung der Tatsache vorliegt. Die Forderung, daß § 302 StPO. auf alle vorgelesenen Schriftstücke ausgedehnt werde, ist nur im Interesse möglichst vollständiger Würdigung des Prozeßstoffes. Daß die Protokolle in den Akt eingeheftet sind, kann kein Hindernis sein; man braucht sie in Zukunft vor Erledigung der Sache nicht mehr einzuheften. Fürchtet man aber, der Vorsitzende werde angesichts eines erweiterten § 302 nicht mehr so häufig von früheren Äußerungen Gebrauch machen, so wäre das kein Unglück. Es bleibt nur das Bedenken, daß im Protokoll noch andere Aussagen stehen, welche nicht verlesen werden; sind es Aussagen der nämlichen Person, so ergibt sich daraus die Notwendigkeit, jeweils die ganze Aussage zu verlesen, was ohnehin besser ist als das Herausreißen eines Teiles der Aussage aus dem Zusammenhang. Aussagen verschiedener Personen aber dürfen nach Erweiterung des § 302 nicht auf das nämliche Blatt gesetzt werden, damit die Mitteilung an die Geschworenen nicht gehindert ist. Besser wäre es freilich, wenn man den ersten Schritt vom Wege der Unmittelbarkeit nicht machen würde; dann kämen für die Erweiterung des § 302 nur Protokolle in Betracht, welche zur Sicherung des Beweises aufgenommen sind, und solche Urkunden, welche nicht Verhörsprotokolle sind.

VII. Der Spruch und seine Begründung[1]).

Die Fragen sind die wichtigste, der Nachprüfung durch das Reichsgericht unterworfene Grundlage des Spruchs der Geschworenen. Darauf beruht die Berechtigung des § 305 StPO. und des inhaltlich gleichlautenden § 292 Abs. 3 im Entwurf, wonach sich die Antworten mit ja oder nein eng an die Fragen anschließen müssen und eine Teilung der Antwort — zum Teil Bejahung, zum Teil Verneinung — unbe-

[1]) Kahl in Schwurgerichte und Schöffengerichte S. 20 und der Bericht S. 36 ff.

schadet der Klarheit und der Vermeidung von Widersprüchen (§ 309 StPO., § 296) zulässig ist. Mit jener Grundlage ist eine Angabe von Gründen und folglich jede selbständige Bemerkung der Geschworenen vereinbar, welche eine Begründung darstellt. Ferner müßte es den Geschworenen gestattet sein, so lange ihre Mitwirkung bei der Strafzumessung ausgeschlossen ist, einzelne Umstände hervorzuheben, welche sie als strafmildernd oder als straferhöhend betrachten, und das Gericht müßte verpflichtet sein, in der Begründung seines Urteils anzugeben, ob es den von den Geschworenen festgestellten Umstand berücksichtigt hat oder warum es ihn für unerheblich hält.

Weiterzugehen und den Geschworenen zu erlauben, daß sie durch ihre Antwort Tatbestandsmerkmale feststellen, nach welchen nicht gefragt ist, erscheint als mit dem System der Fragestellung unvereinbar. Solche Bemerkungen können nur in der Form eines Antrages auf Ergänzung der Fragestellung zugelassen werden. Deshalb sollte man Unterfragen nach den Schuldausschließungsgründen wenigstens auf Antrag zulassen, wenn man solche Fragen nicht allgemein kategorisch anordnet, wie oben vorgeschlagen ist.

Verschieden von der Zulassung einer aus eigenem Antrieb der Geschworenen hervorgehenden Begründung einzelner Antworten ist das Gebot der Begründung aller Antworten zu beurteilen [1]). Ein Gebot der Begründung stößt aber auf unüberwindliche Schwierigkeiten. Daß von den Geschworenen keine allseitige Begründung, wie von gelehrten Richtern, gefordert werden kann, bedarf keines Nachweises. Eine summarische Begründung derart, daß die Geschworenen bei der Verneinung einer Frage angeben: aus Rechtsgründen oder aus tatsächlichen Erwägungen (auf Grund der Beweiswürdigung) wäre wohl denkbar, und es wäre damit der Vorteil verbunden, daß die Verneinung aus Rechtsgründen einem Rechtsmittel unterworfen werden könnte. Dagegen spricht jedoch das

[1]) Nach Glaser: Anklage, Wahrspruch und Geschworenengericht S. 154 ff. ist der englische Vorsitzende in der Lage, sich durch Fragen zu vergewissern, ob die Geschworenen seine Rechtsbelehrung befolgt haben.

30*

Bedenken, daß die Geschworenen sich darüber irren können, ob ihre Motive tatsächliche Erwägungen oder Rechtsgründe sind und daß sie trotz des Eides in Versuchung geraten, die Begründung: aus tatsächlichen Erwägungen zu geben, um ihren Spruch der Anfechtung und Nachprüfung zu entziehen. Bei bejahenden Antworten verbietet sich die Unterscheidung und damit die summarische Begründung von selbst, weil die Bejahung notwendig immer zugleich in tatsächlichen Erwägungen und Rechtsgründen wurzelt.

Die letzte Möglichkeit, daß der Vorsitzende sich, wie in England (S. 51 Anm. 1), durch ein Zwiegespräch mit dem Obmann darüber zu unterrichten sucht, von welcher Rechtsauffassung die Geschworenen bei ihrer Antwort ausgegangen sind, ließe sich zwar durch eine entsprechende Einschränkung des Satzes verwirklichen: „Die Geschworenen sind verpflichtet, über den Hergang bei der Beratung und Abstimmung Stillschweigen zu beobachten", setzt aber nicht nur die bindende Kraft der Rechtsbelehrung voraus, sondern würde im Volke als Vernichtung der Unabhängigkeit und Selbständigkeit der Geschworenen empfunden werden. Dieser Weg ist daher unvereinbar mit den Grundlagen der Einrichtung des Schwurgerichts, denn gerade in der Selbständigkeit des Geschworenen liegt das Moment, das ihn vor dem Schöffen auszeichnet und den Vorzug des Schwurgerichts vor dem Schöffengericht in allen wichtigeren Strafsachen begründet.

VIII. Mitwirkung der Geschworenen bei der Entscheidung über die Straffrage.

Schon im letzten Abschnitt ist die Möglichkeit einer bescheidenen Erweiterung der Mitwirkung der Geschworenen bei Beurteilung der Straffrage erwähnt. Hier handelt es sich um mehr: sollen die Geschworenen mit den Berufsrichtern zu einem Kollegium vereinigt an der Entscheidung über Strafart und Strafmaß teilnehmen? Die Unterkommission hat diese Frage bejaht [1]).

[1]) Vgl. den Bericht S. 30 ff., 40.

Der Kanton Genf ist mit dieser Neuerung vorangegangen in seiner loi modifiant le Code d'instruction pénale du 25 oct. 1884 art. 334 al. 1: La Cour et le Jury se retirent pour délibérer sur l'application de la peine [1]).

In Frankreich bestehen seit mehreren Jahren auf dieses Ziel gerichtete Bestrebungen, welche die Form von Gesetzentwürfen angenommen haben und die Abgeordnetenkammer beschäftigen [2]). Der Kern der Neuerung liegt in der Abschaffung des letzten Absatzes von art. 342 und in der neuen Fassung des art. 365 C. d'instr. crim. [3]).

---

[1]) Z. f. Schw. Str. 4. S. 448.

[2]) Zurzeit liegen zwei Entwürfe vor: ein Initiativantrag (Proposition de loi) von Peret und Gen., der schon in der 8. Legislaturperiode gestellt, in der 9. Legislaturperiode (1906) wiederholt worden war (Anhang z. Protokoll der Sitzung vom 12. November 1906 Nr. 415 Chambre des députés neuvième législature session extraordinaire de 1906) und ein vom Justizminister Briand ausgehender Regierungsentwurf (Projet de loi) vom Jahre 1908 (Anhang z. Protokoll der Sitzung vom 20. März 1908 Nr. 1605 Chambre des députés neuvième législature session de 1908). Beide Entwürfe sind einer Commission de la réforme judiciaire et de la législation civile et criminelle überwiesen, welche ihren Bericht unterm 16. Juni 1908 (Nr. 1793 Chambre des deputés neuvième législature session de 1908) erstattet hat.

[3]) Art. 365 soll nach der Fassung des Kommissionsentwurfes lauten: Si ce fait (vgl. art. 364: dont l'accusé est déclaré coupable) est défendu, la Cour et le jury se réuniront pour délibérer sur l'application de la peine même dans le cas où, d'après les débats, le fait se trouverait n'être plus de la compétence de la Cour d'assises.

Il est voté séparément et au scrutin secret pour chaque accusé. Les jurés voteront d'abord et dans l'ordre qui leur aura été assigné par le sort en exécution de l'article 399, les juges voteront en suite, le président votera le dernier.

Si après deux tours de vote, aucune peine n'a réuni la majorité des voix, il est procédé à un troisième tour dans lequel, la peine la plus forte proposée au tour précedent est écartée de la délibération. Si à ce troisième tour aucune peine n'a encore réuni la majorité absolue des votes, il est procédé à un quatrième tour et ainsi de suite en continuant à écarter la peine la plus forte jusqu'à ce qu'une peine soit prononcée par la majorité absolue des votants.

La Cour et le jury peuvent ordonner, s'il y échet, qu'il soit sursis à l'execution de la peine.

En cas de conviction de plusieurs crimes ou délits, la peine la plus forte sera seule appliquée.

Der Initiativantrag von Péret und Gen. hatte, wie der Regierungsentwurf und der Kommissionsentwurf, die Abschaffung des letzten Absatzes von art. 342 in einen zweiten Artikel an den Schluß der ganzen Novelle verwiesen, zog aber außerdem in einer Ergänzung des art. 341 eine praktische und bedeutsame Folgerung. Der aufzuhebende letzte Absatz des art. 342 bezeichnet es als eine Pflichtverletzung der Geschworenen, wenn sie bei Beantwortung der ihnen gestellten Fragen an die Strafdrohung denken und die Folgen erwägen, welche eine Verurteilung für den Angeklagten haben kann [1]). Im Gegensatz zu diesem bisher geltenden Verbot sollte nach dem Antrage Péret dem Vorsitzenden durch art. 341 geboten werden, vor Übergabe des Fragebogens die Geschworenen über die Strafdrohungen und über die Wirkung der Annahme mildernder Umstände zu belehren [2]).

Für die praktische Durchführung der Anteilnahme der Jury an der Entscheidung über die Straffrage erscheint die Aufhebung jenes in der Instruktion ausgesprochenen Verbotes als logische Voraussetzung. Der Gesetzgeber dagegen muß sich zuerst die Frage beantworten: Sollen die Geschworenen an der Entscheidung über die ganze Straffrage beteiligt werden? Erst für den Fall der Bejahung dieser Frage ergibt sich die Notwendigkeit der Aufhebung jenes Verbotes und an dritter Stelle die weitere Frage, ob die Geschworenen schon vor der Beurteilung der Schuldfrage über die Straf-

---

[1]) Nach art. 342 Abs. 3 hat der Obmann den Geschworenen vor der Beratung die Instruktion vorzulesen, welche mit den folgenden Worten schließt: „Ce qu'il est bien essentiel de ne pas perdre de vue, c'est que toute la délibération du jury porte sur l'acte d'accusation; c'est aux faits qui le constituent et qui en dépendent qu'ils doivent uniquement attacher; et ils manquent à leur premier devoir lorsque, pensant aux dispositions des lois pénales, ils considèrent les suites que pourra avoir, par rapport à l'accusé, la déclaration qu'ils ont à faire. Leur mission n'a pas pour objet la poursuite ni la punition des délits; ils ne sont appelés que pour décider, si l'accusé est, ou non, coupable du crime qu'on lui impute.“

[2]) Art 341 des Entw.: . . . Il indique aux jurés quelles sont les peines encourues et quel est l'effet des circonstances atténuantes sur leur application.

drohung und die Bedeutung der mildernden Umstände zu belehren sind. Für die theoretische Betrachtung wird es gestattet sein, den umgekehrten Weg einzuschlagen, weil die zuletzt erwähnte Frage mit der Begründung der Novelle, also mit den Erwägungen auf das engste zusammenhängt, von welchen die Reformforderung in Frankreich ausgegangen ist.

Sowohl Péret als der Justizminister Briand und der Kommissionsbericht gehen davon aus, daß das jetzige Verbot, die Folgen der Verurteilung zu erwägen, illusorisch, ein toter Buchstabe ist, daß im Gegenteil, wie Péret unterstellt, die meisten Entscheidungen der Geschworenen von der Vorwegnahme dieser Frage beeinflußt sind, oder wie der Kommissionsbericht annimmt, die unverhältnismäßig große Zahl der Freisprechungen im Schwurgericht (beinahe 40%) daraus erklärt werden muß, daß den Geschworenen die zu erwartende Strafe zu hoch dünkt [1]). Man hofft, daß die Geschworenen, wenn sie einen Einfluß auf die Ausmessung der Strafe erhalten, sich unbegründeter Freisprechungen enthalten werden, und sieht darin einen Fortschritt, weil milde Bestrafung doch besser sei, als wenn der Verbrecher ganz frei ausgehe. Daneben macht man geltend, daß es unlogisch sei, den Geschworenen die souveräne Entscheidung über die Hauptfrage, ob der Angeklagte schuldig sei, anzuvertrauen, sie dagegen für unfähig zu halten, die Folgen des Schuldig in der Strafausmessung zu beurteilen [2]). Man verspricht sich andrerseits von der Erweiterung ihrer Aufgabe und ihrer Verantwortung eine Erhöhung ihres Verantwortlichkeitsgefühls. Daneben spricht, wenigstens im Entwurfe Péret (Nr. 415 S. 4), der allgemeine Grundgedanke des Schöffengerichts mit: Comme on l'a fort bien dit: „Jurés et magistrats

[1]) Nr. 415 S. 5; Nr. 1605 S. 2; Nr. 1793 S. 13 ff. Vgl. über die nämliche Erscheinung in Genf Picot, Z. f. Schw. Str. 3 S. 442 unt. Für das Deutsche Reich vgl. Voß im Recht 13 (1909) S. 24.

[2]) Vgl. auch für das Genfer Gesetz Picot Z. f. Schw. Str. 2 S. 353: La coopération des jurés à l'arrêt qui détermine la peine à subir est la conséquence logique du système proposé; dans les limites de la loi qui lui seront indiqués par les juges, le jury fixera lui même ce qu'il estimera être la contrepartie de l'infraction commise et la réparation due à la société lésée.

isolés les uns des autres, strictement cantonnés dans leurs sphères respectives ne peuvent pas s'entendre; réunissons-les, et tous mettrons en commun leurs qualités particulières, le magistrat sa science du droit et son expérience, le juré sa connaissance d'hommes et des choses du pays, de ses usages et de ses mœurs." Im Kommissionsbericht wird S. 14 auf das Genfer Beispiel hingewiesen.

Auch im Deutschen Reiche ist die Verhältniszahl der freigesprochenen Personen beim Schwurgericht auffallend hoch, jedenfalls höher als bei der Strafkammer und dem Schöffengerichte; es trafen nämlich auf 100 Abgeurteilte [1]):

	1896—1900	1901—1905
Schwurgerichte	26	25
Strafkammern	16	16
Schöffengerichte ...	23	23

Freigesprochene. Im Vergleich zu Frankreich ist die Verhältniszahl, absolut betrachtet, erheblich günstiger. Aber es ist zu berücksichtigen, daß auch in einzelnen Oberlandesgerichtsbezirken des Deutschen Reichs die Verhältnisziffer sich der französischen bedenklich nähert; so weisen z. B. für die Periode 1896—1900 Stettin die Verhältniszahl 35%, Kiel und Hamburg 32% auf, für die Periode 1901—1905 aber Kiel 36%, Stettin und Kassel 32%, Hamburg 31%; in einzelnen Jahren steigen die Ziffern noch höher.

Ein Vergleich mit der Verhältnisziffer der Freigesprochenen bei den Gerichten niederer Ordnung ist im Kommissionsbericht nicht gezogen. Für das Deutsche Reich kommt in dieser Hinsicht in Betracht, daß Bezirke mit höherer Verhältnisziffer für die Schwurgerichte auch höhere Verhältnisziffern bei den Strafkammern und Schöffengerichten aufweisen. Wenn z. B. für den Oberlandesgerichtsbezirk Kiel im Jahre 1901 auf 100 Abgeurteilte

bei Schwurgerichten	37
bei Strafkammern	21
bei Schöffengerichten	25

[1]) Deutsche Justiz-Statistik Jahrg. 11 S. 229 und Jahrg. 13 S. 209, 210.

Freigesprochene kamen, so müssen andere Umstände als die Mitwirkung von Laien oder die Neigungen der Geschworenen Ursache und Quelle der erhöhten Verhältniszahl sein. Das Reichsjustizamt lehnt es deshalb mit Recht ab, aus den Unterschieden bestimmte Schlüsse zu ziehen. Man kann sich z. B. den Unterschied zwischen Schöffengerichten und Strafkammern daraus zu erklären suchen, daß in schöffengerichtlichen Sachen regelmäßig keine Voruntersuchung stattfindet (§ 176 StPO.); eine nicht allzu häufige Ausnahme begründen die Fälle, in welchen bei Verbindung nach durchgeführter Voruntersuchung der schwerere Fall ausscheidet und nur eine Schöffengerichtssache übrig bleibt; noch seltener wird der Fall eintreten, daß die Handlung, wegen deren Voruntersuchung durchgeführt wurde, auf Grund der Ergebnisse eine so gelinde rechtliche Qualifikation erfährt, welche die Eröffnung des Hauptverfahrens vor dem Schöffengericht zur Folge hat. Auf Grund der Voruntersuchung kann bei der Eröffnung des Hauptverfahrens eine größere Zahl zweifelhafter Sachen ausgeschieden werden als ohne Voruntersuchung. Gerade dieser Umstand scheint nun die Bedeutung der höheren Verhältniszahl bei den Schwurgerichten zu verstärken. Trotzdem folgt aus der Notwendigkeit der Voruntersuchung in Schwurgerichtssachen keineswegs, daß die höhere Ziffer der Freisprechungen nur aus einer pflichtwidrigen Begünstigung der Angeklagten durch die Geschworenen zu erklären sei. Es kommen zwei Momente in Betracht, welche gegen diese Schlußfolgerung stark ins Gewicht fallen. Es ist schon oft — auch hier S. 8 — als ein Vorzug der Schwurgerichte hervorgehoben worden, daß die Verhandlung vor den Geschworenen langsamer und breitspuriger verlaufen müsse; dadurch wird die Urteilsgrundlage in zweifacher Hinsicht eine bessere, denn es steigt die Möglichkeit des Auftauchens von neuen, bisher unbekannten oder nicht berücksichtigten Tatsachen und der langsamer von den Sinnen aufgenommene Prozeßstoff haftet besser im Gedächtnis, er wird auch besser verarbeitet. Dazu kommt, daß die Laien dem Indizienbeweise mit mehr Mißtrauen gegenüberstehen wie der auf seine Übung und Erfahrung bauende Berufsrichter. Die aus der Ungewohntheit der Urteilsaufgabe entspringende größere Vorsicht oder geringere Kühnheit bei der Würdigung der Beweise ist nur pflichtmäßig, nicht pflichtwidrig. Es ist nicht nur entschuldbar, sondern als das allein Richtige gerechtfertigt, daß mit der Schwere der drohenden Strafübel nicht nur die Gründlichkeit bei der Beweisaufnahme, sondern ebenso die Gründlichkeit und Vorsicht bei der Beweiswürdigung, bei der Annahme von Schuld sich steigert.

So betrachtet erscheint es allerdings als eine Verkehrtheit des französischen Rechts, die Geschworenen in Unkenntnis über die drohende Strafe erhalten und ihnen verbieten zu wollen, daß sie sich die Größe des Strafübels bei der Beantwortung der Schuldfrage vergegenwärtigen. Daraus rechtfertigt sich die von Péret und Gen. geforderte Ergänzung des art. 341 C. d'instr. crim. Aber folgt aus diesen Betrachtungen mit logischer Notwendigkeit die Beteiligung der Geschworenen an der Straffrage? Gewiß nicht. Für den Hauptpunkt der Reform ist die Klage darüber, daß die Instruktion der Geschworenen in ihrem letzten Abschnitt ein toter Buchstabe geblieben sei, kein geeigneter Ausgangspunkt. Im Gegenteil möchte man vielmehr sagen: Vorausgesetzt — aber nicht zugegeben —, daß die größere Verhältniszahl der Freisprechungen bei den Schwurgerichten das Mißtrauen rechtfertigen würde, die Geschworenen seien in zahlreichen Fällen geneigt, den Angeklagten freizusprechen, um ihn einer ihrer Meinung nach zu schweren Strafe zu entziehen, so wäre es gefährlich, den Geschworenen die Entscheidung über das Strafmaß in die Hand zu geben, ihr Verantwortlichkeitsgefühl dadurch erhöhen zu wollen, daß man die Last ihrer Verantwortlichkeit erhöht. Die Geschworenen werden dadurch nicht nur nicht abgehalten werden, freizusprechen, sondern auch noch in die Lage versetzt, in den Fällen der Verurteilung sich bei der Beratung über die Schuldfrage schon über die Straffrage zu einigen oder doch so auszusprechen, daß jeder mit einer vorgefaßten Meinung über das Strafmaß in die Beratung mit den Berufsrichtern eintritt. Diese Beratung wäre damit von vornherein zur Unfruchtbarkeit verurteilt. Das Prozeßrecht kann nicht die Härten des materiellen Rechts ausgleichen; die logische Folgerung aus jenem Mißtrauen müßte zu einer Änderung des materiellen Rechtes führen. Der Argwohn ist aber, wie gezeigt, wenigstens für deutsche Verhältnisse gar nicht gerechtfertigt und darf deshalb nicht den Ausgangspunkt für die Reform bilden.

Als zweiter Hauptgrund für die Berufung der Geschworenen zur Entscheidung der ganzen Straffrage wird geltend gemacht, es sei unlogisch, den Geschworenen zwar die Entscheidung, ob schuldig oder nichtschuldig, aber nicht die über das Maß der Schuld und demnach über Art und Maß der Strafe anzuvertrauen. Für das deutsche Recht ist insbesondere zu sagen, daß es auf halbem Wege stehen bleibt. Durch die Nebenfragen über besondere gesetzliche Straferhöhungs- und Strafmilderungsgründe, teilweise auch durch die Nebenfrage nach mildernden Umständen (z. B. §§ 20, 83, 86, 88, 94, 213, 217, 218, 249, 250 StGB.), wird den Geschworenen ein entscheidender Einfluß auf die Bestimmung der Strafart eingeräumt; wo dagegen bei Annahme mildernder Umstände nicht kategorisch, sondern nur wahlweise eine mildere Strafart zugelassen ist (z. B. §§ 187, 263, 340 StGB., § 240 RO.), wird den Geschworenen die Entscheidung über die Strafart nicht zugestanden; sie dürfen also darüber entscheiden, ob statt Zuchthaus auf Gefängnis oder statt Zuchthaus auf Festungshaft zu erkennen ist, aber nicht darüber, ob statt Gefängnis Geldstrafe eintreten soll [1]). Man wird vergeblich nach einem Grunde für diese Unterscheidung suchen. Auch die besonderen gesetzlichen Straferhöhungsgründe sind nicht gleichmäßig behandelt, denn die Voraussetzungen des Rückfalles gehören nach § 262 Abs. 3 StPO. (§ 256 Abs. 2 E.) nicht zur Schuldfrage, obwohl der Rückfall, materiellrechtlich betrachtet, ein besonderer gesetz-

[1]) Von den Übertretungsstrafen wird hier abgesehen. In denjenigen Teilen des Deutschen Reichs, in welchen die Geschworenen über Preßdelikte entscheiden (§ 6 EG. z. GVG.), kommen auch die §§ 185, 186 StGB. in Betracht, welche eine Wahl zwischen Geldstrafe, Gefängnis und Haft ermöglichen, die man den Geschworenen entzieht, obgleich man ihnen in anderen Fällen die Wahl zwischen Gefängnis und Zuchthaus anvertraut.

licher Straferhöhungsgrund ist; es liegt hier wohl ein Rückfall in die sonst als unmöglich aufgegebene Unterscheidung zwischen Tat- und Rechtsfrage vor.

Soweit nun die Geschworenen über das anzuwendende Strafmittel entscheiden, tritt durch die Teilung der sogenannten Straffrage, welche in Wahrheit nur eine Zerstückelung der Schuldfrage ist, ein weiterer Übelstand als Folge des Mangels an Logik zutage. Da die Geschworenen ihre Antworten nicht begründen, so wissen die Berufsrichter nicht, in welchen Umständen die Geschworenen den gesetzlichen Straferhöhungs- oder Strafminderungsgrund verwirklicht gefunden haben, welche Tatsachen sie als mildernde Umstände betrachten. Folglich können die Berufsrichter auch nicht beurteilen, welches Gewicht jenen Feststellungen beizumessen ist; die Berufsrichter sind in Gefahr, durch ihre Strafausmessung mit dem Sinne der Antwort der Geschworenen in Widerspruch zu geraten. Aber auch unabhängig von der Antwort auf Nebenfragen zeigt sich eine Unsicherheit in den Grundlagen für die Strafausmessung überall da, wo der Umfang des durch die strafbare Handlung verursachten Schadens, der Grad der Fahrlässigkeit oder des dolus, eine bestimmte Absicht, die im Gesetz nicht ausdrücklich erwähnt wird, das Strafmaß beeinflussen kann. Es fehlt in allen solchen Fällen jede Bürgschaft dafür, daß das Strafmaß der Überzeugung der Geschworenen vom Grade der Schuld entspricht [1]). Man kann daher nicht behaupten, daß hier, wie so oft in der Gesetzgebung, die Logik der Zweckmäßigkeit habe weichen müssen, sondern die Teilung von Schuld- und Straffrage ist ebenso unzweckmäßig wie unlogisch. Die Unzweckmäßigkeit führt aber zu Ungerechtigkeiten und ist daher zu beseitigen.

Die bisherigen Darlegungen lassen verschiedene Wege zur Beseitigung der Mißstände offen.

1. Der radikalste Ausweg ist die Vereinigung der Geschworenenbank mit der Richterbank zu einem Kollegium behufs Beratung und Entscheidung über die Straffrage; so

---

[1]) Vgl. den Bericht S. 30 ff.

das Genfer Gesetz, der französische Entwurf und die Unterkommission der IKV. (S. 52 Anm. 1). Dagegen ist jedoch nicht nur die Größe des Kollegiums — 15 Mann —, sondern noch mehr die Vernichtung der Selbständigkeit und Unabhängigkeit der Geschworenenbank einzuwenden. Dieser Schritt kann nur gemacht werden, wenn man als Ziel der Entwicklung die allmähliche Annäherung des Schwurgerichts an das Schöffengericht betrachtet, nicht aber, wenn man das Schwurgericht unter Erhaltung seiner Eigenart weiter entwickeln will. Das ist aber gegenwärtig die Aufgabe.

2. Nur eine unwesentliche Modifikation der Maßregel unter 1 stellt der in der Unterkommission gemachte Vorschlag von Weingart dar, einen aus vier Geschworenen gebildeten Ausschuß mit den drei Berufsrichtern zu einem Kollegium zu vereinigen. Dadurch entfällt zwar der erste Einwand aus der Größe des Kollegiums, nicht aber der zweite; vielmehr würde hierbei die Annäherung an das Schöffengericht noch viel deutlicher hervortreten. Dazu kommt, daß der gemeinsamen Beratung des gemischten Gerichts entweder eine getrennte Beratung des Gerichtshofes und des Geschworenenausschusses oder eine Beratung der zwölf Geschworenen vorausgehen müßte, das Verfahren also verlangsamt werden und doch keine Bürgschaft dafür bestehen würde, daß die Berufsrichter in alle Erwägungen der Geschworenen eingeweiht werden. Mißverständnisse und Auslassungen wären die unvermeidliche Folge einer solchen Einschiebung des Geschworenenausschusses zwischen die Geschworenenbank und die Beratung über die Straffrage.

3. Vorgängige getrennte Beratung der Geschworenenbank und der Berufsrichter mit nachfolgender gemeinsamer Beratung beider vereinigter Kollegien verursacht die nämliche Verzögerung und sichert doch keineswegs die Selbständigkeit der Geschworenenbank bei der gemeinsamen Beratung; die Geschworenen werden im letzten Akte plötzlich zu Schöffen. Soweit aber im einzelnen Falle die Geschworenen unnachgiebig sind und an dem Ergebnisse der vorangegangenen getrennten Beratung festhalten, ist die Vereinigung mit den Berufsrichtern unfruchtbar. Das Ganze macht noch

mehr wie in der ersten Form den Eindruck eines Zerrbildes.

4. Die Geschworenen beraten allein über die ganze Straffrage, ihre Entscheidung ist aber nur hinsichtlich der Strafart für die Berufsrichter bindend, so daß diese entweder dem Spruch der Geschworenen über das Strafmaß beitreten oder dieses ändern können. Dabei wäre zwar die Selbständigkeit der Geschworenen gewahrt, aber das Hauptziel nicht erreicht. Die Berufsrichter blieben in Unkenntnis über die das Strafmaß beeinflussenden Erwägungen der Geschworenen; die Änderung des Strafmaßes durch die Berufsrichter müßte als Willkür erscheinen. Dem Ansehen der beiden Kollgien wäre dieser Ausweg kaum zuträglich; die Berufsrichter würden nicht gerne zu bloßen Jasagern herabsinken wollen und die Geschworenen würden durch die in der Regel zu erwartende Abänderung ihrer Entscheidung über das Strafmaß nicht zu besonderem Eifer angespornt werden.

5. Will man aus dem gegenwärtigen, widerspruchsvollen Zustand herauskommen, ohne die Selbständigkeit der Geschworenenbank zu opfern, so muß man vor allem den Geschworenen grundsätzlich in jedem Falle, in welchem das Gesetz mehr als eine Hauptstrafe zur Verfügung stellt, die Auswahl des Strafmittels überlassen, ferner die Entscheidung darüber ob als Nebenstrafe: Geldstrafe, Aberkennung der bürgerlichen Ehrenrechte oder Aberkennung der Fähigkeit zur Bekleidung öffentlicher Ämter zu erkennen sei, auch wenn diese Nebenstrafen nur fakultativ angedroht sind. Die Festsetzung des Strafmaßes, insbesondere die Bildung einer Gesamtstrafe sowie der den Geschworenen nicht vorbehaltenen Nebenstrafen ist dem Berufsrichter zu überlassen. Um aber die Entscheidung der Berufsrichter mit der Meinung der Geschworenen in Einklang zu bringen, muß diesen Gelegenheit gegeben werden, sich auch über diejenigen Strafzumessungsgründe zu äußern, welche nicht in Gestalt von gesetzlichen Straferhöhungs- oder Strafminderungsgründen den Gegenstand besonderer Nebenfragen bilden und soweit solche Nebenfragen gestellt sind, müssen die Geschworenen das Recht erhalten, ihr Ja oder Nein mit erläuternden Zusätzen zu begleiten.

In diesem Umfange kann man den Geschworenen eine erweiterte Teilnahme an der Entscheidung über die Straffrage anvertrauen, weil sich diese neue Aufgabe ganz im Rahmen der Tatsachenwürdigung hält und das Verständnis für die größere oder geringere Schwere der Tat sowie für die ihr Gewicht begründenden Umstände eine leichtere — nicht eine schwierigere — geistige Tätigkeit darstellt als die Beantwortung der Schuldfrage. Die technischen Kenntnisse und die Übung, welche bei der Ausmessung der Strafe innerhalb eines gesetzlichen Rahmens vorausgesetzt werden, kommen bei der Auswahl des Strafmittels und Bezeichnung von Strafzumessungsgründen nicht in Betracht. Schließlich darf betont werden, daß das geistige Niveau der Geschworenen, auch bei der ländlichen Bevölkerung, seit Einführung der Schwurgerichte unter dem Einflusse der modernen Verkehrsmittel, die Stadt und Land um vieles näher gebracht haben, erheblich gestiegen ist und daß auch durch die Beteiligung am Schöffendienste mancher Geschworene auf seine höhere Aufgabe besser vorbereitet ist, als dies früher der Fall sein konnte.

Die Grundlage für die Entscheidung der Geschworenen über die Strafart würde wie bisher das System der Fragestellung bilden. Soweit das Gesetz schlechthin die Wahl zwischen zwei oder mehreren Strafmitteln läßt, wie z. B. im § 185, 186, 224, 240, 241 StGB., ist eine summarische Nebenfrage zu stellen: z. B. Soll Zuchthaus oder Gefängnis, soll Gefängnis oder Geldstrafe verhängt werden? Ebenso sind wegen der Nebenstrafen besondere Nebenfragen zu stellen: z. B. ist neben der Freiheitsstrafe auf Geldstrafe zu erkennen? Endlich wären für jede Handlung noch die zwei Nebenfragen zu stellen: welche Umstände betrachten die Geschworenen als straferhöhend, welche Umstände betrachten sie als strafmindernd? Auf diese neuen Strafart und Strafmaß betreffenden Fragen kann regelmäßig nicht abstrakt mit Ja oder Nein, sondern nur konkret geantwortet werden; auf die beiden letzten Fragen läßt sich aber ebenso wie auf die Fragen nach der Strafart mit einzelnen Schlagworten Antwort geben, z. B. Reue, Geständnis, Ersatz des Schadens, Liebe, Furcht oder Roheit, Bosheit; umständlicher ist es, den Grad der Fahrlässigkeit zu bezeichnen. In keinem Falle kann es den Geschworenen verwehrt werden, sich mit Umschweifen auszudrücken.

Auf Grund der seit dem 1. Januar 1903 geltenden gemeinsamen Grundsätze über den bedingten Strafaufschub[1]) müßten die Geschworenen zu einer Äußerung darüber aufgefordert werden, ob der für schuldig Erklärte durch bedingten Strafaufschub begünstigt werden soll, denn die Geschworenenbank ist ein Teil des erkennenden Gerichts. Sobald aber die Entscheidung über den Strafaufschub den Gerichten übertragen werden würde, müßte auch in dieser Beziehung der Spruch der Geschworenen maßgebend sein, weil die Entscheidung über den Strafaufschub auf allen jenen Umständen beruht, welche bei der Beurteilung der Tat und des Maßes der Schuld in Betracht kommen. Die Berufsrichter wären darauf zu beschränken, daß sie entgegen der Antwort der Geschworenen den Strafaufschub befürworten (oder — später — beschließen), nicht aber gegen den Willen der Geschworenen den Strafaufschub ablehnen dürfen.

Alle die Strafe betreffenden Fragen sind nur für den Fall der Bejahung einer Haupt- oder Hilfsfrage zu stellen und, da sie ihre Individualisierung nur durch den Hinweis auf die Ziffer der bejahten Haupt- oder Hilfsfrage erhalten, sind sie formularmäßiger Fassung zugänglich. Die Arbeit der Fragestellung wäre daher auf ein Minimum zu beschränken, wenn man den Geschworenen für jeden Angeklagten und für jede strafbare Handlung je einen besonderen Fragebogen für die Strafe einhändigte, ausgefüllt mit dem Namen des Angeklagten und der Ziffer derjenigen Haupt- oder Hilfsfrage, auf welche sich die Straffragen beziehen, solche Fragen des Formulars aber, die nicht zutreffen, durchstreicht.

Die Antwort müßte, soweit nicht das Gesetz die Zweidrittel-Mehrheit fordert, zuungunsten des Angeklagten mit mehr als sechs Stimmen gegeben werden, so daß bei Stimmengleichheit ebenso wie jetzt bei der Frage nach mil-

---

[1]) Klee in ZStW. 24 S. 70 ff.

dernden Umständen zu antworten ist, wie wenn eine Mehrheit zugunsten des Angeklagten vorhanden wäre. Wenn z. B. die Geschworenen auf die Frage, welche Umstände sie als strafmindernd bezeichnen, mit „keine" antworten, so ist dies nur möglich, falls jeder in ihrer Beratung als strafmindernd erwähnte Umstand mit mehr als 6 Stimmen verneint wurde; wollen sie dagegen auf die Frage nach straferhöhenden Umständen ebenso negativ antworten, so ist Voraussetzung, daß sich für keinen mehr als sechs Stimmen gefunden haben. Soll aber die Äußerung der Geschworenen über die Straffragen rechtlichen Wert haben, so muß sie für die Berufsrichter ebenso bindend sein wie die Antwort auf die Schuldfrage. Die bindende Kraft würde sich hinsichtlich der von den Geschworenen festgestellten Strafzumessungsgründe darin äußern, daß in der Begründung des Urteils die von den Geschworenen festgestellten Strafzumessungsgründe erwähnt und abgewogen werden. Dagegen müssen die Berufsrichter berechtigt sein, noch andere Strafzumessungsgründe zu berücksichtigen, insbesondere dann, wenn die Geschworenen entweder die Frage nach den strafmindernden oder die Frage nach den straferhöhenden Umständen negativ mit „keine" beantwortet haben.

Diese Beteiligung der Geschworenen an der Entscheidung über die Straffrage führt zu einer weiteren Teilung der Parteivorträge. Die Geschworenen können die Straffragen erst beantworten, wenn ihre Antwort auf die Schuldfrage keiner Berichtigung bedarf. Es sind also zwischen die Beantwortung der Schuldfrage und der Straffragen Parteivorträge über die Strafausmessungsgründe einzuschalten; an diese würde sich eine Rechtsbelehrung durch den Vorsitzenden über die Bedeutung der Fragen, die zulässigen Strafmittel, die zulässigen Antworten und das Stimmenverhältnis anschließen.

Auf die Antwort der Geschworenen würden dann weitere Vorträge über das Strafmaß folgen, die sich regelmäßig auf wenige Bemerkungen beschränken werden, so daß die Teilung der Vorträge einen erheblich größeren Zeitaufwand nicht erfordern würde. Ein besonderes Berichtigungsverfahren gegenüber den Antworten auf die Straffragen wird nur selten veranlaßt sein, da die Straffragen sich durch Einfachheit auszeichnen und Widersprüche oder Unklarheiten kaum zu besorgen sind.

IX. Ergebnisse der Hauptverhandlung.

Das schwurgerichtliche Verfahren kann, trotzdem ein einwandfreier Spruch vorliegt, ohne Urteil durch Verweisung an das Schwurgericht der nächsten Sitzungsperiode endigen (§ 317 StPO.). Eine Rechtfertigung dieser zum Schutze des Angeklagten vorgesehenen Maßregel ist nicht veranlaßt. Nur die Ausdehnung des Anwendungsgebietes ist in Frage gestellt. Während § 317 StPO. die Voraussetzung aufstellt: „Ist das Gericht einstimmig der Ansicht, daß die Geschworenen sich in der Hauptsache zum Nachteile des Angeklagten geirrt haben . . . . " hat der Entwurf § 300 die Fassung vorgeschlagen: „Ist das Gericht einstimmig der Ansicht, daß die Geschworenen sich bei der Entscheidung der Schuldfrage zum Nachteile des Angeklagten geirrt haben . . . . ." Durch diese Änderung würde einem in der Praxis hervorgetretenen Zweifel über die Bedeutung des Begriffes „Hauptsache"[1]) vorgebeugt. Der Begriff Schuldfrage läßt deshalb keinem Zweifel Raum, weil er gesetzlich genau umschrieben ist (§ 262 StPO. § 256 E.). Hiernach ist es außer Zweifel gestellt, daß — vom Standpunkte des Entwurfes aus — nur ein Irrtum bei Beantwortung der Nebenfrage nach dem Vorhandensein mildernder Umstände die Verweisung ausschließt.

Oetker[2]) bedauert diese Änderung, weil nach der Fassung des Entwurfs auch wegen geringer Strafdifferenz verwiesen werden dürfte. Gegen diesen Einwand ist geltend zu machen, daß die Berufsrichter in keinem Falle wissen können, welches Strafmaß der Schwurgerichtshof der nächsten Schwurgerichtsperiode verhängen wird, wenn das neue Schwurgericht die mildere Qualifikation der Handlung an-

[1]) RGStr. 17 S. 31 ff. hat ausgesprochen, daß unter Hauptsache die Schuldfrage zu verstehen ist.

[2]) Arch. f. Rechts- und Wirtschaftsphilosophie 2 S. 246.

nimmt, einen gesetzlichen Straferhöhungsgrund, der jetzt bejaht ist, verneint oder umgekehrt einen jetzt verneinten gesetzlichen Strafminderungsgrund bejaht. Eine Vergleichung von zwei Strafmaßen ist um so weniger möglich, als der Schwurgerichtshof, der die Verweisung aussprechen muß, sich gar nicht mit der Strafausmessung zu befassen hat. Oetker beruft sich also auf eine Möglichkeit, welche zwar in abstracto nicht verneint werden kann (vgl. z. B. § 246 StGB.), deren Eintritt aber in Wirklichkeit niemals festgestellt werden kann. Andererseits bleibt die Möglichkeit, daß das Schwurgericht der nächsten Sitzungsperiode zu einer noch milderen Auffassung der Schuld gelangt, als sie der jetzige Schwurgerichtshof für richtig hält, oder eine strengere Auffassung ausspricht (S. 68). Es handelt sich niemals bloß darum, diejenige Strafe, welche der mit der Sache befaßte Schwurgerichtshof für angemessen hält, mit der Strafe zu vergleichen, welche auf Grund des vorliegenden Spruchs der Geschworenen zu verhängen wäre, sondern diese letztere Strafe ist mit allen Möglichkeiten zu vergleichen, welche sich durch die Verweisung an ein neues Schwurgericht eröffnen. Bei diesem Vergleich kann man niemals behaupten, daß es sich nur um eine geringe Strafendifferenz handle, denn hier kommt immer die Möglichkeit der Freisprechung in Betracht. Auch abgesehen hiervon ist die Feststellung eines gesetzlichen Straferhöhungsgrundes und die Nichtfeststellung eines gesetzlichen Strafminderungsgrundes, wenn sie zu Unrecht erfolgt, Feststellung einer anders gearteten Tat, als in Wirklichkeit vorliegt. Der Angeklagte aber hat „einen Anspruch darauf, nur wegen derjenigen Straftat verurteilt zu werden, deren er sich schuldig gemacht hat"[1]). Da endlich seit der oben zitierten Entscheidung vom 13. Dezember 1887 eine andere Reichsgerichtsentscheidung nicht bekannt geworden ist, darf angenommen werden, daß sich die Praxis an jene Auslegung des Begriffes „Hauptsache" = Schuldfrage gehalten hat; trotzdem verlautet von einer übermäßig häufigen Anwendung des § 317 StPO. nichts.

[1]) RGStr. 31 S. 242.

Die Ausdehnung der den Geschworenen hinsichtlich der Straffrage einzuräumenden Befugnisse gibt zu einer Änderung der Voraussetzungen für die Verweisung keinen Anlaß. Dagegen hat die Unterkommission der IKV. einen Antrag angenommen, der weit über das geltende Recht hinausgreift[1]). Hiernach soll der Schwurgerichtshof ermächtigt werden, einen einzelnen Punkt entgegen dem Spruch der Geschworenen zugunsten des Angeklagten zu entscheiden, wenn nicht der Obmann Stimmeneinheit bezeugt; nur, wenn die dem Angeklagten nachteilige Entscheidung mit Stimmeneinheit erfolgt ist, soll die Möglichkeit der Verweisung an ein neues Schwurgericht bleiben. Der Vorschlag knüpft an früheres Landesrecht an[2]) und wurde damit begründet, daß dem Schwurgericht gegenüber, an welches verwiesen werde, ein Verbot der reformatio in pejus unmöglich sei und daß deshalb die Verweisung auf solche Fälle eingeschränkt werden müsse, in welchen die Geschworenen einstimmig entschieden haben.

Um die Bedeutung dieses Vorschlages zu würdigen, muß man sich die Tragweite der Verweisung an ein neues Schwurgericht klarmachen. Die Verweisung ergreift den Straffall nach allen rechtlichen Gesichtspunkten; eine Einschränkung der Verweisung ist weder nach § 317 StPO. noch nach § 300 E. möglich, folglich hat das neue Schwurgericht gemäß § 263 StPO. (§ 256 E.) zu verfahren; die bei der ersten Verhandlung zugunsten des Angeklagten erledigten Fragen sind demnach der Beurteilung des neuen Schwurgerichts nicht entzogen[3]). Jener Vorschlag würde es ermöglichen, die Verweisung ganz zu umgehen, aber nicht, ihre Wirkung zu beschränken; er würde ferner nur eine neue Ermächtigung für das Gericht schaffen, ohne daß jedoch das Gericht zwischen der Verweisung und der eigenmächtigen Änderung die Wahl hätte; endlich könnte das Gericht auch durch Mehrheitsbeschluß den Spruch ändern, wenn die Geschworenen ihrerseits nicht einstimmig entschieden haben. Es ergeben sich folgende Möglichkeiten, wobei Fälle, in welchen nach An-

---

[1]) Vgl. den Bericht S. 31 ff., 40.

[2]) Vgl. den Bericht S. 33 Anm. 1.

[3]) RGStr. 33 S. 94 ff.

sicht des Gerichts nur eine Frage zum Nachteil des Angeklagten entschieden ist, als unschwierig außer Betracht bleiben[1]):

1. Die Geschworenen haben sowohl die Haupt- oder Hilfsfrage einstimmig bejaht als auch die Nebenfrage einstimmig zuungunsten des Angeklagten entschieden.

2. Die Geschworenen haben in beiden Beziehungen nicht einstimmig entschieden.

3. Die Geschworenen haben die Haupt- oder Hilfsfrage einstimmig bejaht, die Nebenfrage nicht einstimmig zuungunsten des Angeklagten beantwortet.

4. Die Geschworenen haben die Haupt- oder Hilfsfrage nicht einstimmig bejaht, die Nebenfrage aber einstimmig zuungunsten des Angeklagten entschieden.

Im ersten Fall ist die Verweisung der ganzen Sache möglich, im zweiten Fall kann das Gericht in jeder einzelnen Frage, welche seiner Ansicht nach irrig zum Nachteile des Angeklagten entschieden ist, eine andere Entscheidung treffen; die Nebenfrage kann auch überflüssig werden.

Im dritten Fall müßte das Gericht, wenn es einstimmig der Ansicht ist, daß die Geschworenen sich zum Nachteil des Angeklagten geirrt haben, die Sache vor ein neues Schwurgericht verweisen. Da die Verweisung die ganze Tat ergreift, ist für eine Entscheidung über die Nebenfrage kein Raum mehr. Im vierten Fall könnte das Gericht durch Mehrheitsbeschluß eine dem Beklagten günstige Entscheidung über die Haupt- oder Hilfsfrage treffen; lautet diese Entscheidung auf nichtschuldig, so ist die Nebenfrage gegenstandslos; bejaht aber das Gericht statt der Hauptfrage die Hilfsfrage, so ist doch die Verweisung hinsichtlich der Nebenfrage undenkbar, denn wegen der Nebenfrage allein eine neue Hauptverhandlung vor einem andern Schwurgericht durchzuführen, wäre mit dem Aufbau des schwurgerichtlichen Verfahrens ebenso wenig vereinbar wie mit dem Zweck der Verweisung. Ist nun das Gericht auch hinsichtlich der Neben-

[1]) Die folgende Auseinandersetzung wird vielleicht die Tragweite des Kommissionsbeschlusses besser beleuchten als die auf Grund der Kommissionsverhandlungen im Bericht a. a. O. gegebene Begründung, die nicht befriedigen kann. Vgl. Nagler DJZ. 13 (1908) S. 1179.

frage einstimmig der Ansicht, daß sich die Geschworenen in der Beurteilung dieses Teiles der Schuldfrage zum Nachteile des Angeklagten geirrt haben, so kann es in keiner Weise abhelfen. Die Gewährung zweier verschiedener Mittel zerreißt die Beurteilung in zwei Stücke, ist daher unnatürlich.

Die Kombinationen ließen sich allerdings noch durch Annahme von Fällen vermehren, in welchen mehr als eine Nebenfrage gestellt ist. Auf solche Fälle braucht nur deshalb hingewiesen zu werden, weil sie die Wahrscheinlichkeit, daß die Geschworenen teils einstimmig, teils nicht einstimmig entscheiden, noch erhöhen; die durch Gewährung zweier Hilfen erzeugten Mißstände blieben die gleichen wie im dritten und vierten Falle.

Auch für den ersten und zweiten Fall, welchem sich die Neuerung bequem anpassen würde, ist noch mehr als ein Bedenken zu erwägen. Die Unterscheidung zwischen einstimmiger und nicht einstimmiger Antwort der Geschworenen nötigt zur protokollarischen Feststellung der Einstimmigkeit und gibt damit das Geheimnis der Abstimmung preis; dadurch aber wird die Unabhängigkeit der Geschworenen gefährdet und die Geschworenen werden verführt, durch Vermeidung der Einstimmigkeit sowohl diese Gefahr als die Verweisung auszuschließen[1]). Wo aber die Einstimmigkeit nicht festgestellt wird und das Gericht deshalb ermächtigt sein soll, einen einzelnen Punkt zugunsten des Angeklagten anders

[1]) Oetker a. a. O. S. 241 Anm. beruft sich auf das englische Recht, ohne zu bedenken, daß man auf dem Kontinent das englische Beispiel, welches noch an die Beweis-Jury erinnert, aus guten und bekannten Gründen nicht nachahmenswert findet. Er meint ferner, das Bekanntwerden der Einstimmigkeit bilde einen seltenen, von den Geschworenen nicht voraussehbaren Fall; aber wer hindert die Geschworenen, sich gegen jede Eventualität zu decken? — Wie Oetker diese Einwendungen nicht bedacht hat, so hat er auch übersehen, daß meine Zusatzbemerkung betr. die Gefährdung der Unabhängigkeit der Geschworenen durch Feststellung der Einstimmigkeit (Bericht S. 34) von mir ausdrücklich als eine nicht in der Kommissionsverhandlung gemachte bezeichnet ist. Wenn er meint, die Bemerkung gehöre deshalb nicht in den Bericht, so erwidere ich: die Bemerkung ist durch jene Bezeichnung ebenso wie die Anmerkungen außerhalb des Berichts gestellt.

zu entscheiden, verletzt die vorgeschlagene Neuerung die Eigenschaft der Geschworenenbank als eines selbständigen eigenartigen gerichtlichen Organs. Die Berufung darauf, daß sich das Gericht mit seinem milderen Urteil an einen Teil der Geschworenen anlehne und daß folglich die Souveränität der Geschworenen nicht verletzt werde, ist hinfällig, weil das Gericht sich höchstens an eine, vielleicht sogar kleine, Minderheit von Geschworenen anlehnen könnte und weil die Minderheit möglicherweise etwas anderes gewollt hat, als die Berufsrichter wollen; z. B. die Mehrheit der Geschworenen hat die Hauptfrage bejaht, die Richter bejahen die Hilfsfrage, die Minderheit der Geschworenen aber würde auch die Hilfsfrage, somit jede Schuld verneinen.

X. Rechtsmittel.

Die Einführung einer Art von Berufung gegen Schwurgerichtsurteile durch Criminal Appeal Act vom 28. 8. 07 (7 Edw. 7 ch. 23)[1]) veranlaßt die Frage, ob die im Deutschen Reiche vorhandenen, auf Erweiterung der Berufung gerichteten Bestrebungen auf die Anfechtung der Schwurgerichtsurteile ausgedehnt werden sollen. Alles spricht dagegen. In England fehlt es an einem unsrer Wiederaufnahme des Verfahrens entsprechenden Rechtsmittel[2]) und die neueingeführte sogenannte Appellation ist, wenigstens ihrer praktischen Durchführung nach, wie Eise a. a. O. S. 239 bemerkt, etwas von der deutschen Berufung wesentlich Verschiedenes. Jetzt schon fürchtet man in England, daß die Geschworenen im Vertrauen auf die Möglichkeit einer Nachprüfung nicht mehr so sorgfältig prüfen wie bisher[3]). Die Einführung neuer Rechtsmittel zum Zwecke der Nachprüfung tatsächlicher Feststellungen ist anders zu beurteilen als die Beibehaltung althergebrachter Rechtsmittel dieser Art. Die letztere Maßregel berührt das Verantwortlichkeitsgefühl

[1]) Vgl. Wortlaut bei Mendelssohn-Bartholdy, das Imperium des Richters S. 201 ff.; ferner Weidlich in ZStW. 28 S. 107 ff. und Eise ebenda 29 S. 231.

[2]) Adickes in MSchr. f. KrimPs. 4 S. 12; Bromberg hier 2 S. 536.

[3]) Eise a. a. O. S. 238.

nicht, weil sie die Belastung nicht ändert; die erstere dagegen erzeugt notwendig die Vorstellung veränderter Belastung und durch diese Vorstellung wird das Verantwortlichkeitsgefühl, zumal bei Richtern, die ihren Spruch nicht zu begründen haben, vermindert, denn die Verantwortlichkeit ist nun geteilt, während sie es vorher nicht war. Die Einführung der Berufung wäre ferner ein Mißtrauensvotum gegen die Geschworenen, eine Herabsetzung ihres Ansehens und der Stellung des Schwurgerichts im staatlichen Organismus. Das Vertrauen zu den Schwurgerichten beruht auf dem Vertrauen zu ihrer Würdigung der Tatsachen; es steht und fällt mit diesem Vertrauen. Wie ein Gerichtshof beschaffen sein müßte, der hinsichtlich der Tatsachenwürdigung bessere Bürgschaften geben sollte als die Geschworenenbank, ist schwer auszudenken. Ein Schöffengericht von 15 Personen? Die Berufung gegen Urteile der Schwurgerichte erscheint auf deutschem Boden als ein unmöglicher Gedanke.

Da eine Anfechtung des Spruchs wegen Nichtbefolgung der Rechtsbelehrung angesichts der Unmöglichkeit, von den Geschworenen eine rechtliche Begründung zu verlangen (S. 51 ff.), undurchführbar ist, bleibt nur die Anfechtung des Urteils wegen irriger oder mangelhafter Rechtsbelehrung zu erwägen.

1. Das Bedürfnis.

Daß in einer Rechtsbelehrung Irrtümer und Lücken vorkommen können, ist um so weniger zu bestreiten, als die Rechtsbelehrung in der Hauptverhandlung selbst von keiner Seite einer Erörterung unterzogen werden darf (§ 300 Abs. 2 StPO.; § 289 Abs. 2 E.). Beispiele von irrtümlicher Belehrung können alle Fälle liefern, in welchen juristische Streitfragen zu erörtern sind. Aber ein Irrtum kann selbst trotz jus in thesi clarum vorkommen. Ein geradezu klassisches Beispiel bietet der Grundsatz der freien Beweiswürdigung (§ 260 StPO. 255 E.). Wenn der Vorsitzende bei der Belehrung über die Bedeutung dieses Grundsatzes, anstatt den Geschworenen auseinanderzusetzen, daß es im Strafprozeß keine Beweisregeln gibt, erklärt, das Geständnis sei das oberste Beweismittel[1]), so hat er zweifellos einen Rechtsirrtum vorgetragen, denn bei der Vornahme freier Beweiswürdigung kann es überhaupt k e i n oberstes Beweismittel geben, weil nach diesem Grundsatze das Geständnis wie jeder andere Beweis an dem Gesamtergebnis der übrigen Verhandlung zu prüfen ist; ein Beweismittel oder ein Beweis, welcher der Nachprüfung durch den Vergleich mit den Ergebnissen anderer Beweismittel unterliegt, kann aber nicht als oberstes Beweismittel bezeichnet werden. Jene Belehrung war ebenso grundfalsch, wie wenn man sagen würde, freie Beweiswürdigung bestehe in Willkür. Ein anderes Beispiel lieferten die Verhandlungen der Unterkommission selbst[2]); ein Mitglied vertrat die Meinung, die Rechtsbelehrung habe sich auf allgemeine Erfahrungssätze aus der Kriminalistik zu erstrecken, überhaupt seien alle Indizien als rechtliche Gesichtspunkte zu betrachten. Es liegt auf der Hand, daß die Ausdehnung der Rechtsbelehrung auf allgemeine Erfahrungssätze oder auf die Bedeutung der einzelnen Indizien in den Geschworenen die falsche Vorstellung erwecken muß, es seien hier Rechtssätze anzuwenden, während es sich doch um ein Stück der freien Tatsachenwürdigung handelt.

In diesem Falle verbindet sich mit der irrigen Rechtsbelehrung die Aufnahme von Bemerkungen, welche nicht zur Rechtsbelehrung gehören. Die Gefahr ferner, daß der Vorsitzende bei der Rechtsbelehrung durch Andeutungen über seine persönliche Meinung von Schuld oder Nichtschuld auf das Gebiet der Beweiswürdigung übergreift, scheint trotz des ausdrücklichen Verbotes im § 300 StPO. in weitem Umfang zu bestehen. Denn seit dem Jahre 1895 kehrt in den Entwürfen der 1895 von der Reichstagskommission eingeschaltete Satz immer wieder: „Die Ausführungen des Vorsitzenden dürfen über seine persönliche Ansicht von der Schuld oder Nichtschuld keinerlei Andeutungen enthalten[3]).

[1]) V o ß im Recht 13 (1909) S. 25: „In der Rechtsbelehrung betonte der Vorsitzende den Wert des Geständnisses als obersten Beweismittels."

[2]) Vgl. Bericht S. 29.

[3]) Vgl. meine Abhandlung S. 198 ff.

Der jetzt vorliegende Entwurf hat das Verbot im § 289 mit den Worten: „Der Vorsitzende belehrt, ohne in eine Würdigung der Beweise einzugehen oder seine Ansicht über die Schuld oder Nichtschuld des Angeklagten in andrer Weise kundzugeben . . . ." gleichfalls aufgenommen und durch § 231 Abs. 4 auf alle Mitglieder des Gerichts ausgedehnt.

Das Verbot ist dem Sinne nach schon im § 300 StPO. in den Worten „ohne in eine Würdigung der Beweise einzugehen" enthalten, denn dadurch soll das résumé und mit diesem die Stellungnahme des Vorsitzenden zur Schuldfrage verboten werden (Begründung des E. S. 299 unt.). Nur eine Buchstabeninterpretation, welche sich an das Wort „eingehen" klammert, kann eine summarische Andeutung oder Kundgebung zu rechtfertigen suchen, weil sie nicht auf die Würdigung der Beweise „eingehe", denn unter „eingehen" verstehe man ein näheres Einlassen auf Einzelheiten. Wer schützt uns dagegen, daß die gleiche Interpretationskunst nicht einen Unterschied zwischen Kundgebung und Andeutung mit dem Ergebnisse herausklügelt, daß das Verbot der Kundgebung sich nicht auf Andeutungen erstrecke?

Gegenüber der offenbaren Neigung von Schwurgerichtsvorsitzenden zum Rückfall ins frühere Recht, in die formale Beweistheorie, in den Satz: confessio est regina probationum, in das résumé kann das Bedürfnis nach einer Nachprüfung der Rechtsbelehrung und folglich des Spruchs wegen mangelhafter Rechtsbelehrung nicht geleugnet werden[1]).

2. Die Durchführung.

Das erste Hindernis, welches die Revision — nur diese kommt hier in Frage — wegen irriger oder mangelhafter Rechtsbelehrung zu überwinden hat, ist der Mangel bindender Kraft der Rechtsbelehrung. Nur das Gesetz bindet, die Rechtsbelehrung aber ist nicht Gesetz, sondern Gesetzesauslegung. Ist jedoch die Rechtsbelehrung für die

[1]) Das Bedürfnis bejahen: v. Bar ZStW. 26 S. 230; Heimberger S. 12; Kahl a. a. O. S. 22; meine Abh. S. 206 ff.; Mittermaier in Monatsschr. f. Krim.-Psych. 1 S. 19. Vgl. noch den Bericht S. 34.

Geschworenen nicht bindend, so kann man in keinem Falle behaupten, daß ihr Spruch oder das Urteil, dessen Grundlage der Spruch bildet, auf der Rechtsbelehrung beruht. Wenn dagegen die Rechtsbelehrung für bindend erklärt ist, so muß man — bis zum Beweise des Gegenteils — annehmen, daß der Spruch auf der Rechtsbelehrung beruht. Das Gegenteil kann nicht nachgewiesen werden, weil die Geschworenen ihren Spruch nicht begründen. Nun ließe sich für eine Gruppe von Fällen schon nach geltendem Rechte die bindende Kraft der Rechtsbelehrung behaupten. Wenn nämlich das Reichsgericht die Sache zur nochmaligen Verhandlung und Entscheidung an das Schwurgericht zurückverwiesen hat, so muß das Gericht, an welches die Sache verwiesen wird, die rechtliche Beurteilung, welche der Aufhebung des Urteils zugrunde gelegt ist, auch seiner Entscheidung zugrunde legen (§ 398 StPO. § 350 E.). Im schwurgerichtlichen Verfahren würde sich das zunächst bei der Fragestellung geltend machen; eine Frage, welche der rechtlichen Auffassung des Revisionsgerichts nicht entspricht, müßte nach § 296 StPO. abgelehnt werden. Insoweit aber die rechtliche Auffassung des Revisionsgerichts auch bei der Rechtsbelehrung berücksichtigt werden muß, wäre dieser Teil der Rechtsbelehrung auch für die Geschworenen bindend. Wenn für die Berufungsrichter § 1 GVG. hinter § 398 StPO. und hinter den Ausspruch des Revisionsgerichts zurücktritt, so ist nicht einzusehen, warum nicht das gleiche auch gegenüber den Geschworenen der Fall sein soll. Eine weitere Durchbrechung des § 1 GVG. zugunsten der Rechtsbelehrung könnte um den Preis wohl hingenommen werden, daß dadurch der Weg für die Anfechtung des Spruchs wegen irriger oder mangelhafter Rechtsbelehrung frei wird.

Dieses Opfer ist jedoch nicht nötig. Die Unterkommission der IKV. hat es für unnötig erklärt, die Rechtsbelehrung mit bindender Kraft auszustatten[1]). So muß ein anderer Ausweg gesucht werden, um die Revision zu ermöglichen. Dieser Ausweg besteht nicht in der künstlichen Konstruktion, von

[1]) Vgl. den Bericht S. 36.

welcher die Unterkommission[1]) ausging, sondern in der Einreihung des Revisionsgrundes: „wenn die Rechtsbelehrung irrig oder lückenhaft ist oder gegen § 300 StPO. (§ 289 E.) verstößt", unter die absoluten Revisionsgründe (§ 377 StPO. § 333 E.). Dadurch wird die aus dem Erfordernis des Kausalzusammenhangs zwischen Urteil und Revisionsgrund entstehende Schwierigkeit beseitigt.

Die zweite Schwierigkeit bildet die schriftliche Feststellung des Inhalts der Rechtsbelehrung. Die Revision wegen des Inhalts der Rechtsbelehrung setzt die Möglichkeit eines Beweises über diesen Inhalt voraus. Zuverlässiges Beweismittel ist nur das Protokoll oder eine sonstige vom Vorsitzenden errichtete Urkunde; an einen Zeugenbeweis ist hier nicht zu denken. Die zuverlässigste Art der Feststellung wäre eine gleichzeitig mit dem Vortrag der Rechtsbelehrung erfolgende stenographische Aufnahme des Wortlautes. Hierdurch würde die denkbar beste Bürgschaft für die Übereinstimmung der Niederschrift mit der tatsächlich vorgetragenen Rechtsbelehrung gegeben und es würde jede nachträgliche Erörterung in der Hauptverhandlung selbst wegfallen. Solange sich aber die Justizverwaltung gegen die Verwendung der Stenographie in der Hauptverhandlung ablehnend verhält, bleiben zwei andere Möglichkeiten übrig:

Der Vorsitzende kann eine vorher schriftlich festgestellte Rechtsbelehrung verlesen oder es werden die jeweils in der Hauptverhandlung beanstandeten Teile der Rechtsbelehrung protokolliert. Jenes System wird vielfach in Nordamerika geübt[2]), setzt aber einfache Verhältnisse, insbesondere einen nicht zu großen Umfang der Rechtsbelehrung voraus; es entstehen auch Schwierigkeiten, wenn die Geschworenen nachträglich um Ergänzung der Rechtsbelehrung bitten, denn es ist nicht erwünscht, daß die Beratung der Geschworenen länger als absolut notwendig unterbrochen wird. Die nachträgliche Behauptung, daß der Vorsitzende bei der Verlesung in Einzelheiten von der schriftlichen Grundlage ab-

[1]) Vgl. den Bericht S. 34.

[2]) Hartmann, A., Die Strafrechtspflege in Amerika S. 84; Löwenstein in DJZ. 14 (1909) S. 372.

gewichen sei, wird an der Beweisschwierigkeit scheitern. Endlich besteht noch die Gefahr des Ableierns; dieses wird ein tüchtiger Vorsitzender, der nicht auf die Wirkung seines Vortrages von vornherein verzichten will, geflissentlich vermeiden.

Die Protokollierung der beanstandeten Teile der Rechtsbelehrung ist in Oesterreich rechtens (österr. StPO. § 325 Abs. 1 mit § 344 Nr. 8)[1]). Dieses Verfahren kann jedoch zu Meinungsverschiedenheiten darüber führen, ob die Erklärung, welche der Vorsitzende protokollieren läßt mit der ursprünglich erteilten und beanstandeten Rechtsbelehrung genau übereinstimmt. Wenn der Vorsitzende seine vorherige beanstandete Erklärung in einer Weise erläutert, welche die Beanstandung hinfällig macht, so muß entweder jede Protokollierung unterbleiben oder es müssen beide Erklärungen protokolliert werden, weil doch die Möglichkeit bleibt, daß die erste Fassung der Rechtsbelehrung Wirkungen auf die Beratung äußert. Das auch im österreichischen Rechte aufgestellte Verbot der Erörterung kann unter dieser Voraussetzung nicht streng durchgeführt werden. Wenn der Weg der Protokollierung eingeschlagen werden soll, ist die Fassung der Sächsischen StPO. (1869) § 68 vorzuziehen: „Der Vortrag des Präsidenten darf keinenfalls unterbrochen werden. Es ist jedoch dem Staatsanwalt und Verteidiger unbenommen, Einwendungen gegen die Rechtsbelehrung des Präsidenten vorzubringen und, dafern der Präsident dieselben als unrichtig bezeichnet, die streitigen Punkte durch das Protokoll feststellen zu lassen . . . . . " Eine solche nachträgliche Erörterung ist nicht unbedenklich, weil dadurch der Eindruck der übrigen Teile der Rechtsbelehrung verwischt werden kann.

Um den zuletzt erwähnten Mißstand auf ein möglichst geringes Maß zurückzuführen, wäre es empfehlenswert, das amerikanische und das sächsich-österreichische System derart miteinander zu verbinden, daß der Vorsitzende nach seiner Wahl die Rechtsbelehrung aus einem Schriftstück vorlesen darf, welches als Beilage dem Protokoll hinzugefügt wird.

---

[1]) Vgl. den Bericht S. 35 Anm. 3.

Allmählich könnte sich bei den einzelnen Gerichten ein Stock von Rechtsbelehrungen ansammeln, der die Arbeit vereinfacht und die nachträgliche Protokollierung beanstandeter Teile könnte sich auf Ergänzungen der Rechtsbelehrung beschränken. Diese wahlweise zuzulassende verschiedene Behandlung wäre aber doch nur solange zu dulden, als nicht das an erster Stelle bezeichnete einwandfreie Verfahren eingeschlagen werden kann.

Einer besonderen Feststellung der Tatsache, daß der Vorsitzende über einen bestimmten Punkt keine Rechtsbelehrung gegeben hat, bedarf es überhaupt nicht. Diese Tatsache ist ohne weiteres dem Inhalte der schriftlichen Feststellung zu entnehmen. Dagegen müßte diese sich ebenso auf die am Anfang der Hauptverhandlung oder in deren Verlauf als auf die unmittelbar vor der Entlassung der Geschworenen zu erteilende Rechtsbelehrung erstrecken.

Schlußwort.

Die Aufgabe war, zu zeigen, wie viel an dem heutigen schwurgerichtlichen Verfahren geändert werden kann, ohne die Eigenart des Schwurgerichts anzutasten. Zurückblickend muß der Berichterstatter vielmehr den Vorwurf: zu viel, allzuviel als den Vorwurf: zu wenig befürchten. In der Tat, wenn man die Masse der vorgeschlagenen Neuerungen überschaut: Organisation der Geschworenenbank durch Wahl eines Obmannes sogleich nach der Auslosung, Beratung der Geschworenen über Beweisfragen und Anträge auf Ergänzung oder Änderung der Fragestellung, Erweiterung des Fragensystems durch Zusatz (Kontroll-) Fragen, obligatorische Mitteilung von Abschriften des Fragebogens an Beteiligte und Geschworene, Ausdehnung der Aufgabe der Geschworenen auf die Wahl der Strafmittel, Angabe von Strafzumessungsgründen durch die Geschworenen, Mitgabe von Urkunden ins Beratungszimmer, Mitteilung des Verhandlungsplanes bei Beginn der Hauptverhandlung, doppelte Rechtsbelehrung am Anfang und zum Schlusse, endlich schriftliche Feststellung der Rechtsbelehrung und Anfechtung wegen irriger oder mangelhafter Rechtsbelehrung, so kann man nicht behaupten, daß diese Reform in ihrer Gesamtwirkung nicht eingreifender Art sei (vgl. S. 2). Die Wirkung würde sich auch nicht darauf beschränken, die Dauer der Hauptverhandlung erheblich zu verlängern. Man vergesse nicht, daß die größere Breite der Hauptverhandlung der Natur der Schwurgerichte entspricht, ja ihre Stärke bildet, und daß sich doch nicht alle Zwischenfälle, die hiernach möglich sind, in jedem Verfahren häufen werden. Es ist nicht notwendig, daß die Geschworenen in jeder Hauptverhandlung Beratungen über die genannten Zwischenpunkte pflegen, daß Kontrollfragen gestellt werden, daß Urkunden ins Beratungszimmer mitzugeben, Teile der Rechtsbelehrung zu beanstanden und schriftlich festzustellen sind. Man berücksichtige auch, daß es kleinlich ist, mit den Stunden der Hauptverhandlung zu rechnen, nachdem man Monate der Voruntersuchung gewidmet hat; besteht man auf der Gründlichkeit der Voruntersuchung, so muß man der Hauptverhandlung, welche doch die Hauptuntersuchung darstellen soll, ebenfalls das Zugeständnis einer möglichst großen Gründlichkeit machen, zumal alle vorgeschlagenen Neuerungen dem Zwecke der Herstellung einer guten Urteilsgrundlage und der Findung eines richtigen Urteils, also dem Prozeßzwecke dienen. Will man aber Zeit sparen, so schneide man die verwerflichen, weil mit der Unmittelbarkeit unvereinbaren Konstatierungen aus Protokollen und deren Verlesung ab. Dadurch würde man nicht nur die Zeit sparen, welche Konstatierung und Verlesung unmittelbar kosten, man würde auch die Rechtsbelehrung abkürzen, welche sich über die Bedeutung der Protokolle als Gegenstand der freien Beweiswürdigung sowie über die Notwendigkeit zu äußern hat, Geständnis und Widerruf, frühere und jetzige Aussage gegeneinander abzuwägen, man würde endlich auch die Beratung der Geschworenen vereinfachen und kürzen.

In diesem Zusammenhang muß noch ein weiteres Mittel zur Vereinfachung und Abkürzung der Schwurgerichtsverhandlung erwähnt werden, obwohl der Punkt die hier sonst nicht berührte Gerichtsverfassung betrifft: es ist die Beseitigung der überflüssigen Beisitzer[1]), womit die Zwischenberatungen des Gerichtshofes erspart werden. Diese Maßregel ist nur eine Konsequenz davon, daß man die Geschworenen in die ihnen gebührende Aufgabe der Mitwirkung bei Bestimmung des Umfangs der Beweisaufnahme und bei Bestimmung der Strafe, eventuell Äußerung oder Entscheidung über die Aussetzung des Strafvollzugs einsetzt. Die als Beisitzer wegfallenden Richter aber werden ihre unaufschieblichen Arbeiten (Aktenstudium, Referate, Absetzung von Urteilen und Beschlüssen) ungestört und deshalb besser in der Einsamkeit verrichten.

An die Spitze dieser Abhandlung ist ein Satz aus den Vorarbeiten zur französischen Novelle gestellt worden. Weist auch jener Satz über das durch den deutschen Entwurf einer Reform des Schwurgerichts zunächst gesteckte Ziel hinaus auf eine Änderung der Verfassung der Schwurgerichte hin, so kennzeichnet er doch die Lage und das von der fortschreitenden Zeit erzeugte Reformbedürfnis sehr scharf. Über dem Reformbedürfnis darf jedoch nicht die Pflicht sorgfältiger Auslegung vergessen werden. Im Verlaufe der Erörterungen hat deshalb auch die Auslegung der Gesetze eine wichtige Rolle gespielt; so mag nun als Schlußstein ein Ausspruch des deutschen Kriminalisten Schwarze aus den Verhandlungen des Reichstags über die StPO. (1876)[2]) Platz finden:

„Gesetze können wir machen, soviel wir wollen, aber wir verlangen auch, daß sie von den Beamten in einer Weise gehandhabt werden, daß der Sinn, den der Gesetzgeber damit verbunden hat, respektiert wird, sonst werden die Bestimmungen der Gesetze eine Plage und nicht eine Wohltat."

---

[1]) Vgl. meine Abh. S. 187 ff. und den Bericht S. 7 ff.

[2]) Hahn, Materialien zu den Reichsjustizgesetzen Teil III. 2 S. 1881 a. E.

FSC
www.fsc.org
MIX
Papier | Fördert
gute Waldnutzung
FSC® C083411

Kolibri 360 GmbH
Ferdinand-Jühlke-Straße 7
99095 Erfurt, Deutschland
produktsicherheit@kolibri360.de